어둠을
먹는
사람들

PEOPLE
어둠을
WHO
먹는
EAT
사람들
DARKNESS

리처드 로이드 패리 Richard Lloyd Parry

김미정 옮김

alma

일러두기
* 각주는 저자 주다.

이 '잠자는 미녀의 집'에 온 늙은 남자들 중에는 흘러간 과거를 아쉬워하며 회상하면서도 평생 저지른 악행을 애써 잊으려는 이들이 분명 있다. 그중에는 악행으로 성공하고 그 짓을 반복함으로써 우위를 지킨 이들도 있다. 그들은 마음이 편치 않은 나머지 스스로 패자, 더 정확히 말하면 테러의 희생자들 틈에 섞여 있으려 한다. 잠들어 있는 나신의 처자와 살을 맞대고 누워 있으니 엄습하는 죽음의 공포와 흘러간 젊음에 대한 회한보다 더한 것이 가슴에 응어리진다. 그 안에는 성공한 이들에게 있을 법한 가정의 불행도 있을지 모른다. 그들에게는 무릎 꿇고 앉아서 빌 부처가 없다. 늙은이가 벌거벗은 여체를 두 팔로 부둥켜안고 식은 눈물을 흘리며 목 놓아 울어도 그녀는 아무것도 모른 채 눈을 뜨지 않는다. 그는 수치심을 느끼거나 자부심을 다칠 필요가 전혀 없다. 후회와 슬픔은 훨훨 날아가버릴 테니. 그렇다면 '잠자는 미녀'는 살과 피로 빚어진 일종의 부처가 아닐까? 그 여린 피부와 체취가 어쩌면 서글픈 노인들에게 주어지는 용서일지 모른다.

가와바타 야스나리, 《잠자는 미녀眠れる美女》 중에서

차례

사망 전 일상

루시는 늘 그렇듯 느지막이 눈을 뜬다. 커튼이 걸린 창 한구석에서 한 줄기 햇살이 반짝이더니 침침한 실내로 뚫고 들어온다. 갑갑하고 비좁은 무채색 공간. 벽에는 포스터와 엽서가 보이고, 옷가지가 잔뜩 걸린 옷걸이 위에 블라우스와 원피스까지 얹혀 있다. 바닥에 놓인 두 개의 소파베드 위에 두 명이 누워 있다. 한 명은 금발, 다른 한 명은 갈색 머리다. 둘 다 티셔츠 바람으로 잠을 잔다. 아니, 알몸으로 달랑 시트만 덮었다. 맨살에 얇디얇은 시트만 덮었는데도 미치도록 후덥지근하고 꿉꿉하다. 밖에서는 까마귀가 건물 사이 뒤엉킨 전선 위에 앉아 까악거리며 법석을 떤다. 두 사람이 잠자리에 든 건 새벽 4시. 지금 플라스틱 알람시계 바늘은 거의 정오를 가리킨다. 갈색 머리는 여전히 베개 속에 쑤셔 박혀 있지만, 루시는 화장용 가운을 걸치고 욕실로 향한다.

루시는 도쿄에서 지내는 집을 '뒷간'이라고 부른다. 그렇게 부르는 이유는 욕실 때문이기도 하다. 대여섯 명이 욕실을 공유하는

데, 밤사이 자고 가는 손님들까지 거기 가세한다. 욕실은 온갖 흔적과 쓰레기로 지저분하다. 다 쓴 치약들이 돌돌 말린 채 세면대 여기저기 널려 있고 불어터진 비누가 샤워장 바닥으로 질질 흘러내린다. 머리카락과 각질, 깎은 손톱이 뒤엉켜 배수구 위에 미끄덩한 막을 만들었다. 루시는 비싼 미용 용품이며 빗과 브러시, 화장품까지 번번이 잔뜩 싸 들고 왔다가 도로 들고 나간다. 루시의 몸단장에는 시간과 공이 많이 든다. 루시는 능숙하게 샴푸하고 머리를 헹군 뒤 컨디셔너를 바른다. 몸에 비누칠을 하고 씻어낸 다음 수건으로 닦고 토닥토닥 피부를 보드랍게 정리한다. 그러고는 로션을 발라 흡수시키고, 족집게로 잔털을 정리하고, 빗질과 치실질을 한 후 드라이어로 머리를 말린다. 루시에게 단순한 아침 샤워와 '치장'은 확실히 다른 개념이다. 늦게 일어나 공동욕실을 이용하려고 줄을 섰는데 루시가 앞에 있는 경우를 당하고 싶은 사람은 없을 것이다.

　루시는 거울 속에서 어떤 모습을 마주할까? 어깨까지 내려오는 천연 금발 사이로 통통하고 하얀 얼굴이 보인다. 다부진 턱선, 튼튼하고 새하얀 치아, 웃을 때 보조개가 파이는 탱탱한 뺨, 뾰족하지 않은 코, 가늘게 잘 정리된 눈썹, 짙고 파란 눈동자, 아래로 처진 작은 눈. 루시는 처진 눈이 마음에 들지 않아 그걸 감추려고 거울 앞에서 오래 공들인다. 하얀 피부에 파란 눈동자를 지니고 팔다리가 기다란 여성이 처진 눈을 가진 터라 은근히 묘하고 이국적인 분위기를 자아낸다.

　루시의 신장은 175센티미터다. 가슴과 엉덩이가 예쁘다. 그녀는 들쑥날쑥하는 체중에 예민하다. 일본에 도착해 이 집에 들어와 일자리를 찾던 5월에는 지금보다 말랐었다. 그런데 몇 주간 밤늦게까지 클럽에 있다 보니 도로 술살이 쪘다. 기분이 바닥을 칠 때면 루시는 자기 외모를 비하한다. 뚱뚱하고 살이 축 처진 것 같다. 허벅지에 있는 모반과 눈썹 사이에 난 짙은 사마귀가 거슬려 스스로를 들볶는다. 냉철한 비평가라면 루시를 살핀 후 살짝 애매모호한 수식을 곁들여 '통통'하며 '예쁘장'하나 촌스럽다고 평가할지 모른다.

루시 반대편 소파베드에서 잠자는 갈색 머리 여성은 루시의 단짝 친구 루이스 필립스다. 루이스는 전형적인 미인상에 가깝고, 날씬하고 아담하며 앙증맞다. 반면 루시는 많은 이들에게 대부분 자신감과 편안함으로 어필한다. 웃는 얼굴, 말할 때 손을 휘젓는 자세, 머리를 흔드는 모습, 이야기를 나누면서 상대방을 무심코 건드리는 버릇 등 이 모든 것이 남녀 모두에게 루시의 매력으로 받아들여진다.

루시가 욕실에서 나온다. 다음엔 무엇을 하나? 나는 루시가 일기를 2주째 쓰지 않았음을 알고 있다. 루시는 남자친구 스콧한테 전화하지 않는다. 스콧은 가나와 현의 항구도시 요코스카에 있는 미군 항공모함에서 복무한다. 후일 루시의 가족은 유품에서 부치지 않은 엽서를 발견하는데, 영국에 있는 가장 친한 친구 서맨사 버만 앞으로 보내는 엽서다. 그 엽서를 루시가 지금 쓰는 것 같다.

보고 싶은 서맨사에게

지난밤에 너하고 통화해서 얼마나 좋았는지 말해주려고 도쿄에서 엽서를 쓴다. 네게 괜찮은 친구/남자/짝(뭐가 됐든)이 생겼다니 너무 좋아. 이곳에서의 일상은 색다르고 일요일도 예전과 딴판으로 보내곤 하지만 점점 나아지겠지. 그래도 네가 없는 생활은 정말 허전해. 언제가 될지 모르지만, 여기에서든, 영국에서든 우리가 다시 볼 날이 오겠지. 사랑해. 지금도 보고 싶고 앞으로도 보고 싶을 거야.

사랑을 담아,
루시가

1시 30분, 아래층 전화벨이 울린다. 하우스메이트가 전화를 받더니 밑에서 소리를 지른다. 루시를 찾는 전화다. 루이스는 손님에게 선물로 받은 핸드폰을 갖고 있지만 루시는 '뒷간' 공용 전화기를 써야 한다. 주방에 있는 투박한 분홍 플라스틱 상자처럼 생긴 전화기를 쓰려면 10엔짜리 동전을 집어넣어야 한다. 통화하는 동안 아래층에 있는 다른 이들이 엿듣기도 한다. 하지만 루시는 이런 못마땅한 상황을 오래 참지 않아도 된다. 몇 시간 후면 핸드폰이 생기기 때문이다.

그때서야 루이스가 일어나더니 친구 루시가 짧은 통화를 하는 사이 공용 거실에 나와 앉는다. "그 남자야." 루시가 분홍색 수화기를 내려놓고 루이스에게 말한다. "약속이 한 시간 뒤 3시로 미뤄졌어. 그 남자가 다시 전화하면 역에서 만날 거야. 그다음 둘이서 느지막이 점심을 먹겠지만, 우리 약속 시간인 8시까지는 늦지 않게 올게." 루시는 루이스와 클럽에서 만난 여자와 밤에 같이 춤추러 가기로 했다. 루시는 화장용 가운을 벗고 외출할 옷을 고른다. 검은 원피스를 입은 다음 크리스털 하트 펜던트가 달린 은목걸이와 아르마니 시계를 찬다. 검은 핸드백에 선글라스를 집어넣는다. 3시가 되었다. 3시 20분이 되자 분홍 전화기가 울리며 루시를 찾는다. 그 남자가 지금 오는 중이라며 10분 후 역에서 만나자고 한다.

루시가 밖으로 걸음을 내딛자 까마귀들이 날개를 퍼덕이며 투덜댄다. 루시는 외출할 때마다 도쿄의 여느 외국인들처럼 가벼운 충격을 받는다. 느닷없이 맥박이 빨라지면서 명쾌한 사실을 깨닫는다. "맞다, 여긴 일본이지." 루시는 매일 아침 이 사실에 깜짝 놀라며 순간적인 이질감을 맛본다. 빛의 각도가 낯설어서일까? 여름철 대기 속에서 소리가 전파되는 방식 때문일까? 행인이나 차와 열차 속 승객들의 모습 때문일까? 나서지 않으면서도 단호하고, 깔끔하고 예의 바르며, 비밀 명령을 수행하듯 본심을 감춘 채 열정적으로 일하는 사람들 때문일까?

수년, 수십 년이 흐른다 해도 일본에서 외국인으로 살면서 느끼는 이 독특한 일상의 열기, 짜릿함을 절대로 극복하지 못하리라..

정식 명칭이 '사사키 하우스'인 루시의 '뒷간'은 우중충한 회반죽이 발린 건물로 막다른 골목에 위치해 있다. 루시는 골목에서 나와 왼쪽으로 꺾은 다음 '뒷간'보다 낡아 보이는 아파트를 지나 나무 정글짐이 있는 놀이터를 뒤로하고 오므라이스와 카레를 파는 오래된 식당을 스친다. 이제 칙칙한 구역 한가운데에 선 보석 같은 건물이 서서히 모습을 드러낸다. 유서 깊은 노가쿠(일본의 전통극—옮긴이) 극장으로 깔끔한 울타리와 자갈 정원에 둘러싸인 매끈한 현대식 콘크리트 건물이다.

루시가 우회전을 하자 주변 풍경이 급격히 달라진다. 여기까지 오는 내내 풍경은 초라하고 촌스러웠다. 그런데 집을 나선 지 채 5분도 지나지 않아 이제는 대도시 대로를 걷고 있다. 철로가 여러 개 보이고 그 위로 고가도로가 지나간다. 500미터 정도를 더 걸으니 센다가야 역이 나온다. 이곳에는 버스 노선이 교차하고 전철과 통근 열차가 지나간다. 토요일 오후라 북적이는 차량 때문에 시끄럽다. 반팔과 여름 원피스 차림의 사람들이 역을 분주히 드나든다. 저 멀리 올림픽 경기장이 보인다. 남자가 경찰서 앞에서 루시를 기다리고 있다. 차를 근방에 세워놓은 채로.

루이스는 볼일이 있어서 루시보다 먼저 나간다. 도쿄 남서부의 대규모 쇼핑가인 시부야에서 산 신발을 교환하기 위해서다. 루이스는 기차를 타고 시부야 역에 내린다. 시부야 역에서는 노선 아홉 개가 교차하며 하루 250만 명을 실어 나른다. 루이스는 시부야 역에 내리자마자 길을 잃는다. 토요일의 인파 속에서 정신없이 헤매며 상점과 식당이 늘어선 거리를 따라 걷는다. 머리가 핑 돌 정도로 온통 상점 천지라 어디가 어딘지 도무지 분간이 안 된다. 루이스는 시간을 상당히 허비한 후에야 애타게 찾던 가게에 도착했다. 이제 비틀비틀 걸어서 역으로 돌아간다.

5시 5분이 되자마자 루이스의 핸드폰이 울린다. 폰 화면에 이런 글자가 뜬다. '발신자 표시 제한.' 루시의 목소리다. 루시는 루이스와 한 약속을 지키기 위해 곧 돌아가겠다고 한다. 그런데 지금 차를 타고 이동 중에 전화하는 거란다. '바닷가'로 가는 중이라며, 도착하면 남자와 같이 점심(사실 점심이라기엔 늦은 감이 있지만)을 먹을 거라고 한다. 그러면서 밤에 만나기로 한 약속을 변경할 필요는 없다고 루이스에게 말한다. 늦지 않게 집으로 가겠다며 한두 시간 후에 다시 전화해서 귀가 예정 시간을 정확히 알려주겠다고 한다. 루시는 행복하고 신난 목소리지만 전화 내용이 들릴까 봐 주변을 의식하는 눈치다. 루시는 남자의 핸드폰으로 전화하는 거라서 오래 통화할 수 없다고 한다.

후일, 루이스는 이런 전개에 놀랐으며, 남자의 차를 타고 도쿄 외곽으로 드라이브까지 하러 나가는 건 루시답지 않은 일이었지만 이렇게 전화한 건 상당히 루시다웠다고 증언한다. 루시와 루이스는 어릴 적부터 친구였기에 서로를 잘 알고 있다. 둘은 딱히 할 말이 없어도 수시로 전화를 걸어 친밀함과 신의를 다지곤 한다.

찌는 듯이 덥고 습한 여름날 오후, 루이스는 루시가 제일 좋아하는 라포레 백화점에 루시와 함께 들러서 그날 밤 춤추러 갈 때 얼굴에 붙일 반짝이 스티커를 산다. 해가 지자 침침하고 누추한 주택가 위로 어둠이 망토를 펼친다. 레스토랑과 바, 클럽의 네온 불빛이 반짝인다. 온 세상이 희망과 기쁨의 장소로 변한다.

두 시간이 지난다.

7시 6분. 루이스가 집에 오자 핸드폰이 다시 울린다. 루시다. 한껏 흥분되고 신난 목소리다. 남자가 너무너무 멋지다고 한다. 약속했던 대로 그에게 새 핸드폰을 선물받았을 뿐 아니라 동 페리뇽 샴페인까지 받았다며 나중에 같이 마시자고 한다. 루이스는 루시가 어디에 있는지 정확히 모르지만 아예 묻지도 않는다. 아무튼 한 시간 안에는 돌아올 테니.

7시 17분. 루시는 남자 친구 스콧 프레이저의 핸드폰으로 전화를 걸지만 음성 사서함으로 넘어간다. 루시는 행복한 목소리로 다음 날 만나자는 메시지를 짧게 남긴다.

루시가 사라진다.

도쿄의 토요일 밤이 시작된다. 그러나 여자들끼리 밤에 외출하는 일도, 스콧과의 데이트도 없을 것이다. 이제 루시의 세계에서는 어떤 일도 일어나지 않는다. 통신회사 디지털 데이터베이스에 저장됐으나 며칠 후면 자동 삭제될 핸드폰 음성 메시지가 루시가 남긴 마지막 생존의 흔적이다.

약속과 달리 루시가 돌아오지 않자 루이스는 지나칠 정도로 과민 반응을 보였다. 후일 사람들은 바로 그 점을 지적하며 의심의 근거로 삼는다. 루이스가 왜 저렇게 당황하지? 그것도 이렇게 일찍? 거실에 모여 마리화나를 피우던 하우스메이트들은 초조해하는 루이스를 이해할 수 없었다. 루시가 말한 예상 귀가 시간에서 고작 한 시간 정도밖에 지나지 않았는데도 루이스는 영국에 있는 어머니 모린 필립스에게 전화를 걸어 "엄마, 루시한테 무슨 일이 생겼나 봐요"라고 전했다. 그런 다음 카사블랑카로 향했다. 카사블랑카는 유흥가 롯폰기에 있는 호스티스 클럽으로 루시와 루이스가 일하는 곳이었다.

"아주 또렷이 기억납니다. 그날은 7월 1일이었죠." 당시 거기서 일하던 남자가 증언했다. "토요일 밤이었는데, 그날은 루시와 루이스가 쉬는 날이었어요. 두 사람 다 그날 근무하지 않았어요. 그런데 초저녁에 루이스가 오더니 이렇게 말했어요. '루시가 없어졌어요. 손님을 만나러 나갔는데 돌아오지 않아요.' 전 별로 놀라지 않았어요. 고작 오후 8시, 9시 정도였거든요. 그래서 제가 '그게 뭐, 전혀 이상하지 않은데요? 루이스, 왜 그렇게 걱정을 해요?'라고 했더니, 루이스가 '루시는 집에 왔을 애라고요. 혹시나 무슨 일이 생기면 나한테 전화했을 거라고요'라더군요. 사실 그 말은 맞아요. 저쪽이 뭘 하든 이쪽도 다 알았죠. 둘은 굉장히 끈끈한 사이였어요. 루이스는 뭔가 잘못되었다는 걸 곧장 직감한 거죠."

루이스는 밤새도록 클럽에 계속 전화하며 루시의 소식을 들은 이가 있는지 물었다. 그러나 아무 소식도 없었다. 루이스는 롯폰기를 헤매며 프로파간다, 딥 블루, 도쿄 스포츠 카페, 제로니모스 등 두 사람이 자주 가던 바와 클럽을 일일이 찾아가봤다. 루이스는 롯폰기 사거리에서 전단지를 돌리는 남자들을 붙들고 혹시 루시를 봤냐고 물었다. 그러고는 택시를 타고 시부야에 내려 그날 밤 둘이 가기로 했던 클럽 푸라로 향했다. 루이스는 그곳에 가봐야 루시를 찾을 수 없다는 걸 알았다. 루시가 집에 들르지도 않고, 게다가 루이스한테 전화도 걸지 않고 거기에 혼자 갔을 리가 없었다. 하지만 그것 말고는 달리 할 수 있는 일이 떠오르지 않았다.

밤새 꽤 많은 비가 내렸다. 후끈하니 땀을 부르는 도쿄의 여름비였다. 루이스는 생각나는 술집은 죄다 뒤지고 다니다가 일요일 새벽이 되어서야 사사키 하우스로 돌아왔다. 동은 이미 훤히 텄다.

루시는 집에 오지 않았고 연락도 전혀 없었다.

　루이스는 가즈에게 전화를 걸어 어찌해야 할지 상의했다. 가즈는 카사블랑카에서 웨이터로 일하는 일본 남성이었다. 그는 대형 병원 이곳저곳에 전화를 걸었지만 루시에 대해서는 아무것도 듣지 못했다. "루시가 그 '멋진' 손님하고 같이 밤을 보내느라 그저 연락을 못 한 건 아닐까?"라고 가즈가 묻자 루이스는 그건 상상할 수 없는 일이라고 했다. 도쿄에서 루시에게 루이스보다 가까운 사람은 없었다.

　경찰에 신고하는 게 그다음 수순이었다. 그런데 신고하려니 걱정이 앞섰다. 루시와 루이스는 일본에 90일짜리 관광 비자로 입국했기에 일하는 건 명백히 불법이었다. 사실 클럽에서 일하는 여자들, 롯폰기에서 일하는 대다수의 외국인들은 다 같은 처지였다. 그들과 그들을 고용한 클럽 모두 법을 어긴 것이었다.

　월요일 아침, 가즈는 루이스를 데리고 롯폰기에 있는 아자부 경찰서로 가서 실종 신고를 했다. 두 사람은 루시가 도쿄로 휴가를 즐기러 온 관광객인데 그날 일본 남자를 만나러 나갔다고 했다. 호스티스니 카사블랑카니, 손님 얘기는 하지 않았다.

　경찰은 별 관심을 보이지 않았다.

　오후 3시, 루이스는 도쿄 주재 영국 대사관으로 향했다. 루이스는 스코틀랜드 출신 부영사 이언 퍼거슨을 만나 사연을 모두 털어놓았다. 퍼거슨은 실종 당일 루시의 행적을 알고 당혹스러워한 첫 번째 인물이었다. "나는 루시와 만난 '손님'에 대해 물었으나 아무런 정보도 들을 수 없어 깜짝 놀랐다." 그는 그다음 날 기록을 이어갔다. "루이스 말로는 클럽에서 일하는 여성들이 클럽의 동의하에 정기적으로 명함을 돌리면 손님들이 여성들과 종종 사적으로 약속을 잡는다고 한다. 나는 호스티스가 모르는 손님과 만나는 것을 클럽에서 허락하다니 믿을 수 없다고 했다. 그러나 루이스는 아랑곳없이 말을 이었다. 루시가 그 손님에 대해 아무 말도 하지 않았고 그 남자의 이름이 뭔지, 차종이 뭔지, 심지어 바닷가 말고 어디를 갔는지 얘기하지 않았다고 했다."

퍼거슨은 루이스에게 루시의 성격에 대해 질문했다. 루시가 변덕스러운가? 예측 불가한가? 못 미더운가? 어수룩하거나 귀가 얇은가? 영사는 이렇게 적었다. "루이스의 대답은 한결같았다. 루시는 자신감 넘치고 세상 물정에 밝으며 똑똑하고 판단력 있는 사람이라 스스로를 위험으로 내몰 만큼 멍청하지 않다고 했다." 그렇다면 왜 루시는 생판 모르는 남자의 차에 올라탔을까? "루이스는 이 질문에 대답하지 못하면서도 그런 행동은 루시답지 않다는 말만 반복했다."

해외에 나가 어리석게 구는 영국인들을 부영사보다 많이 본 이는 없으며, 그보다 잘 이해할 사람도 없었다. 젊은이가 '실종'될 경우 대부분 예상되는 시나리오가 있다. 친구나 연인 사이의 다툼 때문이 아니면 마약이나 술, 섹스 때문이다. 그런데 루시는 루이스에게 자신의 위치를 알리려고 그날 오후 두 번이나 전화했다. 게다가 한 시간 후에 갈 거라고 확언까지 한 사람이 계획이 변경되었는데도 다시 연락하지 않는다니 이해하기 힘들었다. 이언 퍼거슨은 아자부 경찰서로 전화해 영국 대사관이 루시에 대해 깊이 우려하고 있으니 이 건을 단순 실종 사건이 아닌 납치로 봐달라는 의견을 전달했다.

　　루이스는 대사관을 나섰다. 루시가 실종된 후 지난 이틀 동안 루이스는 거의 잠을 자지 못했다. 불안하고 긴장되고 고통스러웠다. 루시와 같이 쓰던 방에서 잠시라도 혼자 지내야 하는 게 견딜 수가 없어서 친구의 아파트로 갔다. 그곳에는 루시를 알던 이들이 모두 모여 있었다.

　　오후 5시 30분이 되기 직전에 루이스의 핸드폰이 울렸다. 루이스는 낚아채듯 핸드폰을 받았다.

　　"여보세요?" 루이스가 말했다.

　　—루이스 필립스이신가요?

　　목소리가 들려왔다.

　　"네, 제가 루이스인데요. 누구시죠?"

　　—저는 다카기 아키라라고 합니다. 루시 블랙맨을 대신해서 전화 드렸습니다.

　　"루시라고요! 세상에! 루시 어디에 있죠? 내내 걱정했어요. 거기에 있나요?"

　　—저와 같이 있습니다. 여기에 있습니다. 잘 지냅니다.

　　"하느님, 감사합니다! 루시 좀 바꿔주세요. 루시와 통화해야겠어요."

　　전화 너머에서 들려오는 것은 남자 목소리였다. 남자는 자신감 있게 영어를 구사했으나 일본어 악센트가 잔뜩 섞여 있었다. 그는 시종 차분하고 조심스러웠고, 솔직히 말해 다정하기까지 했다. 반면 루이스는 점점 조바심이 나고 화가 치밀었다.

─지금 루시를 방해해서는 안 됩니다. 아무튼 루시는 지금 저희 숙소에 있습니다. 새로운 생활 방식을 익히고 배우는 중입니다. 이번 주에 배울 게 많아서 지금 루시를 방해해서는 안 됩니다.

루이스는 흥분한 채 친구들에게 입 모양으로 "그 남자야"라고 말한 후 종이와 펜을 달라고 손짓했다.

"전화하신 분은 누구시죠? 토요일에 루시와 만나신 분인가요?" 루이스가 물었다.

─저는 루시를 일요일에 만났습니다. 루시는 토요일에 제 스승님을 만났습니다. 저희 단체를 이끄는 분이시죠.

"스승님이요?"

─네, 제 스승님이십니다. 두 사람은 기차에서 만났습니다.

"하지만 제 친구는 저한테 차를 타고 간다고 했는데요?"

─차가 많이 막히는 바람에 루시는 늦지 않게 당신을 만나려고 기차를 타기로 했습니다. 그런데 기차에서 내리기 직전에 제 스승님을 만나 인생을 바꾸는 결정을 하게 된 거죠. 아무튼 그날 밤, 루시는 스승님의 종교 단체에 들어가기로 했습니다.

"종교 단체요?"

─그렇습니다.

"그게 무슨 소리죠? 종교 단체라뇨? 루시는 어디에 있나요? 그 단체는 어디에 있는 거죠?"

—지바에 있습니다.

"뭐라고요? 다시 말씀해주시겠어요? 영어로 어떻게 쓰나요?"

—지바에 있습니다. 영어로는 C-H-I-B-A라고 적습니다.

"지바…. 그 단체 이름은 뭐죠?"

—신흥종교입니다.

"네? 뭐라고요?"

—신흥종교라고 합니다.

수화기 반대편의 남자는 차분히 한 글자씩 끊어서 말했다.

여러 생각이 루이스의 머릿속을 스쳤다. "루시하고 얘기해야겠어요. 통화하게 해주세요."

—지금 루시가 기분이 안 좋습니다. 아무튼, 지금 아무하고도 말하고 싶지 않다고 합니다. 이번 주말이면 당신과 통화할 수 있을 겁니다.

"제발 부탁이에요. 제발 좀 바꿔주세요."

전화가 끊겼다.

"여보세요? 여보세요?" 루이스가 외쳤지만 아무 소리도 들리지 않았다. 루이스는 양손에 쥔 작은 은색 핸드폰을 바라보았다.

몇 번 심박이 뛰고 나자 핸드폰이 다시 울렸다.

루이스는 떨리는 손으로 통화 버튼을 눌렀다.

—죄송합니다. 전화가 끊겼나 보군요. 아무튼, 루시는 지금 당신과 통화할 수 없습니다. 기분이 좋지 않습니다. 이번 주말이면 당신과 통화할 수 있을 겁니다. 그러나 루시는 지금 막 새로운 삶을 시작했기에 돌아가지 않을 겁니다. 루시에게 빚이 많다고 들었습니

다. 6,000인가 7,000파운드 정도 있다던데, 더 나은 방식으로 빚을 갚아나갈 겁니다. 아무튼 루시는 당신과 '스코토'에게 본인의 안녕을 알려주고 싶어 합니다. 루시는 지금 더 나은 삶을 계획하고 있습니다.

남자는 꽤나 또렷하게 '스코토'라고 발음했다. 영어명 스콧의 익숙지 않은 일본식 발음이었다.

―루시는 카사블랑카로 돌아가지 않겠다는 편지도 썼습니다.

잠시 침묵이 흘렀다. 루이스가 흐느끼기 시작했다.

―아무튼, 주소가 어떻게 됩니까?

루이스가 대답했다. "제 주소는….".

―센다가야에 있는 당신 아파트 주소가 필요합니다.

"왜요? 제 주소가 왜 필요하시죠?"

지금까지 친구를 향하던 걱정이 순간 루이스 자신에게로 향했다. '내가 어디 사는지 저 남자가 알고 싶은 거군. 날 찾아오려나 봐.' 루이스는 생각했다. "루시가 알아요. 루시가 제 주소를 알고 있어요."

―지금 루시 기분이 별로라서 기억을 못 합니다.

"사실 저도 생각이 안 나요."

―음…. 그럼 아파트 근처에 뭐가 있는지 기억나십니까?

"아뇨, 잘 모르겠어요."

―그럼 도로는요? 도로는 기억하시죠?

"아뇨, 그것도….".

―아무튼, 루시의 소지품을 되돌려 보낼 주소가 필요합니다.

"기억이 안 나요."

—무슨 문제가 있을까 봐 그러는 거라면 걱정 마십시오.

"제가 지금 주소를 갖고 있지 않아서 그래요."

—괜찮습니다. 걱정 마세요.

루이스는 북받치는 감정과 공포에 휩싸여 흐느끼다 핸드폰을 친구에게 건넸다. 그는 도쿄에서 오래 산 호주인이었다.

"여보세요. 루시는 어디에 있습니까?" 친구가 일본어로 물었다.

몇 분 후 그가 핸드폰을 도로 건넸다. "영어로만 말하는데. 너 하고만 말하고 싶대."

루이스는 생각을 정리했다. 계속 대화를 이어가 루시가 어디에 있는지 알아내는 게 중요하다고 깨달았다.

"여보세요. 다시 제가 받았어요. 저 루이스예요. 저기요…. 저도 당신네 단체에 가입할 수 있나요?"

목소리는 주저하는 듯했다. 그러더니 이렇게 물었다.

—종교가 뭐죠?

"저는 가톨릭이에요. 루시도 마찬가지고요. 전 개종해도 상관없어요. 저도 제 삶을 바꾸고 싶거든요."

—아무튼 모든 게 루시에게 달려 있습니다. 루시의 생각에 달려 있다는 뜻이죠. 저도 생각을 해보겠습니다.

"제발 루시하고 통화하게 해주세요." 루이스가 간절히 부탁했다.

—스승님께 여쭈어보겠습니다.

"제발 루시 좀 바꿔주세요. 이렇게 부탁드려요. 제발, 목소리 한 번만 듣게 해주세요."

―아무튼, 이제 끊어야겠습니다. 죄송합니다. 이제 다시는 루시를 만나지 못한다는 얘기를 해드려야겠군요. 안녕히 계세요.

통화가 다시 끊겼다.

루시는 2000년 7월 1일에 실종되었다. 21세기 첫 번째 해의 한복판인 셈이었다. 일주일 후부터 대략적인 소식이 전 세계로 타전되었다. 실종 다음 주 일요일인 7월 9일에 첫 번째 기사가 나왔다. 영국의 한 신문사는 루시 블랙맨이라는 관광객이 실종되었다며 단신으로 보도했다. 이튿날 조금 더 자세한 기사가 영국과 일본에서 쏟아졌다. 루이스 필립스, 언니를 찾으려고 도쿄로 날아온 루시의 동생 소피 블랙맨은 물론이고 지금 오는 중인 아버지 팀의 이름까지 지면에 실렸다. 기사는 섬뜩한 전화가 걸려 왔다는 사실을 언급하면서 루시가 종교 단체에 납치되었을 가능성을 암시했다. 루시가 인신매매를 당했을 가능성에 대해 우려한 기사도 두 개나 있었다. 루시가 영국항공 승무원으로 근무한 사실이 확인되었음에도, 그다음 날의 기사는 루시를 도쿄 홍등가에서 일하는 '바 걸'이나 '나이트클럽 호스티스'라고 언급했다. 이제 일본 TV 방송국도 취재에 뛰어들었다. 그들은 카메라를 들고 롯폰기를 누비며 금발 외국인들을 찾아 나섰다. 젊은 여성의 실종이라는 사태에 실종자의 국적과 머리색이 가미되고 루시의 직업이 지닌 함축적인 의미까지 더해지자 이 사건은 다른 뉴스거리와 차별화되고 확대되어 무시할 수 없는 차원으로 번졌다. 24시간이 채 되기도 전에 스무 명의 영국 기자와 카메라 기자, 다섯 명의 방송국 기자가 도쿄로 날아와서 도쿄 주재 특파원 및 프리랜서 기자들과 합류했다.

그날 3만 장의 포스터가 인쇄되어 일본 전역에 뿌려졌다. 주로 도쿄 동쪽과 맞닿은 지바 현에 배포되었다.

상단에는 '사람을 찾습니다'라는 문구가 2개 국어로, 아래에는 '루시 블랙맨(영국 여성)'이라는 문구가 적혀 있었다.

나이: 21세

신장: 175센티미터 보통 체격

모발: 금발

눈동자: 파랑

7월 1일 토요일 도쿄에서 마지막으로 목격된 후 실종됨.

루시를 보았거나 관련 정보를 알고 계신 분은 아자부 경찰서나 인근 경찰서로 연락 바랍니다.

짧은 검정 원피스를 입고 소파에 앉은 여성의 사진이 포스터를 꽉 채우고 있었다. 금발 여성이 하얀 치아를 드러내며 어색하게 미소 지었다. 사진이 위에서 내려다보는 앵글로 찍혀서 얼굴이 둥글고 동안으로 보였다. 큰 얼굴과 긴 머리, 다부진 턱선을 지닌 포스터 속 여성은 '이상한 나라의 앨리스'를 빼닮은 것 같았다.

루시 블랙맨은 사망했다. 내가 그런 사람이 있다는 사실을 알기도 전에 루시는 이미 이 세상 사람이 아니었다. 내가 이 사건에 관심을 갖게 된 것은 오로지 루시가 죽었다는, 아니 실종되었다는 이유 때문이었다. 당시에는 누구나 그렇게만 알고 있었다. 나는 도쿄 주재 영국 신문사 특파원이었다. 루시 블랙맨은 도쿄에서 실종된 젊은 영국 여성이었다. 즉 사건 초기에 나는 오직 기삿거리라는 관점에서 루시를 바라보았다.

처음에는 그 사건이 퍼즐처럼 보였지만 시간이 흐를수록 난해한 미스터리로 변해갔다. 루시는 비극적인 희생자로 알려졌지만, 막판에는 일본 법정에서 벌어진 격렬하고 씁쓸한 논쟁과 소송의 주체가 되었다. 영국과 일본은 이 사건에 막대한 관심을 쏟았지만 한 번씩 우르르 들끓을 뿐 집중이 지속되지는 않았다. 루시에 대한 관심이 희미해지면서 뉴스가 몇 달에 한 번 꼴로 뜸해지다가 새로운 진전이 보이면 각종 기사와 해설이 느닷없이 쏟아졌다. 루시를 둘러싼 일은 거리를 두고 보면 실종된 여성의 사체가 발견되어 남자가 기소되는 익숙하기 짝이 없는 사건이었다. 그러나 자세히 들여다보면 복잡한 혼란이 펼쳐지면서 기괴한 반전이 일어나고 비이성적인 전개가 벌어졌다. 결국 통상의 언론 보도는 사건을 잠재우기는커녕 오히려 더 많은 의문점을 낳았다.

이렇게 명확히 해소되지 않는 불분명함 때문에 이 사건은 흔하디흔한 뉴스라는 카테고리를 넘어 흥미진진한 이야깃거리로 발전했다. 4단 신문 기사나 3분짜리 뉴스 꼭지로도 속 시원히 뚫리지 않는 갑갑함이 남았다. 이 사건은 내 꿈에도 나왔다. 몇 달이 지나도 루시 블랙맨이 도저히 잊히지 않았다. 나는 이 이야기의 시작으로 거슬러 올라가 순서대로 차근차근 훑으며 거칠게 꼬이고 묶인 실타

래에서 튀어나온 일관되고 확실한 것들을 공들여 엮기 시작했다. 그 과정에 무려 10년이 걸렸다.

나는 성인이 된 이후 대부분의 시간을 도쿄에서 보냈고 아시아 일대로 여행을 다녔다. 자연재해와 전쟁을 다루는 기자로서 숱한 슬픔과 어둠을 목도했다. 그런데 루시의 사연은 내가 단 한 번도 들여다보지 못한 인간의 내면이라는 측면을 건드렸다. 평범한 방바닥에 달린 낙하문을 따는 열쇠를 손에 넣은 것 같았다. 이 낙하문을 들어 올리자 망각의 영역에 있던 섬뜩하고 폭력적이며 기괴한 존재의 진실이 드러났다. 그 사실을 깨달은 나는 자신이 어리숙해진 듯 민망한 기분이 들었다. 경험이 많은 기자임에도 익숙한 도시에서 아주 특별한 무언가를 놓친 것만 같았다. 그걸 상세히 아는 게 내 직업적 자부심인데도 말이다.

대중의 의식에서 루시가 지워질 무렵에야 나는 루시가 기삿거리 아닌 사람으로 보였다. 나는 일본에 머무는 루시의 가족을 만났다. 처음에 그들은 이 사건을 취재하는 나를 경계하며 불신했지만, 나중에는 조심스러우면서도 친근하게 대했다. 그 후 나는 영국으로 돌아가 블랙맨 가족을 다시 만났고 루시가 인생의 여러 여정에서 만난 친구들과 지인들도 추적했다. 한 사람이 다른 사람으로 연결되었다. 나는 수년에 걸쳐 루시의 부모와 형제자매를 여러 번 찾았다. 그 과정에서 이루어진 인터뷰 녹음을 다 합치면 며칠을 들어도 부족할 분량이 되었다.

그때까지 나는 스물한 살에 막을 내린 인생의 핵심을 파악하는 일이 간단할 줄 알았다. 언뜻 보면 루시 블랙맨은 여느 수백만의 동류同類들과 다른 점이 없는 인물이었다. 대체로 풍족하고 교육을 잘 받은 영국 남동부 출신의 중산층 아가씨. 루시의 삶은 평범 그 자체였다. 루시의 인생에서 가장 두드러진 것은 그 생이 마감된 방식이었다. 그런데 가까이 다가가면 갈수록 루시는 내게 점점 더 흥미로운 존재로 다가왔다.

우리는 저마다 삶을 살아가면서 자신의 성격을 파악한다. 그런데 21년을 살다 간 루시의 성품과 성격은 한 사람의 것이라 하기에는 너무 다양하고 복잡해서 그녀와 가까이 지낸 이들조차 완전히 파악하지 못했다. 지인들이 아는 루시는 서로 미묘하게 달랐다. 어렸을 때부터 루시의 삶에는 성실함과 감성과 포부가 담겨 있었고 종종 모순도 섞여 있었다. 루시는 성실하고 정직하면서도 속임수에 능했다. 대담하고 믿음직스러우면서도 심약했다. 솔직하면서도 모호했다. 숨김없으면서도 속을 내보이지 않았던 그녀. 나는 한 사람의 일생을 온전히 평가하며 이런 특징을 솎아내 엮는 동안 무기력한 전기 작가가 된 듯한 기분에 빠졌다. 세상을 떠나지 않았더라면 내가 존재조차 몰랐을 한 인간에 대해 알아가는 과정에 매료되었다.

루시가 실종되고 몇 주가 지나자 수많은 이들이 루시의 이름을 들었고 신문과 방송에 보도된 실종자 포스터를 통해 앨리스를 연상시키는 얼굴을 보았다. 그들에게 루시는 희생자였다. 그녀는 이국 땅에서 처참한 종말을 맞이한 젊은 여성이라는, 특정 피해자 부류를 대표하는 상징이 되었다. 바로 그 이유 때문에 나는 죽기 전까지 다채롭고 사랑스럽게 일상을 살던 여인의 위상을 복원함으로써 루시 블랙맨과 그녀의 평판에 조금이나마 힘을 보탤 수 있기를 희망했다.

1 ——————— 루시

제대로 된 세상

루시의 어머니 제인은 시간이 지나도 남편 팀 블랙맨의 장점을 찾기 힘들었지만, 그가 딸아이의 목숨을 살려준 일에는 늘 감사했다.

부부는 서식스의 작은 마을에 있는 아담한 집에 세 들어 살면서 당시 21개월이던 루시를 키웠다. 루시는 아기 때부터 종종 편도선염에 시달려 열이 나고 목이 부어올랐다. 부부는 수건에 물을 적셔 아이의 몸을 문질러 체온을 내리려 했지만 열이 떨어지지 않았다. 간신히 열이 내려도 몇 주 지나지 않아 또다시 고열에 시달렸다. 하루는 팀이 일찍 퇴근해 아픈 아이를 돌보는 제인을 거들었다. 그날 밤 루시를 살피러 간 아내의 비명 소리에 팀은 잠에서 깼다.

팀이 아이 방으로 들어가자 제인은 이미 계단을 뛰어 내려가고 있었다.

팀은 이렇게 설명했다. "루시가 아기 침대에 미동도 없이 누워 있었고 몸이 차가웠어요. 아이를 들어 올려 바닥에 내려놓았는데 눈앞에서 아기 얼굴이 잿빛으로 변했습니다. 거의 거무죽죽할 정도였어요. 아기의 몸에 피가 제대로 돌지 않는 게 분명했어요. 전 어쩔 줄 몰라 바닥에 누운 아이를 품에 안았어요. 제인은 구급차를 부르러 벌써 아래층에 내려갔죠. 루시는 아무 소리도 내지 않고 숨도 쉬지 않았습니다. 아이의 입을 억지로 벌리려는데 꽉 다물고 있어서 제가 두 손으로 입을 벌리고 한쪽 엄지를 집어넣은 다음 손가락으로 아이의 혀를 잡아 뺐어요. 제가 잘한 건지 몰랐지만 제대로 한 것 같았습니다. 그런 다음 아이를 모로 누이고 입에다 숨을 불어 넣었다 내뱉기를 반복했어요. 그랬더니 아이가 다시 숨을 쉬더라고요. 너무 걱정돼서 속이 메슥거렸어요. 그때 아이의 혈색이 되돌아왔습니다. 구급차가 도착하고 대원들이 좁은 계단을 뛰어 올라왔어요. 우람한 대원들이 큼지막하고 쨍그랑거리는 장비를 들고 있더군요. 아주 몸집이 좋은 대원들은 덩치가 집채만 했어요. 그들이 들것을 펴서 아이를 그 위에 묶고 계단을 내려가 구급차에 실었어요. 그러고 나선 루시가 괜찮아졌죠."

루시는 열성경련을 일으켰다. 열과 탈수 증상으로 인해 근육에 경련이 생겨 혀가 말리며 목구멍을 틀어막은 것이다. 몇 분 더 지체했더라면 루시가 사망했을지 모른다. 팀은 "당시엔 하나뿐인 제 아이를 제대로 지키지 못할 줄 알았어요. 루시가 태어났을 때에도 그렇게 불안한 생각이 들었거든요. 그때 루시에게 무슨 일이 생겼다면 외둥이를 키우던 우리 부부에겐 정말 끔찍한 일이었겠죠"라고 회상했다.

루시는 1978년 9월 1일생이다. 라틴어로 '빛'을 뜻하는 단어에서 따서 이름을 지었다. 어머니 제인의 설명에 따르면, 루시는 다 커서도 밝은 곳과 조명을 좋아했고 어두운 곳에 있는 걸 참지 못해서 집에 있는 불은 죄다 켜고 잠을 잘 때도 방을 밝혀놓았다고 한다.

루시를 낳을 때 제인은 유도 분만을 하느라 열여섯 시간이나 진통을 했다. 태아의 얼굴이 산모의 배를 바라보는 후방후두위였기 때문에 분만 과정 내내 산통이 극심했다. 아이가 3.6킬로그램으로 건강하게 태어나자 부부는 만감이 교차하는 가운데 첫아이를 본 짙은 행복감을 누렸다. 제인은 "그저 기쁘기만 했어요. 엄마가 된다고 생각하니…. 저희 엄마가 옆에 계셨더라면 좋았겠다는 마음이 들더군요. 제가 엄마가 된 게 정말 자랑스러웠는데 엄마가 안 계시니 서글프더라고요"라고 했다.

제인은 자신의 어린 시절을 떠올릴 때면 그저 슬픔만 가득했다. 메마르고 음울한 자기 비하와 방어적인 마음을 오가며 자라다 보니 어른이 되어서도 자기 연민을 떨칠 수가 없었다. 내가 처음 만났을 때 제인은 40대 후반이었다. 짧고 짙은 금발에 깡마르고 매력적인 여인이 경계를 늦추지 않으며 예민하게 굴었다. 옷차림은 단정하고 점잖았으며 길고 섬세한 속눈썹이 눈동자를 감쌌다. 언뜻 소녀 같은 이미지였지만, 예리하고 정확한 개념을 지녔고, 멍청하고 속된 이를 절대로 참지 못하는 모습은 첫인상에서 비롯된 예상을 깨뜨렸다. 제인은 자존심과 자기 연민을 오가며 전쟁 중이었다. 남색 스커트와 재킷을 입은 고집 세고 우아한 여우 같아 보였다.

제인과 동생들은 영화사 임원이던 아버지와 함께 런던 시외에서 유년기를 보냈다. 엄격하면서 다소 단조로운 중산층의 생활이었다. 그들은 매일의 과제와 식사 예절을 중시했고 해마다 여름이면 시원한 바람이 부는 영국 해안가 리조트로 휴가를 떠났다. 제인이 열두 살 되던 해 가족은 남부 런던으로 이사했다. 전학한 학교에 처음 등교하던 날 아침 제인은 엄마에게 입을 맞추려고 방에 들어갔지만 엄마는 밤새 두통과 불면증에 시달리다 잠들어 있었다. "끔찍한 일이 닥칠 것 같은 기분이 들어서 아빠한테 '엄마 돌아가시는 거 아니죠?'라고 물었더니, 아빠는 '그럼, 바보 같은 소리. 당연하지.' 하고 대꾸하셨어요. 그런데 학교에 갔다 오니 엄마가 돌아가셨어요. 뇌종양이었죠. 그 후 아버지는 정신을 놓으셨어요. 아버지가 완전히 무너져 내리셨으니 제가 용기를 내야 했어요. 그날이 제 어린 시절의 마지막이었습니다." 제인은 회상했다.

제인의 어머니는 마흔에 세상을 떠났다. "주중에는 할머니가, 주말에는 아빠가 저희를 돌봐주셨어요. 아빠는 늘 울고 계셨던 기억이 나요." 사별한 지 15개월 만에 아버지가 20대 중반의 여성과 재혼하자 제인은 충격을 받았다. "애가 셋이나 딸렸으니 아버지가 재혼 생활을 제대로 못 누리셨어요. 모두에게 힘든 상황이었어요. 사실 전 어릴 때가 별로 기억나지 않아요. 연달아 충격을 받고 고통당하다 보니 뇌에서 기억을 지워버린 거죠."

제인은 열다섯 살 때 학교를 중퇴하고 비서 학원을 다닌 후 대형 광고회사에 취직했다. 열아홉 살 때 스페인의 마요르카 섬으로 친구와 여행 가서는 세차를 하며 돈을 벌어 그곳에서 6개월간 살았다. 당시에는 영국인들이 너도나도 스페인으로 몰려오기 전이었기에, 마요르카 섬이 있는 발레아레스 제도는 여전히 괜찮은 선택지

이자 이국적인 여행지였다. 맨체스터 유나이티드의 유명한 축구 선수 조지 베스트도 그곳을 찾았다. "제가 그 선수와 만난 건 아니지만 그가 술집에서 미인들에 둘러싸여 있는 모습을 여러 번 봤어요. 하지만 전 굉장히 조신했고 몸조심했어요. '조신'이란 단어를 온몸에 새기고 다녔죠. 남들은 흔들렸을지 모르지만, 전 아니었어요. 몹시 고리타분한 여자였죠."

마요르카 섬에서 지내는 동안 제인의 정조 관념이 젊은 남성에 의해 시험대에 오른 적이 있었다. 그와는 인사만 하는 사이였는데 어느 날 그가 제인의 집 앞에 나타나 키스하려 했다. "저는 완전히 얼어붙었죠. 그 남자에 대해 아는 게 별로 없었고, 게다가 대낮이었거든요. 스웨덴 남자였는데 전 꼬리 치지 않았어요. 그 후론 굉장히 몸을 사리게 되었죠. 저는 햇살과 바다도 좋아하고 야외 활동하는 것도 좋아했지만 막 살지는 않았어요. 전 조신했으니까요. 남편과의 잠자리가 처음이었어요."

제인이 팀을 만난 건 스물두 살 때였다. 당시 제인은 런던 자치구 브롬리에 있는 치즐허스트에서 아버지와 새어머니와 같이 살았다. 제인은 친구의 오빠인 팀에 대해 이미 많은 얘기를 들었다. "사람들이 그러더군요. '팀이 제격이지. 여자한텐 저런 남자가 좋아'라고요."

팀은 프랑스 남부에서 프랑스인 여자친구와 동거하다가 막 돌아왔다. "그런데도 저한테 수작을 걸기 시작하더군요. 그래서 저는 냉정한 눈길로 쏘아보았죠. 살면서 자기한테 반하지 않았던 여자는 제가 처음이었나 봐요. 그래서 제가 도전의 대상이 된 거예요. 솔직히 말하자면 전 자신이 없었어요. 제 주변에는 남자들이 꼬이는 미녀 친구들이 굉장히 많아서 디스코장에 가면 전 항상 가방 지킴이가 되었어요. 팀은 제가 그에게 반하지 않은 이유를 전혀 몰랐고, 저는 누가 날 좋아해줄지 몰랐고요. 그러다가 팀과 결혼까지 하게 됐습니다." 18개월 후 두 사람은 팀의 스물세 번째 생일인 1987년 7월 17일에 식을 올렸다.

팀은 인근 마을인 오핑턴에서 구두 가게를 운영하며 근근이 살았다. 한때 그의 아버지는 남동부 전역에 대리점을 거느렸지만 다 정리하고 그 매장 하나만 남아 있었다. 결국 그 가게까지 문을 닫자 팀은 6개월간 슬픔에 빠졌다. 그러나 갓 꾸린 가정을 부양하기 위해 친구들 밑에서 프리랜서 페인트공 겸 도배업자라는 특이한 일을 시작했다. "저희는 하루 벌어 하루 먹고살았습니다. 1980년대 초반은 굉장히 어려운 때여서 어디에서 50파운드라도 벌어 올 수 있을지 막막했습니다. 그래도 우리 아기와 같이 로라 애슐리풍으로 꾸민 작은 집에서 굉장히 예쁘게 살았죠. 루시가 어리던 그때가 좋았습니다"라고 팀이 회상했다.

1980년 5월 첫째와 대략 2년 터울로 소피가 태어나고, 3년 후에는 막내 루퍼트가 태어났다. 팀은 동업자를 구해 도배업에서 부동산 개발업으로 업종을 변경했다. 1982년, 가족은 북쪽으로 몇 킬로미터 떨어진 세븐오크스라는 고상한 부촌으로 이사했다. 그제야 고생이 끝났다. 제인은 아이들을 위해 늘 꿈꾸던 어린 시절을 만들어주었다. 꽃밭이 펼쳐진 정원에 예쁜 원피스를 입은 아이들의 웃음소리가 울려 퍼지는 어린 시절.

제인은 그 집에 '데이지 코티지'라는 이름을 붙였다. 그 집에서 그랜빌 스쿨이라는 사립 초등학교가 내려다보였다. 명성이 자자한 '더 그랜빌'이었다. 그 학교는 제인의 판타지를 완벽히 채워주었다. 남들의 시선을 끄는 귀여움이 가득한 학교였다. 그 학교에 다녔던 이들이라면 다들 미소를 지으며 그곳을 회상했다. 세 살 정도 된 어린 여학생들은 파란 체크 원피스 교복을 입고 회색 모직 방울이 달린 모자를 썼다. 봄 축제 때는 꽃으로 둥글게 엮은 화관을 머리에 썼다. 무릎을 굽혀 인사하는 법은 물론 메이폴 댄스(봄에 씨앗을 뿌린 후 풍작을 비는 행사—옮긴이)도 교과 과정에 포함되어 있었다. 제인은 "저희 침실에서 운동장이 훤히 보였어요"라고 회상하면서 "너무나 완벽했어요. 루시가 놀다가도 가까이 와서 제게 손을 흔들면, 저도 손을 들어주었죠"라고 했다. 옛날 학교, 어린이 그림책을 뚫고 나온 것 같은 학교였다. "꿈의 나라에 사는 것 같았고 현실과는 완전히 딴판이었죠."

루시는 어릴 때부터 애어른이었다. 양심적이면서도 어린아이다운 솔직함이 있어서 어른들을 미소 짓게 했다. 제인이 껍질 콩을 까라고 시키자 루시는 일일이 들여다보다가 조금이라도 못생긴 콩이 나오면 안 까겠다고 했다. 인형을 좋아하던 루시는 소피에게 젖을 주는 엄마 옆에 앉아 플라스틱 인형에게 우유를 먹였다. "루시는 꼼꼼하고 단정하고 깔끔했어요. 제 어릴 적 모습과 닮았어요." 반면 소피는 짜증이 많고 투덜대며 성질을 부렸다. 그러면 언니 루시가 요령껏 다정하게 달래주었다. 자매는 큼직하고 오래된 침대를 같이 썼다. 부활절이면 둘이 하루 종일 침대 밑에서 밥을 먹고 그림책을 보고 인형을 돌보았다.

　　루시가 학창 시절 쓴 공책을 보면 제인이 자녀들을 위해 조성한 순수함과 기쁨의 세계가 성공적이었음을 알 수 있다.

　　이름: 루시 블랙맨
　　제목: 새 소식

　　5월 20일 월요일

　　오늘 아빠가 학교로 데리러 오시면
　　우리는 집으로 갈 거다.
　　그런 다음 나는 로라 애슐리 원피스를 입어야지.
　　파란색과 회색이 섞이고 작은 꽃들이 그려진 옷이다.
　　그걸 입고 테스코 슈퍼 가정용품 및 옷 코너로 가서
　　젬마에게 줄 선물을 살 것이다.
　　그런데 생일선물로 뭘 사야 할지 모르겠다.
　　젬마는 네 명을 초대한다고 한다.
　　나하고 실리아와 샬럿, 같은 학교에 다니는 친구를 부른다고 한다.
　　그럼 그랜빌에서 오는 친구는 나 하나뿐이네.

　　친구, 친구, 친구.

그리고 또 다른 공책에는 이렇게 적혀 있다.

이름: 루시 블랙맨

제목: 실험

빛

큰 거울에
나를 비춰보았다.
내 모습이 보였다.

한쪽 눈을 감았다.
한쪽 눈이 감긴 내가 보인다.

코를·만졌다.
오른손으로 내 코를 만지는 내가 보였다.

박수를 쳤다.
박수 치는 내가 보였다.

거울
거울

큰 거울을

측면에 갖다 대었다.

제대로 된 세상이 보였다.

"제가 서글픈 어린 시절을 보냈기 때문에 정말 멋지고 행복한 가정을 꾸리는 게 꿈이었어요. 아이들이 학교에서 돌아올 무렵이면 뜨뜻해지라고 아이들 슬리퍼를 오븐 앞에 놓아두곤 했죠. 루퍼트가 럭비를 하러 가면 저는 뜨거운 물을 병에 담아 건네주고, 따뜻한 차를 보온병에 담아 학교에서 오는 아이를 맞이했어요. 아이들을 잃는 게 제겐 가장 큰 공포였어요. 애들이 아주 어렸을 때부터 그랬어요. 그래서 가죽으로 보호용 끈을 만들어 거기에 작은 토끼 그림을 붙인 후 어디 외출할 때마다 루퍼트에게 채웠어요. 그 가죽끈을 단단히 쥐고 누나들에게 이렇게 말했죠. '너희들은 손을 잡아라.' 마트 안에서 혹시나 아이들 중 하나라도 보이지 않으면 가슴이 철렁 내려앉았어요. 그게 제겐 최악이었어요. 과거에 겪어서 그래요. 가족을 떠나보낸다는 게 가장 큰 두려움이었어요. 엄마를 잃었기에 아이를 잃는다는 상상만으로도 견딜 수가 없었어요. 그래서 그렇게 감싸고돌았죠. 저는 과잉보호하는 엄마였어요."

현실의 경제적 어려움이 제인의 동화 속 세상을 덮쳤다.

팀의 부동산 회사가 휘청거리자 루시와 소피가 다니던 그랜빌 스쿨 학비를 감당할 수 없어서 아이들을 근처 공립 초등학교로 전학시켰다. 과밀하고 평범한 학교였다. 화장실은 실외에 있고, 화관을 쓰고 무릎을 굽혀 인사하거나 방울 모자를 쓰는 일도 없었다. "전원풍의 소규모 학교와 아이들이 전학하게 된 공립학교의 현격한 차이 때문에 가슴이 찢어졌어요. 전 또다시 굉장한 상실감에 빠졌죠. 굉장히 허탈했어요. 그랜빌은 그냥 학교였지만 저에게는 굉장히 목가적으로 느껴지던 곳이었거든요. 공립학교를 다닌다고 무슨 큰일이 나는 게 아니라는 걸 알면서도, 노래하고 데이지 꽃을 엮느라 현실이 정말 어떤지 몰라야 하는 게 인생이라고 생각했으니까요." 제인이 고백했다.

　루시가 세븐오크스에 위치한 여학교인 월섬스토 홀에서 장학금을 받자 학비 문제가 해결되었다. 월섬스토 홀은 크리스천 선교사의 딸들을 위해 19세기에 설립된 곳으로, 건물은 빨간 벽돌로 튼튼히 지어졌다. 루시는 열심히 공부하는 학생이었기에 일명 '월리 홀'에서도 잘 지낼 것이라는 기대를 받았다. 학교 측은 월리 홀을 졸업하고 대학에 진학한 여학생들의 수에 자부심을 가졌다. 그러나 루시는 그곳과 전혀 맞지 않았다. "월섬스토 홀은 귀족 학교였어요. 생일날 자동차 열쇠를 선물받은 여학생들이 꽤 많았죠. 그런 아이들 틈에 저희가 도저히 낄 수 없었죠"라고 제인이 말했다. 하지만 루시의 10대에 가장 짙은 그림자를 드리운 것은 돈이 아니라 병이었다.

　열두 살 때 루시는 마이코플라스마 폐렴에 걸렸다. 폐렴 중에서도 특이한 질환으로 몇 주간 앓아누워야 했다. "루시가 심하게 아픈데 아무도 원인을 몰랐어요. 루시 등을 베개 여러 개로 받치고 침대에 앉혀서 제가 등을 두드리며 가래를 빼주어야 했어요. 아이가 숨을 쉬면 그렁그렁 소리가 났어요. 폐에서 나는 소리였죠." 그 뒤로 루시는 신체적 고통으로 힘겨워하다가 다리가 너무 아파서 제대로 걷지 못해 학교를 2년이나 휴학했다. 몇 주에 한 번씩 기운이 바닥나 계단을 내려오는 것만으로도 진이 빠졌다. 의사들은 언제 루시가 건강을 회복할지, 과연 그럴 수 있을지조차 확실히 판단하지 못했다.

제인 블랙맨은 자신에게 내재된 정신력과 예지력을 굳게 믿었다. 발 반사 요법 마사지사로 일하던 그녀는 임박한 일을 정확히 예견한 적이 여러 번 있었다고 고백했다. 나이 든 친척의 죽음을 예지하거나 마사지를 받으러 온 사람의 임신을 당사자가 알기도 전에 미리 맞히기도 했다. "일하다 보면 그냥 느낌이 왔어요. 머릿속에서 어떤 목소리가 울리면서 무언가를 얘기해주는데, 나중에 보면 제 말이 다 맞더라고요. 제 정의심 때문에 그런 것 같아요. 저는 남들의 고통을 느낍니다. 사람들은 저더러 공감 능력이 뛰어나다고 하는데, 워낙 많은 일을 겪다 보니 그런 능력이 생긴 것 같아요."

제인은 루시도 오랜 투병 생활 중에 초자연적 인지력을 처음 드러냈다고 믿었다.

어느 날 침실에서 루시를 돌보던 부부는 희미하면서도 분명한 냄새를 맡았다. 담배 냄새였는데 집에는 흡연하는 사람이 아무도 없었다. 팀은 옆집에 전화를 걸어 옆집과 맞닿은 벽으로 들어오는 연기가 없다는 사실을 확인했다. 며칠 후 제인이 루시에게 이상한 냄새가 난다고 했다. 당시 루시는 극도로 몸이 쇠약해서 자다 깨다를 반복하는 중이었는데, 놀랍게도 루시가 이렇게 말했다. "침대 끝에 걸터앉은 남자가 피우는 담배 냄새예요."

"무슨 남자?" 제인이 물었다.

"밤에 노인이 나타나 가끔 제 침대 발치에 앉아서 담배를 피워
요."

"풉!" 팀은 후일 이 얘기를 말하며 웃었다. "저희는 루시가 완전
히 미친 줄 알았어요."

나중에 기력을 되찾은 루시는 외할아버지와 새외할머니가 사
는 집에 들렀다. 루시는 찬장에 놓인 노인 사진을 우연히 보고는 누
구냐고 물었다. 그날 그 집에 있던 제인의 할머니이자 루시의 증조
할머니가 말하길 몇 년 전 세상을 떠난 남편 홀리스 에서리지라고
했다.

"바로 이분이세요. 오셔서 제 침대 발치에 앉아 계시던 분이
오." 루시가 말했다.

홀리스는 일평생 끽연가로 지냈다.

루시는 점차 몸을 회복해 복학했지만, 그 후 몇 년간 루시의 외
가에서 병이나 초상이 이어졌다.

제인의 여동생 케이트 에서리지는 아이들이 제일 좋아하는 이
모였다. 젊고 매력적이며 세련된 이모는 제인보다 열한 살 아래였
고 런던에서 잡지 에디터로 일했다. 주말이면 루시와 소피, 루퍼트
는 런던으로 가 이모와 함께 박물관과 갤러리를 돌았다. 그러고 나
면 이모는 아이들을 킹스로드로 데려가 햄버거와 피자를 사주곤 했
다. 1994년 여름, 가족들은 케이트가 변했음을 알아차렸다. 행동이

어색하게 느려지더니 말을 더듬기 시작했다. 극심한 두통과 구역질에 시달리던 케이트의 뇌에서 커다란 종양이 발견되었다. 두 달 후 케이트는 장애가 남을 수도 있는 수술을 받다가 마취 상태로 세상을 떠났다.

평생 담배를 피운 제인의 아버지도 동맥경화로 혈액순환이 제대로 되지 않아 조직이 괴사되는 바람에 먼저 오른발을, 그다음엔 왼쪽 다리를 절단했다. 처참하게 깡마른 몸으로 그는 휠체어에 올라 딸 케이트의 장례식이 열리는 교회로 갔다.

케이트 에서리지가 죽은 바로 그해, 제인과 팀의 19년 결혼 생활도 파경을 맞이했다.

루시 블랙맨이 실종된 후 의문만 분분하던 몇 달을 거쳐 끔찍한 진실이 드러나기까지, 팀과 제인 사이의 골은 깊어가기만 했다. 사실 루시가 살해당하기 오래전부터 앙금이 있었다. 진실을 놓고 신랄하게 다투는 소리는 루시가 살다 간 마지막 5년의 배경음이 되었다.

제인은 결혼이 깨진 때가 1995년 11월경이라고 기억했다. 제인과 팀의 마지막 집이 된 세븐오크스의 에드워드 7세풍 집에는 여섯 개의 커다란 침실이 있었다. 그곳은 제인이 꿈꾸던 가정이 최종 실현된 형태였다. "아가 사에서 만든 스토브를 그 집에 들여놓으려고 했어요." 제인은 아늑했던 집을 떠올리며 자조적인 모습을 살짝 내비쳤다. "제가 아가 스토브에서 요리하는 동안 내 아이들이 부엌에 들어오고, 나중엔 손자 손녀들도 드나드는 그런 집이 될 줄 알았어요. 하지만 그리 되진 않았어요."

토요일 오후였다. 다섯 명의 가족이 모두 거실에 모여 앉아 벽난로에 불을 피웠다. 제인은 마마이트 스프레드, 살구잼과 딸기잼 등 세 가지 색의 잼을 꺼내놓고 아이들이 '알록달록 토스트'를 만들 수 있도록 준비했다. "제가 좋아하던 〈케빈은 열두 살〉을 다 같이 보았죠. 모두 그 프로그램을 좋아했어요. 팀이 루퍼트를 무릎에 앉히고 한 말을 절대로 잊을 수가 없어요. 그이는 식구가 한자리에 모이니 '가족이라 참 좋다'고 했어요. 그 말은 절대로 못 잊을 거예요. '가족이라 참 좋다.' 그이는 그렇게 말했죠. 그랬는데 다음 날 모든 게 끝나버렸어요."

월요일 아침, 웬 남자가 제인에게 전화를 걸어 지금 팀이 자기 아내와 자고 있다고 했다. 그날 저녁 제인이 따지고 묻자 팀은 처음엔 부인하다가 나중에는 불륜을 인정했다. 제인은 당장 집에서 나가라고 했고 고성과 비명이 오갔다. 밤새도록 옷가지와 소지품이 잔뜩 든 시커먼 쓰레기봉투가 창밖으로 날아갔다. "팀이 자상한 가장이라고 믿었지만, 19년간 결혼 생활을 하고 나서야 제가 허깨비와 살았다는 걸 깨달았어요."

팀은 아내에게 충실하지 못했음을 인정했다. 그러면서도 정말 행복했던 결혼 생활이 순식간에 무너진 게 아니라, 오랜 불통과 반감 속에서 계속 골이 깊어졌다고 했다. "제인은 제가 하는 일이 못마땅하면 절 무시했어요." 팀이 항변했다. "주말 내내 굳은 얼굴로 말 한마디 안 하는 일이 많았고 그러는 게 몇 주, 몇 달씩 가기도 했습니다. 법적으로나 일반적인 절차로 따지자면 제가 유책 배우자가 맞지만 이혼에 이르게 된 과정엔 아무도 관심을 갖지 않아요. 애들 입장에서 보면 제가 가정을 깬 장본인이 확실합니다만, 이건 흑백으로 나눌 수 있는 문제가 아니에요. 비슷한 상황을 겪어본 사람이라면 누구나 이해할 겁니다."

제인은 세 자녀와 함께 아직 태어나지 않은 미래의 손자들의 영혼이 깃든 에드워드풍 저택에서 우울한 크리스마스를 보냈다. 팀은 회사가 청산 절차에 들어가 수중에 돈이 한 푼도 없었다. 제인은 살던 집을 팔아 작은 집에 세를 얻었다. 세븐오크스보다는 덜 고상한 동네에 있는 우중충한 벽돌집이었다. 사연이 있는 집이었다. 전에 이 집에 살던 마흔네 살의 알코올 중독자 다이애나 골드스미스가 자녀들을 학교에 데려다준 후 홀연히 사라졌다. 제인과 아이들이 그 집에 이사 들어가자 먼지 낀 유리창에 형사가 지문을 채취한 흔적이 여전히 남아 있었다. 제인은 "아이들과 저는 '그 사람이 욕조 밑에서 나오진 않았으면'이라고 했는데, 절반은 진담이었어요"라고 했다.

이듬해 다이애나 골드스미스가 브롬리에 있는 어느 정원에 암매장된 채 발견되었다. 옛 애인은 살인죄로 재판을 받았지만 무죄로 풀려났다. "우리 모두 그 집을 싫어했어요. 지저분한 데다가 섬뜩한 과거가 있었으니까요. 전 절대로 돈만 따지는 사람은 아니에요. 보기 좋고 예쁜 것을 좋아하죠. 그 집은 제 미적감각에 거슬렸고 루시도 그 집을 싫어했어요."

그곳이 루시의 마지막 집이 되었다.

법칙

"이혼은 모든 걸 의심하게 만들어요." 소피 블랙맨이 말했다. "자라면서 저는 엄마, 아빠, 남동생과 언니가 있고 그렇게 구성된 가족 안에 제가 있다는 것만 확실히 알았는데 그 사실이 바뀌는 순간 내가 누구인지, 왜 사는지에 대한 의심이 쏟아지더라고요. 루퍼트는 열세 살이었는데 펑펑 울면서도 참아냈어요. 전 열다섯 살이었는데 그땐 모든 게 이상해 보이는 나이라 어쩔 줄 몰랐어요. 루시 언니는 웬만큼 커서 열일곱 살이었어요. 언니는 엄마 편을 들지 않았어요. 사실 누구 편도 아니었죠. 대신 엄마의 심정을 공감해주었죠. 언니는 루퍼트와 제게 늘 엄마 같은 존재였어요."

소피 블랙맨은 내가 루시 블랙맨 취재로 만나 사적으로 가장 가까워진 사람이었다. 자매가 떨어져 산 세월은 2년 미만으로 둘은 루시가 죽기 전까지 거의 붙어 지냈다. 두 사람을 아는 이들은 자매가 놀랍게 닮았다고 입을 모았다. 다들 그리 말하는 이유는 외모도 그랬지만 자매의 행동거지나 말하는 스타일이 상당히 흡사했기 때문이다. 사실 자매라면 거의 그렇긴 하지만.

소피는 무뚝뚝하고 예민하면서도 굉장히 의리 있는 사람이었다. 유가족들은 루시 생전에 루시를 더 많이 찾고 루시에게 더 많이 기댔지만, 내가 보기에 소피만큼 루시를 이해한 사람은 없었다.

자매의 기질은 매우 달랐다. 어릴 때부터 루시는 모성애를 발휘하는 타입이었던 반면 소피는 고집 세고 공격적인 왈가닥이었다. 10대 시절 소피는 잘 따지며 쉽게 발끈하는 동시에 냉소적이고 감정이 메마른 편이었다. 소피도 어머니처럼 멍청한 이들을 참지 못했다. 어머니가 미신이나 초자연적인 허튼소리에 집착하면 가차 없이 비판했다. 소피는 태생적으로 아버지 팀을 가장 많이 닮아 어머니와 심하게 다투었다. 부모의 이혼으로 모녀 간의 갈등은 점점 심각해졌다.

제인이 꿈꾸던 에드워드풍 주택에서의 아늑한 삶은 이혼과 함께 막을 내렸다. 꿈이 사라지자 가정에도 변화가 생겼다. 자녀들을 엄하게 과보호하던 제인은 놀라울 정도로 관대하게 변했다. 아이들의 이성 교제를 허락했고 심지어 애인을 집에서 재워도 된다고 부추기기까지 했다. 10대인 루퍼트는 어머니에게 콘돔 한 상자를 받고 당황했다. 친구들은 루시와 어머니가 굉장히 친해서 모녀가 아니라 자매 같아 보였다고 했다. "두 사람이 얘기할 때 보면 정말 자매 같았어요. 루시는 엄마와 통화하면서 깔깔댔죠." 루시의 동창 캐롤라인 로런스가 말했다. "루시는 엄마와 서로 옷을 바꿔 입기도 했고 밤에 같이 놀러 나가기도 했어요. 저도 엄마와 가깝게 지내서 옷을 같이 입는 건 이해하지만, 같이 클럽에는 안 가거든요."

10대를 키우는 가정에서 의견 충돌은 피할 수 없는 일이었지만 제인과 소피의 충돌은 너무 잦았다. 둘이 다투면 루시가 중재자로 나섰다. 어떤 이들은 루시와 엄마는 자매 같은 사이 그 이상이었다고 했다. "루시가 그 집에서 사실상 엄마 같은 존재였어요." 제인의 친구 발레리 버만이 밝혔다. "소피가 제인한테 소리치며 악다구니하면, 문제를 해결하는 건 늘 루시였어요. 팀이 떠난 후 루시가 훌쩍 커버렸죠. 루시가 엄마, 제인이 딸이었어요."

솔직히 말해 루시는 미인이라고 하기엔 늘씬하지도, 이목구비가 뚜렷하지도 않았다. 그래도 다들 루시 하면 제일 먼저 외모부터 떠올렸다. 루시는 공들여 치장하는 걸 가장 중시했다. 친구들은 루시가 상점에 갈 때나 아침에 조깅할 때도 머리와 화장에 신경 쓰는 걸 보고 웃곤 했다. 그들이 웃을 때마다 루시는 머리칼을 뒤로 휘날리며 어깨를 들썩여 보였다. 훤칠한 키와 긴 머리 덕분에 루시는 또래들 사이에서 도드라졌다. 제인은 루시가 방을 훤히 밝히는 존재였다고 했다.

발레리 버만은 "처음 루시를 봤을 때 홀딱 반했어요"라고 고백했다. "전 루시의 말소리를 듣는 게 좋았어요. 말을 참 예쁘게 했거든요. 무슨 주제로든 얘기할 수 있는 애라 루시의 얘기를 듣고 싶었어요. 루시는 각설탕에 대해서도 떠들 수 있는 애였죠." 루시는 반짝거리는 네일이 발린 손을 열심히 휘저어가며 말하는 스타일이었다. 캐롤라인 로런스는 "루시는 정신없이 머리를 흔들고 손을 휘저어서 자기 손하고 대화하는 것 같았어요. 게다가 머리 때문에 사람들의 시선을 끌어모았죠. 시내에 있는 도싯 암스라는 펍에서 루시를 기다리던 때가 아직도 기억나요. 창을 통해 루시가 길을 건너오는 모습이 보였어요. 농담이 아니라, 그 펍에 있는 사람들이 모조리 동작을 멈추고 루시를 쳐다봤어요. 여자들까지 그랬어요. 키가 이렇게 큰 여자가 금발 폭탄 머리를 하고 보란 듯이 길을 건너고 있었으니까요"라고 회상했다.

루시는 새 옷을 좋아하고 쇼핑을 즐겼다. 제인처럼 루시도 안락한 집과 깔끔하게 정리된 곳에서 지내는 걸 좋아했다. 다른 이유도 있었겠지만, 루시는 고급스러움과 편안함을 좋아했기에 학창 시절이 즐겁지가 않았다. 그녀는 GCSE(영국의 중등교육 자격시험—옮긴이) 시험을 거뜬히 통과했고 A레벨(대학 진학 시 필요한 자격시험—옮긴이)을 치를 식스 폼(6th form. 한국의 고등학교 3학년 과정에 해당된다—옮긴이) 과정에 다녔다. 그런데도 대다수의 똑똑한 월섬스토 홀 여학생들과는 달리 루시는 대학에 지원하지 않았다. 루시는 시험을 본 후 피자 가게에서 잠시 일하다 나중에는 동네 사립학교에서 조교로 근무했다. 그리고 가족의 소개로 런던에 있는 프랑스 투자은행인 소시에테 제네랄 은행에 취직했다.

루시는 딜러 보조로 일하면서 트레이딩 룸에서 딜러들이 외치는 주문을 입력했다. 트레이더들은 젊고 능력 있고 돈 잘 버는 남자들이었다. 그곳의 분위기는 정신없이 바쁘고 공격적이었다. 금발의 젊은 신입 여직원 루시는 즉각 남자들의 관심을 끌었다. 남자들은 루시를 '빵빵이'라고 불렀는데 그녀의 풍만한 가슴을 빗댄 말이었다. 루시는 고작 열여덟 살이었지만 추파가 오가는 짜릿한 분위기를 즐겼다. 옷과 액세서리를 좋아했고 퇴근 후에는 런던 시내의 바에서 샴페인을 즐겼다.

"다들 대학생인데 저희만 직장을 다녔죠." 캐롤라인 로런스가 말했다. 로런스 역시 월섬스토 홀을 졸업한 후 런던에서 직장을 다녔다. "월급이 많지 않았지만 열일고여덟 살이었던 저희 눈엔 저희가 부자였어요. 루시는 소시에테 제네랄 은행을 좋아했어요. 세븐오크스를 벗어나 처음으로 즐기는 생활이기도 했고, 직장에 런던 남자들이 우글거렸으니까요. 저희는 매일 기차를 타고 출근하면서 저희가 다 컸다고 생각했어요. 루시는 출근 시간에 프렌치 네일을 발랐어요. 선 채로요. 프렌치 네일은 일반 네일과 달리 연한 색으로 바탕을 칠한 다음 손톱 끝에만 하얗게 바르거든요. 가장 편안한 자세로 발라도 쉽지 않은데 루시는 서서 해치웠죠. 그것도 기차 안에서요."

돈을 벌어서 쓰는 일은 런던 생활의 의무였다. 루시도 그걸 좋아해서 검정색 르노 클리오를 샀다. 새벽에 일어나 매일 아침 세븐오크스를 출발해 금융시장 개장 시간에 맞춰 런던까지 출근하기 위해서였다. 주말이면 에식스 주 남부의 부도심인 서럭에 있는 레이크사이드 쇼핑센터에서 쇼핑했다. 한번은 무슨 바람이 불었는지 루시와 친구는 영국 왕실의 코르셋을 제작하는 '릭비 앤 펠러'에 들러 맞춤 브래지어를 열 장이나 주문했다. 루시의 연봉은 1만 1,000파운드로 동료 남자들에 비해 쥐꼬리였다. 루시는 은행을 다니면서 처음 빚을 졌다. 신용카드, 상점 카드(특정 상점에서 발행하는 신용카드—옮긴이), 초과 인출, 할부 금융은 대다수 런던 노동자들에게 생활의 일부였다. 그런데 루시는 여기에 쉬이 적응하지 못했다. 루시와 런던에서 같이 근무한 캐롤라인 라이언은 "빚은 루시보다 제가 훨씬 더 많았죠. 루시는 잔걱정이 많았어요. 고작 몇 파운드만 초과 인출이 되어도 어쩔 줄 모르더군요"라고 했다.

루시는 소시에테 제네랄에서 1년 근무하는 동안 점점 초초해졌다. 업무 자체도 성공적이지 못한 데다가 젊은 딜러와의 사내 연애가 쓸쓸하게 끝나자 불행해졌다. 여행을 좋아했지만 편안함과 멋이 보장될 때만 여행을 다녔다. 소피는 "루시 언니는 원래 그랬어요"라고 털어놓았다. "배낭여행에는 전혀 관심이 없었어요. 드라이어도 못 가져가고, 화장도 못 하니까요. 언니는 손톱에 매니큐어를 바르고 머리를 예쁘게 손질하는 걸 좋아하고, 굽이 있는 구두를 신어야 하는 사람이었죠. 외모에 관심이 많아 배낭을 짊어지고 우중충한 호스텔에서 자는 게 맞지 않았어요. 그런 식으로 여행하긴 싫지만, 외국 문화를 경험하고 외국 사람들을 만나 맛있는 음식을 즐기고 싶어 했어요. 대신 편안한 방식으로요." 런던에서 1년 근무하고 나니 해결책이 등장했다. 루시가 영국항공 승무원 시험에 합격한 것이다.

겉보기에 승무원 일은 루시에게 완벽하게 맞는 듯했다. 루시는 예쁘고 외모가 단정하며 프랑스어를 얼마간 구사할 수 있었다. 루시는 1998년 5월 항공사에 입사한 후 21일간 트레이닝을 받았다. 갓난아이 받는 법, 수갑 채우는 법, 기내 폭탄 처리법(폭탄을 기내 맨뒤 비상 탈출구 옆에 내려놓고 젖은 쿠션으로 주위를 감싸 폭발음을 흡수한다) 등 여러 가지 수업을 들었다. 입사 후 처음 18개월 동안은 영국에서 유럽 도시로 가는 단거리 구간을 비행했다. 저지 섬(프랑스 노르망디 해안에 있는 영국령 섬—옮긴이)까지 가는 40분 구간이 그녀의 첫 비행이었다. 어머니 제인은 "전 늘 길을 건너는 것보다 비행기가 안전하며, 공항까지 가는 길이 비행기를 타는 것보다 훨씬 위험하다고 말했어요. 그랬는데도 루시가 첫 비행을 하러 가자 제 속이 울렁거리더라고요"라고 회상했다. 제인은 루시에게 비행이 끝나면 매번 전화하라고 당부했다. 루시가 영국항공에서 근무하는 동안 제인은 문자 다중 방송 시스템으로 비행기 출도착 현황을 살폈고, 딸이 탄 비행기가 안전히 지상에 도착할 때마다 마음을 놓았다.

학창 시절 앓은 질병의 후유증으로 몇 달간 무기력하게 누워 있었던 탓인지 루시는 아가씨가 되어서도 체계성과 요령에 집착했고 생활을 단련하고 관리하는 일에 몰두했다. 루시는 무기력함을 떨치려고 주문을 외우듯 해야 할 일과 달성해야 할 목표를 리스트로 작성했다. 대출 관리, 똥배 관리, 자존심 키우기 등을 다룬 자기계발서를 사 모아 친구들과 돌려봤다. 루시의 일기장에는 1999년 새해 목표가 적혀 있었다. 운동, 외모, 건강, 돈이었다.

새해 결심!
1. 주 3,4회 운동하기
2. 운동 두 가지 더 하기
3. 전화기 두 대 쓰지 않기
4. 3월부터 저축

5. '법칙'을 꼭 따르기

6. WG와 HJ와 시간 더 많이 보내기

7. 잠 더 많이 자기

8. 이탈리아어 배우기

9. 수당은 모조리 저축

10. 이틀에 한 번 각질 제거 및 태닝

11. 낮에 틈틈이 로션 바르기

12. 물 더 많이 마시기

5번에 적힌 '법칙'은 그냥 법칙이 아니라 책《법칙》을 의미했다. 이 책은 미국에서 인기 있는 연애 및 데이트 지침서로 루시는 이 법칙에 따라 살려고 노력했다.《법칙》은 연애 시 감정 다이어트하는 법을 정리했는데, 여자들은 전통적인 연애 방식, 페미니스트가 등장하기 이전의 구애 방식으로 회귀해야 한다고 주장했다. 한결같이 뜨겁게 구애하는 건 남자들이 할 일이라며 그래야 남자가 뭐라도 보답을 받을 수 있다고 했다. 루시는 다른 일기장에 자신만의 '법칙'을 정리해놓았다.

1. 쿨하라

2. 남자가 다 하게 만들라, 전화부터 전부 다

3. 패를 내보이지 말 것. 네 마음을 알고 싶으면 남자가 물을 것이다

4. 대화는 가볍게

너는 그에게 반하지 않는다!!

　남자들이 루시에게 모여들었다. 루시는 열다섯 살 때부터 남자친구가 없었던 적이 거의 없었다. 그런데 소비보다 저축, 전화 덜 하기 등의 새해 결심과 마찬가지로 '법칙'이 요구하는 과묵하고 쿨한 태도는 루시의 타고난 기질과 맞지 않았다. "루시 언니는 누군가를 만나면 아낌없이 다 줬어요. 그래서 여러 번 상처 받았죠"라고 소피가 귀띔했다. "언니는 마음을 숨기지 못하고 고스란히 드러내는 사람이었어요. '이게 나야. 난 이런 사람이야. 받아주든가 떠나든가.' 이런 식이었죠. 그래서 남자들은 언니를 잠시 받아주다가 나중엔 떠났어요." 루시의 친구들은 이런 패턴에 익숙했다. 루시는 새로운 남자를 만나면 금세 푹 빠졌고 남자는 결국 마음이 식었다. "언니는 미친듯이 사랑하다가도 두 달 후면 그 남자 이름만 들어도 치를 떨었어요. 언니는 누군가를 만나 정착해 아이를 낳고 교외에서 살고픈 마음이 컸어요. 그러다 보니 못된 놈들을 여럿 겪어야 했어요."

　짐은 루시의 여자 친구들이 혐오하는 남자였다. 루시의 열여덟 번째 생일날 그녀를 차버린 용서받지 못할 짓을 저질렀기 때문이다. 동네 피자 가게 위쪽에 살던 로버트는 루시를 차버리고 루시의 가장 친한 친구에게 가버렸다. 그렉은 소시에테 제네랄에서 일하던 남자였는데 그와 헤어지는 바람에 루시가 영국항공으로 불쑥 이직했다. 애인들 중 가장 매력적이고 위험한 마르코도 있었다. 잘생기고 거친 이탈리아 남자였으나 결국 파국을 맞이했다.

마르코를 먼저 점찍은 건 소피였다. 당시 소피는 세븐오크스 로열 오크 호텔에서 바텐더로 근무했다. 소피는 마르코가 루시의 취향이라는 걸 단박에 알아챘다. 키 크고 체격 좋고 근사한 남자였다. "마르코는 정말 미남이었어요. 모델로 일한 적이 있다고 했어요. 나이는 서른이었죠. 루시 언니는 늘 연상만 사귀었어요. 서류상으로도 정말 근사했기에 언니가 홀딱 반했죠. 그런데 서류에 적힌 게 죄다 거짓으로 드러났어요."

루시는 영국항공에서 근무할 때 한 달에 열흘을 쉬었는데 그때마다 마르코와 거의 붙어서 지냈다. 루시가 비행을 나간 동안 마르코는 루시의 차를 빌려 탔고 루시가 히스로 공항에 돌아오면 마중을 나갔다. 둘은 런던에 있는 미니스트리 오브 사운드나 클럽 나인에서 춤을 췄고, 세븐오크스에 있는 바인, 침니스, 블랙 보이에서 술을 마셨다. 루시는 마르코의 아파트에서 밤을 보냈고 마르코도 루시의 가족이 사는 집에서 자고 가기도 했다. 마르코는 여러 번 독감에 걸려 침대에서 며칠씩 끙끙 앓아누웠다. 밤에 루시와 데이트할 때도 잠시 친구들을 만나고 오겠다며 사라지곤 했다. 한번은 마르코가 유난히 몸이 좋지 않자 루시가 약과 간식을 상자에 담아 병문안을 가기도 했다. 상자에는 스트렙실 목 사탕, 바르는 기침약, 티슈, 사탕, 먹는 기침약, 잡지가 담겨 있었다. 소피는 "무슨 상황인지 파악을 못한 거죠. 저희가 너무 순진하고 멍청했어요"라고 털어놓았다.

루시의 친구들은 마르코가 허영심 많고 쌀쌀맞다는 걸 알았지만 루시는 마르코를 점점 진지하게 생각했다. 어느 주말, 그는 루시를 히스로 공항에 데려다주고 루시의 차를 도로 몰고 가면서 다음 날 데리러 오겠다고 약속했다. 다음 날 루시가 비행기에서 내렸는데 마르코가 공항에 나오지 않았다. "마르코가 언니를 데리러 오지 않았어요. 아예 나타나지 않은 거죠. 루시 언니는 신경이 곤두섰어요. 마르코와 연락이 되지 않으니 차가 어디에 있는지, 마르코가 어디에 있는지 알 수가 없었거든요. 결국 언니는 마르코의 가족에게 전화를 했어요. 삼촌이라는 사람이 받았는데 이렇게 말했대요. '이런 일이 다시는 없기를 바랐는데. 마르코가 원래 이런 애랍니다. 마르코가 당신한테 뭐라고 했습니까?'라고요. 알고 보니 마르코는 천하에 몹쓸 거짓말쟁이였던 거죠."

마르코는 모델 일을 한 적도 없고, 심각한 코카인 중독자였다. 펍에서 사라지거나 독감에 걸렸답시고 오랫동안 드러누워 있던 일들이 일순간 이해가 됐다. 화가 난 소피가 루시 대신 마르코의 집으로 찾아갔다. 그는 술과 마약에 절어 몽롱한 상태로 침대에 누워 있었다. 소피가 해명하라고 화를 내도 마르코는 대답할 수 없었다. 옆에 있는 탁자 위에 루시의 자동차 열쇠가 놓여 있었다. 소피는 열쇠를 집어 들고 작별 인사로 마르코를 한 대 치고 차를 가지러 뛰쳐나갔다. 사고가 났는지 차 문과 뒤쪽 펜더가 긁히고 우그러져 있었다. 루시는 헤어스타일과 네일에 신경 쓰는 만큼 차를 애지중지했기에 마르코와 그대로 헤어져버렸다. 루시는 무척 힘들어했지만 아픔은 그리 오래가지 않았다. 몇 달 후 충격적인 소식이 전해졌다. 마르코가 자살했다는 것이다. 실수로 마약을 과다 복용해 사망했다는 풍문도 들렸다. 진실이 뭐든 루시의 잘생긴 옛 애인은 세상을 떠났다.

만나는 사람들마다 루시를 좋아한 건 아니었다. 특히 젊은 여자들은 가끔 루시에게 심한 거부감을 느꼈다. 어떤 여자들은 루시를 가리켜 수다쟁이가 아니라 애교 떠느라 입을 못 다문다고 했고, 손을 휘젓고 금발을 흔들며 말하는 모습을 보고 잘난 척해서 짜증이 난다고도 했다. 소피는 "초등학교 시절 언니는 순진하고 착하다는 말을 들었는데 중고등학교를 다닐 때는 그런 모습이 잘 먹히지 않았어요. 사람들은 나이 먹을수록 그런 성격을 싫어하죠. 공붓벌레, 혹은 범생이라고 부르거나 딸랑거리고 아첨한다고 여기잖아요. 어릴 땐 다들 귀엽게 봐주던 모습도 또래들이 머리가 굵어지자 비난거리가 되었어요"라고 설명했다.

소피는 적극적이고 의리 있는 편이라서 언니를 옹호하려다 바에서 한바탕 싸움에 휘말리기도 했다. 북적거리는 주말 저녁, 자매는 세븐오크스에 있는 펍에 갔다. 소피는 친구들과 처음 보는 이들과 합석했고, 루시는 바 근처에 서서 남자와 대화를 나누었다. 소피는 그때를 이렇게 회상했다. "언니가 술을 마시며 아는 남자와 얘기하고 있었어요. 언니랑 오래 알고 지낸 그냥 친구였어요. 그 남잔 게이였거든요. 언니가 그 남자한테 꼬리 치는 게 아니었다고요. 둘이서 수다를 떨다가 시끄러운 음악 소리에 맞춰 같이 춤을 췄어요. 그런데 저랑 같은 테이블에 앉은 어떤 여자가 뜬금없이 언니를 흉보기 시작했어요. 언니 면전에 대고 말하는 건 아니었지만 자기 자리에서 중얼거리더라고요. '저 여자 뭐야? 못생긴 주제에 예쁜 척하네? 자기가 뭐라고 저러지? 펍에서 왜 저렇게 춤을 추지? 저 여자가 어쩌고저쩌고…'라고 계속 욕을 했어요."

"그 여자는 루시 언니에 대해 하나도 모르면서 보자마자 언니를 싫어했어요. 잔인할 정도로 심한 욕을 했어요. 그 여잔 제가 자기가 욕하는 여자의 동생인지 몰랐겠죠. 그래서 제가 이랬죠. '대체 왜 그렇게 루시를 못마땅해하죠? 저렇게 예쁜 여자가 펍에서 거리낌 없이 친구하고 춤을 춰서 그런 거예요? 남들이 자기를 이상하게 생각하든 말든 신경을 안 써서 그런 거냐고요?' 라고 물었죠. 맞아요, 저라면 안 그랬을 거예요. 전 남들의 시선이 신경 쓰였을 테니까요. 하지만 언니는 안 그랬어요."

"그래도 여자가 입을 다물지 않기에 제가 이렇게 말했어요. '당신이 까는 여자, 우리 언니야. 그러니까 그만해.' 그런데 그 여자가 계속 욕하더니 저한테 뭘 집어 던지는 거예요. 제가 벌떡 일어나 '대체 무슨 짓이야?' 라고 쏘아붙였죠. 물론 저도 그걸 되던진 다음 도로 앉았죠. 그랬더니 여자가 다가와 제 머리채를 잡더군요. 그래서 일이 커졌죠."

루시가 달려와 소피와 욕한 여자를 떼어놓는 걸로 싸움은 끝이 났다.

"너 뭐 하는 거야?" 루시가 소피에게 물었다.

"언니 편들어주잖아!"

"죄송합니다." 루시는 여자한테 사과하고 소피를 밖으로 데리고 나갔다.

장거리 비행

    루시는 런던의 영국항공이나 세븐오크스의 술집에서 친구들을 쉽게 사귀었지만, 그래도 가장 가까운 이들은 어머니와 여동생 소피, 친구 몇 명이 다였다. 친구들은 대부분 학교 동창들이었다. 일부러 그랬는지는 모르겠지만 루시는 이들을 구분해서 사귀었기에 루시의 친구들끼리는 서로 거의 알지 못했고 만나지도 않았다. 그들은 대부분 아버지의 부재라는 경험을 공유한 이들이었다.

    캐롤라인 로런스는 루시와 같이 그랜빌 스쿨과 월섬스토 홀을 다녔다. 다들 '캐즈'라고 부르는 캐롤라인은 빨간 곱슬머리를 한껏 부풀린 외모에 반항심이 많았다. 캐즈도 부모의 이혼을 겪었다. 캐롤라인의 집에 10대 친구들이 모여 늦은 밤까지 춤추고 사이다를 마시며 시끌벅적 파티를 즐기던 그때, 어머니가 가출했다.

    게일 블랙맨과 루시는 열네 살 때 월섬스토 홀에서 만났다(흔치 않은 성씨를 우연히 같이 썼지만 둘은 친척 관계는 아니다). 게일의 아버지 역시 집을 나갔다. 게일도 10대 시절 천식과 심한 습진에 시달렸다. 게일도 루시와 캐롤라인처럼 졸업 후 대학에 진학하지 않았다. 게일은 월섬스토 홀의 배척하는 분위기를 잘 알았다. 게일은 이렇게 증언했다. "월섬스토 홀의 몇몇 선생님들은 저희에게 포부를 크게 가지라고 했지만, 루시는 그런 쪽으로 포부가 크지 않았어요. 루시가 원한 건 안정된 직장을 구해 정착하는 것이었지 출세하는 게 아니었어요. 월섬스토 선생님들은 굉장히 거만했어요. 학교라는 틀 안에서는 그런 게 중요하잖아요. 그래서 그런지 선생님들이 이혼 가정 학생들을 좋아하지 않는 것 같았어요. 대학에 가서 엔지니어가 되겠다, 의사가 되겠다는 학생 말고는 관심을 갖지 않았죠."

루시가 가장 최근에 사귄 친구는 서맨사 버만이었다. 두 사람의 남동생들이 같은 학교에 다니다 보니 서맨사의 어머니 발레리와 루시의 어머니 제인도 친해졌다. 40대인 두 엄마는 10대 자녀들을 데리고 이혼한 지 얼마 되지 않았다. 발레리와 제인은 가끔 서맨사와 루시를 데리고 런던에 있는 나이트클럽에 갔다. 이런 행동 때문에 소피의 가슴에는 스스로도 이해할 수 없는 극심한 역겨움이 차올랐다. 소피는 "이혼한 엄마 둘이 딸들을 데리고 어울려 다니다뇨! 글쎄요, 그건 나쁜 짓 같았어요."라고 토로했다. "왠지 소름이 끼쳤어요. 전 '나잇값 좀 하세요. 각자 자기 애인들하고나 어울리시고, 괜히 다 큰 딸들하고 붙어 다니지 마시고요.'라고 말하고 싶었어요. 그건 잘못된 일이고 가식적이고 끔찍했죠. 뭐랄까, 정말 추했어요."

1999년 크리스마스를 며칠 앞두고 루시는 서맨사와 서맨사의 오랜 친구 제이미 개스코인과 같이 클럽에 갔다. 제이미는 루시에 대해 많이 들었고, 몇 주 전부터 서맨사와 발레리가 그에게 루시를 소개해주겠다고 했다. 밤늦게까지 어울리다 루시가 바에 술을 가지러 가자 거기 있던 남자가 그녀에게 적극적으로 말을 걸었다. 그 순간 제이미가 다가가 농담 반 진담 반으로 자기가 루시의 남편이라고 했다. 제이미는 "루시가 몸을 돌려 제게 키스했어요. 전기가 통하는 기분이었습니다"라고 추억했다. 세 사람은 서맨사의 집으로 돌아왔고 루시와 제이미는 밤새 이야기를 나누었다. "루시는 활기차고 흥이 넘치고 재미를 좇는 사람이었어요. 남자가 바라는 모든 면모를 갖춘 여자였죠. 루시의 손길이 닿으면 제 몸에 생기가 도는 것 같았어요. 루시는 그런 여자였어요. 곁에 두고 싶은 여자라 만날수록 중독되는 것 같았어요."

루시가 사귄 남자친구들 중에서 제이미 개스코인만큼 그녀를 사랑한 사람은 없었다. 루시를 살리려고 애쓴 남자도 제이미가 유일했다. 그녀는 운명의 작용으로 그의 인생을 바꾼 것 같았다.

두 사람은 20세기 말 마지막 며칠을 내리 만났다. 제이미에게는 황홀한 나날이었다. 그는 루시보다 두 살 위였고 덩치가 좋고 애정이 넘쳤다. 제이미는 런던에 있는 리먼 브라더스라는 투자은행에서 근무했다. 루시를 처음 만나고 며칠 뒤 크리스마스가 되자 제이미는 루시에게 아낌없이 보석을 선물했다. 금세 두 사람은 시간이 날 때마다 붙어 있는 사이가 되었다.

21세기를 하루 앞둔 날, 둘은 뉴욕에서 열리는 파티에 갔다. 제이미는 독감에 걸려 몸이 좋지 않았다. 다음 날 아침 일찍 제이미는 할머니의 부고를 전해 들었다. "소식을 들은 루시가 돌처럼 굳더군요. 저는 할머니와 굉장히 가까운 사이였죠. 루시는 정말 대단했어요. 상을 치르는 내내 굉장히 많이 도와주었거든요. 저희는 정말 뜨거웠고 저희를 위한 노래를 불렀어요. 새비지 가든의 노래를 늘 틀어놓았죠. '당신을 만나기 전부터 내가 당신을 사랑했다는 걸 알았어요'라는 곡이었죠. 저희가 사귄 지 6주 정도 되었을 무렵 루시와 서맨사의 어머니들은 벌써 이런 얘기를 하셨어요. '결혼 언제 할 거야?' 게다가 루시의 어머니는 농담조로 저를 '우리 사위'라고 부르셨어요. 저희는 되도록 떨어지지 않고 붙어 있었습니다."

제이미는 북부 런던에 있는 이즐링턴에서 부모와 같이 살았다. 세븐오크스에서 차로 두 시간 거리였다. 주말마다, 그리고 주중에도 루시가 집에 있으면 그는 차를 몰고 내려와 그녀의 집에서 밤을 보낸 다음 동이 트기 전에 일어나 다시 런던으로 출근했다. "세븐오크스에 있는 그녀의 방을 함께 꾸미기도 하고 저녁 먹으러 나가기도 하면서 뭐든지 같이했어요. 더할 나위 없이 행복했죠. 그 시절은 제 평생 절대로 잊지 못할 겁니다. 제게는 인생이 바뀌는 경험이었어요. 루시는 정말 사랑스러운 여자라서 푹 빠질 수밖에 없었죠. 남들이 좋아할 만한 그런 여자였어요. 정말입니다. 정말 좋은 여자였어요."

날이 갈수록 승무원 생활이 루시와 맞지 않는다는 사실이 분명해졌다. 2000년 초가 되자 이 일은 루시가 서둘러 벗어나야 할 덫처럼 느껴졌다. 회사 동료들은 그 사실을 쉽사리 이해하지 못했다. 영국항공에 다니는 승무원이라면 누구나 꿈꾸는 야망을 루시가 얼마 전 이루었기 때문이다. 루시는 히스로에서 떠나는 국내선 단거리 제트기 비행만 하다가 런던 남부에 있는 개트윅 공항을 출발하는 국제선 비행에 투입되었다. 국제선 장거리 비행의 목적지는 좀 더 이국적이며 매력적이었고 무엇보다 월급이 많았다. 주니어 승무원이던 루시의 기본급은 세금 공제 전 연봉이 8,336파운드에 불과했다. 그러나 이제 비행 목적지는 물론 업무 특성에 따라 연봉에 육박하는 금액을 수당으로 받았다. 새벽이나 장거리 비행, 밤샘 비행, 퀵 턴(체류하지 않고 타고 간 비행기를 타고 곧장 귀국하는 비행—옮긴이)일 경우 보너스를 받았다. 5성급 호텔에서 하루 세 끼를 사먹을 식사비가 현지 실비를 기준으로 지급되었다. 당연한 얘기겠지만 승무원 대부분은 저렴하게 식사를 해결하고 차액을 챙겼다. 승무원들이 가장 기피하는 노선은 영국 국내선 단거리 구간을 찍고 돌아오는 코스였다. 가장 보람찬 노선은 아시아와 아메리카 대륙의 물가가 비싼 대도시들로 마이애미, 상파울루, 그리고 수입이 제일 쏠쏠한 도쿄 등이었다.

국제선 장거리 비행을 시작하자 루시의 예상 월급은 세금 공제 후 1,300파운드가 되었다. 그럼에도 루시는 빚더미 속으로 더욱 깊이 파묻혔다. 1998년 말 루시의 수입과 지출 내역을 대충 비교해 보니 매월 764.87파운드를 지출했고, 이중 다이너스 클럽 신용카드 대금으로 지출한 돈이 수입의 절반을 넘었다. 르노 클리오 자동차 할부금으로 매달 200파운드, 은행 대출 상환금 47파운드, 비자 카드 대금 89.96파운드, 막스 앤 스펜서 매장 카드 대금 10파운드, 어머니에게 내는 집세 70파운드, 체육관 등록비 32파운드, 핸드폰

대금 140파운드를 추가로 지출했다. 또한 일하면서 필요한 화장품, 샴푸, 옷까지 구매하는 바람에 매달 월급보다 기백 파운드를 더 썼다. 빌린 돈에 이자까지 붙으니 시간이 흐를수록 갚을 길은 더욱 요원했다.

루시는 지치고 아팠다. 장시간 야간 비행을 하면 별수 없이 녹초가 되고 재미도 없었다. 영국항공에는 1만 4,000명의 승무원이 근무했기에 거의 항상 루시가 한 번도 보지 못한, 그리고 다시는 볼 일 없는 승무원들과 같이 비행했다. 물론 플라스틱 컵에 토마토 주스를 반복해서 따르고, 닭 요리나 쇠고기 요리 중 손님이 고른 식사를 서빙하는 단조로운 업무는 친구와 같이 비행하는 즐거움으로도 극복되지 않았다. 소피는 "호텔은 세계 어디를 가든 거의 비슷해요. 언니는 아침에는 파리, 점심에는 에든버러, 그다음 날에는 짐바브웨에 있기도 했어요. 계속되는 시차로 기진맥진해서 늘 호텔 방에만 있었고 밖에 나가 문화와 생활과 음식을 제대로 즐기지도 못했죠. 날이 갈수록 언니는 행복하지 않았어요. 지치고 비참했고 낯을 익힌 동료를 두 번 다시 만날 수 없었으니까요"라고 언니를 옹호했다.

루시의 탈진에는 그냥 흘려 넘길 수 없는 불안한 부분이 있었다. 소피는 "언니는 열다섯 시간을 내리 잤어요. 자기 일을 끔찍하다고 느끼면서부터 진짜로 몸이 아프기 시작했죠"라고 기억을 돌이켰다. 루시의 모습은 바이러스 감염 질환으로 몇 달간 침대에 누워만 있었던 8년 전과 점차 닮아갔다. 이런 나날 속에서 갑자기 루시가 일본에 가겠다는 말을 꺼냈다.

일본 얘기가 처음 나온 건 1999년 말에서 2000년 초였다. 언제 어쩌다 이 얘기가 나왔는지는 아무도 기억하지 못했지만 발단이 루이스 필립스였음은 분명했다.

　　루이스는 루시의 친구들을 통틀어 가장 친한 친구였다. 두 사람은 열세 살 때 만났다. 둘의 외모는 완전히 달랐다. 루이스는 날씬하고 아담한 체구에 머리 색이 짙었고, 루시에게 부족한 번뜩이는 패션 감각을 소유했다. 그러나 루이스 역시 아버지가 없다는 점은 같았다. 열두 살 때 아버지가 암으로 갑자기 돌아가셨기 때문이다. 성격, 말하는 방식, 화장과 네일을 좋아하는 취향 덕분에 둘은 단짝이 되었다. 게다가 이름까지 비슷했다. 제인은 그 둘을 '솔메이트'라고 불렀다. 반면 팀은 좀 더 현실적으로 표현했다. "루이스는 영국 대표로 수다 대회에 나가도 될 것 같았어요. 딱 루시 같았죠. 둘이 하루 종일 재잘거리며 서로 웃음을 참지 못해 신나 하더라고요."

　　두 친구의 닮은 점은 경력의 궤적에서도 뚜렷이 나타났다. 인생의 단계를 밟아 나가면서 루시는 친구가 먼저 간 길을 따라 걸었다. 루이스는 열여섯 살 때 학교를 떠나 런던 투자은행에서 일했다. 2년 후 루시도 투자은행에서 일했다. 루이스가 영국항공에 승무원으로 입사하자 루시도 따라서 입사했다. 둘이 도쿄로 가서 일해 버거운 빚을 털어버리자고 한 것도 루이스가 먼저 한 제안이었다.

　　이후 벌어진 일들로 인해 루시의 친지들이 품은 루이스에 대한 인식은 나쁘게 바뀌었다. 일본에 가기 전까지만 해도 루이스를 의심하고 불신하기란 쉽지 않았다. 그런데 딱 한 명, 서맨사 버만은 루이스를 경계했다. "루시가 저보다 루이스를 먼저 사귀었기에 전 아무 말도 하지 않았죠. 루시는 루이스가 자기보다 예쁘고 자신감 넘친다고 생각했어요. 자기는 루이스보다 못났으니까 루이스의 그늘에 있어야겠다고 버둥거리는 것 같았죠. 루이스는 루시의 그런 생각을 바꾸려 하지 않았어요."

두 친구는 학교를 떠난 뒤 계속 일했다. 둘은 종종 휴가를 내서 태국, 발리, 호주를 거치는 인기 배낭여행 코스를 따라 여행을 가자는 얘기를 했지만 루시는 돈을 아끼며 여행하는 걸 좋아하지 않았고 솔직히 무슨 여행이든 갈 돈도 없었다. 그 무렵 루이스의 언니 에마 필립스가 도쿄 얘기를 꺼냈다. 2년 전 도쿄에서 살았던 에마는 도쿄에 가면 신나고 독특한 도시에서 돈도 많이 벌 수 있다고 장담했다. 주변 사람들은 에마가 도쿄에서 정확히 무슨 일을 했는지 몰랐다. 듣는 이에 따라 말이 달라졌기 때문이다.

서맨사 버만은 에마가 술집에서 일했을 거라고 추측했다. 루시의 남자친구 제이미 개스코인은 에마가 '댄스 팀'과 공연했음을 눈치챘다. 소피는 웨이트리스 일을 했다고 들었다고 했다. 게일 블랙맨의 눈에는 루시가 도쿄에서 무슨 일을 할 생각인지 막연해 보였다. 게일이 계속 캐묻자 루시는 쌀쌀맞게 굴었다. 게일은 당황했다. "앞이 캄캄했어요. 아무 데나 대충 찍어서 가는 것 같더라고요. 아시아는 영국과 꽤 다르잖아요? 호주나 뉴질랜드라면 모르겠지만, 일본에 살러 간다는 사람은 못 들어보셨잖아요."

루시는 영국항공 동료들에게 보낸 퇴직 인사 편지에서 일본에 가는 건 자기가 생각해도 뜻밖이라고 적었다. "저의 가장 친한 친구 루이스가 일본으로 가 친척 집에서 지낸다기에 저도 같이 가게 되었습니다. 일단 일본에 간 다음엔 아무 계획이 없습니다. 문화를 경험하고 일본말을 배워 돈 잘 버는 고급 게이샤가 될지도 모르죠!(농담) 몇 달 쉬고 나면 상황이 달라지겠죠. 이런 말이 있죠? '변화가 휴식만큼 좋다.'"

루시와 루이스는 주위 사람들에게 루이스의 이모가 도쿄에서 사는데 그 집에서 지낼 수 있다고 설명했다. 이렇게 설명하자 그 계획이 좀 더 안전하고 수긍이 가면서 현실적으로 보였다. "루시는 영국항공에 사표를 내면서도 이제 뭘 해야 할지 확신을 갖지 못했어요. '멀리 가서 돈을 많이 벌어 돌아와 빚을 청산하고 새롭게 출발해야지' 하는 생각뿐이었죠. 그게 루시를 움직인 동력이었어요. 그 과정에서 자기가 원하는 바를 생각할 시간을 가지려 했던 것 같아요." 서맨사 버만의 설명이었다.

루시는 에마 필립스가 도쿄에서 뭘 했는지, 그리고 자신과 루이스가 앞으로 뭘 할지에 대해 어머니에게만 털어놓았다. "루시는 루이스와 일본에 가서 호스티스로 일해 빚을 청산할 거라며 정말 잘될 거라고 우겼어요. 루시는 호스티스라는 게 무슨 일인지 에마한테 들은 대로만 알았죠. 에마는 사람들에게 술 따르고 얘기하는 것만 들어주면 된다면서 일본 사람들이 가라오케를 좋아한다고 했어요. 루시는 노래하는 걸 좋아했으니 그 일이 쉽게 돈을 벌 길로 보였겠죠."

하지만 제인은 세세한 것에는 관심을 두지 않았다. 무슨 일이 있어도 루시가 도쿄로 가는 것을 막는 게 유일한 관심사였다. "루시는 허튼짓을 절대로 하지 않고 매사에 조심하겠다며 절 안심시켰어요. 그런데 뭔가 끔찍한 일이 루시에게 닥칠 것 같은 직감이 들었어요. 그 생각이 제 머릿속에서 지워지지 않았죠. 전 일본이란 곳을 아예 생각해본 적도 없는데, 루시가 일본 얘기를 꺼내는 순간 어떤 목소리가 머릿속에서 들렸어요. '끔찍한 일이 벌어질 것이다.' 그건 목소리라기보다 예감에 더 가까웠죠. 그 때문에 속상했어요. 딸아이 앞에선 울지 않았지만 혼자서 울고 또 울었죠."

제이미 개스코인도 제인만큼 경악했다. 둘이 사귄 지 몇 달이 흘러 제이미는 루시를 깊이 사랑하게 되었다. 그녀와 떨어져 지내는 건 아무리 잠시라도 참을 수 없었다. "저는 남들이 하고 싶다는 걸 말리는 스타일은 아니지만 루시가 가지 않았으면 좋겠더라고요. 그런데 루시는 어딘가로 가서 다른 일을 하는 게 인생에 도움이 될 경험이라고 했어요. 처음에 3개월을 잡았기에 그 정도면 괜찮을 줄 알았죠. 그래서 '가서 잘 즐겨. 많이 웃고, 빚 다 갚은 다음에 돌아오면 우리 관계도 더욱 진전될 거야' 라고 했어요. 우린 약혼하자는 얘기도 했어요. 루시와 함께 있을 때 제 기분이 어땠는지 말로 설명하기가 어렵네요. 운명 같았어요. 저희 둘이 쌓아온 시간들을 지켜본 사람 모두 우리가 계속 사귀기를 바랐으니까요."

어느 날 밤 제이미와 루시는 영화 〈아메리칸 뷰티〉를 보기로 하고 극장에 줄을 섰다. 그때 갑자기 루시가 일본에 가 있는 동안 제이미에게 얽매이고 싶지 않다고 했다. "전 정말 충격을 받아서 벽에 기댄 채 주저앉았어요. 무슨 말을 해야 할지 몰랐습니다. 너무 뜬금없어서 화가 많이 났어요. 우린 정말 잘 사귀고 있었거든요. 전 줄곧 세븐오크스와 런던을 오갔고 언성을 높이거나 다툰 적도 없었어요. 그래서 제가 이랬죠. '영화나 보자. 나 놀리는 거지?' 그랬더니 루시는 '아니, 우린 각자의 길을 걸어야 할 것 같아'라고 하더군요. 이게 무슨 일인지 믿기지 않았어요. 루시 같지가 않았어요. 정말 아니었어요. 저희가 헤어지기 전 일주일 사이에 루시가 변했어요. 얼마나 많이 달라졌는지 믿기지 않았습니다. 사랑에 빠지면 상대에게 감추는 부분이 생기잖아요. 누군가 루시에게 '너 이렇게 해!'라고 시킨 것 같았어요. 이해가 안 되더라고요. 그건 아니잖아요. 누군가 이렇게 하라고 루시를 조종하는 것 같았어요."

"루이스는 정말 괜찮은 여자였죠. 저는 루이스하고는 전혀 문제없었지만, 루이스는 루시를 움켜쥐고 있었어요. 콕 집어 말할 수는 없지만 루시에게 루이스의 말은 그게 뭐든 절대 진리였습니다. 루시는 루이스를 그저 우러러보는 게 아니라 전지전능하고 모든 걸 다 아는 존재로 섬기는 것 같았어요." 알고 보니 당시 루이스는 오래 사귄 남자친구 제이를 정리하려던 참이었다. "루이스는 제이와 헤어지려 했어요. 그래서 루시도 자기처럼 일본에 솔로로 가기를 원했던 거죠."

"도저히 이해가 가지 않았어요. 이 수수께끼 같은 여행에는 채워야 할 여백이 너무 많았습니다. 계획을 실행하기까지 무슨 일이 있었으며 둘이 무슨 생각을 한 건지 비밀이 너무 많았어요. 제대로된 계획도 없었어요. 그저 루이스가 가고 싶다니 둘이 떠난 거예요. 그게 다예요. 그래서 전 화가 나서 제정신이 아니었어요. '이제 끝이다. 나도 내 인생 살련다'라고 생각했습니다."

다른 사람들도 일본에 가기 몇 주 전부터 루시가 보인 행동 때문에 당황했다. 출발일이 다가올수록 이상한 느낌이 강해졌다. "루시가 완전히 거리를 두더라고요. 적어도 저한테는 그랬어요. 떠날 날짜가 가까워질수록 루시를 만나기가 어려웠어요. 루시가 전혀 다른 사람이 되어서 몸을 극도로 사렸어요"라고 게일 블랙맨이 회상했다. 루시는 집을 대청소했다. 워낙 깔끔한 루시의 기준에서 보더라도 극단적일 정도의 청소였다. "루시는 싹 쓸어 모아 죄다 쓰레기 봉투에 버렸어요. 오래된 편지, 개인 물품, 옷도 굉장히 많이 버렸어요. 그냥 청소가 아니었어요. 원래 루시의 방은 정리가 제대로 되어 있었거든요. 몇 달간만 집을 비우려고 청소하는 게 아니라 다시는 돌아오지 않을 사람처럼 방을 싹 비웠어요."

떠날 준비를 하는 동안 루시는 오랜 친구들과의 만남을 줄이고 거의 만나지 않던 사람들을 찾아가 만났다. 사촌들과 대부, 촌수가 먼 친척들을 찾아다닌 것이다. "루시 언니가 여기저기 많이 찾아뵙더라고요. 그런데 그게 좀 이상해 보였어요. 언니는 원래 그런 사람이 아니었거든요"라고 소피가 의구심을 피력했다. "언니는 떠나기 전까지 계속 사람들을 많이 만나려고 노력했어요. 저희는 루시 언니가 돌아올 것인지 말 것인지에 대해서는 아예 생각도 안 했지만, 한 번도 안 그러던 언니가 그러니까 이상해 보이긴 했어요."

루시가 특별히 찾아간 사람들 중에 아빠가 있었다. 1995년 제인과 이혼한 후, 팀 블랙맨은 조지핀 버르를 만나 살림을 차렸다. 조지핀은 팀의 고향인 와이트 섬에 있는 휴양지 라이드 출신으로 10대 자녀 넷이 딸린 이혼녀였다. 팀은 예전 가족들과 다시는 한 집에 살지 않았지만 소피와 루퍼트와는 자주 연락하며 지냈다. 엄마와의 사이가 최악으로 내달리던 시기에 소피는 한동안 라이드에서 아버지와 같이 지냈다. 팀은 정기적으로 차를 몰고 켄트까지 와서 루퍼트를 태우고 럭비 연습장이나 펍 런치에 데려갔다. 하지만 루시와는 거의 만나지 않았다. 왜 그렇게 됐는지는 제인과 팀의 끝나지 않는 격렬한 진실 공방의 일부분을 차지했다.

제인은 그건 루시의 결정이라고 잘라 말했다. "루시는 아버지한테 굉장히 실망했어요. 저는 단 한 번도 그이가 아이들을 만나는 걸 막지 않았어요. 아이들 아빠잖아요. 루시가 아빠를 안 보겠다고 선택한 거지 제가 루시를 막은 게 절대로 아니에요. 어떻게 다 큰 애를 말린답니까. 아이가 어렸다면 그게 가능했겠죠. 루시는 몇 년 동안이나 아빠를 만나지 않았어요. 그 아이가 그러길 원하지 않아서요. 아빠한테 화나 있기도 했고요. 우리 모녀 사이가 너무 가깝다 보니 루시는 저를 보호하려고 그랬던 것 같아요."

엄마가 고생하는 게 아빠 때문이라고 루시가 아빠를 원망한 사실에는 의심의 여지가 없었다. 실제로 루시는 몇몇 친구들에게 그렇게 얘기했다. 그렇지만 팀은 루시의 감정 아래 미묘한 기류가 흐른다는 것을 간파했다. "구구절절 설명한다거나 제가 한 일을 정당화해봤자 아이들에겐 아무 소용이 없었을 겁니다. 그래봤자 감수성이 예민한 아이들의 귀에는 절대로 들리지도 않을 테니까요. 대신이 말은 했습니다. 이혼하기 전에도 아빠는 굉장히 불행했다고요. 그러고는 시간이 지나면 달라지겠지, 상황이 변해서 결국 아이들도 저를 보러 오게 될 거라고 생각했어요. 그리고 정말 루시가 조금씩 변했죠. 루시는 크리스마스 때나 여름에 수상 스키를 탈 겸해서 두어 번 저를 보러 내려왔습니다. 저도 루시를 세븐오크스에서 몇 번 만났으니 연이 완전히 끊기진 않았습니다. 그래도 쉽지는 않았죠. 한 2, 3년 정도는 굉장히 힘들었습니다."

"여기에서부터 복잡해지기 시작한 거죠. 저는 제인을 잘 압니다. 제인이 뒤에서 어떻게 조종하는지도요. 분명 저에 대해 신랄한 말을 했을 겁니다. 제인이 상황을 주무르지 않았다니 그건 정말 말도 안 됩니다. 루시가 섬으로 내려오겠다고 약속을 잡아요. 주말에 갈 테니 만나자고요. 그런데 목요일쯤 되면 갑자기 오기 힘들게 되었다고 연락을 해요. 대부분은 집에 무슨 일이 생겨 루시가 끝까지 저와의 약속을 밀어붙이지 못해서 그런 것 같았습니다. 비참한 어머니 편을 들어줘야 하는 장녀 루시의 복잡한 입장 때문에 제가 손쉬운 제물로 전락하고 루시가 코너로 몰렸겠죠. 전 이해합니다. 그렇다고 마음이 덜 아픈 건 아니었습니다."

이유가 뭐건 루시는 부모가 부담스러웠고 떠날 날이 임박해서야 부담감을 벗었다. 제인은 루시에게 아버지를 만나야 한다고 얘기했다. 4월 중순, 유니폼을 반납하려고 마지막으로 영국항공 사무실에 들른 후 부녀는 세븐오크스 외곽에 있는 펍에서 저녁을 먹었다. 루시는 그날의 약속을 며칠 앞둔 밤에 아버지에게 핸드폰으로 문자를 보냈다. 팀은 딸 루시가 실종된 지 한참이 지난 후에도 그 문자를 간직했다. 시간이 지나 루시의 흔적이 대단히 소중해지자 팀은 그 문자를 적어서 보관했다.

14.04.00 00:38 굿모닝! 우리 멋진 아빠!! 정말 정말 사랑해요. 화요일이 빨리 와서 아빠의 웃는 얼굴을 봤으면 좋겠어요. 사랑과 포옹을 가득 담아. 쪽!

제인은 늘 잔걱정이 많았으나 루시의 일본행에 대한 걱정과 그 결정을 막으려 세운 작전들은 황당하게까지 보였다. 멀쩡한 부모가 죽을까 봐 겁먹은 아이 같았다. 루시가 빚을 청산하려고 일본에 가는 거라서 제인은 일본 경제 상황이 좋지 않다는 신문 기사를 오려 딸의 침대 위에 무심한 척 올려놓았다. 그 시도가 무시당하자 제인은 망자의 지혜가 효험을 발휘할지도 모른다는 마음에 루시 대신 영매와 약속을 잡았다. 그러나 엄마의 애원은 먹히지 않았다(루시는 그 약속을 취소했다). 결국 루시가 일본행 비행기에 오르기 몇 시간 전 제인은 마지막 방법을 고려했다. 루시의 여권을 감추는 것이다. 루퍼트 블랙맨은 어머니가 계단에 서서 누나의 여권을 휘저으며 누나에게 고함치던 모습을 기억했다. 제인은 "제가 여권을 감춰도 루시는 다시 발급을 받을 테고, 제게 화를 낼 것 같았어요. 전 루시가 저에게 화난 채 일본에 가는 걸 보고 싶지 않았어요"라고 탄식했다.

발레리 버만은 친구 제인이 흥분하는 모습에 점점 짜증을 냈다. "난 네가 왜 그렇게 행동하는지 이해를 못 하겠어. 누가 보면 네가 딸을 잃은 줄 알겠다"라고 발레리가 불평하자, 제인은 "정말 딱 그런 기분이었어"라고 대답했다.

루시는 제 버릇을 완전히 버리지 못했다. 3월, 그녀는 상파울

루행 비행을 이용해 서맨사와 일주일간 휴가를 즐겼다. 루시가 독감에 걸려 호텔 방에 누워 지내는 와중에도 둘은 쇼핑 투어로 자신들을 위로했다. 두 사람의 신용카드가 한도 초과에 이르자 루시는 제이미가 준 아메리칸 익스프레스 카드로 물건을 구입했다. 루시는 막스 앤 스펜서에서 육중한 철제 침대를 구입해 빚을 1,000파운드로 불렸다. 이런 행실이 루시의 특징이었다. 그래서 친구들은 적어도 루시가 도쿄에서 돌아올 생각이라고 확신했다. 서맨사는 "루시는 그 침대를 공주 침대라고 불렀어요. 큼직한 철제 프레임 더블베드로 살짝 고풍스러운 스타일이었죠. 매트리스가 굉장히 두꺼웠고 침대보가 아주 잘 어울렸어요. 루시가 집에 놓고 싶어 하던 그런 침대였죠. 루시는 자기 침대에 폭 파묻혀 있는 걸 좋아해서 매일 그 침대 얘기를 했어요"라고 기억을 더듬었다.

루시는 앞으로 겪을 새로운 생활에 대해 수상쩍은 침묵을 지켰다. 루시의 최근 행동도 수수께끼이긴 매한가지였다. 알렉스는 호주 출신의 젊은 청년으로 블랙 보이라는 펍에서 바텐더로 일했다. 알렉스는 열여덟 살로 루시보다 세 살이 어렸다. 루시는 일본으로 떠나기까지 한 달도 안 남은 기간에 알렉스와 사귀었다. 소피는 "알렉스는 곱슬곱슬한 갈색 머리에 서퍼처럼 생겼어요. 알렉스는 굉장히 싱그러워서 언니가 정말 좋아했어요"라고 했다. 루시가 세상을 떠난 지 몇 년이 지날 때까지 제이미 개스코인은 루시가 자기를 차고 다른 남자에게 갔던 것을 몰랐다. 제이미와 루시를 둘 다 아는 친구 서맨사 버만도 몰랐다.

그 기묘한 시기를 보내고 루시는 5월 2일 토요일 영국에서 마지막 밤을 보냈다. 가장 친한 친구들과 직계 가족들은 루시가 그날 누구와 뭘 하며 지냈는지 저마다 다르게 기억했다. 아버지 팀 블랙맨은 루시가 그날 저녁 소피와 루퍼트와 같이 세븐오크스에 있는 식당에서 저녁을 먹었다고 확언했다. 여고 동창 게일 블랙맨은 동생과 같이 루시와 클럽에서 술을 마셨다고 했다. 여동생 소피는 루시가 새로 사귄 남자친구 알렉스와 거의 붙어 있었다고 또렷이 기억했다. 어머니 제인은 딸 루시와 보낸 마지막 몇 시간 동안 극도로 불안해서 혼란하긴 했어도 루시가 팀이나 알렉스와 시간을 보내지 않은 건 기억난다고 했다. 서맨사 버만과 어머니 발레리는 루시가 마지막 밤을 어떻게 보냈는지 대부분 기억했다.

두 사람은 분명히 루시가 자신들과 같이 있었다고 했다. 서맨사의 증언이다. "루시는 저희 어머니 집에 있었어요. 그 애가 그때까지 해야 할 일의 리스트조차 아예 작성하지 않은 게 가장 놀라웠어요. 루시는 저희와 같이 뭘 조금 먹은 것 말고는 아무것도 하지 않았어요. 평소대로라면 짐을 다 싸고 준비도 다 끝냈을 텐데 그러지 않았죠. 루시는 떠난다는 사실에 살짝 슬퍼하면서 별로 내켜하지 않았어요. 루시는 일본에 가는 것에 대해 나쁜 점만 콕 집어 말하다가 자기가 도로 반박하더라고요. 확신이 서지 않았는데 이제 일을 저질렀으니 되돌리지 못하는 것처럼 보였어요. 루이스하고 약속했기 때문에 루이스를 실망시키지 않으려 한다는 느낌이 들었어요."

발레리도 루시가 엄마와 집안 분위기에 대해 한 얘기를 기억했다. "집에서 고성이 오갔다더라고요. 제인하고 소피가 싸우고, 소피랑 루시가 엄청 싸웠대요. 만약 루시가 가지 않았더라면 몇 년 후에 상황이 괜찮아졌을 테고 모든 게 참을 만해졌을 거예요. 그때는 루시가 어른이고 제인이 애 같았죠. 그게 너무 부담스럽다고 루시가 제게 털어놓았어요. 소피와 제인이 루시가 일본에 가는 것 때문에 싸우자 루시가 마음을 굳힌 것 같았어요. 영국에서는 탈출구가 없다고 느꼈으니 당시로서는 일본을 가는 게 탈출이었겠죠. 그 애는 엄마를 떠나면서까지 휴식이 필요했던 것 같아요."

소피가 그간의 일을 돌이켜보았다. 그날 저녁 알렉스가 집에 오자 소피는 루시와 알렉스를 두고 자리를 비웠다. "잠자리에 누우니 언니가 멀리 떠나기 전에 하고 싶은 말들이 떠올랐어요. 그래서 편지를 써야겠다고 마음먹고 이별 편지를 적기 시작했어요. 그런데 감정이 점점 북받치더라고요. 저를 보호하고 보살펴준 언니 밑에서 자라면서 얼마나 좋았는지 적어 내려갔어요. 제가 인생의 힘든 시기를 거치는 동안 언니가 어떻게 도와주었는지에 대해서도 적었죠. 적다 보니 열여덟 장이나 되었어요. 완전히 눈물범벅이 돼서 편지를 썼던 기억이 나요. 살짝 속상한 게 아니라 아예 펑펑 울었죠. 이 말을 꺼내려니 새삼 소름이 끼치네요. '마지막으로 언니한테 편지를 쓰는 것 같아'라고 적었거든요. 고통스러운 경험이었어요. 예전에 그랬듯이 언니가 고작 석 달간 집을 비우는 거였는데도 편지를 쓸 때는 목이 메는 것 같았어요."

"정말 마지막 같은 느낌이 들었어요. 언니가 영국항공 승무원으로서 비행을 떠나면 우리는 잘 다녀오라고 하고 그다음 계획을 세우잖아요. 그런데 루시 언니가 일본 얘기를 꺼내자 언니가 돌아오는 모습이 상상이 가지 않았어요. 머릿속으로 언니가 돌아오는 모습을 그리기가 어려웠죠."

도쿄행 비행기는 정오에 출발했다. 루이스의 어머니 모린 필립스가 새벽같이 루시를 데리러 와 두 친구를 히스로 공항에 데려다주었다. 루시는 컴컴한 소피의 방에 들러 동생에게 작별의 입맞춤을 했다. "언니는 카드를 줬고 저는 편지를 건네면서 비행기 탈 때까지 열어보지 말라고 당부했어요. 언니는 제 침대에 누워 저를 꼭 끌어안아주었죠. 저희 둘 다 감정이 북받쳤어요. 언니가 가야 할 시간이 되자 전 이렇게 말했어요. '언니, 사랑해.' 그리고 언니가 떠났죠."

루시는 스물한 살 때 영영 집을 떠났다. 루시는 친구들과 골치 아픈 가족들에게 얼마나 사랑을 받았던가. 여동생 같기도 엄마 같기도 했던 어머니 제인과 형제자매에게 얼마나 사랑스러운 존재였던가. 루시는 평소 비행기를 많이 탔지만 그녀에 대한 소유권을 주장하던 모든 이들에게서 멀어지는 길을 떠난 건 처음이었다. 루시는 비행기 창을 통해 보던 나라로, 그녀가 아는 그 누구도 상상하지 못한 멀고 외진 곳으로 떠났다. 루시를 아끼던 이들에게는 걱정만이 남았다. 늘 마음을 활짝 열고 살던 루시는 마지막 몇 주간 비밀을 간직하게 되었다. 루이스 말고는 아무도 두 사람이 일본에서 무엇을 기대하고 무엇을 할 생각인지 처음부터 끝까지 알지 못했다. 물어봐도 돌아오는 것은 흐릿하고 어설픈 대답뿐이었다. 루시 블랙맨에 대한 진실은 이미 안개에 갇혔다.

루시와 마지막으로 통화한 사람은 제이미 개스코인이었다. 그는 루시가 비행기에 오르기 몇 분 전에 통화했다. "전화를 거니 핸드폰이 통화 중이었습니다. 아마 루시가 다른 사람하고 통화하고 있었나 봐요. 그래서 5분 간격으로 계속 전화를 걸었고 마침내 신호가 갔어요. 저는 이렇게 말했어요. '자기 괜찮아?'라고요. 그렇게 부르는 게 자연스러웠거든요. 마치 둘이 같이 있는 것 같았죠. 전 '정말로 사랑해. 제발 가지 마. 네가 가는 걸 원하는 사람은 아무도 없어'라고 했어요. 그랬더니 루시가 '나도 알아. 다 알아. 이게 아니라는 걸 알아. 정말 자신이 없어' 그러더니 '나 이제 탑승해야 해'라고 했어요."

"루시가 비행기 계단을 오르는 중이었어요. 그런데 루시의 목소리에 뭔가 담겨 있었어요. 루시가 하고 싶지 않은 일을 한다는 느낌이 들었습니다. 저는 운명을 믿어요. 무슨 일이든 다 이유가 있어서 일어나는 건데, 이게 아니라는 걸 안다는 거잖아요? 결국 루시는 자신이 하는 일이 옳지 않다는 걸 깨달았지만 너무 멀리 가서 돌이킬 수 있는 지점을 지나쳐버린 것 같았어요. 루시는 몸을 돌려 루이스에게 이렇게 말할 수가 없었던 거예요. '나, 못 가겠어'라고요. 루시의 목소리 너머에서 바람 소리와 비행기 엔진 소리가 들렸어요. 루시가 이렇게 말했어요. '나 지금 계단이야. 비행기 타는 계단.' 그래서 제가 '내려와. 그냥 걸어 내려오라고!'라고 외쳤죠. 하지만 루시는 그러지 않았고, 결국 그게 끝이었죠. 루시는 비행기에 올라서 멀리 가버렸습니다."

2 ━━━━━━━━━━ 도쿄

하이 터치 타운

　히스로에서 나리타까지의 비행 시간은 열두 시간에 조금 못 미친다. 비행하는 동안 이렇게 풍경이 어지러이 변하는 단일 노선은 별로 많지 않다. 이륙하자마자 런던 시내 건물 지붕이 눈에 들어오더니 풍경이 이스트 앵글리아(잉글랜드 가장 동쪽에 있는 지역—옮긴이) 들판을 지나 북해로 이어졌다. 점심 식사 후 첫 번째 기내 영화가 상영될 무렵 비행기는 시베리아 상공에 진입했다. 무려 일곱 시간이나 시베리아 상공을 가로지르는 동안 상상을 초월하는 광활한 벌판이 양쪽으로 펼쳐졌다. 12킬로미터 아래로 펼쳐진 툰드라와 눈에 뒤덮인 채 굽이진 산맥, 햇살을 받아 반짝이는 시커멓고 널따란 강줄기가 연이어 보였다. 시공간을 뚫고 앞으로 내달리는 비행이었다. 두 친구는 한낮에 비행기에 올라 저녁까지 비행하다가 몸이 잘 시간이 됐다고 기억하는 때에 착륙했다. 일본에 동이 터 오고 있었다.

　루시는 도착한 직후에 일기장에 이렇게 적었다. "이곳 도쿄는 아침 9시 13분이고, 영국은 아직 밤 12시 10분이다. 지하철역에 여행 가방을 놓고 그 위에 앉으니 감개무량하다. 정말 피곤하다. 두렵고 걱정되고 어디가 어딘지 모르겠다. 게다가 미치도록 덥다! 먼 훗날 지금을 뒤돌아보면서 내 무지에, 앞으로 무슨 일이 펼쳐질지 제대로 알지 못한 내 모습에 웃을 수 있기를 바랄 뿐."

루시와 루이스는 항공사 승무원으로 근무했으면서도 이처럼 생소하고 흥미진진한 외국에 간 적은 없었다. 철조망에 둘러싸인 나리타 공항 관제탑 저 멀리 푸르른 논밭이 펼쳐지고, 빨갛고 노랗고 검게 칠해진 근사한 잉어 모형이 건물 기와지붕에 매달려 퍼덕거렸다. 이러한 동양풍 풍경은 도쿄 광역 수도권으로 진입하자 재빨리 모습을 감추었다. 도쿄 광역 수도권은 도쿄의 행정적 경계를 넘어 위성도시까지 아메바처럼 게걸스레 삼켰다. 은회색 오피스 빌딩, 화재용 비상 철제 탈출구가 달린 나지막한 아파트, '마리 셀레스테'와 '원더랜드'라는 네온사인이 달린 창 없는 러브호텔이 묵묵히 늘어선 지대 위로 철도가 지나갔다. 이어 넓고 잔잔한 강을 가로지르는 다리가 연달아 보이더니, 주변 섬들을 매립한 간척지 위에 솟은 유리와 알루미늄 빌딩 숲과 도쿄만 남쪽 풍광이 마침내 드러났다. 구름 낀 날에 보면 시커먼 강물에 기름이 둥둥 떠다니고 메마른 빌딩들은 죽은 듯했다. 맑은 날이면 강물이 은빛으로 반짝였고 견고한 타워, 휘황찬란한 거대 구체, 빽빽한 송전선, 발전소와 석유공장의 둥근 저장 탱크, 레인보우 브리지의 섬세한 곡선이 한눈에 들어왔다.

이 메갈로폴리스에 3,000만 명이 거주했다. 공원, 신사와 사원, 황거(일왕이 거주하는 황궁─옮긴이)의 녹지가 초록색 점처럼 보이더니 서쪽으로 65킬로미터에 위치한 오쿠타마 산악 지역까지 녹색 지대가 끝없이 펼쳐졌다. 아주 청명한 날이라면 얘기가 다르지만, 도쿄에서 가장 높은 건물에 서서 바라봤을 때 시야에 들어오는 곳까지가 전부 도쿄이거나 도쿄 근교였다. 회색, 갈색, 은색의 형체 불분명한 것들이 사방팔방에 흩뿌려져 있었다.

그런데 이런 규모와 밀도가 빚은 인상은 전혀 혼란스럽지 않았다. 도쿄는 깔끔했고 눈으로 봤을 때 그 윤곽이 뚜렷했다. 요란하고 지저분한 여느 아시아 도시에서는 절대로 볼 수 없는 모습이었다. 도쿄의 무심하고 차분한 너울 아래로는 기계적인 힘과 촉각을 다투는 효율이 엿보였다. 처음 도쿄에 온 사람들 대다수는 한 번도 경험하지 못한 분위기였다. 도쿄는 대놓고 열광할 만한 신비로운 가능성으로서가 아니라 묘한 흥분의 대상으로 다가왔다. "벌써부터 무척 다르다." 일본에 입국해 고작 몇백 미터를 걸어서 나리타 공항역 승강장에 도착한 루시는 이렇게 적었다. "지금껏 본 중에서 가장 깨끗한 전철이 막 출발했다. 차량 안에는 키 작은 남자가 머리부터 발끝까지 남색으로 갖춰 입고 손에는 흰 장갑을 끼고 있었다. 나는 일본에서 첫 번째 물건을 구입했다. 일본어가 적힌 생수였다. 여기에 앉아 있으니 저쪽 어딘가에서 훈풍이 불어와 내 뺨을 부드럽게 어루만진다. 고개를 들어 이것이 변화의 바람이기를, 내 꿈을 모두 이루어줄 바람이기를 기도한다."

외국인이 도쿄에 도착한다는 것은 신체적 변태를 겪듯 탈바꿈한다는 것을 뜻했다. 처음에는 시차라는 심신의 쇠약을 겪었다. 몸은 한밤중이라고 느끼지만 사실은 낮이거나 그 반대의 느낌을 받거나 했다. 느닷없이 언어의 박탈을 경험하는 게 가장 힘들었다. 일본에 들어선 외국인들은 뇌졸중을 앓은 듯 말이 묶이고 들리는 언어를 알아듣지 못하고 글자도 못 읽었다. 일본인들의 체구가 왜소한 편이라 문과 천장의 높이가 낮고 의자도 좁았다. 심지어 음식의 양까지 적다 보니 이상한 나라의 앨리스가 토끼 굴을 통과한 것처럼 갑자기 몸이 불어난 듯한 착각을 불러일으켰다.

21세기 도쿄 사람들이 외국인들을 대놓고 뚫어져라 보는 경우는 드물다. 그럼에도 외국인들은 다른 인류에게 낯선 관심의 대상이 되었음을 늘 인식했다. 대놓고 빤히 보는 시선은 아니었다. 그렇다고 애매모호하게 좋고 싫음을 드러내는 것도 아니고, 그저 다르다는 것을 진지하게 표현하는 시선이었다. 일본에 가면 새로운 나라의 시민이 된다. 일명 '가이진ガイジン' 즉 외국인 나라의 시민 말이다. 이 나라에서 사는 것은 자극의 연속이라 종종 진이 빠졌다. 미국 작가 도널드 리치(일본에 50년 이상 거주한 미국 출신의 영화 평론가—옮긴이)는 이렇게 적었다. "일본에서 산다는 건 절대로 당연한 삶도, 주목받지 않는 삶도 없음을 의미한다. 이 사실이 일상과 바짝 밀착해 있기에 일본에 사는 외국인들은 경계를 풀지 않는다. 깨어 있는 시간 내내 전류가 흐른다. 외국인은 늘 주목받고 평가당하고 눈에 띄고 판단되느라 정신없다. 나는 내 삶을 절대로 당연히 받아들일 수 없는 이런 생활이 좋다."

그러나 루시와 루이스가 겪을 경험은 달랐다. 그들은 자신들이 그런 선택을 하고 있다는 사실도 모른 채 진정한 일본다움을 외면했다. 루시에게는 앞으로 살날이 59일밖에 남지 않았고, 고작 수백

평방미터밖에 되지 않은 도쿄의 한 구역에 갇혀 그 시간을 보낼 것이다. 그곳은 쾌락과 외국인의 돈벌이를 위해 조성된 거리, 롯폰기였다.

낮에 차를 타고 롯폰기를 지나가면 그곳이 무엇 하는 곳인지 눈치채기 힘들다. 차 안에서 보면 롯폰기는 시부야와 가이엔히가시 거리가 엇갈리는 8차선 도로 위에 있는 교차로로 여느 곳보다 좀 더 붐빌 뿐이다. 롯폰기 머리 위를 지나는 수도 고속도로가 콘크리트 덮개 역할을 하는 바람에 롯폰기 대로는 음습한 크레바스가 되었다. 교차로 한쪽 구석에 높이 설치된 초대형 전광판에서 광고가 번쩍거렸다. 맥도날드, 핑크색 커피숍, 은행, 스시 바 광고가 눈길을 끌어당겼다. 주위를 둘러볼 여유가 있는 행인들은 롯폰기 대로를 똑바로 관통하는 가이엔히가시 거리를 따라 늘어선 8층, 10층 높이의 건물들을 쳐다보았다. 건물마다 좁다란 간판들이 꼭대기에서 거의 바닥까지 수직으로 매달린 채 그 안에 입주한 수십 개의 바와 클럽, 카페의 이름을 담았다. 낡은 콘크리트 건물에는 누런 타일이 발렸고 전면에 돌출된 불 꺼진 네온사인은 먼지와 매연 그을음을 뒤집어썼다. X자 횡단보도와 지하철 입구가 여기저기 보이고, 롯폰기 교차로를 남북으로 가로지르는 고속도로 외벽에는 롯폰기의 신비한 모토인 '하이 터치 타운HIGH TOUCH TOWN'이 영어로 새겨져 있었다.

일상적인 일과 시간에는 낮에 일하는 이들이 롯폰기를 차지했다. 상점과 식당에서 일하는 노동자들, 자그마한 교복을 입은 꼬마

학생들, 그리고 롯폰기 교차로 북쪽 담으로 둘러싸인 일본 방위성의 공무원들로 북적거렸다. 오후가 저녁으로 접어들면서 거리에 변화가 일었다. 정장을 입은 무리가 사무실을 비우고 퇴근 열차를 채웠다. 어둠이 내리자 네온사인이 길가 양쪽에서 번쩍거리고 젊은 외국 여성들이 아자부 경찰서 뒤편 피트니스 클럽을 차지했다. 두 시간 후 이들이 거리에 등장할 무렵 롯폰기는 뱀파이어의 잠에서 깨어났다. 저녁나절이 되면 이곳의 소음과 냄새, 모습과 느낌까지 탈바꿈했다.

　루시와 루이스가 도쿄에 도착한 5월 초는 쌀쌀한 날씨에서 후끈한 계절로 옮겨 가는 시기였다. 몇 주가 지나자 봄 공기가 열기와 습기로 가득 찼다. 밤이 되어도 낮보다 별로 시원해지지 않았다. 6월이면 장마가 시작되는데, 한 달 내내 습도가 너무 높아서 피부를 스치기만 해도 물방울이 터질 것 같았다. 여름이면 도쿄 시내에는 하수구에서 올라오는 구린내가 진동했다. 제3국의 예상치 못한 악취가 피자와 치킨 냄새, 생선 굽는 연기, 향수 냄새와 뒤엉켰다(일본에서 절대로 맡을 수 없는 유일한 냄새는 사람들의 땀 냄새였다). 초대형 광고판이 롯폰기 교차로 위에서 자동차, 의류, 술, 음식, 여인들의 모습을 정신없이 내보이며 번쩍번쩍 빛을 뿜었다. 네온사인이 켜지자 콘크리트 빌딩의 초라함이 숨겨졌다. 편두통을 유발할 것 같은 고속도로의 웅웅거림은 인도를 활보하며 자신의 생활과 성격까지 속속들이 드러내는 행인들의 수다에 차단당했다.

　일본 다른 지역에서는 볼 수 없는 단정치 못한 외양의 사람들과 다양한 인종들이 롯폰기 교차로 몇백 미터 반경에 밀집했다. 도쿄에서 롯폰기만 유난히 유행에 민감한 거리는 아니었다. 고급스러움, 다양한 상품, 가격 대비 좋은 물건을 찾는 이들은 도쿄 곳곳의 흥미로운 지역들을 찾았다. 오래된 백화점과 중년의 고상함을 갖춘 우아한 긴자, 갱스터와 섹스 쇼를 볼 수 있는 세련된 신주쿠 거리, 화려하고 젊은 유행이 가득한 시부야 등이 있었다. 도쿄 어디에서나 외국인을 볼 수 있지만 그들의 존재감이 정점에 달하는 곳은 오로지 롯폰기뿐이었다. 롯폰기 거리를 걷는 이들은 대부분 일본인이었다. 그러나 거리에서 눈에 띄는 건 일본인이 아니었고, 이국적인 분위기는 롯폰기만의 독특한 방점이자 정체성이 되었다.

롯폰기를 찾는 부류로는 다른 외국인을 만나러 온 외국인, 외국인을 만나러 온 일본인, 외국 남성을 만나려는 일본 여성을 만나러 온 외국 남성이 있었다. 롯폰기에서 만나는 이들은 다른 곳에서는 절대로 만날 수 없었다. 이곳은 외국인들이 느끼는 짜릿한 전율과 이방인으로서의 거리감을 잠시 지울 수 있는 일본 내의 유일한 장소였다.

전철역 출구에서 쏟아져 나와 일제히 교차로를 건너는 군중들 틈에는 전 세계에서 몰려든 얼굴이 뒤섞여 있었다. 브라질인 바텐더, 이란인 벽돌공, 러시아인 모델, 독일인 은행가, 아일랜드인 학생. 특정 인종이 특정 업종을 장악했다. 무슨 이유인지 모르겠지만 사진이나 그림 액자(석양, 웃는 아이, 푸들을 산책시키는 미녀 따위의 그림)를 팔려고 애쓰는 외국인들은 거의 다 이스라엘 사람들이었다. 긴 원피스를 입은 중국이나 한국 여성들은 마사지 숍 앞에 모여 지나가는 남자들의 소매를 붙들고 "마싸지, 마싸지, 마싸지"라고 속삭였다. 미국 항공모함 USS 키티호크호가 요코스카 항에 들어오면 술집은 미국 해군과 해병대로 넘쳐났다. 그 시기에는 롯폰기 외곽에서 흔치 않은 현상인 술집 내 싸움이 발생할 확률이 높아졌다.

무엇보다 세 부류가 눈에 띄었다.

첫 번째는 흑인들이었다. 일본에 거주하는 흑인은 무조건 외국인으로 분류되었다. 그들은 도쿄 중심부에서도 관심을 끌었지만, 롯폰기 교차로 남쪽 가이엔히가시 35미터 반경 내만큼 그들에게 관심이 집중되는 곳은 일본 어디에도 없었다. 여느 인종들처럼 흑인들은 롯폰기라는 메커니즘에서 특화된 역할을 수행했다. 지나가는 남성 행인을 유인해 스트립 바, 호스티스 바, 랩댄스 클럽으로 유인하는 것이 그들의 임무였다. 단정하게 차려입고 머리는 삐죽하게 세운 소수의 일본 청년들이 일본 소비자에게 재미를 주긴 했지만 그 거리를 지배하는 자들은 미국, 가나, 나이지리아, 감비아에서 온 남성들이었다. 대부분 몇 년씩 일본에 살아서 유창한 일본어를 구사했고, 전혀 대놓고 위협적인 느낌을 풍기거나 하지 않았다. 이 남자들은 따스한 웃음을 머금고 남성 행인에게 말을 붙이면서 한 손을 다정히 상대의 어깨에 올린 채 다른 손으로 야한 광고지를 내밀었다. 남성 행인을 수백 미터 쫓아가 낮은 바리톤 음성으로 빠르게 속삭이며 다른 호객꾼에게 손님을 넘겨주었다. "안녕하세요, 사장님!"으로 시작해 "롯폰기 최고의 남성 클럽입니다. 토플리스 바! 사장님, 섹시하고 아름다운 언니들이 많이 있습니다. 토플리스, 바톰리스 다 됩니다. 가슴과 엉덩이 어떠세요, 사장님? 가슴 엉덩이, 가슴엉덩이, 가슴엉덩이가슴엉덩이. 일단 올라가보시죠. 원래 7,000 엔인데요, 특별히 30분에 3,000엔에 해드리죠. 올라가서 보기라도 하시죠"라고 유혹했다.

경찰이 체포해 추방하려 해도 그들 대부분은 일본 여성을 아내로 두었다. 그중 일부는 서류상 위장 결혼으로, 해마다 상대에게 일정 금액을 주고 계약을 갱신한다. 일본인을 부인으로 둔 남편들은 일본에 합법적으로 거주할 권리가 부여되고 원하는 업종에서 자유로이 일할 수 있다. 그렇기에 경찰이 취할 조치가 전혀 없었다.

두 번째로 많은 부류는 상당수의 남성들을 밤거리 롯폰기로 이끄는 주요 인물이었다. 바로 외국인을 좋아하는 일본 여성들이었다. 꽉 끼는 원피스를 입은 그들에 대한 규제를 놓고 일부 일본 미디어가 도덕적 논란을 재생산하곤 했다. 그들의 외모는 도쿄의 스트리트 패션 유행에 따라 변모했다. 1990년대 초반, 지금은 사라진 '줄리아나스 도쿄'라는 댄스 클럽은 '보디콘'이라는 타이트하고 몸매를 드러내는 스타일을 탄생시켰다. 보디콘 의상을 입은 여자들은 줄리아나의 높은 무대에 올라가 몸매를 한껏 드러냈다. 루시와 루이스가 롯폰기에서 일할 무렵, 보디콘은 '강구로'(깜씨라는 뜻. 아주 검게 태우거나 화장한 얼굴─옮긴이)에게 자리를 내주었다. 이 파격적인 스타일은 몸을 일부러 구릿빛으로 태우고 머리는 회색으로 염색하고 얼굴과 입술까지 허옇게 색조 메이크업을 했다. 매주 목금토가 되면 기둥처럼 높이 솟은 플랫폼 부츠를 신고 비틀거리는 여자들이 무리를 지어 롯폰기 거리를 뒤덮었는데, 환각을 일으키는 흑인 형광 인형을 닮았다. 그들은 도쿄 외곽은 물론 원거리 현의 위성

도시에서 출퇴근 노선 열차를 타고 롯폰기로 몰려와 저녁부터 밤늦게까지 모 타운, 개스패닉, 렉싱턴 퀸 등의 클럽과 바를 누볐다. 매주 금요일과 토요일 새벽이면 운이 없는 일부 여성들은 아침 첫 환승 열차를 타고 도쿄를 빠져나가는 우울한 귀갓길에 올랐다.

롯폰기 거리에서 보이는 세 번째 부류는 젊은 백인 여성들로 대부분 댄서나 스트립 댄서, 호스티스로 일했다. 이 여성들은 피트니스 센터에서 운동을 한 후 머리가 젖은 채로 저녁나절부터 이 거리에 모습을 드러냈다. 청바지에 티셔츠를 입고 롯폰기 교차로에 있는 맥도날드나 KFC, 스시 바에서 그날 밤을 버티게 해줄 식사를 한 후 클럽과 바로 가서 옷을 차려입고 한껏 치장했다. 이들은 몸을 사리는 듯 구는 관광객들과는 달리 뚜렷한 목적을 가지고 이동했다. 호주, 뉴질랜드, 프랑스, 영국, 우크라이나 등 국적이 상당히 다양했고, 젊고 예쁘다는 점 외에도 공통점을 지녔다. 딱히 꼬집어 말하기 힘드나 이 여성들의 입매와 어깨에는 반항심과 짜증은 물론 분노까지 배어 있었다. 롯폰기의 친절한 일본 여성들과는 달리 이들에게는 선뜻 다가가기가 힘들었다. 루시와 루이스는 결국 롯폰기로 와 이들의 일원이 되었다.

루이스에게는 실제로 일본인 외숙모가 있었다. 그런데 외숙모 마사코는 도쿄가 아니라 런던 남부에 살았다. 두 여성이 일본에 있는 마사코의 집에서 지낼 거라고 거짓말한 건 제인 블랙맨의 걱정을 덜어주기 위해서였다. 루이스의 언니 에마는 일본에 사는 친구들과 여전히 연락했다. 그들 중에 영국에서 온 크리스타벨이 있었다. 두 친구는 크리스타벨을 통해 사사키 하우스의 방을 예약했다.
공항을 출발해 지하철로 이동하는 길은 굉장히 복잡하고 힘겨웠다.
여러 번 차를 갈아타고 가파른 계단을 올라야 했다. 두 손으로 들기
에 짐 가방은 지독히 무거웠고, 둘 다 실용적이지 못한 하이힐을 신
어서 발이 아팠다. 새 집으로 가는 마지막 구간에는 터무니없이 비
싼 택시를 타야 했다. 택시에서 짐을 내리는 동안에도 온몸이 욱신
거리고 땀이 비 오듯 흘렀다.

　　루시와 루이스는 빳빳하게 세탁된 침구와 친절한 여성 지배인
이 있는 소박한 호스텔을 기대했다. 그러나 그들이 도착한 곳은 일
본식 숙박 시설인 '외국인 하우스'였다. 외국인 하우스는 싱글 룸
게스트하우스로, 도쿄를 거쳐 가는 외국인 배낭여행자, 영어 강사,
노점상, 야간업소 종사자 등이 묵었다. 화분에 담긴 채 죽어가는 화
초와 자전거가 건물 외벽에 기댄 채 서 있었다. 커다란 까마귀들
이 실뜨기처럼 뒤엉켜 머리 위를 지나가는 전선에 앉았다. 루이스
는 다음과 같이 기억했다. "더러워서 저희 둘 다 충격을 받았죠. 라
운지를 보니 두 사람이 소파에 바위처럼 앉아 있었어요. 저희가 방
에 들어가니 크리스타벨이 머리를 만지고 있더라고요. 아주 진하고
끈적끈적한 오일을 머리 전체에 바르고 있었는데 무슨 기름 덩어리
같았어요. 게다가 다들 마리화나를 피워서 방에서 냄새가 진동했어
요. 담배 연기가 자욱해서 방 안이 제대로 보이지도 않았죠."

　　작은 방에 난 창에는 커튼이 없었다. 루시와 루이스는 아침 햇
살을 가리기 위해서 창가에 사롱(허리에 둘러서 입는 천—옮긴이)을 달았
다. 사실 가릴 햇살도 그리 많지 않았다. 창밖으로 보이는 건 이웃

한 건물의 시멘트 벽뿐. 접이식 매트리스에는 침대보가 없었고 거울에는 금이 가 있었다. 루시와 루이스는 쭈그려 앉아 볼일을 보는 변기를 보고 할 말을 잃었다. 이 '뒷간'을 사람이 살 만한 공간으로 변신시키기 위해 포스터, 엽서, 양초, 휘장을 동원했다. 이게 그들이 도쿄에서 맞이한 첫 번째 일주일 안에 거둔 성과였다. 그곳은 두 사람이 지금껏 살았던 그 어떤 공간보다 훨씬 비좁았다.

두 사람은 다음 날 낮까지 자다가 더위와 시차 증상에 놀랐다. 금요일인 그날 저녁, 둘은 일자리를 찾겠다는 모호한 야망을 품고 자전거를 빌려 롯폰기로 향했다. 호스티스로 일하는 크리스타벨이 클럽 몇 군데를 알려주었다. 둘이서 두리번거리는 사이 잘생긴 일본 남성이 다가와 도와줘도 되겠느냐고 정중히 물었다. 그는 루시와 루이스에게 일자리를 찾는 거냐면서 혹시 호스티스로 일할 의향이 있냐고 물었다. 자기와 같이 가면 두 사람을 도와줄 사람들을 소개해주겠다고 했다.

두 여인은 경계심을 풀지 않은 채 그 남성을 따라 가이엔히가시 거리를 걸어 네온 간판이 반짝이는 건물로 들어갔다. 첫 번째 클럽에는 일자리가 없었다. 두 번째 클럽에서는 두 여자를 따스하게 환영했다. 그들을 안내한 젊은 가이드는 험악하게 생긴 니시라는 남자 매니저와 잘 아는 사이였다. 매니저는 두 사람을 훑어보더니 몇 가지 기초 조사를 했다. 나이, 국적, 사는 곳 등등. 그러더니 그 자리에서 일자리를 주었다. 일본에 도착한 지 며칠 만에 루시와 루이스는 롯폰기의 카사블랑카라는 작은 나이트클럽에서 호스티스로 일하게 되었다.

게이샤 걸이 될지도 모르죠! (농담)

정확히 그곳을 목적지로 한다면 얘기가 다르겠지만, 그 일대를 수천 번 지나가도 클럽 카사블랑카는 눈길을 끌지 못했다. 카사블랑카가 입주한 갈색 건물은 눈에 띄지 않았다. 길가에서 봤을 때 카사블랑카의 존재를 알리는 유일한 표지는 세로로 긴 간판뿐이었다. 그것조차 훨씬 특이한 이름과 재미나게 생긴 간판들에 밀려났다. '라키라키', '게이 아트 스테이지', 도쿄 최대 스트립 클럽인 '세븐스 헤븐'의 화려한 네온사인이 같은 건물의 전면을 차지했다. 카사블랑카는 6층에 있었다. 엘리베이터가 열리면 두툼한 누비 가죽 문과 클럽 이름이 박힌 놋쇠 명패가 손님을 맞이했다.

어둑어둑하게 조도를 낮춘 공간은 가로 6미터, 세로 18미터 정도 되어 보였다. 실내 왼편에서는 낮은 바 테이블 뒤로 늘어선 술병이 반짝거렸고, 우측으로는 스탠드 위에 놓인 전자 키보드와 스크린과 가라오케 스피커가 보였다. 벽을 따라 하늘색 소파와 암체어, 낮은 테이블 열두 개가 놓여 있었다. 사진인지 그림인지 모를 액자가 벽에 걸려 있었지만 별로 눈에 띄지 않았다.

나이와 국적을 가늠할 수 없는 동양인 남성이 손님을 테이블로 안내했다. 테이블 위에는 펌프를 통해 물이 나오는 복잡하게 생긴 사이펀 유리병이 놓여 있었다. 얼음통과 철제 집게, 펑퍼짐하게 생긴 위스키 디캔터가 서빙되어 왔다. 미즈와리水割り를 만들기 위한 도구와 재료였다. 미즈와리란 위스키에 물을 섞어 희석한 것으로 주로 나이 든 회사원들이 마시는 술이다. 가죽 문, 검은색 보타이를 착용한 웨이터와 바텐더 등 화려한 치장에도 불구하고 이곳은 대체로 매력이 떨어졌다. 디캔터에 든 위스키는 싸구려라 맛이 별로였고 전자 키보드는 조악해서 깨지는 소리를 냈다. 도저히 좋아 보이지 않는 사이펀 유리병은 그저 당황스러운 감정을 끌어낼 뿐이었다. 카사블랑카는 나른하면서도 고급스러운 분위기를 내려고 애를 썼으나 세련되기보다 아늑한 쪽에 가까웠다. 멋진 척하려다가 기운이 빠진 모양새라서 저가 크루즈 여객선이나 망해가는 라스베이거스 카지노, 1970년대 영국 교외의 중산층 가정집에서 볼 법한 이류 라운지 같은 느낌을 풍겼다. 설마 했으나 예상대로 웨이터가 파인애플 조각에 칵테일 픽을 꽂고 체더치즈 큐브를 곁들인 접시를 쟁반에 받쳐 들고 들어왔다.

그럼에도 일본 업소라 그런지 일본인들에게는 이런 모습이 어렴풋이 빛나는 매력으로 다가왔다. 바에서 가장 가까운 곳에 테이블 두 개를 나란히 붙이고 앉은 여자들, 전부는 아니지만 대부분 백인인 외국인 호스티스 때문이었다. "다소 어두운 공간이라 처음에는 낯선 느낌을 받았습니다"라고 이무라 하지메가 말했다. 그는 출판업자로 루시가 카사블랑카에서 근무하는 동안 그곳을 두 번 찾았다. "카사블랑카에는 신비하면서도 수상쩍은 분위기가 감돌았어요. 이스라엘인지 어디에서인지 온 다양한 피부 빛깔의 여자들이 있었어요. 룸은 컴컴했고 검정과 파란색으로 꾸며져 있었어요. 어두운 빛깔의 의자와 테이블이 놓여 있었죠. 필리핀 가수가 노래하는 소리에 귀가 따가울 정도였습니다. 매니저로 보이는 중년 남성과 웨이터 몇 명이 있었는데 필리핀이나 아시아계 얼굴이었어요. 여자들은 대략 열 명 정도 있었죠."

손님이 편안히 자리를 잡고 미즈와리가 세팅되면, 매니저가 외국인 여자들이 앉은 테이블로 수신호를 보낸다. 두 명이 자리에서 일어나 걸어온다. 호스티스 일이 시작된다.

호스티스란 정확히 무엇인가? 서양인들에게 호스티스란 단어는 우스꽝스럽고 불건전한 느낌이었고 에둘러 말해도 '에스코트'보다 고상하게 들리지 않았으며 싸구려 향수, 소호나 타임스퀘어의 우중충한 지하를 연상시켰다. 서맨사 버만은 루시가 도쿄에 도착한 지 며칠 만에 통화한 내용을 말해주었다. "호스티스라는 소리를 들었을 때 저희는 기겁을 했어요. 루시가 뭐라는 거지? '호스티스'라니? 루시가 수화기 너머에서 그 말을 하면서 약간 긴장한 것 같았어요. 기껏 얘기를 꺼냈는데 이런 반응이 돌아오자 민망했던 것 같아요. 저희는 루시가 걱정됐어요. 루시가 가장 바라지 않은 게 저희가 걱정하는 거였죠."

소피는 다음과 같은 인상을 받았다고 털어놓았다. "호스티스 일이라는 것에는 의미 없고 따분한 대화를 하면서 미소를 짓거나 활짝 웃어야 하는 일들이 포함된 것 같았어요. 그 자리에 앉은 남자들이 '젖 좀 까봐'라든가 '얼마나 벌어?' 이런 식으로 말하는 게 아니라요. 그런 일과는 상당히 달랐죠." 이후 영국 타블로이드판 신문에서 '호스티스란 정말로 무엇인가'에 대한 기사를 다루자, 소피는 회의적인 시각을 지닌 기자들에게 "영국항공 승무원과 카사블랑카 호스티스와의 차이점은 오로지 직장의 고도뿐이라고요"라고 설명했다.

루시 실종 몇 달 후, 팀 블랙맨은 와타나베 이치로라는 친절한 노신사에게 심금을 울리는 장문의 편지를 받았다. 카사블랑카의 단골인 그는 실종된 루시에 대해 우려를 표했다. "클럽 카사블랑카는 대중매체가 천박한 가십에 포커스를 맞추고 근거 없는 추측으로 작성한 무책임한 기사와는 완전히 다른 곳입니다." 그는 공들여 이탤릭체로 쓴 편지에서 이렇게 적었다. "그곳에서 일하는 호스티스들은 손님에게 담뱃불을 붙여주고 위스키와 물을 따르고 같이 가라오케에 맞춰 노래하고 말동무를 해주는 게 다입니다. 루시가 어머니께 말씀드린 대로 '시중을 드는 것의 일종'일 뿐, 다른 건 없습니다. 저에겐 좋은 단어로 포장할 마음이 전혀 없습니다. 그저 루시의 명예를 위해 감히 이 사실을 말씀드리고 싶을 뿐입니다."

여기까지 전부 사실이었다.

클럽은 9시에 문을 열었다. 영업을 개시하기 직전 가게 안쪽 좁은 탈의실에서는 열둘에서 열다섯 명의 여성들이 화장한 다음 청바지와 티셔츠를 벗고 원피스로 갈아입었다. 그들은 전 세계에서 왔다. 2000년 여름에는 영국 여자들이 비교적 많았다. 루시와 루이스 말고도 랭커스터에서 온 맨디, 런던에서 온 헬렌, 호주에서 온 서맨사, 스웨덴에서 온 한나, 미국에서 온 새넌, 루마니아에서 온 올리비아가 있었다. 클럽 남자 종업원은 셋이었는데, 매니저 니시 데쓰오는 얼굴에 마맛자국이 있는 50대 남성이었다. 일본인 바텐더 가즈, 아무도 그 이름을 기억하지 못한 필리핀인 가수도 있었다. 가즈와 니시는 손님 옆에 앉힐 여성을 선정한 후 테이블에서 전략적으로 회전시키고 그들이 해야 할 일을 형식적으로 알려주는 역할을 담당했다. 호스티스의 의무에는 금지 사항이 많았다. 손님이 직접 위스키를 따르지 못하게 하라, 손님이 직접 담배에 불을 붙이게 두지 마라 등이었다. 일단 자리에 앉은 뒤 수행해야 하는 진짜 임무는 대화였다.

그런데 그 대화라는 것이 보기보다 쉽지 않았다. 호스티스들 중에 일본어로 "네, 고맙습니다"와 "죄송합니다" 그 이상을 구사하는 이들이 거의 없었다. 영어를 전혀 못해 카사블랑카의 단골이 되기는 어려운 손님도 있었지만, 단골이라 해도 언어 구사의 유창함과 자신감은 사람마다 꽤 차이가 났다. 어떤 이에게 외국인 호스티스와의 몇 시간은 그 자체로 일종의 외국어 수업이었다. 어떤 남자는 영어를 수첩에 적느라 자연스러운 외국어 대화나 남의 이목을 신경 쓰지 않는 대화를 거의 할 수 없었다. 게다가 손님은 손님이기에 호스티스는 손님과 언쟁을 해도, 손님의 말을 반박해도, 손님을 혼자 내버려둬서도 절대로 안 되었다. 호스티스로 일한 적 있는 소설가 모 헤이더는 호스티스 일을 "전혀 관심이 없는 직장 동료임에도 반드시 잘 대해줘야 하는 상황"에 비유했다. "저는 그들이 어느 회사에 다니는지, 왜 도쿄에 왔는지 물어봤어요. 손님들을 칭찬하면서 '넥타이가 근사해요'라고 말했죠. 제가 정말 좋다고 한 넥타이의 개수만 해도 얼마나 많았는데요!"

루시와 루이스와 비슷한 시기에 카사블랑카에서 일한 헬렌 도브는 이렇게 증언했다. "손님에게 잡다한 얘기를 떠들어요. '오늘은 어떠셨어요?'라든가 손님의 자존심을 세워주는 말을 하죠. '정말 잘생기셨네요. 노래 불러주세요.' 그럼 손님은 제가 얼마나 예쁜지 말해줘요. 또 제가 영국에 대해 말하면 손님은 런던에 출장 갔던 얘기를 하는 등 그렇게 대화가 이어지죠. 몇 주 되지도 않았는데 슬슬 싫증 나기 시작했어요. 너무 따분해서 진이 빠졌어요. 밤마다 똑같은 대화가 이어지고 제가 전혀 관심 없는 사람들과 지겨운 대화를 해야 했으니까요. 어떤 여자들은 상냥하고 정말 싹싹했어요. 하지만 전 대화하는 게 힘들었어요. 아예 가짜 대화였으니까요. 제가 노래를 못하는 것도 문제였어요. 가라오케 앞에서 노래를 하거나 듀엣으로 부를 때는 억지로 신을 내며 불러야 했어요."

습관적으로 반복되는 음란 행위도 상당했다. 헬렌의 증언이다. "많은 사람들이 섹스에 대해 말했지만 전 최대한 그 주제를 피했어요." 카사블랑카에서 일을 시작한 뒤로 4주 동안 헬렌이 진지하게 경계한 유일한 손님은 오드리 헵번에 집착하던 남성이었다. "그 손님은 창백한 피부색에 눈이 크고 갈색 머리를 지닌 백인 여성을 찾았어요. 워낙 섬뜩하게 굴어서 2주 만에 일을 그만둔 호스티스도 있었어요. 그 남자는 여자 옆에 딱 붙어 앉아 '넌 내 거다! 내가 널 돈

주고 샀으니 이제 넌 내 거야'라고 말한 후 팔을 둘러 여자를 바싹 끌어안았죠. 그래서 그 여자가 그만두자 절 찾기 시작했어요. 전 그 남자한테 맞서서 저한테 손도 못 대게 했어요."

불쾌한 남자들보다 더욱 짜증나는 건 바로 지겨움이었다. 호스티스라면 다들 판에 박힌 이상하고 멍청한 대화를 하는데, 옆에서 그걸 본다면 웃지 않을 수 없었다. 출판업자 이무라 하지메는 오징어잡이 모험 얘기로 루시를 즐겁게 하려던 때를 회상했다. "언젠가 제가 오징어를 잔뜩 잡은 적이 있어서 그 얘기를 루시에게 했어요. 그런데 루시가 대꾸를 하지 않더군요." 루시는 어느 손님이 화산의 기능에 대해 논문을 쓰듯 정성스레 설명하는 것을 듣고 있었다. "그 남자가 테이블에 있는 것들을 이용해 얼음 바구니로 산을, 사이펀에 든 물로 용암을, 담배로 연기를 만들어 축소판 활화산을 제작하면서 설명이 절정에 달했죠."

팀 블랙맨에게 보낸 편지에서 밝힌 대로 노신사 와타나베는 대화거리를 찾는 데 어려움이 없었다. 나이가 지긋한 그는 상당히 예의 바른 단골이었기에 카사블랑카에서 일하는 여성들은 그를 '포토맨'이라고 부르며 좋아했다. 그는 늘 사진을 잔뜩 찍고는 다음에 올 때 그걸 인화하여 앨범에 정성껏 끼워 호스티스들에게 보여주었다. 그는 루시에게서 돈을 낸 만큼을 얻어 갔다. "저희는 세 시간 동안 흥미롭고 알찬 대화를 즐겼어요." 그는 루시와 보낸 어느 밤을 회상했다. "영국의 역사와 문학, 예술과 작가 및 화가는 물론 과거 영국과 일본의 관계, 양국의 기질과 국민성의 차이에 대해 얘기를 나누었습니다. 게다가 제가 좋아하고 가장 존경하는 영국인의 독특한 유머 감각에 대해서도 말했죠." 평범한 스물한 살의 호스티스에게 이 일본인 노신사의 정제되고 진심 어린 마음이 얼마나 전해졌을지는 상상하기 힘들다.

카사블랑카는 지루하고 때론 이상했지만 묘하게 안심이 되는 일터였다. 파란 보호막에 싸인 어둠침침한 공간을 가즈와 니시가 굳은 얼굴로 지켜보았기에 그곳에서 일하는 여성들은 마음을 놓을 수 있었다.

모든 것에 저마다의 위치가 있는 일본에서 호스티스 업종, 호스티스 및 호스티스 클럽은 홀로 존재하지 않았다. 롯폰기에는 온갖 야간 업소가 있었다. 싸구려 대 고급, 고상한 곳 대 천박한 곳. 이런 업소들은 아름답고도 의미심장한 용어인 '미즈쇼바이水商売'라는 단어로 망라된다. 일명 '물장사'라는 뜻이다. 묘한 단어다. 밤 문화 체험 시 필수 코스인 '마시기'를 의미하는 것일까? 물은 섹스, 출산, 익사의 이미지를 연상시킨다. 물장사의 극단에 게이샤가 있다. 게이샤는 교토와 도쿄의 유서 깊은 구역에서만 찾아볼 수 있는, 고도의 훈련을 받고 교양을 갖춘 여성 유흥업 종사자를 말한다. 반대편 끝에는 하드코어 SM, 즉 돈을 위해서라면 극도의 굴욕도 마다않는 고문 클럽이 있다. 양 극단 사이에서 천박함과 고급스러움, 저가와 고가, 개방성과 배타성의 스펙트럼이 펼쳐진다.

일부 일본인들은 물장사에 평범한 바와 술집, 가라오케 가게까지 포함시키지만 대부분의 경우 물장사를 정의할 때 그 안에는 최소한 관념적으로 남성에게 어필하는 매력을 지닌 여성이 반드시 존재해야 했다. 4인용 카운터 너머에 매력을 잃어가는 중년 여자 주인 '마마 상'이 있는 작은 가게인 스낵도 물장사에 포함된다. 일부 스낵에서는 마마 상의 지시에 따라 젊은 웨이트리스나 호스티스가 수다를 떨며 술을 따랐다. 여기에서 조금 더 범위를 넓히면 대도시에 있는 호스티스 바와 클럽이 된다. 이곳에는 술과 안주를 시키듯 대화와 가라오케를 위해 여성을 동석시킬 때 요금이 책정되어 있었다. '신사 클럽'에서는 여자 종업원이 테이블에 앉아 대화했지만 폴 댄스 공연 시에는 옷을 벗어 알몸을 내보였고 밀폐된 부스석일 경우 1대 1 개인 댄스도 가능했다. 댄서는 온몸을 비틀고 가랑이를 벌려 손님 위에 올라타 빙글빙글 돌았다. 이때 손님에게는 댄서의 유두와 유방을 손과 입으로 애무하는 행위가 허용되었고 일부 업소에서는 돈을 내면 그 이상도 가능했다. 그래서 여자 바텐더가 호스티스가 되고, 호스티스와 스트립 댄서가 겹치고, 스트립 댄스가 매춘으로 진화했다.

허울만 있고 강제력은 없는 매매춘 금지법에 힘입어 일본인들이 성매매 패키지에 쏟아부은 상상력과 창의력을 다른 나라에서는 도저히 따라갈 수 없었다. 법으로 엄격히 금하는 부분은 남녀 간의 삽입 섹스뿐이고 각종 구강성교와 자위는 허용되었다. 합법적으로 허용되는 행위와 손을 이용해 얻는 오르가슴은 불법이 아니나, 질을 통한 오르가슴은 불가능했다. 이런 노골적인 매매춘 행위를 은폐하기 위해 온갖 황당한 이름을 붙인 일본의 서비스는 너무 다양하고 급변하여 비전문가들이 따라잡기가 힘들었다.

롯폰기에는 '마사지' 가게가 많은데, 전신 마찰이라는 형식은 손으로 도달하는 해피엔딩을 위한 핑계에 지나지 않는다. '패션 헬스'는 삽입 섹스를 제외한 폭넓은 서비스를 제공한다. '솝 랜드'(여성이 자기 몸을 스펀지 삼아 온몸을 씻겨준다는 의미—옮긴이)에서도 같은 서비스를 받을 수 있다. '딜리버리 헬스'는 의뢰인의 집이나 호텔로 직접 찾아가 성적 쾌락을 전한다. '에스테'(영어의 애스테틱 살롱에서 따온 표현—옮긴이)는 섹스 마사지이며 다양한 장르로 세분화된다. 한국 애스테틱 살롱(손으로 마사지하여 해결), 한국식 애스테틱 살롱(한국 애스테틱 살롱과 동일하나 알몸 마사지를 해준다)도 있다. 조금 더 세련된 것들은 한층 미묘하게 나뉘는데, '중국 애스테틱 살롱', '대만 애스테틱 살롱', '싱가포르 애스테틱 살롱', '섹시 펍', '란제리 펍', '훔쳐보기 펍', '터치 카바레', '일본 가정주부가 해주는 한국식 마사지' 등이 있다. '노팬티 커피숍'에서는 여종업원이 거의 알몸으로 돌아다니다가 손님이 명시된 팁을 지불할 경우 그 대가로 손님에게 성욕을 해소할 기회를 제공한다. '노팬티 가라오케 커피'에서는 속옷을 입지 않은 여성이 성욕을 해소하기 전후와 행위를 하는 동안 듀엣으로 노래를 불러준다. '노팬티 샤부샤부'에서는 커피 대신 뜨거운 그릇에 담긴 샤부샤부가 나온다.

물장사 가게가 비싸고 배타적이며 고급스러울수록 여종업원이 일본인일 확률이 커진다. 지저분할수록 태국, 필리핀, 중국, 한국 여성이 늘어난다. '서양' 여성이란 유럽, 러시아, 아메리카 대륙, 호주에서 온 백인 여성들을 의미하는데, 이들은 물장사 스펙트럼의 중간 지대, 대체로 호스티스에서 스트립 댄서까지 걸친 구간에서 찾아볼 수 있다. 이 지대에서는 몸을 허락하는 대신 대화와 외모를 가장 중요한 매력 포인트로 삼는다. 내가 스펙트럼이라고 설명했지만 오히려 색을 떠올리는 편이 더욱 정확할 것 같다. 밝지도 튀지도 않는 회색 지대라고 보면 되겠다.

여성을 동석시키려고 돈을 지불하는 관행은 일본의 옛 귀족 역사에서 찾아볼 수 있다. 맨 처음 게이샤라는 말이 등장한 시기는 18세기로 거슬러 올라간다. 게이샤는 춤과 노래, 의상, 화장 및 대화 등 다방면에서 고도로 훈련된 여성 예능인이었다. 게이샤는 오이란花魁, 즉 부자를 상대하던 창녀에서 갈라져 나와 수많은 수련을 거쳐 고급스러움을 갖추었다. 반면 여관이나 찻집에 드나들던 흔한 매춘부도 있었다. 1920년대 급격한 서구화와 더불어 출현한 물장사 직업군 중 가장 두드러지는 것은 호스티스였다. 새로이 인기를 끈 댄스홀에서 일하는 택시 댄서(댄스홀에서 시간제로 일하는 직업 무용수—옮긴이), 커피를 마시며 같이 얘기하거나 돈을 더 내면 그 이상도 가능한 '카페 걸스' 등이었다. 같은 기간, 게이샤의 세속화된 변형이 실험적으로 등장했으나 성공하지 못했다. 이들은 기모노 대신 펄럭이는 원피스를 입고 삼현금 대신 피아노와 기타를 연주했다. 위대한 일본학자인 미국의 에드워드 사이덴스티커는 다음과 같이 기술했다. "오늘날 야간 업소 유흥인과 바 걸이 과거 게이샤만큼의 완성체였냐에 대한 의견은 여전히 갈리지만, 게이샤는 점차 저들에게 자리를 내주고 말았다. 한쪽이 쇠락하면 다른 한쪽이 흥하듯, 지난 세기를 평정한 상류사회의 사연도 마찬가지다."

초기 물장사에 뛰어든 외국인들은 한국인과 중국인 매춘부 등

2차 세계대전 이전 일본제국 식민지에 속한 여성들이었다. 1945년 서구인이 대거 등장했지만 이들은 미국이 일본을 지배하던 7년간 판매자가 아닌 구매자로 활약했다. 같은 기간 롯폰기는 유흥의 장소로 떠올랐다. 롯폰기라는 단어는 '여섯 그루의 나무'를 뜻한다. 전쟁 전 이곳은 일본제국 육군 막사가 있던 거주 지역이었다. 일본이 항복한 후 미군이 이 막사를 차지하면서 입구 근처에 근무를 마친 군인들이 찾는 작은 바가 하나둘 생겨나기 시작했다. 실크 햇이며 그린 스폿, 더 체리 등이 그런 바였다. 많은 이들이 궁금해하는 롯폰기의 모토가 바로 여기에서 유래되었다. 주민들은 미군 GI가 서로를 스쳐 지나가면서 머리 위로 손바닥을 맞부딪치며 인사하는 모습을 보았다. 늦은 밤에 그런 모습을 본 호기심 많은 일본인 바텐더가 손님에게 저게 뭐냐고 물었다. 술에 취한 손님은 '하이 파이브'의 이론과 관행에 대해 열심히 장황하게 설명했으나, 하이 파이브가 '하이 터치'로 잘못 전달되었다. 롯폰기 고속도로 벽면에 새겨진 슬로건 '하이 터치 타운'은 그렇게 유래되었다.

1956년 도쿄 최초의 이탈리안 레스토랑이 롯폰기에 등장하면서 피자와 키안티(이탈리아산 적포도주—옮긴이) 같은 이국적인 먹거리가 대유행했다. 2년 후 붉은색 초대형 가짜 에펠탑처럼 생긴 이동통신회사 안테나인 도쿄 타워가 롯폰기 남쪽 언저리에 세워졌다. 민영 방송국 TV 아사히도 인근에 본사를 지었고, 1964년에는 롯폰기에 전철역이 생겼다. 이때는 도쿄 올림픽이 열린 해로, 전후 폐허더미였던 일본은 부를 거머쥐고 국제적 영향력을 끼치는 존재로 탈바꿈했다. 그때까지만 해도 도쿄에 있는 수많은 호스티스 바에서 일하는 여성은 일본인이었다. 1969년, 부의 확산을 상징하는 또 다른 징표로서 도쿄 최초의 외국인 호스티스 클럽 카사노바가 롯폰기에 문을 열었다.

카사노바의 손님 중에는 회사 공금으로 요금을 지불하고 호스티스와 시간을 보내고자 하는 일본 남성들이 많았다. 비즈니스 만남에 흥을 돋우고, 계약 협상을 마무리 짓고, 충성하고 고생한 직원들에게 보상하기에 카사노바는 꽤 괜찮은 수단이었다. 카사노바의 개업은 새로운 물장사 소비자의 출현을 상징했다. 외국인 클라이언트를 만나고 경제력을 갖추고 외국인 호스티스와 영어로 대화가 가능하며 교육을 받아 자신감이 있는 월급쟁이들이 바로 그들이었다.

카사노바는 눈이 빙글빙글 돌아갈 정도로 비쌌지만 그 후 30년간 그보다 저렴한 다수의 '금발' 클럽에 영감을 주었다. 카사노바의 요금은 시간당 6만 엔이었다. 반면 1992년에 문을 연 클럽 카이, 이어서 문을 연 클럽 카두의 요금은 시간당 1만 엔이었다. 이 두 클럽은 일본을 거쳐 가는 여성 배낭여행족을 고용했다. 클럽 주인들은 적당한 젊은 여성을 확보 혹은 수입하기 위해 외국 신문과 잡지, 파견 업체에 광고를 내기도 했다. 그러나 스트립쇼 술집을 제외한 롯폰기의 외국인 호스티스 바는 어느 시기든 그 수가 얼마 되지 않았다. 루시가 일하던 시기에는 카사노바, 클럽 카두, 클럽 빈센트, 제이 컬렉션, 원 아이드 잭스(이중 최대 규모. 신사 클럽 '세븐스 헤븐'과 자매 업소), 그리고 카사블랑카가 있었다.

앤 앨리슨 교수는 2000년까지 노스캐롤라이나 듀크 대학교 문화인류학과 로버트 O. 코헤인 교수 연구팀에 있었다. 1981년 당시 박사 과정이었던 앨리슨 교수는 일본 롯폰기에 있는 호스티스 클럽의 유일한 외국인으로서 넉 달간 일했다. 이 현장 조사를 바탕으로 박사 논문을 작성했고, 후일 《야간 근로: 도쿄 호스티스 클럽에서의 성과 쾌락, 기업의 남성성》이라는 책으로 전문을 발행했다. 이 책의 상당 부분은 면밀하게 논의되고 이론적 치밀성을 갖춘 논문 내용으로 '남근 숭배 자아상과 자기현시욕'이라는 일본식 개념을 진중히 다루었다. 앨리슨 교수는 차분하며 분석적인 문화인류학자로서 부유하는 세상(浮世. 쾌락만을 추구하는 도시인을 비유하는 말로 일본의 에도 시대의 한 풍조를 뜻한다—옮긴이)에서 신경증적으로 억압된 단골손님들을 만나 겪은 특이한 코미디 같은 순간도 담았다.

"필자는 40대 초반의 남자 손님 넷과 같은 테이블에 앉아 있었다." 앨리슨 교수는 《야간 근로》에서 다음과 같이 기술했다.

그들은 미국과 일본의 관계, 대학, 여행 등에 대해 조용하나 흥미롭게 토론했다. 어느 순간 마마 상이 와서 인사하며 그중 한 남성에게 올 때마다 점점 더 잘생겨진다고 칭찬했다. 마마 상은 친근하게 미소를 짓더니 즐거운 시간 보내라고 말을 건넨 다음 옆 테이블로 갔다.
네 명 중 하나가 이렇게 클럽에서 노래하는 것(가라오케)에 대해 얘기하면서 이건 놀이가 아니라 의무라고 했다. "어쩔 수 없이 해야 하는 일"이라고 했다. 어떤 이는 필자에게 키가 얼마냐고 물었다. 그들은 돌아가며 자신들의 성기가 얼마나 큰지에 대해 얘기했다. 어떤 이는 자신의 성기가 50센티미터라고 했고, 다른 이는 팔을 써가며 자신의 성기는 60센티미터라고 했다. 또 다른 이는 자기 것은 너무 커서 줄 넘기를 할 정도라며 걸어 다니기에 너무 힘들다고 했다.

호스티스가 새로 호출되고, 필자는 다른 테이블로 보내졌다.

어느 인류학자가 미크로네시아에서 성인식을 치르는 것과 유사하다고 밝혔듯이, 앨리슨 교수는 샐러리맨이라는 신인류가 클럽을 찾는 역학에 대해 이렇게 설명했다. 우선 긴장된 침묵이 흐르는 가운데 상사와 부하 직원, 젊은 직원과 중년 직원이 직장 동료로서 미리 짜인 '재미'를 위해 나란히 앉는다. 그다음 맥주와 미즈와리가 나오면 그들은 해방감을 느끼고 첫 잔을 비우기도 전에 취한 듯이 행동하는 경향을 보인다. 끝으로 그날 밤이 본격적으로 시작되었다는 신호탄이 울린다. 누군가 옆에서 접대하는 호스티스의 가슴을 언급하며 히죽거리면 앨리슨 교수가 '치기'라고 묘사한 찰싹 때리는 행위가 동반된다. 손님들이 깔깔거리며 젖가슴을 때리는 것이다. "가슴 얘기가 나오면 이제 막 놀기 시작했다는 신호였다. 젖가슴 얘기가 많이 나올수록 동일한 반응, 즉 놀람, 기쁨, 해소가 어김없이 등장했다."

이 모든 상황에도 불구하고 앨리슨 교수는 클럽이 원칙적으로 성욕 해소를 위한 곳이 아니라고 주장했다. 다음은 교수가 쓴 후속 논문의 일부다. "일을 시작할 때 우리는 손님의 담배에 불을 붙이는 법, 술을 따르는 법, 테이블 위에 팔꿈치를 세우지 않는 것 등 세 가지를 배웠다. 또한 손님 앞에서 뭘 먹지 말라는 충고도 들었다. 뭘 먹으면 덜 고분고분해 보이기 때문이라고 했다. 이런 법칙 말고도 호스티스는 손님의 판타지를 채워주는 임무를 지고 있었다. 손님이 큰 목소리를 원하면 호스티스는 크게 말해야 한다. 손님이 똑똑하길 원하면 호스티스는 똑똑한 척해야 한다. 손님이 성적으로 흥분한 상태를 바라면 호스티스는 성적으로 흥분해야 한다. 지저분한 걸 원하면 응해줘야 하며, 굴욕적인 태도를 원할 경우 그렇게 행동해야 한다. 단 하나, 백인 노예 거래는 허용되지 않았다. 호스티스 바에서 허용되지 않는 단 하나는 바로 섹스였다."

도쿄 공중전화 박스에 매춘을 광고하는 온갖 전단지가 잔뜩 붙어 있었다. 호스티스 클럽은 이보다 전문화되고 조금 더 비싼 서비스를 제공했다. 세간의 예상과 달리 클럽이 비싸고 고급스러울수록 더듬고 만지는 행위에 대해 엄격했다. "물장사를 하는 다른 클럽에서는 남자의 자위를 도와 사정을 유도하는 서비스를 제공한다. 그러나 호스티스 클럽에서는 자위를 통한 사정은 손님이 알아서 해야 하는 일이다"라고 앨리슨 교수는 기록했다.

일본의 섹스는 일본 사회처럼 질서 있게 정돈되어 있다. 일본 남성들은 어떤 상황에 들어가기 전에 그들에게 기대되는 바와 어떻게 행동해야 하는지를 정확히 파악하려 한다. 그들은 호스티스 클럽에서 얻을 수 있는 건 오로지 간지러운 자극뿐임을 안다. 필자가 일하던 클럽의 주인이자 직접 그곳을 운영하던 마마 상은 이것만큼은 분명히 했다. 이따금씩 이뤄지는 손님과의 접촉은 허용하나 섹스는 해고 가능한 위반 행위였다. 대부분의 손님들, 일본 손님들은 섹스를 아예 기대도 하지 않았다. 그들은 추파와 아첨을 기대했고 정확히 그것을 얻어갔다.

위와 같은 제한 내에서라면 호스티스는 어떤 일이 닥쳐도 견뎌야 한다. 기분 나쁜 대화를 할 때도 있고 안 그럴 때도 있지만, 가장 중요한 사실은 입을 다물고 있으면 안 된다는 것이다. 어느 날 밤, 매력적이고 예의 바른 신사가 호스티스와 차이콥스키에 대해 얘기한다. 그다음 날 어제 왔던 그 신사가 다시 찾아와 매일 밤 절정에 몇 번이나 다다르는지, 처녀성은 언제 잃었는지 캐물으며 당신의 젖가슴을 같은 테이블에 앉은 다른 호스티스와 비교한다. 호스티스의 업무는 미소를 지으며 손님을 흥미로운 척 바라보는 것이다. 손님으로 하여금 이 세상에서 그가 가장 멋지고 중요한 사람이라 당신이 그의 침대로 뛰어들길 원한다고 믿도록 만드는 것이다. 그는 이렇게 키가 크고 아름다운 서양 여성이 그를 절절히 사랑하고 그에게 매력을 느껴 그날 밤 당장 그의 정부가 되려 한다고 혼자 착각한다. 둘은 섹스에 대해 얘기한다. 어떨 때는 너무 노골적일 때도 있고 대단히 암시적일 때도 있지만, 밤이 끝나갈 무렵이면 각자 자기 길을 간다. 양쪽 모두 아무것도 기대하는 바가 없기에 놀라지도, 실망하지도 않는다.

호스티스는 손님에게 그의 애인이 되고 싶다고 말한다. 손님은 호스티스를 자기 집에 데려가고 싶다고 말한다. 호스티스는 그러면 좋겠지만 동생이 도쿄에 와서 관광시켜줘야 한다고 둘러댄다. 이게 바로 손님이 원하는 대답이다. 다른 대답이 나오면 그가 식겁할지 모른다. 이걸 이해하지 못하고, 이런 법칙에 따라 놀지 못하는 유일한 이들이 외국인이었다. 서양 남자들은 일본인들의 이런 의례적인 행위와 역할 놀이에 대한 강박을 이해하지 못했다. 필자는 프랑스에서 온 남성이 호스티스가 같이 호텔 방에 가지 않으려 한다며 격분하던 것을 기억한다. 그는 "나랑 자고 싶지도 않으면서 밤새도록 그렇게 들이대는 여자가 어디 있나?"라며 분개했다.

《야간 근로》는 호스티스 클럽에서 행해지는 것이 섹스가 아닌 사실상 근로라는 점에 논점을 맞추었다. 호스티스들은 집에서 가족과 함께하는 대신 동료, 고객과 같이 저녁 시간을 보내야 하는 샐러리맨의 기운을 북돋고 비위를 맞추었다. 일본 기업들은 이를 이용해 샐러리맨들이 동료와 유대감을 쌓고 고객과 좋은 관계를 맺어 회사의 목표에 부응할 수 있도록 그들의 스트레스와 절망감을 해소해주었다. 호스티스 클럽은 이용자들에게 레저인 동시에 근로였다. 회사는 샐러리맨의 근무시간은 물론 퇴근 후 시간까지 장악하여 그들이 가장 충성해야 할 상대가 가족이 아닌 직장이라고 쐐기를 박았다. 앨리슨 교수는 "회사원들은 도착했을 때부터 지쳐서 고객이나 여성을 즐겁게 해주려고 재치를 발휘하는 일을 제일 하기 싫어했다. 이때 호스티스가 그 문제를 해결했다. 호스티스는 고객을 즐겁게 해주고, 돈을 지불하는 남자를 칭찬하며, 남들 앞에서 그를 중요하고 영향력 있는 인물로 치켜세운다. 만약 그가 디스코장에 갔다면 여자를 고르는 데 실패해서 낙담하고 거절당한 기분으로 집으로 돌아갔을 것이다. 호스티스 클럽은 그런 실패의 위험을 제거한다"라고 기술했다.

어쩌다 서양 여성이 이 업종의 적임자가 되었을까? 앨리슨 교수에 따르면 그저 그들이 색달랐기 때문이라고 했다. "일본인들은 분명 서양 여자와 잠자리를 하는 환상을 가지고 있다. 그런데 현실에서 아내나 정부로서 서양 여자를 품으려니 두려움이 따른다. 일본 남성에게는 서양 여성이 흥미로운 존재이고 한쪽 팔로 그녀를 안고 있으면 분명 찬사도 듣겠지만, 서양 여성은 알려진 대로 자기주장이 강해서 복종도 굴종도 하지 않는다." 관련자들이 모두 동의하듯 호스티스 클럽에서 보내는 시간은 그저 판타지이고 그 판타지는 그저 그날 밤 하루, 클럽 안에서만 살아 있을 뿐이다. 게다가 매니저, 웨이터, 모든 상황을 통제하는 마마 상이 클럽을 면밀히 모니터링한다. 앤 앨리슨은 이렇게 써 내려갔다. "필자는 호스티스로 일한 기간을 즐겼다고는 할 수 없다. 일은 힘들었고 대부분 굴욕적이었다. 남자들이 '오줌 누면서 방귀도 뀌느냐'고 물어도 앉아서 예의 바르게 미소를 지어야 하고, 그들이 이 질문을 열 번 해도 여전히 미소만 짓다 보면 질려버린다. 그럼에도 필자는 단 한 번도 위협을 받는다거나 위태롭다는 기분을 느낀 적이 없었다. 스스로 감당하지 못할 상황에 처했다는 기분은 전혀 들지 않았다. 만일 필자가 곤경에 빠지면 마마 상이 도와주러 왔을 것이다. 도쿄에서, 특히 홍등가에 있을 때, 뉴욕보다 훨씬 안전하다고 느꼈다."

만약 호스티스의 업무가 오로지 클럽 내로 한정되었더라면 루시 블랙맨은 지금도 살아 있을지 모른다. 그런데 보다 복잡한 사실이 있었다. 일단 물장사에 발을 들인 이상 호스티스의 일본 생활은 부지불식간에 부담과 유혹에 종속된다.

이런 상황은 소위 시스템에서 기인했다. 시스템이란 클럽마다 손님과 호스티스에게 부과하는 요율과 인센티브를 의미했다. 카사블랑카에서 손님이 시간당 1만 1,700엔(당시 환율로 73파운드)을 지불할 경우 맥주나 미즈와리가 무제한 제공되며 호스티스 1인 혹은 2인을 동반할 수 있었다. 루시 같은 신참 호스티스는 시간당 2,000엔(대략 12.50파운드)을 받았다. 야간에 다섯 시간을 일하면 1만 엔, 일주일에 6일이면 한 달에 25만 엔, 약 1,600파운드를 벌었다. 그러나 이것은 이 '시스템'의 핵심인 보너스와 강제 사항에 대한 약정의 시작일 뿐이었다.

하룻밤 남성에게 좋은 인상을 심어준 호스티스는 다음에 그 남자에게 '지명'을 당한다. 이때 남성은 추가 금액을 지불하고 호스티스는 접대 수익을 기준으로 4,000엔을 보너스로 지급받는다. 만일 손님이 샴페인을 주문하거나 '킵'할 경우, 즉 개인이 마시던 비싼 위스키나 브랜디를 나중에 마시기 위해 바 뒤에 보관할 경우 접대를 담당한 호스티스는 커미션을 나눠 갖는다. 호스티스들은 소위 '동반'을 나가라고 종용받았다. 동반이란 남자 손님이 호감을 느끼는 호스티스를 데리고 나가 저녁을 사주고 데이트를 한 후 도로 클럽으로 데려다주는 행위다. 손님은 매력적인 젊은 여성과 저녁 데이트를 즐길 수 있고, 여성은 클럽에서 벗어나 공짜 저녁을 먹고, 클럽은 돈을 더 많이 벌 수 있다.

동반은 선택 사항이 아니었다. 어떤 클럽에서는 한 달에 열두 번 정도 동반을 나가면 보너스로 10만 엔(600파운드 이상)을 받았다. 카사블랑카를 포함, 대부분의 클럽에서 호스티스가 한 달에 다섯 회 미만의 동반을 나가거나 열다섯 회 미만의 지명을 받을 경우 해고에 직면했다. 대다수의 호스티스에게 동반 확보는 강박과 깊은 시름의 원인이 되었다. 이것은 싫어하는 남자와 같이 저녁을 먹으러 외출하는 일에 동의하느냐에 대한 단순한 문제가 아니었다. 월말이 다가왔음에도 실적이 기대 이하인 호스티스는 요청이 들어오면 상대가 누구든 동반에 따라나섰다. 할당을 채우려고 주변에 있는 남성 친구들을 동원하기도 했다. 잘릴 위기에 처한 호스티스는 때로 동반 금액을 자기가 내기도 했다.

"화장실 옆 탈의실 벽에 호스티스 이름이 모두 적힌 실적표가 붙어 있었어요. 그 옆에는 한 달 동안 지명받은 횟수와 동반을 나간 횟수가 적혀 있었어요"라고 헬렌 도브가 말했다. "자기 이름 옆에 적힌 횟수가 0일 경우에는 정말 부끄러워졌어요. 저는 동반 유도하는 걸 잘 못해서 언제나 제 이름은 명단 제일 아래쪽에 있었어요. 일본 남자들을 좋아하는 척하느니 차라리 다른 여자들하고 얘기하는 편이 나았죠. 고작 동반 한두 번, 지명 몇 번에 그쳤으니 정말 실적이 나빴죠. 그래서 집주인한테 저에게 가짜로 동반을 신청해달라고 부탁까지 했습니다."

아무튼 헬렌은 루시가 실종되기 직전 주에 해고되었다.

카사블랑카가 경쟁적인 분위기이다 보니 호스티스 사이에서 라이벌 의식이 우정처럼 넘쳐흘렀다. 그럼에도 루시와 루이스는 대부분의 사람들과 잘 지냈다. 헬렌은 다음과 같이 회상했다. "둘이 굉장히 친하더라고요. 모든 걸 같이했어요. 같이 살고, 근무하는 주기도 같고, 사교 활동도 같이했어요. 둘은 아주 잘 지냈어요. 제가 보니 두 사람은 뭐랄까, 순진하면서도 꽤 어리고, 약간 바보스럽기도 하고 여자아이들 같아 보였어요. 만나면 둘이 입을 맞췄죠. 고작 몇 시간 떨어져 있었는데도요. 그게 참 좋아 보였어요." 다른 사람들처럼 헬렌도 루시가 머리와 옷에 공들이던 모습을 인상 깊게 기억했다. "루시가 끝내주는 미인이라 할 수는 없지만 워낙 활달한 성격이라 매력적으로 보였어요. 자신감 없는 모습을 보인 적이 없었죠. 예쁜 헤어스타일에 성격도 좋고 사랑스럽고 늘씬했죠."

　손님들도 루시를 좋아했다. 오징어잡이에 대해 얘기하던 출판업자 이무라 씨는 "과하게 웃고 너무 밝은 척, 생기 넘치는 척하는 여느 미국 및 캐나다 여성들하고 루시는 달랐어요. 루시의 대화는 과장되지 않았어요"라고 말했다. 포토 맨 와타나베 씨는 그녀의 첫인상을 이렇게 기억했다. "처음 보는 순간 루시가 좋은 집안 출신이라는 걸 알았습니다. 부드럽고 우아하고 매력적이고 세련된 모습이었죠. 잘 자라서 좋은 교육을 받고 문화를 많이 체험한 멋진 감성의 소유자라는 걸 알겠더라고요."

　다음은 루시가 서맨사 버만에게 보낸 이메일이다. "내가 꿈꾸던 일은 분명 아니지만 정말 쉬워. 돈도 꽤 많이 버는데 영국과는 달라. 남자들이 굉장히 점잖아. 정말 이상한 남자들도 있지만 지금까지는 괜찮은 사람들만 만났어." '이상한 남자'란 루시에게 1만 파운드를 줄 테니 같이 자자고 한 정체불명의 손님을 의미했다. 루시가 엄마와 여동생에게 설명한 내용에 따르면, 루시는 그 제안을 웃으며 거절했다고 한다. 루이스는 "루시가 화가 나서 매니저에게 그 남자를 쫓아내달라고 부탁했대요"라고 말했다.

호스티스들은 접대한 남성들의 명함을 모았다가 클럽 재방문을 유도하는 전화와 이메일을 보내도록 지시받았다. 루시가 보낸 이메일 중 일부가 남아 있었다. 이메일 속에서 루시는 정숙한 애교와 넘치지 않는 교태의 선을 적절히 탔다.

발신인: lucie blackman@hotmail.com
수신인: 이무라 하지메
날짜: 2000년 6월 21일 수요일 3:01AM

하지메 보세요.
그저 안부 인사차 메일을 보냅니다. 저는 카사블랑카 루시라고 해요. 런던에서 온 금발 긴 머리에 당신과 말이 잘 통했던….
요전 날 클럽에서 뵙게 되어서 정말 기뻤어요. 같이 있어서 정말 좋았고, 우리가 계획한 대로 조만간 저녁 같이 먹고 싶어요.
제가 수요일 12시에서 16시 사이에 전화 드려서 얘기도 좀 하고 만날 약속도 잡을까 하는데, 다음 주 언제 시간이 나세요?
이제 가봐야 할 것 같아요. 수요일 오전이라 정신없이 바쁘시겠지만 잠시 시간을 내서 제가 남긴 메시지를 읽어주세요. 그럼 제 특별한 친구가 되어주신 당신에게 제가 오후에 전화 드릴게요.
좋은 하루 보내세요. 곧 전화로 뵈어요.

안녕
루시

발신인: 이무라 하지메

수신인: lucie blackman@hotmail.com

날짜: 2000년 6월 21일 수요일 5:30PM

안녕!

이메일 고마워요.

루시, 긴 금발의 귀여운 아가씨, 오늘 잘 지냈어요?

저는 늘 금발 여자가 좋았어요. 거기에 짧은 치마도요.

하는 일이 다 순조롭기를 바랍니다.

어떤 음식 제일 좋아해요? 프랑스 요리, 일식, 중식 등등?

저 중에 하나 골라서 나와 같이 저녁 먹으러 갈래요?

다음 주 화요일은 어때요? 시간 있어요?

그런데 미국 영어 할 줄 알아요? 나는 영국 영어를 잘 못해요. 매일 쌀밥에 된장국을 먹어서 그래요. 그날 밤 내가 얘기하면 당신이 제대로 알아듣지 못하던데요. 그래도 난 당신의 말을 이해했어요. 그러니 하고 싶은 말 있으면 뭐든 내 귀에 속삭여줘요.

도쿄에서 즐겁게 생활하길….

이무라 하지메

호스티스의 성공 비법은 단골 고객과 안정적인 관계를 쌓는 것이다. 손님들은 바가 아니라 특정 여성에게 매력을 느껴서 정기적으로 지명하고 술 커미션은 물론 동반 실적까지 올려준다. 손에 꼽을 정도의 단골손님도 확보하지 못하면 살아남기 힘들다. 그래도 루시는 이 점에서는 출발이 좋았다. 루시는 서맨사 버만에게 이렇게 적어 보냈다. "친구가 생겼는데, 8일 연속으로 왔어. 영어도 정말 잘하고 외모도 나쁘지 않아. 게다가 귀족 출신이라서 돈도 아주 많아! 그 남자는 만일 내가 지명 수를 채워야 하면 언제든 와주겠대!" 그는 스즈키 겐지였다. 루시의 단골 중의 단골이었다. 직업적으로는 그녀의 구세주였지만 심정적으로는 부담스러운 존재였다.

40대 미혼인 겐지는 커다란 금속 테 안경을 쓰고 광대뼈는 돌출되고 곱슬머리였다. 그의 가문이 오래전에 없어진 과거 일본 봉건제도에 닿아 있는지 어떤지는 모르겠지만 그가 부유하다는 점에는 의심의 여지가 없었다. 그는 아버지와 함께 전자회사를 운영했으나 2000년이 되자 가업이 흔들렸다. 그가 루시에게 보낸 여러 이메일을 보면 명랑한 표면 뒤에 있는 걱정과 외로움이 엿보였다. 그는 고객과의 걱정스러운 만남, 힘겨운 오사카 출장 등에 관해 이야기했다. 어떤 날은 밤 11시까지 야근을 했는데도 다음 날 아침 6시에 고속 열차를 타고 출장을 가야 했다. 술과 루시는 그에게 위로가 되었다. 그는 정확하지 않은 영어로 힘차게 이메일을 적어 보냈다. "내가 당신한테 내 사업의 힘든 상황과 환경에 대해 설명하진 않았죠. 그냥 쓰레기라고 상상하면 됩니다. 난 술을 마시고 다니긴 했지만 당신을 만나기 전까지는 절대로 '웃지도' 못했어요. 아! 정말 불쌍하다. 호호호호호호호호."

그는 루시가 카사블랑카에서 일을 시작한 지 두 번째 되는 주의 절반을 루시에게 할애했다. 출장차 도쿄를 비웠을 때를 빼면 그는 거의 매일 루시에게 메일을 보내고 카사블랑카를 찾았다. 루시를 향한 그의 마음은 소년답다기보다 아이 같았고 처참할 정도로 유치했다. 그가 클럽을 찾은 기록만 보더라도 그건 분명했다. 그는 이메일에서 지겹도록 구구절절 떠들었다.

"어젯밤 참아줘서 고마워요. 지금 당신한테 할 수 있는 말은 당신이 이 미친 도시 도쿄에서 만날 미래의 남자친구를 내가 분명 부러워할 거라는 사실이죠."

그다음 날은 그가 사과했다. "어제도 늘 그렇듯이 너무 취해서 제정신이고 정상일 때 당신과 얘기하고 싶었어요. 당신은 굉장히 지겹겠지만요. 하하하하하하."

사흘 후, "난 당신다운 당신에게 관심이 있어요. 나는 당신이 이 세상에서 가장 매애애애애애애애애애애력적이라는 걸 알아요. 곧 만나요! 게에에에에에에에에에엔."

루시는 겐지에게 일본에서 가장 그리운 건 블랙 올리브라고 말했다. 두 사람이 처음 동반을 나간 날, 둘은 레스토랑에 갔다. 겐지의 지시에 따라 그곳 테이블 위에는 블랙 올리브가 한가득 든 볼이 놓여 있었다. 그는 루시의 시계 유리가 깨진 것을 보더니 대신 수리해주겠다며 그동안 차고 있을 스누피 시계를 주었다. "얼마나 다정한지 몰라"라고 루시가 서맨사에게 편지를 보냈다. "지난 주 금요일 밤에 그 남자가 또 저녁을 사주겠다며 날 데리러 왔어. 이번에는 알파로메오 스포츠카에 나를 태우고 도쿄가 내려다보이는 호텔 12층의 근사한 레스토랑으로 가더라. 정말 끝내줬어. 그런 다음 클럽에 다시 데려다준 덕분에 4,000엔을 보너스로 받았어."

겐지는 5월 24일에 루시에게 이렇게 메일을 보냈다. "중요한 미팅이 있어서 내일은 아침 일찍 일어나야 해요. 아무튼 오늘 밤 내가 수다를 떨지 못해도 당신 얼굴을 보러 카사블랑카에 잠시 들르겠습니다."

두 시간 후, "이런 말 하기에 너무 이르지만, 당신과 약속한 저녁은 내일 저녁만이 아닐 겁니다. 나와 저녁을 먹는 게 지겹고 참기 힘들 정도로 역겨울 수 있어요. 그래서 경고합니다. 하하하하하."

일주일 후,

솔직히 말하자면, 당신이 내 머리를 1초도 떠난 적이 없어요. 물론, 나는 당신에 대해 점점 알아가는 게 정말 좋습니다. 아무튼, 내가 당신을 잘 아는 것 같아요. 아마, 당신도 나를 점점 더 알고 싶어지겠죠. 마음에 드나요? 마음에 들어요? 정말? 나는 당신이 이 멋진 남자를 진지하게 좋아해야 한다고 강력히 주장합니다. 그는 다정하고, 똑똑하고 게다가 섹시하기까지 하니까요. 하하하하하하.

6월 5일,

사랑하는 내 친구 루시에게

당신이 내 목숨을 구했어요. 부담스럽고 좆 같은(아이쿠!) 회의에서 지금 막 나왔어요. 오늘은 월요일이지만 목요일쯤 된 것 같아요. 내

농담 탱크(남들은 머리라고 부르는)가 죽어가고 있어요. 오늘은 정말이지 굉장히 신나면서도 지치네요. 점심때에 에베레스트 산에 올랐다가 늦은 오후에는 태평양의 마리아나 해구로 떨어진 것 같아요. 하루 사이 겪는 정상적인 업다운은 아니죠. 아무튼, 난 지금 당신의 달콤한 이메일을 구명조끼 삼아 바다 위에 둥둥 떠 있어요. 내 영어 작문을 너그러이 봐줘요. 가끔 나는 당신이 파푸아뉴기니 사람이나 일곱 살짜리 남자애와 메일을 주고받는 느낌이 들 거라 확신해요.

루시는 일기장에 "겐지가 오늘 밤 지친 걸 보니 정말 힘들었나 보다" 그리고 며칠 후엔 "겐지가 완전히 진이 빠졌다. 내가 보기엔 지금껏 본 중 최악이었다"라고 적었다. 그런데 그녀는 이 관계에 대해서 남들의 눈을 거의 의식하지 않았다. 자기보다 나이가 거의 두 배나 많은 남자, 외롭고 술에 의존하며, 친구도 애인도 없는 그가 그녀에게 빠져들었다. 회사가 위기 상황인데도 그는 매일 밤 루시 곁에서 수천 파운드를 뿌렸다. 루시는 그를 실망시키는 대신 들뜨고 기쁘고 고마워하는 애인처럼 행동했다. 그리고 루시와 비슷한 입장에 처한 여자들에게 이런 모습은 정상이었다. 정상보다 더 정상처럼 행동하는 것이 루시의 직업적 의무였다. 치근덕거리지 않고 점잖으면서도 호스티스에게 마음을 빼앗겨 돈을 많이 쓰는 겐지는 완벽한 손님이었다. 루시가 겐지에게 자신감을 심어주지 않으면 루시는 직장을 잃어야 했다.

롯폰기에서 호스티스 클럽이나 바를 운영하는 매니저와 웨이터, 앤 앨리슨 같은 인류학자들은 한결같이 이렇게 전했다. 호스티스의 일은 명확한 룰과 의무에 의해 통제되는 게임이고 손님은 물론 호스티스까지 그 선이 어디이며, 언제 그 선을 넘는지 본능적으로 깨닫는다. 만일 남자의 판단력이 외로움이나 술, 사랑, 욕망에 의해 흐려지면 어찌 될까? 한쪽이 일방적으로 그 룰을 깨면 어떻게 될까?

겐지는 이렇게 적었다. "내가 미친놈이라는 데 동의하진 않지만, 많은 이들이 그렇게 말해요. 맞아요. 내가 미쳤다 해도, 최소한 어젯밤엔 당신에게 미치지 않았으며, 당분간 미치지 않을 겁니다. 걱정 말아요! 당신이 조만간 내게 미치고 화내게 될 테니⋯. 하하하 하하하하."

도쿄는 극단의 땅

루시는 "도쿄에 도착해서 이 일기장을 사기까지 수많은 일이 있었다"라고 적었다.

겨우 20일이 지났다. 우리는 변소 같은 집에 도착했지만, 서서히 그곳이 집으로 바뀌었다. 극심한 기아를 겪느라 살이 빠졌지만 그만큼 술을 퍼마셔서 도로 몸무게가 늘었다. 우리는 카사블랑카라는 클럽에 호스티스 일자리를 구했다. 지난 20일간 마신 술이 태어나서 지금까지 마신 술보다 더 많다.

3주간 감정을 소모했더니 정말 정말 힘들다. 도쿄는 극단의 땅이다. 양극 사이엔 아무것도 존재하지 않는다.

다음 장에는 일기장을 가득 채울 만큼 큼직하게 글씨를 겹쳐서 쓴 다음, 일일이 그림자를 그려 넣어 그라피티 스타일로 "도쿄 쨩 TOKYO ROCKS"이라고 적었다.

카사블랑카는 새벽 2시, 혹은 마지막 손님이 떠나면 영업이 끝났다. 호스티스들은 손님을 일으켜 세우고 겉옷을 입힌 다음 비틀거리는 손님을 부축해 누비 가죽 문으로 데리고 나가 고맙다고 재잘거리다가 엘리베이터에 태워 보냈다.

"안녕히 가세요, 야마다 씨, 안녕히 가세요, 이모토 씨, 또 오세요! 안녕! 꼭이오!"

그런 다음 우르르 가게로 들어가 원피스를 벗고 음습한 어둠 속으로 달아났다.

외국인 호스티스들이 클럽에서 빠져나오는 이 순간 롯폰기 밤의 축이 바뀌었다. 이제 피할 수 없는 선택을 내려야 했다. 당장 집에 돌아가 내일 아침 해가 중천에 뜰 때까지 자다 일어나 차려입고 나가서는 쇼핑하고 친구와 점심을 먹든가, 아니면 밖에서 밤을 새우고 새벽까지 술을 마시든가 해야 했다. "롯폰기에서 '딱 한 잔만'은 존재하지 않는다"라고 외국 투자은행원들이 곧잘 떠들었다. 루시는 이 명언이 진실임을 알았다. 루시는 서맨사에게 이렇게 적어 보냈다. "지난주엔 살짝 미쳤었나 봐. 어쩌다 보니 수요일 밤부터 연속으로 취했어. 일이 끝나고 남들이 사주는 술을 잔뜩 마시고 새벽 2시에 나와 도쿄 길바닥을 돌아다니다 보니 아침 7시에 동이 트더라. 여기에 있는 술집은 죄다 근사해서 어쩔 수가 없어."

롯폰기 교차로에 제로니모스가 있었다. 복닥거리고 시끌벅적한 이곳은 술에 취한 은행원들이 싹둑 잘라 제물로 바친 값비싼 실크 넥타이 끝자락들로 꾸며져 있었다. '이란인 금지'라고 붙여놓은 카스틸로스도 있었다. 이곳의 유명 DJ 아키는 어울리지도 않게

1980년대 앨범을 수집했다. 월 스트리트라는 곳에는 주식 시세표가 나오는 스크린이 있었다. 이중 가장 달콤하고 가장 호색적인 가게인 가스패닉은 술판 속에서 춤추고 서로 더듬고 만지는 장소였다. 호스티스들 사이에서 가장 인기 있는 곳은 도쿄 스포츠 카페였다. 스트립 클럽 세븐스 헤븐과 프라이빗 아이스를 운영하는 곳에서 이곳을 운영했고, 바로 옆에는 원 아이드 잭스라는 호스티스 바도 있었다. 그 무렵이면 호스티스들은 술 사줄 사람을 오래 기다릴 필요가 없었다. 여느 클럽에서처럼, 도쿄 스포츠 카페에서 일하는 호스티스들은 손님이 주문하는 와인과 샴페인에 따라 수수료를 받았다. 헬렌 도브는 카사블랑카에서 해고된 후 한동안 이런 식으로 돈벌이를 했다. 스포츠 카페에서 노닥거리며 술 시중을 들면 하룻밤에 50파운드는 챙길 수 있었다.

루시는 퇴근 후 심야와 새벽 시간을 즐겼다. 그래도 루이스보다 그 시간을 더 좋아한 사람은 없었다.

토요일, 루시는 스즈키 겐지와 동반을 나가 저녁을 먹은 후 인터넷 카페에서 이메일을 보내고 자정에 루이스를 만났다. 제로니모스에 가니 낯익은 얼굴이 많이 보였다. 여자들은 깔끔하게 데킬라를 마셨다. 루이스는 금세 취했고 칼이라는 남자와 떠들었다. "그다음 월 스트리트로 자리를 옮겼는데, 거기에서 완전히 미쳐버린 거지"라고 루시가 적었다.

루이스가 새 친구를 사귀었다. 귀여운 남자였다. 루시도 귀엽다고 생각했지만 동시에 그가 위험인물임을 직감했다. 루시는 그 남자를 보는 순간 과거 거짓말을 일삼다가 스스로 파멸한 옛 애인

마르코가 생각났다고 편지에 적었다. "아무튼 루이스가 너무 취해서 이성을 잃었어." 세 사람은 월 스트리트에서 나와 딥 블루라는 클럽으로 갔다. "그러더니 루이스가 딥 블루에서 신나는 걸 하자고 했어. 그곳에서 친구를 좀 사귀어서 나는 그날 밤이 점점 좋아지려는 참이었는데 루이스가 자제를 못 했지 뭐야."

루이스는 새로 만난 남자의 여자친구가 그곳에 도착해 심하게 질투하고 있다는 걸 눈치채지 못했다. "루이스는 한참 잘 참다가 여자친구가 보는 앞에서 아무 생각 없이 그 남자하고 행복하게 키스했어." 갑자기 음악이 뚝 끊기고 불이 켜졌다. 클럽에 있던 사람들 모두 댄스 플로어에서 벌어진 다섯 명의 난투극을 관전했다. "그 여자가 루이스에게 달려들자 내가 그 여자한테 달려들었고, 그 남자가 루이스에게 달려들자 내가 그 남자에게 달려들었지. 그 남자가 내게 달려들자 술집 입구를 지키던 기도가 그에게 달려들었어. 결국 난 가방을 들고 루이스를 챙겨서 엘리베이터로 갔어. 웬 사이코 같은 남자가 우리 뒤를 밟았지만 결국 집에 왔어."

여동생 소피의 증언이다. "전 루시 언니에게서 잘 지낸다는 말을 듣지 못했어요. 언니는 밖에서 사람들과 어울려 술에 취해서 신명나게 파티를 즐겼겠지만 행복하진 않았을 거예요. 언니가 그런 최후를 맞이했기 때문에 제가 이런 말을 하는 게 아니에요. 전 언니가 행복하지 않았을 것 같아요. 언니가 불행한 것 같아 걱정했던 기억이 나네요."

"어떤 면에서 저와 언니는 닮은 구석이 있어요. 저희 자매는 연극을 했던 것 같아요. 주변 사람들이 점점 취하면, 저도 취했어요.

주위 사람들이 도서관에서 책을 읽으면 저도 그럴 거예요. 하고 싶지 않은 걸 늘 따라 한다는 얘긴 아니지만, 뭔가 인정받고 싶은 마음이 있었어요. 루시 언니는 늘 남들에게 많이 사랑받길 원했고 인기가 많기를 바랐어요. 정말로 인기도 있었죠. 그런데 살다 보니 언니가 언니답지 않은 일에 얽힌 거죠."

"루시 언니는 일본에서 배척당하는 기분을 느꼈을 거예요. 저는 초반에 언니가 진심으로 즐거워하지 않고 계속 연극을 하는 것 같다는 인상을 받았어요. 밖에서 사람들과 어울려도, 속으로는 전혀 만족하지 못했을 거예요."

루시는 늘 고향집과 두고 온 사람들 생각에 젖어 있었다. 어느 날 밤 제로니모스 DJ가 스팅의 〈필스 오브 골드〉를 틀어주자, 루시는 세븐오크스에서 바텐더로 일하던 연하의 호주 남성 알렉스를 떠올렸다. 다음은 루시의 일기다. "마침내 그를 만나게 되는 날 어떤 모습일지 도저히 상상이 가지 않는다. 생각만 해도 배 속이 화끈거린다. 어떨 때는 내일 만날 수 있을 것 같고, 또 다른 때에는 100년이 지나야 가능할 것 같다. 내 머릿속엔 온통 그 생각뿐. 내 손을 맞잡고 아랫입술을 깨물며 아름다운 눈으로 내 눈을 뚫어져라 보던 모습. 남자들에게 둘러싸여 소진되는 이 바에서조차 매일 밤 알렉스가 떠오른다."

돈이 늘 걱정거리였다. 도쿄에 온 지 3주 후인 5월 말이 되자 루시는 재정 상태를 꼬박꼬박 점검했다. 은행 두 곳에서 빌린 대출금, 은행 마이너스 통장, 부모에게 빌린 돈, 신용카드 대금, '프린세스 침대' 대금까지 해서 빚은 총 6,250파운드에 달했다. 각각의 빚을 최소한으로 상환하면서 사사키 하우스의 월세, 자전거 대여료, 생활비로 매주 대략 2만 엔을 내니 루시의 호스티스 수입이 몽땅 들어갔다. 빚을 조금이라도 줄이려면 몇 달은 걸릴 게 확실했다. 8월 초에 영국으로 돌아가겠다는 애초의 계획은 폐기되었다. "이 방법 말고는 해결할 길이 없다. 알렉스와 잘되지 않을 거라는 처참한 느낌과 집에서 더 멀어진 기분만 든다. 나는 아직도 정처 없이 길 잃은 느낌이 크다. 그럼에도 매번 현 상황에 안주하는 것 같다. 다 변하겠지."

　돈도, 남자친구도 없다는 사실보다 루시를 더욱 괴롭히는 것이 있었다. 일본에 온 후 처음 3주간 열광 속에서도 외로움을 느끼다 취해서 쓴 듯한 일기에 그것이 드러났다.

5월 26일 오전 5시 50분

뭐가 문제인지 모르겠지만 이곳은 내 속에 있는 최악의 모습을 끌어내는 것 같다. 눈물이 멈추지 않는다. 속이 너무나 아프다. 진짜로 내 장기가 완전히 망가져서 생긴 증상 같다. 울다 울다 진이 빠져서 더는 눈물이 펑펑 나오지 않고 찔끔거린다.
난 이곳에서 잘 살지 못한다. 내가 뛰어든 이 구멍에서 빠져나올 수가 없다.
루이스와 키넌과 같이 스포츠 카페에서 나와야 했다. 더는 참을 수 없었는데. 스포츠 카페에서 있던 일은 정말 기분이 더럽다. 정말 싫다.

나는 못생기고 뚱뚱하고 눈에 띄지도 않아서 내 자신이 계속 밉다. 나는 너무 평범하다. 머리에서 발끝까지, 내 몸 구석구석까지 지극히 평범하다. 일본에 오면 내가 눈에 띌 거라고 스스로를 속인 게 분명하다. 나는 내 생김새가 싫다. 머리, 얼굴, 코, 처진 눈도 싫고, 얼굴에 난 사마귀와 치아와 턱, 옆모습, 목, 가슴, 크고 처진 엉덩이, 똥배도 싫고, 모반도 꼴 보기 싫다. 못생긴 내 다리도 싫다. 난 너무 역겹고 추하고 평범한 것 같다.

턱밑까지 차오른 빚 때문에 미치겠다. 정말 꼭 성공해야 한다. 루이스와 같이 일하는 건 나쁘지 않다. 루이스와 있을 때면 정말 행복하다. 그러나 난 보잘것없는 호스티스일 뿐. 섀넌 덕분에 딱 한 번 동반을 나갔다. 어떤 남자는 날 바람맞혔다. 내가 얼마나 후지면 동반을 나가겠다고 우두커니 그 남자를 기다리고 있었을까. 이제 나에겐 겐지밖에 없는데 이게 얼마나 갈까? 루이스에겐 동반을 하자는 남자들이 넘친다. 나는 거절하는 척만 하지, 사실은 바람만 맞는다.

루이스는 니시에게 팁까지 받더라. 루이스는 이런 데 도가 텄고, 이 일이 잘 맞는 것 같다. 친구도 아주 많이 사귄다. 내가 어디에 있든 루이스는 평소와 다름없다. 나는 외롭다.

세븐오크스7oaks 때문이 아니라 나 때문이다.

이런 감정을 남들에게 설명할 수 없다. 내 자신이 완전히 혐오스러운 이 감정, 너무 평범하다는 이 감정. 기를 쓰고 스스로 그 이유를 이해하려 하고 엄마와 루이스를 이해시키려 했지만 다들 날 실없게 본다. 이런 감정에서 헤어날 수가 없다. 아예 묻힌 기분. 별 볼 일 없는 존재가 되는 것, 어디에 끼지도 못하고 어울리지도 못하는 기분.

루이스는 작년 내내 여기저기 돌아다니면서도 스스로 하찮다는 기분을 전혀 느끼지 않았다.

최고로 멋진 남자들이 마법에 걸려서 루이스를 떠받드는 게 당연하다. 그래서 루이스가 늘 더 반짝거리고 더 자신만만해지는 게 당연하다. 농담이 아니다. 바보 같겠지만, 나는 이런 거지 같은 기분에 지쳤다. 매일 루이스와 같이 있지만 너무 외롭고, 자존감은 바닥을 치고, 빛이 내 눈까지 차오른 기분이다. 때론 무슨 일이 벌어질지 굳이 더 기다렸다 알고 싶지 않다. 그냥 사라졌으면. 휘청거리는 기분. 어찌해야 할까.

아예 밖으로 떠밀린 것 같다.

난 세상 어디에서든 하찮은 존재다.

미야자와 가이는 호스티스 클럽을 운영하는 요령에 대해 설명해주었다. 가이는 어디를 가든 눈에 확 띄는 체격이라 일본 중년 남성들 사이에서 단연코 두드러졌다. 50대 중반인 가이는 주름졌지만 잘생긴 얼굴에 흰머리를 이마 뒤로 확 넘겨 포니테일로 묶었다. 꽃이 수놓인 셔츠를 걸치고 단추를 세 개쯤 끄른 뒤 환한 오렌지색 바지를 입고 흰 바탕에 오렌지색 줄무늬가 있는 벨트를 찼다. 거기다 은목걸이를 하고 왼쪽 손목에 팔찌와 묵직한 은색 시계를 차고 카우보이 부츠를 신었다.

가이는 롯폰기 외국인 호스티스 바의 산 증인이다. 그는 열여덟 살 때였던 1969년 원조 금발 클럽인 카사노바에 갔다가 그곳에서 일하던 미녀들에게 반했다. 가이는 20년간 거의 매일 밤을 롯폰기에서 보내며 판타지를 채웠다. 하루는 친구가 외국 여자가 그렇게 좋으면 직접 클럽을 차리라고 했다. 1992년 클럽 카이가 문을 열었고, 1년 후 클럽 카두도 개업했다. 만만치 않은 일이라 가이는 돈을 벌려고 버둥거렸다. 월세가 저렴한 곳으로 계속 옮겨 다니다가 그 지역 야쿠자와 갈등을 빚기도 했다. 가이는 "전 사업에 대해서는 잘 모릅니다만, 여자에 대해서는 빠삭하죠"라고 했다.

가이는 클럽 카두를 자랑스러워했다. 사장이자 매니저로서 손에 카드를 쥐고 게임에 집중하는 도박사처럼 호스티스를 관리 감독했다. 최대 이윤을 올리기 위해 호스티스 각각의 장점과 약점을 파악해 신중하고 의도적으로 그녀들을 배치했다. 깊어가는 밤에 곤드레만드레 취해서 넋을 놓은 손님들에게는 호스티스가 옆에 앉았다가는 일이 밀물과 썰물처럼 당연해 보이겠지만, 사실 이 모든 게 가이의 의도였다. 그는 올림포스 산에 있는 술집에서 세상을 관조하며 통제하는, 포니테일을 한 제우스 같았다.

그가 몸소 클럽 플로어에 나가는 일은 거의 없었다. 초특급 VIP가 오면 잠깐 인사를 나누는 게 전부였다. 가이는 손님과 호스티스가 짝지어 앉은 룸의 미묘한 기류를 모니터링하며 밤이 깊어감에 따라 움직이는 남자 손님의 기분을 감지했다. 그는 손님마다 '시스템' 타임이 언제 종료되는지, 어떻게 해야 손님을 좀 더 붙들 수 있을지를 늘 파악해야 했다. 다음은 가이의 설명이다. "만일 손님이 딱 한 시간 있다 가면 저는 돈을 못 법니다. 손님에게 1만 엔을 받아서 아가씨들에게 3,000엔을 떼어 주고 월세와 술값까지 내고 나면 수중에 2,000엔이 남아요. 한 시간 있다 가는 손님에겐 신경을 안

쓰고, 한 시간이 넘으면 신경을 쓰죠."

  클럽에 들어선 손님은 가장 매력적인 호스티스와 같이 앉는다. 호스티스 허니문이 시작된다. 환영은 공손하고 여자들은 예쁘다. 배 속에 들어간 위스키가 뜨뜻하다. 어둑어둑한 조명이 싸구려 인테리어를 가리고 에로틱함을 보장하는 베일을 드리운다. 손님이 호스티스와 대화를 시작한다. 가이가 지켜본다. "제일 먼저 손님에게 예쁘고 성격 좋은 여자를 붙입니다. 그런 다음 둘이 잘 어울리는지, 말이 통하는지를 살핍니다." 그러지 못할 경우 가이가 웨이터의 귀에 대고 중얼거리면, 웨이터가 첫 번째 아가씨에게 귓속말을 한다. 여자가 정중히 물러나고 두 번째 호스티스가 이어 들어온다. 이번 아가씨는 손님과 죽이 잘 맞는다. 두 번째 호스티스는 한 타임이 끝나고 두 번째 타임이 시작될 때까지 손님을 붙들어놓기만 하면 된다. 두 번째 호스티스가 성공하면 이제 가이가 직접 개입한다.

  "한 시간에서 딱 1분이라도 초과하면 그 여자를 빼내 다른 테이블로 옮긴 다음 못생긴 호스티스를 손님 옆에 앉힙니다. 만일 손님이 아까 그 예쁜 아가씨와 얘기하고 싶다고 하면 3,000엔을 내고 그 여자를 부를 수 있다고 합니다. 손님이 아까 그 여자를 불러달라고 하면 '죄송합니다, 손님. 지금 다른 테이블에 들어가서 30분을 기다리셔야 합니다'라고 합니다. 그럼 손님은 세 번째 타임에 들어가고 요금은 3만 엔으로 계속 오르죠."

  가이는 엘크의 뒤를 몰래 밟는 노련한 사냥꾼처럼 미소 지으며 말했다. "지켜보고 있어야 합니다. 저는 손님이 무슨 생각을 하는지 다 압니다. 화장실에 갔다가 자리로 돌아오기 전에 시계를 보는 손님은 곧 나갈 생각이죠. 그럴 경우, 클럽 에이스를 붙입니다. 손님이 돌아와보니 에이스가 기다립니다. 꿈꾸던 여자가요." 손님이 화장실에서 나와 문을 닫는 순간, 아가씨가 뜨거운 타월을 그에게 건넨 뒤 손을 잡고 테이블로 이끈다. 그럼 손님은 위스키와 물이 제공되는 타임을 한 번 더 연장한다. 그런데 새 여자친구가 샴페인을 시켜달라고 한다(1병 당 3만 엔). 똑딱똑딱. 곧 네 번째 타임이 시작된다. 세 시간에서 1분만 초과해도 손님은 500파운드에 가까운 돈을 지불해야 한다. 이제 샴페인을 마시고 싶다던 꿈의 여성이 바람처럼 사라진다.

"남성들의 속마음을 들여다봐야 하고 머릿속도 읽을 줄 알아야 합니다. 전 그런 면에선 천재죠."

그의 비장의 무기 중에는 여자들을 제대로 찾는 능력도 있다. 가이는 말 중개인처럼 여자들을 다양하게 구비했다. "여자들의 나이는 22세 미만이어야 합니다. 꽃처럼 예쁜 미모가 가장 중요합니다. 클럽에서 딱 한 명만 예뻐도 다른 아가씨들까지 모두 예뻐 보입니다. 롯폰기 바닥이 좁아요. 만약 어떤 아가씨가 예쁘다고 소문이 나면 다들 그 얘기를 하고 줄을 서요. 당시 제가 운영하던 클럽 아가씨들이 대부분 예쁘고 환상적이었죠. 도쿄에서 일하려는 여자들은 선망하는 클럽 명단을 갖고 있었는데, 1순위는 원 아이드 잭스였죠. 거기가 제일 컸거든요. 2순위가 저희 카두였어요. 가끔 저희 가게가 1등을 할 때도 있었죠." 1990년대 초 최절정기에는 롯폰기를 돌아다니는 여자를 헌팅하는 것만으로는 수요를 맞출 수 없었다. 가이와 전직 호스티스 출신의 영국인 아내는 해외에 광고를 내고 영국, 스웨덴, 체코, 프랑스, 독일로 출장을 가서 새 얼굴을 구했다.

가이는 외국 여성에 대해 안다고 했다. 외국 여자들을 좋아하며 그들 덕분에 먹고산다고 했다. 그러면서도 종종 외국 여성들을 무시했다. 그들에 대해 냉정하고 퉁명스럽게 말하며 경멸감을 드러냈다. 그가 클럽 운영에 대해 열정적으로 설명하고 난 후라 그 모습이 충격적으로 다가왔다. 그런데 그런 모습은 서로에 대한 무시에서 기인했다. 서로를 경멸하는 호스티스들과 가이가 지닌 호스티스에 대한 인식 때문이었다. 그는 냉담하고 생색 내는 듯한 태도로 인종차별주의자의 인상을 풍겼다.

"호스티스들 중에 딱 10퍼센트만이 정상적인 사고방식의 소유자입니다. 확고한 소신을 가지고 일본에 온 여자는 10퍼센트뿐입니다. 딱 10퍼센트만 일본을 좋아하고 일본에 관심이 있어요." 가이는 그가 도쿄에서 채용하는 여성들은 대부분 여행객이라고 했다. 여자들은 배낭여행 루트를 따라 태국에 갔다가 어느 남쪽 섬에서 열린 파티에서 마약을 하는 관광객을 통해 마리화나와 엑스터시, 코카인을 무제한 공급받았다. "돈이 떨어지자 일본에 가면 돈을 쉽게 벌 수 있다는 소리를 듣고 일본으로 넘어와 석 달간 일해서 돈을 벌어 다시 태국으로 돌아갈 계획인 거죠. 그런 여자들은 일본을 좋아하지 않아요. 황인종도 존중하지 않고요. 그저 돈만 좇을 뿐이죠."

"호스티스의 90퍼센트는 자기 나라에서 일자리가 없는 여성들이고, 딱 10퍼센트만 이유가 있어서 일본에 온 여자들입니다. 90퍼센트의 여자들은 아무 생각 없이 파티에나 다니죠. 약을 하고 남자들을 쫓아다니고. 다들 마약을 해요. 주말이면 늘 엑스터시에 취해 미친 듯이 파티를 벌이죠. 일본에서도 마약 파티를 하며 광기에 찌듭니다. 그나마 동유럽인들은 마약 파티를 별로 좋아하지 않아요. 고국에 있는 가족한테 돈을 부쳐야 하니까요."

"호스티스의 20, 30퍼센트는 성적으로 문제가 있어요. 그게 무슨 소리냐? 아버지한테 강간을 너무 많이 당했다는 얘깁니다. 걔들이 저한테 그렇게 말해요. 제가 대화하기 편안한 상대니까요. '가이, 우리 아빠가 아직도 내 남친이야.' 이렇게 털어놓아요. 그런 상처 때문에 그 애들은 늘 화가 나 있어요. 70, 80퍼센트 정도는 자기네 나라에서 이혼하고 왔어요. 이런 배경을 지닌 어려운 환경 출신이더라고요."

"친구도 없지, 사람들하고 소통도 못하지, 그러다 태국에 가서 드디어 친구를 사귑니다. 비슷한 사람들끼리 만나는 거죠. 그들에게 소통이란 마약입니다. 주말이면 약을 같이합니다. 90퍼센트는 손님들하고 잠자리도 할걸요. 장담컨대 90퍼센트는 될 겁니다. 안 될 거 뭐 있나요? 상처 받을 일도 없지, 기분 좋고, 돈도 벌고, 부자가 되는데. 뭐가 문제겠어요!"

가이는 이런 식으로 말하며 도덕적 우월감을 발산했다. 나는 그의 말을 진지하게 받아들이기 힘들었다. 호스티스의 90퍼센트가 매춘을 한다는 말, 그가 입에 올리는 수치를 믿지 않았다. 그런 것은 "호스티스는 죄다 창녀"라며 여성 혐오를 정당화하면서 잘난 척하는 방식일 뿐이다. 물론 그가 마약을 하고 망가져 방황한다고 묘사한 여자들이 롯폰기 스트립 바나 호스티스 클럽에 상당히 많다는 사실에는 의심의 여지가 없었다. 하지만 가이가 지닌 혐오는 다른 것을 의미했다. 호스티스에 대해 왈가왈부하는 남자들 중 호스티스보다 약자의 위치에 선 사람은 아무도 없었다. 가이는 자신의 위선뿐 아니라 보편적 일본인이 지닌 편견까지 내보였다.

롯폰기에서 시간을 좀 보내면 웨이트리스와 호스티스, 스트리퍼와 마사지 걸의 차이점을 구별하게 된다. 그러나 대부분의 사람들에게 이런 구별의 기준은 모호하고 별로 흥미롭지도 않았다. 지난 8년간 일본 내 여성 근로자의 권익을 위해 힘쓴 여성 정치인 후쿠시마 미즈호는 이렇게 설명했다. "호스티스 중에서 자기가 물장사에 종사한다고 생각하는 이들은 많지 않아요. 왜냐, 성관계를 하지 않기 때문입니다. 그런데 외부에서는 호스티스 역시 성매매 종사자라고 여기죠."

앤 앨리슨은 "호스티스 일에는 추잡한 면이 있다. 호스티스는 성욕을 유도하는 물장사의 대표적 인물이다. 이렇게 지저분한 성적 이미지가 달라붙기 때문에 물장사에 종사하는 여성들은 존중받는 결혼을 하지 못하고, 존경받는 어머니로서 정실 자식을 낳지 못한다. 여성이 모성애를 타고난다고 여기는 문화권에서 물장사에 종사하는 여성은 천성을 거스른 여성이 된다. 이런 이유로 호스티스는 무시당하고 놀잇감으로 전락한다"라고 기술했다.

루시의 우울함은 5월 말에서 6월 초까지 이어졌다. 6월 둘째 주에는 기분이 살짝 좋아졌지만 다시 미래가 걱정되기 시작했다. 루시는 일기에 "이런 끔찍한 기분을 털어내려고 정말 애쓰고 있다. 그런데 오늘은 기분이 좋다. 11월이나 12월까지 여기에 있고 싶지 않다는 걸 문득 깨달았다. 신선한 공기와 넓은 공간이 필요하다. 여기에 온 이후 이런 생각이 떠나지 않는다"라고 적었다.

금요일, 두 친구는 퇴근 후 월 스트리트에 들러 루이스의 새 남자친구인 프랑스 출신의 콤(루이스는 서맨사에게 '랑콤 할 때 그 콤'이라고 이름을 설명했다)을 만났다. 콤은 루시에게 소개해줄 친구를 데려오겠다고 약속했다. 바는 붐볐고 남자들은 늦었다. "남자들이 도착하지 않아서 우리는 술을 한 잔 시키고 앉아 있었지"라고 루시는 서맨사에게 보내는 편지에 적었다. "그런데 100년에 한 번 나올까 말까 한 섹시한 남신이 걸어 들어오는 거야!" 루이스가 재빨리 두 남자를 자기들 쪽으로 불렀다. "우리는 수다를 떨었고, 그 남자는 너무 귀여웠어. 이름은 스콧이고 나이는 스물. 미국 텍사스에서 왔다는데 악센트를 들으면 녹아내려. 파란 눈에 키는 187센티미터, 떡 벌어진 어깨, 빨래판 복근, 갈색 직모에 귀여운 엉덩이. 모델 일을 하면 카메라 세례를 받겠더라고. 그런데 진짜 직업이 뭔지 알아? 두구두구두구, 미국 해군이야!!!!! 너 제복 생각했지? 나도 그랬다니까!" 이미 루시는 작전을 짰다. "그래서 그날 밤은 있는 그대로 즐기기로 했어. 그 남자하고 잘지 말지에 대해서는 고민하지 않았어. 내가 주도하는 상황에서 늘 하던 일도 안 했어. 아주 쿨하고 자신 있는 척했더니 그 남자가 꿀통을 향해 날아드는 꿀벌같이 굴더라."

일행은 롯폰기에서 가장 오래된 디스코텍인 렉싱턴 퀸으로 자리를 옮기고는 샴페인을 주문했다. 루시와 스콧이 춤을 췄다. "우린 마치 불난 집처럼 불타올랐어. 스콧이 얼마나 춤을 잘 추던지. 우리는 그 디스코장을 세놓은 것처럼 춤을 췄어. 정말 좋았어." 네 사람은 3차로 하이드 아웃이라는 술집으로 갔다. 그 무렵 벌써 동이 트고 있었다. 루이스는 완전히 취한 콤을 집에 데려다주기로 했다. 스콧은 항공모함으로 복귀할 기차를 놓친 지 오래였다. 루시는 결단을 내렸다. 여전히 그 '법칙'이 마음이 걸렸지만, 루시는 스콧에게 '꺼져줄래 연설'을 한 후 집으로 데려갔다.

루시는 일기장 맨 앞 특별 페이지에 '꺼져줄래 연설'을 적어놓았다. "강조! 도쿄에서 기억할 것. 봐, 넌 귀여워. 숱한 여자들이 너하고 자려 하겠지만, 나한테까지 그걸 원한다면 넌 여자를 잘못 골랐어. 그러니 만약 그걸 원한다면 꺼져줄래?"

사사키 하우스에서 루시는 스콧에게 키스했지만 2층으로 올라오지 못하게 막았다. "처음에는 스콧이 실망하는 것 같더라. 그런데 그날 어둠이 거의 걷힐 무렵 이런 생각이 들었어. 원나잇을 하는 사람들은 많고 많아. 그 순간 우린 정말 서로를 사랑했고 그 사랑을 나누길 원했어. 그래서 난 스콧이 여느 여자들과는 달리 날 완벽히 기억할 일을 벌였어. 스콧에게 달콤하고 아름다운 키스를 퍼부었어. 그 키스에 몸이 단 스콧이 내게 매달려 포근하고 달콤하게 포옹해주었고… 그리고 성공했지."

2000년 6월 9일 금요일, 루시는 스콧을 만났다. 그 후 22일간은 행복과 흥분의 나날이었다. 두 사람은 일요일 초저녁에 다시 만나자고 약속했다. 일요일에 루시가 나가려는데 세븐오크스에서 바텐더로 일하는 알렉스가 전화했다. 며칠만 빨랐어도 알렉스의 전화는 그 주의 가장 짜릿한 일이 되었겠지만, 그날 그는 뒷전으로 밀렸다. "예전처럼 알렉스의 전화를 받으니 좋긴 했지만 매번 멀어지는 느낌이다. 그래서 나는 스콧에게 간다"라고 루시가 일기에 적었다.

루시는 알렉스 때문에 30분 늦게 아몬드 카페에 도착했다. 아몬드 카페는 롯폰기 교차로에 있는 핑크색 커피숍이었다. "스콧이 청바지에 파란색 상의를 입고 안에서 기다리고 있었다. 그는 등을 돌리고 앉아 있어 나를 못 봤다. 스콧은 눈부시게 멋졌다. 내가 기억했던 것보다 눈이 더 파랬다. 미소는 더 포근했고, 키스는 더 숨이 막혔다."

두 사람은 기차를 타고 도쿄의 젊은이들이 주말이면 모여드는 하라주쿠로 이동해 일본에서 가장 로맨틱한 거리인 오모테산도를 거닐었다. 파리 거리의 느낌이 물씬 풍기는 거리였다. 넓은 3차선 도로가 살짝 내리막으로 바뀌면서 메이지 신사 입구로 이어졌다. "우린 너무 잘 맞았다. 내 옆에 있는 그가 정말 편했고, 그의 옆에 있는 나 자신을 자연스럽게 느꼈다. 우리는 정말 많은 대화를 나누었다. 너무 좋아서 웃다 보니 무슨 말을 했는지 80퍼센트는 까먹었다. 정말 멋진 기분이었다. 술에 취한 것처럼 계속 낄낄거렸다. 그러면서도 난 내내 쿨한 척했다."

두 사람은 이탈리안 레스토랑에서 저녁을 먹고 플라타너스가 늘어선 도로 위를 지나는 기다란 육교를 건넜다. 덥고 습한 6월이라 녹음이 우거지고 나뭇잎이 최고로 풍성했다. "우리는 육교를 건너다 키스를 나눴다. 어둑어둑한 도쿄의 조명이 시야가 닿는 곳까지 펼쳐졌다. 오모테산도는 사람들로 북적였다. 키스를 나누는 순간 내가 사라지고 심장이 목구멍에서 튀어나올 것 같았다. 키스를 마치고 나니 충만감이 내 몸을 휘감았다."

루시는 일기장 뒷장에 그 순간을 그림으로 남겼다. 가로수가 늘어선 멋진 거리 위를 지나는 육교에서 스콧과 키스하는 모습이었다.

루시는 "오늘을 내 기억 속에서 처음으로 100퍼센트 만족한 날로 꼽겠다. 내가 전혀 하찮지 않고 정말 대단해 보였다."

스콧을 만난 지 며칠이 지났다. 루시는 첫 번째 데이트 다음 날인 월요일에 이렇게 적었다. "평범한 낮과 밤조차 허공을 거니는 것 같은 환상으로 변했다." 다음 날, 루시는 일찍 일어났다. 숙취로 온몸이 피곤했지만 도쿄 동쪽 끝에 있는 디즈니랜드에 루이스와 손님과 같이 가야 했다. "비가 내려서 짜증이 잔뜩 났다. 우리 둘 다 기분이 꽝이었지만, 막상 도착하니 괜찮아졌다. 그리고 디즈니랜드는 정말 재미있고 신나는 곳이었다." 수요일 아침 위기가 닥쳤다. 거울을 보니 루시의 입술에 헤르페스가 생겨 있었다. 쓰라리기도 해서 루시는 그날 밤 스콧과의 데이트를 취소했다. "정말 기분이 엉망이었다. 남들의 시선도 정말 신경 쓰이고 보기에도 좋지 않았다." 그래도 루시는 겐지와 동반을 나가 조지안 클럽에 갔다. "내가 가본 곳 중에 가장 근사한 레스토랑이었다. 공주가 된 것 같았다."

호스티스 행동 강령에 따라(호스티스들에게 서면으로 동의서를 받는 클럽도 있었다) 손님에게 '외부' 남자친구나 애인에 대해 절대로 얘기하면 안 되었다. 그런데 루시가 변했고 그에게 관심이 줄었다는 걸 확실히 눈치챈 겐지는 엄청난 돈을 퍼붓는 마당에 고작 환상으로 버티기 힘들었다. 위축된 겐지의 근심이 루시에게 보낸 이메일에 투영되었다.

다음은 겐지가 6월 중순에 씩씩한 척하며 보낸 이메일이다. "나한테 사과할 필요는 전혀 없어요. 호스티스 일이라는 게 상상 이상으로 에너지 소비가 많을 테니 다 이해합니다. 아무튼, 당신의 남자친구가 일본에 온 것 같군요. 하하하하하…." 며칠 후, 그는 애정과 욕망을 잔뜩 실어 메일을 보냈다. "너무 보고 싶어요. 일요일에 만납시다!" 일요일이 되었지만 루시에게서 아무런 답장이 없었다. 그의 다음 이메일에는 소심하게 질책하는 말투가 담겨 있었다.

내가 당신한테 말을 제대로 전하지 못한 것 같군요. 난 당신이 나랑 저녁을 먹는 걸 좋아하는 줄 알았는데. 아무튼, 마음이 바뀌면 내게 알려주면 고맙겠어요.

두 시간 반 후에 다시 이메일이 왔다. 이번 메일의 제목은 '작별 인사'였다.

늘 그렇듯이 소심한 내 마음이 상처 받은 게 확실해요. 뭐, 그래도 괜찮아요, 나의 어린 여자여! 도쿄에서 즐거운 시간을 보내길 바랄게요. 안녕!

물론 루시는 스콧에게 점점 더 깊이 빠져들며 주말을 보냈다.

스콧과 다음 데이트를 즐기기 전날 밤, 루시는 새벽 6시에 기상했다. "속이 뒤집히는 바람에 깨긴 했지만 졸려서 눈이 아플 지경이다." 두 사람은 오후 늦게 만나서 요요기 공원 나무 아래 앉았다. "얘기하고, 얘기하고 또 얘기했다. 태양은 따뜻했고 사람들은 잔디밭에 길게 눕거나 야외에서 공연하는 밴드의 노래에 맞춰 춤을 췄다. 스콧은 그 순간 우리 관계를 통틀어 가장 놀라운 대화를 나누었음을 절대로 모를 것이다. 그 대화 덕분에 나는 그가 인지하는 이상으로 그와 통하는 느낌이 들었다."

주말이면 연주자와 거리의 악사가 하라주쿠 역과 요요기 공원 사이에 있는 광장에 모여 공연했다. 루시와 스콧은 발걸음을 멈추고 화려한 스킬을 뽐내며 저글링을 하는 사람들을 구경했다. 대화는 재능과 개인의 능력에 관한 화제로 이어졌고, 두 사람은 그걸 가진 자와 갖지 못한 자에 대해 얘기했다. 루시는 이렇게 적었다. "그때 스콧은 그의 가장 큰 불안감(나중에 공포심으로 변하는)은 자신이 너무 평범하다는 점이라고 털어놓았다. 나는 발이 움직이지 않았고, 울음이 터질 뻔했다(그냥 눈물이 흘러서 너무 웃겼다)."

루시는 평소 자신에 대해 품고 있던 생각을 스콧의 입을 통해 들었다. "믿을 수 없었다. 아직도 (벌써 일주일이나 지났는데도) 그때 그 기분을 설명할 수 없다. 비유를 하자면, 마음이 턱 놓이면서 뭔가 제대로 소통이 되는 느낌이었다. 지금 막 사귀기 시작한 이 사람 역시 그걸 느끼다니. 이제 난 더는 두려워하거나 방황하지 않아도 된다. 만약 스콧이 이 글을 본다면 내가 제정신이 아니라고 생각할지도 모르겠지만, 나도 같은 기분을 느꼈다고 털어놓을 날이 올 것이다. 그러면 스콧의 공포심도 녹아내리겠지."

두 사람은 스테이크 하우스에서 저녁을 먹었다. 스콧은 당연히 집으로 가는 마지막 열차를 놓치고 루시와 밤을 보냈다. "아름다운 날이었다. 첫날 밤처럼 끝까지 갔고, 그래서 좋았다. 우리가 내린 일상의 작은 결정이 모여 인생의 경로를 바꾼다는 사실이 놀라웠다."

2000년 여름은 아시아가 정치적 격변에 휩싸인 시기였다. 루시가 호스티스로 일하던 첫 주인 5월 14일, 일본 수상 오부치 게이조가 뇌경색으로 쓰러진 지 6주 만에 사망했다. 루시와 루이스가 디즈니랜드에 간 6월 13일, 남북한의 정상이 한국전쟁 이후 처음으로 만나 평화를 논의했다. 일본 전역에서 총선 후보들이 연설하고 대형 확성기를 매단 밴에서 선거 운동용 정당 슬로건이 크게 흘러 나왔다.

이런 대중의 관심사는 루시와 그녀의 세계를 조금도 건드리지 못했다.

6월 20일 화요일 아침, 루시는 스콧을 만나 요요기 공원에서 하루를 보냈다. "우리는 잘 맞는다. 마치 자물쇠에 딱 맞는 열쇠 같다. 새로이 깨달은 공포와 귀에 들리는 의심과 몸으로 느껴지는 열정과 함께 내 감정도 커져갔다."

수요일, 루시는 투자은행원 세이지와 동반을 나갔다. 그다음 날 밤은 전자회사 JVC에 다니는 쇼지라는 월급쟁이와 동반을 나갔다.

금요일 밤 루시는 카사블랑카에서 고와 씨 옆에 앉아 시중을 들었다. 그는 약간 혀 짧은 발음으로 유창한 영어를 구사했다. 루이스도 두 사람과 잠시 동석했다. 고와 씨는 샴페인과 코냑을 시켰다.

떠나기 전 그는 다음 주에 전화를 걸어 루시에게 동반을 청하겠다고 약속했다.

　일요일은 일본 총선일이었다. 루시는 주말 내내 스콧과 같이 지내며 겐지가 보낸 애절한 이메일을 무시했다.

　화요일, 루시는 체육관에 가서 운동 수업을 들었다. 수요일인 28일에는 포토 맨 와타나베 씨와 동반을 나갔다. 두 사람은 다음 주 화요일에도 같이 저녁을 먹기로 했다.

　목요일, 루시는 스콧을 다시 만났다. 이때 루시는 둘의 관계에서 좀 뒤처진 느낌이 든다고 일기에 적었다. 그러나 후일 스콧은 그날의 만남을 이렇게 회상했다. "루시는 정말 행복해했어요. 루시에게 사랑한다고 했더니 루시가 먼저 그 말을 해줘서 기쁘다고 했어요. 루시는 '나도 당신과 같은 기분이야. 당신이 아주 괜찮은 사람 같아'라고 했어요. 루시는 나에 대한 감정이 너무 강렬한 나머지 가슴이 벌렁거려서 속이 불편하다고 했어요. 내가 감정을 고백하는 순간 두 다리에 힘이 풀렸다고 했죠."

　6월 30일 금요일, 루시는 며칠간 소식을 듣지 못한 딸의 근황을 몹시 궁금해하던 어머니 제인에게 이메일을 보냈다. 루시는 제목에 "저 아직 살아 있어요!"라고 적었다.

3 ——————— 수색

끔찍한 일이 벌어졌다

루시 블랙맨과 루이스 필립스는 같은 해에 태어나 같은 학교를 다녔고 같은 음악과 같은 옷을 좋아했다. 서로의 집은 20킬로미터 떨어져 있었다. 둘 사이를 가르는 것은 단 한 가지였다. 루시와 루이스에게는 그것이 무의미했지만, 타인의 판단과 인식 속에는 보이지 않는 영국의 계급 차이가 깔려 있었다.

블랙맨 형제자매는 사업가의 자녀들로 사립학교 교육을 받았고 부촌 세븐오크스에 살면서 런던 악센트를 구사했다. 루이스는 런던 남동부 노동자 계급의 악센트를 구사했다. 루이스의 아버지는 성공한 건축업자로 브롬리 외곽 케스턴에 있는 큰 집에 가정을 꾸렸다. 아버지가 51세에 명을 달리하자 풍요와 안정 속에서 위만 바라보며 살던 아내와 두 딸은 생활에 큰 타격을 입었다. 루이스는 장학금을 받으며 월섬스토 홀에 다녔다. 악센트며 가정환경 때문에 루이스는 월섬스토 여학생들 사이에서 단박에 눈에 띄었다. 좀 더 속물적인 학생들은 루이스를 '가난뱅이'라고 불렀다.

마음 약한 소녀였다면 속물근성이 밴 학생들 틈에서 망가졌겠지만, 루이스는 반항과 콧방귀로 대처했다. 루이스는 따돌림 앞에서 거침없었고 자기와 루시를 괴롭히는 아이들을 모두 물리쳤다. 10대 시절 루이스는 거침없고 모험심이 넘쳤다. 루시의 다른 친구들은 미성년자 신분으로 세븐오크스 술집을 드나들었지만, 루이스는 캠던과 런던 남부에 있는 대단히 세련된 바와 클럽으로 루시를 데려갔다. 블랙맨 가족은 루이스를 애정으로 대했다. 그러나 루이스는 때로 루시의 가족이 자신을 탐탁지 않게 보면서 나쁜 물을 들이는 친구로 여긴다는 걸 알았다. 루이스와 루시가 늦게까지 들어오지 않으면 루시의 가족에게 손가락질 받는 건 자기라는 걸 이따금씩 느꼈다. 루시가 주도한 경우에도 그랬다.

루이스는 루시가 어떤 불안감을 느끼는지, 부모의 별거와 이혼으로 어떤 영향을 받았는지 가까이에서 지켜보았다. 루이스는 애당초 루시의 아버지를 좋아하지 않았다. 그가 루이스를 안 좋게 본다는 이유도 있었지만 아버지임에도 딸의 자신감을 깎아내리고 몸무게나 외모를 깔보는 말을 거침없이 내뱉는 모습을 목격했기 때문이다. 루이스는 루시가 외모에 자신이 없다는 사실과 미모로 남자들에게 인기를 끄는 자신을 동경의 눈길로 바라본다는 것을 눈치챘다. 그런 루이스도 마음속에 깊은 상처를 지니고 있었다.

아버지의 사망으로 상처를 받은 루이스는 몇 년간 절망 속에서 스스로를 망쳤고 그것이 거식증으로 발현되었다. 루이스의 고통을 곁에서 계속 지켜본 사람이 다름 아닌 루시였다. 둘의 우정에서 남들이 놓치는 부분이 바로 이 지점이었다. 루이스가 루시에게 얼마나 의지하는지, 언어 감각이 뛰어나고 요리와 그림에 소질 있고 의리와 유머까지 있는 루시를 얼마나 아끼는지 사람들은 몰랐다.

루이스는 원래 일본에 혼자 갈 생각이었지만 루시가 같이 가겠다고 나서자 기쁜 마음에 루시의 비행기 삯을 반이나 대주었다. 그렇지만 루시에게 같이 가자고 강요하지는 않았다고 했다. 루이스는 루시가 자기를 떠나는 걸 가슴 아파한다고 철석같이 믿는 제이미 생각에 웃음이 나왔다. 루시가 처음엔 제이미를 좋아했지만 지금은 지겨워한다는 걸 알았기 때문이다. 제이미가 결정된 상황을 받아들이지 않자 루시는 난처해하며 짜증을 냈다. 루시의 도쿄행은 학창 시절에 그러했듯 루이스의 궤적을 따라하던 패턴에서 벗어나지 않는 행동이었다. 루시는 떠나고 싶었고 벗어나야 할 이유가 많았다.

루이스는 이렇게 설명했다. "루시가 빚 때문에 정말 힘들어했어요. 한밤중에 자다가도 일어나 걱정했죠. 루시에겐 하루라도 빨리 그 문제를 해결할 방법이 필요했어요. 빚은 몇 년을 갚아도 청산할 길이 없었죠. 루시는 '제이미가 계속 들러붙어. 엄마도 그렇고. 우리 집에선 내가 엄마 같아'라고 했어요. 루시는 엄마를 떠난다는 사실에 죄책감을 느꼈어요. 하지만 정말로 엄마에게 벗어나고 싶은 게 아니라 걱정 없이 살고 싶어 했어요. 평범한 스물한 살짜리 여자애처럼 살고 싶어 했다고요. 루시의 어머니는 계속 일본에 못 가게 말렸어요. 루시에게 나쁜 일이 생길까 봐 그러셨다는데 제가 보기에 그건 사실이 아닙니다. 그분은 그냥 남겨지는 게 싫으셨던 것 같아요."

도쿄에서 맞이한 처음 몇 주간 두 친구는 모두 낯선 환경에 당황했지만, 특히 루시가 힘들어했다. 자신은 호스티스로서 잘나가지 못하는데 루이스가 성공을 거두자 둘은 어색한 긴장감으로 서먹해졌다. 그럼에도 둘 다 그 얘기를 입에 올리지 않았다. 6월이 되자 고비를 넘긴 것 같았다. 어느 날 루시는 루이스에게 이렇게 적어 보냈다. "첫 달엔 우리 둘 다 여러모로 힘들었던 것 같아. 그런데 어제부터 너에 대한 친근함이 새록새록 실감나더라. 넌 내 솔메이트야. 남들은 모르는 내 속내를 알고, 남들이 보지 못한 내 모습을 봐주는 친구가 바로 너야. 넌 방에 들어오자마자 내 기분을 알잖아."

7월 1일 토요일, 오전 늦게 일어난 두 여자는 희망으로 가득 찼다. 그 무렵에는 루시에게도 단골이 여럿 생겼다. 루이스는 프랑스인 남자친구 콤과 다툰 후 헤어지기로 했다. 전날 밤 두 친구는 요시다와 다나카라는 젊고 유쾌한 샐러리맨이 앉은 테이블에서 시중을 들었는데 두 남자가 다음 주에 더블 동반을 해주겠다고 약속했다.

두 친구는 새벽 2시 반에 클럽에서 나와 택시를 타고 집으로 돌아와 새벽 4시까지 주방에서 차를 마시며 버터가 발린 토스트를 먹었다. 다음은 루이스의 증언이다. "저희 둘 다 신이 났죠. '이제 됐다'고 생각했어요. 두 달을 버텼고 월요일이면 월급을 받을 테고, 모든 게 순조로웠죠. 그동안 더러운 일을 좀 겪었지만 이제부터 잘 될 것 같았어요."

루시가 마지막으로 집을 나간 때는 토요일 오후였다. 루이스는 월요일 아침에 경찰에 신고했고, 월요일 오후에 이상한 전화를 받았다. 루시가 실종된 지 이틀도 더 지난 월요일 밤이 되어서야 루이스는 블랙맨 가족에게 전화해 상황을 설명했다. 당시 영국은 대낮이었다. 루시의 어머니 제인은 도쿄에 간식거리를 부치려고 우체국으로 가려던 참에 전화를 받았다. 루시가 무사히 일본에 도착한 후에도 제인의 불안감은 가시지 않았다. 그간의 불안감을 확실하게 만드는 소식이 들려오자 제인의 고통과 처참함은 극에 달했다. 소피와 루퍼트는 세븐오크스의 작은 집으로 급히 들어오라는 호출을 받았다. 발레리와 서맨사 버만도 서둘러 달려왔다. 제이미 개스코인도 그 소식을 듣자마자 차를 몰고 런던으로 내려왔다.

도저히 믿을 수 없는 소식이었다. 루시가 실종되었다는 것도 놀랍지만 루이스가 울면서 설명한 이상한 통화 내용도 충격적이었다. '신흥종교, 교육, 다카기 아키라, 지바.' 그게 뭔지, 어디에 있는지 알 수 없었다. 당시 16세 학생이던 루퍼트 블랙맨은 이렇게 말했다. "집이 발칵 뒤집혔어요. 엄마는 정신을 놓았죠. 일본에서 누나가 실종됐다는데 뭘 어떻게 해야 하죠? 다들 어쩔 줄 몰랐어요. 저는 인터넷으로 '신흥종교'에 대해 검색하다가 일본에 연줄이 있는 예전 유도 선생님께 뭐라도 물으려고 연락했어요. 그런데 뭔가가 제 몸을 덮치는 것 같았어요. 모래밭에서 바늘을 찾는다는 속담처럼 갑자기 몸이 허공으로 붕 뜨더니 저 위에서 세상을 내려다보며 사람을 찾는 듯한 기분이 들었죠. 정말 묘해서 그 기분을 도저히 설명할 수가 없어요. 물건을 잃어버려도 기분이 안 좋잖아요. 그런데 사람이 없어졌다니 정말 처참했어요. 쇼핑센터에서 사람을 놓친 것과 이국땅에서 사람이 없어진 건 정말 달라요. 어디서부터 시작해야 할지 알 수가 없잖아요. 아는 사람이 하나 없는 나라인 데다 문

155 ___ 수색

화도 완전히 다르니까요. 최악의 장소에서 실종 사건이 벌어진 거죠."

제인은 실종 소식이 실감이 나자 와이트 섬에 사는 팀에게 전화를 걸었다. 팀은 뒷마당에 앉아 오후 햇살을 즐기는 중이었다. 이혼 후 두 사람이 통화한 것은 그때가 처음이었다. 아래 있는 것은 두 가지 버전의 통화 내용이다. 첫 번째는 제인의 버전, 두 번째는 팀의 버전이다.

제인: 팀, 나야, 제인. 끔찍한 일이 생겼어. 루시가 실종됐어.

팀: 글쎄, 나더러 어쩌라는 건지 모르겠다.

제인: 우리 딸이 일본에서 실종됐어. 당신이 가서 데려오면 안 될까?

팀: 외무부와 경찰이 알아서 잘하겠지. 그쪽에서 못 하는데 우리가 뭘 하겠어.

제인: 그래도, 팀….

팀: 나 지금 바비큐 하는 중이야. 끊어.

제인: 팀, 제발 부탁해.

팀: 끊으라고.

전화가 끊겼다.

제인: 루시가 실종됐어. 당신이 뭐라도 해봐!

팀: 제인, 전화 끊지 말고, 진정해. 일단 자리에 앉아. 무슨 일인데?

제인: 우리 딸이 일본에서 실종됐다고! 당신이 가서 루시를 데려오

라고!

팀: 그게 무슨 소리야, 실종이라니? 정확히 어떻게 된 건데? 진정 좀 해봐….

제인: 못돼먹은 인간! 내가 말했잖아, 루시가 실종됐다고. 당신은 안 갈 거지?

팀: 제인, 그걸 어떻게 곧장 결정하겠어? 알아봐야 할 게 얼마나 많은데. 무슨 일인지 다시 말해봐. 내가 지금 바비큐를 하는 중이라….

제인: 망할 인간! 당신 딸이 끔찍한 일을 당했다니까! 그런데도 아예 상관없다, 이거지?

전화가 끊겼다.

동생 소피가 다음 날 일본에 가겠다고 선언하자 제이미 개스코인도 따라가겠다고 했다. 소피는 엄마에게 이렇게 선언했다. "언니가 지바에 있다고 하니 제가 가서 언니를 찾아올게요. 만약 종교 단체에 붙들린 거라면 제가 언니 대신 거기에 남고 언니를 집으로 보낼게요."

소피는 스물, 제이미는 스물셋으로 둘 다 영국을 떠나 멀리 가본 적이 없었다. 두 사람은 7일간 단 둘이 일본에 머물렀다. 소피는 언니의 남자친구였던 제이미를 좋아하지 않았다. 제이미를 딸려 보낸 건 어머니의 뜻이었다. 두 사람은 영국 대사관과 경찰서를 오가며 일주일을 허비했다. 대사관은 자국민의 실종에 우려를 표했으나 도움이 되지 않았다. 롯폰기 아자부 경찰서에서는 남 얘기하듯 무관심으로 대했다. 루이스가 일찌감치 경찰서에 루시의 실종 신고를 접수했지만 파일이 담긴 캐비닛으로 가득한 사무실에 종이 한 장을 더 보태는 것에 불과했다. 그래도 두 사람은 지바에 대해 새로운 사실을 배웠다. 지바 시는 인구 90만 명의 도시이나, 지바 현일 경우 인구가 500만으로 늘어나며 켄트와 그레이터 런던(런던 시와 그곳을 둘러싼 32개 자치구로 이루어진 행정 구역―옮긴이)을 합친 넓이로 확장된다는 것이다. 두 사람은 '신흥종교'란 '뉴에이지 컬트'를 일본어로 그대로 번역한 용어이며, 그 안에는 수천 개의 종단이 존재한다는 사실도 알았다.

제인은 세븐오크스에서 걱정으로 안절부절못했다. 소피는 아버지 팀과 몇 시간 간격으로 통화하며 이런 상황에 닥친 딜레마에 대해 의논했다. 공개수사를 하느냐, 마느냐? 루시에게 무슨 일이 벌어졌는지 누군가는 분명 알 것이다. 실종 당일 루시를 본 사람이 분명 있을 것이다. 목격자를 확보할 유일한 길은 공개적으로 호소하여 정보를 얻는 것이다. 반면 납치범이 루시를 끌고 가 몸값을 요구할 계획이라면 돈을 놓고 협상할 기회가 분명 올 것이다. 납치한 이유가 돈이 아니라 예컨대 강간이라면, 납치범은 사로잡은 포로의 처리를 고심하다 딜레마에 빠질지도 모른다. 어느 쪽이든 미디어의 요란한 추적으로 범인이 패닉에 빠져 돌이킬 수 없는 행동을 저지를 수도 있다. 소피는 "공개수사를 할 경우 언니가 죽은 채 발견될 수도 있다는 부담감이 있었어요. 언론에 공개하지 않을 경우 언니를 찾을 기회가 날아갈 수도 있었고요"라고 말했다.

경찰은 기자들의 개입을 원치 않았다. 영국 대사관에서는 선택은 가족에게 달려 있다면서도 경찰에 동조하는 느낌을 풍겼다. 소피는 루시를 납치한 범인의 집 앞까지 찾아가 결연한 의지로 언니를 넘겨받을 각오를 하고 일본까지 왔다. 그러나 상황은 순식간에 복잡해졌다. 루빅스 큐브의 색을 맞추듯 손으로 매만져 순서를 정해야 할 일이 쏟아졌다. 소피는 경찰, 대사관, 기자, 심지어 부모의 다툼까지 처리해야 했다. 저마다의 이해관계가 상충하는 상황에서 뭐든 정확히 해결해야 했다.

소피는 시차와 걱정으로 잠을 이루지 못했다. 어느 날 밤에는 할리우드 영화처럼 비디오게임 속에 갇히는 꿈을 꾸었다. 소피는 제임스 본드나 브루스 윌리스 같은 액션 히어로가 되어 정해진 시간 내에 지구를 구해야 했다. 실제로는 폭탄을 해체해 인질을 구하고 테러리스트를 처단하는 대신, 이름도 얼굴도 모르는 악당이 어디선가 언니를 죽이기 전에 경찰에 호소하고 대사관 직원과 우호 관계를 유지하고 기자를 부르고 부모 사이를 중재해야 했다.

소피는 "저희는 결단을 내렸어요. 경찰한테 얻을 수 있는 건 모두 얻고 기자를 멀리하든가, 아니면 세간의 이목을 끌어 수사를 촉구하는 대신 경찰한테 아무것도 얻지 못하든가 양자택일을 해야 했죠. 저희는 기자를 택했어요"라고 말했다. 사실 결정은 이미 블랙맨 가족의 손을 떠났다. 런던에 있던 루이스 필립스의 언니 에마가 블랙맨 가족과 상의도 없이 〈데일리텔레그래프〉를 찾아갔다. 며칠 후 영국 내 모든 신문에 기사가 실렸다. 기자들이 혼선을 빚은 모습이 확연했다.

지난 밤 영국항공 승무원 루시 블랙맨이 일본 내 사악한 컬트 종파의 성노예로 감금당했다. _〈더선〉

경찰은 루시 블랙맨(21세)이 기이한 단체의 미끼가 되어 현재 매춘을 강요당하고 있을까 봐 우려했다. _〈데일리미러〉

경찰은 루시 블랙맨이 지난 밤 멤버스 클럽 카사블랑카의 손님에게 납치됐는지 여부를 조사 중이다. 블랙맨은 카사블랑카에서 손님과 대화를 나누는 대가로 돈을 받았다. _〈인디펜던트〉

루시 블랙맨의 운명이 일본 '마피아'의 손에 달려 있다. _〈세븐오크 스쿠리어〉

도쿄에 있는 저널리스트들에게는 난감한 상황이었다. 일본 경찰은 투덜거리며 논평을 거절했다. 영국 대사관도 입을 다물었지만 그래도 공손히 응대했다. 롯폰기의 클럽 매니저와 외국인 호스티스들은 방어적으로 몸을 사렸다. 설득 끝에 간신히 입을 연 물장사 종사자들도 그저 난처해하며 걱정할 뿐이었다. 소피 블랙맨은 기자들의 질문에 날을 세우며 예민하게 굴었다. 승무원 실종이라는 미스터리가 흥미롭긴 하나 남들의 이목을 끌 정도는 아니었다. 세계 곳곳에서 많은 사람들이 매일같이 그저 그런 이유로 사라진다. 아버지 팀이 아니었더라면 루시 역시 금세 잊혔을 것이다. 루시가 실종된 지 열흘 후인 그다음 주 화요일, 도쿄에 도착한 팀은 할 수 있는 최선의 일을 곧장 벌였다. 기자회견을 연 것이다.

일본에서 그러하듯 영국에서도 대중이 극단적인 상황에 빠진 사람들에게 요구하는 행동 양식이 암묵적으로 정해져 있다. 대중은 비통한 피해자들이 움츠리고 당황하고 망연자실하길 기대한다. 그런 모습을 보이지 않으면 날카로운 의심의 눈초리를 보낸다.

블랙맨 부녀가 도쿄에서 보인 모습은 통념과 정반대였다.

악한에게 딸이 끌려간 일본의 가족이라면 카메라 앞에서 안절부절못하며 눈을 내리깔 것이다. 그들은 머뭇거리다가 몇 마디 하지도 못한다. 딸을 사랑한다고 말하고 무사를 기원하면서 납치범의 양심에 호소하며 딸을 돌려달라고 애원할 것이다. 눈물을 흘리면서 그들이 겪는 비통함 때문에 "폐를 끼쳐 죄송하다"며 사과까지 한다. 기자들의 질문도 뻔하다. 딸의 성격은 어떻습니까? 범인에게 전할 말씀은요? 비참한 가족은 또다시 안절부절못하면서 겨우 몇 마디 덧붙인다. 기자들을 상대하고 미스터리를 해결하는 등 모든 책임은 당연히 경찰의 몫이다.

영국에서는 분노와 원통함을 이보다는 좀 더 드러내긴 하지만 극히 제한적이다. 문상 시 엄격한 격식과 전통을 따르듯 블랙맨 가족과 같은 일을 당한 이들은 묵시적인 강령에 지배받는다. 도쿄에서 팀과 소피를 만나기 전, 나는 그런 강령이 존재하는지도 몰랐다. 블랙맨 가족은 처음부터 끝까지 세간의 통념에 무관심했다. 그것이 다수의 심기를 거슬렸다.

팀은 도쿄에 도착한 다음 날 아침, 영국 대사관에서 첫 번째 기자회견을 열었다. 회견장은 사람들과 카메라와 조명으로 북적였다. 좌석이 꽉 차서 복도에 선 기자들도 보였다. 영국 대사관 언론 담당 비서가 테이블을 놓고 팀과 소피 블랙맨 옆에 나란히 앉았다. 비서는 지나칠 정도로 부드럽고 가슴 아파하는 어조로 개요를 간략히 설명했다. 젊은 여성이 실종된 비극을 공개적으로 언급하기에 적절한 태도였다. 이어서 팀이 발언을 시작했다. 키가 크고 체격이 좋은 40대 후반의 남성이 파란 눈동자로 정면을 직시했다. 머리는 숱이 많고 붉은 기가 도는 금발이었다. 팀은 자신감 넘치고 논리 정연했으며 활발하기까지 했다. 나는 종이에 끼적였다. "대단히 침착. 인상적. 목이 거의 막히지 않음. 감정을 별로 드러내지 않음. 양쪽 구레나룻 두드러짐."

팀이 첫 번째 질문에 대답했다. 그는 어제 도착하자마자 경찰을 만났다면서 경찰이 가능한 모든 단서를 추적하고 있다는 인상을 받았다고 했다. 그는 루시가 일본에 있을 때 자신과 계속 전화로 연락했으며 말투에서 행복감이 전해졌다고 했다. '다카기 아키라'가 전화한 사실을 언급하며 루시가 컬트 종교에 빠진 건 아닌지를 묻는 질문에 팀은 자신 있게 아니라고 선을 그으며 "루시는 가톨릭 교인입니다. 대체로 종교에 무심하긴 했지만, 토요일 오후에 느닷없이 컬트 종교에 깊이 빠져들었을 가능성은 대단히 낮다고 생각합니다"라고 반박했다.

그는 루시에게 빚이 있다는 사실을 인정했다. 하지만 일상적인 빚이었으며 감당할 만한 수준의 마이너스 통장과 신용카드 대금으로 다 해봤자 몇천 파운드 정도라고 밝혔다. 그는 그와 소피가 일본에 온 이유는 일본 경찰과 기자에게 협조하기 위해서라고 했다. "루시는 일본 거리를 걷거나 차에 타도 굉장히 눈에 띄는 젊은 여성입니다. 혹시 루시가 길거리를 돌아다니거나 누군가의 차에 올라타는 모습을 보신 분이 계시다면 저희에게 결정적인 제보를 해주시길 바랍니다."

그는 신속하고 효율적으로 대답했고, 정보 제공자로서 흠잡을 데가 없었다. 그런데 기자들이나 카메라맨들이 원하는 팀의 역할은 그게 아니었다. 기자회견장에서나 전화 인터뷰를 할 때 팀은 간간이 말을 끊었다가 이어갔다. 침묵이 길어지면 회견장이 긴장감으로 가득 찼다. 이럴 경우 그가 감정이 북받쳐 참는 중이라는 걸 누구나 눈치챘다. 그러나 침묵의 순간은 글로 옮겨 적을 수도, 사진에 담을 수도 없었다. 팀이 다시 흔들림 없이 강인하고 건조한 목소리로 대답을 이어가는 모습은 아이러니에 가까웠다. 그는 또박또박 의견을 말했다. 그러면서도 지나치게 준비한 듯한 인상은 전혀 풍기지 않았다. 팀은 메모지를 보지 않고 가끔 옆에 선 소피를 곁눈질하며 미소를 교환했다. 팀은 단상 위에서 편하고 느긋해 보이기까지 했다. 그다음 날 건성으로 취재한 신문사에서 블랙맨 기사를 실으며 '애절한 아버지 팀,' '정신이 혼미한 여동생 소피,' '눈물을 참으며' 같은 구절을 삽입했는데, 전부 거짓이었다. 이보다 더 침착하게 중심을 잡은 부녀의 모습은 상상할 수 없었다.

영국 기자가 손을 들더니 현재 루시에게 남자친구가 있는지를 물었다. 팀은 그 남자를 알지는 못하나 외국인이라고 들었으며 그가 경찰 조사를 받았다고 답변했다. 기자는 지금까지 거의 입을 다물고 있던 소피에게도 같은 질문을 던졌다. 대사관 홍보 담당 비서는 기자들이 소피를 자극해 발끈하는 반응을 유도할 것을 우려해 소피에게 기자회견 불참을 권했다. 만약 불참했다면 기자들이 실망했을 것이다. 소피는 입술을 깨물고 얘기했다. "물론 언니가 남자친구 얘기를 했습니다. 일본에서 남자친구가 생겨서 데이트를 시작했다고 했어요. 기자님들은 여기까지만 아시면 됩니다. 언니가 뭐라고 했는지까지 아실 필요는 없다고 생각합니다."

사진기자들은 단상 아래에 웅크리고 앉아 렌즈를 치켜들고 있었다. 그들은 다음 날 신문에 실을 사진을 찍으려고 대기 중이었다. 손으로 눈물을 훔치거나, 걱정과 낙담으로 얼굴이 일그러지거나, 아버지와 딸이 손을 꽉 움켜쥐는 모습을 고대했다. 그러나 그런 모습은 전혀 보이지 않았다. 기자회견이 끝나갈 무렵 나는 팀의 옷차림에서 당혹스러운 점을 발견했다. 그는 대체로 평범한 모습이었다. 재킷을 걸치고 짙은색 바지를 입고 테슬이 달린 가죽신을 신었다. 그다음에야 '그 점'이 눈에 띄었다.

조명과 카메라가 철수하자 알고 지내던 일본 기자가 인상을 찌푸리며 다가왔다. "블랙맨 씨의 인상이 어땠습니까? 저 남자는 왜 양말을 안 신은 겁니까?"

몇 년 후 팀이 내게 말했다. "저는 요트 타는 사람이라 꼭 그래야 하는 때가 아니면 양말을 거의 안 신어요. 당시 일본이 무척 더웠죠." 내가 기자회견장에서 감정이 북받치던 순간에 대해 묻자 그는 "애초부터 저희는 억지로 웃지도 울지도 않기로 했어요. 그런 거

절대로 하지 말자고 다짐했죠"라고 실토했다.

팀은 1953년 영국 켄트에서 태어나 와이트 섬에서 학교를 다녔다. 보트를 좋아하던 그의 아버지는 엄했다. 팀은 세 자녀 중 막내로 "지독히 고통스러웠다"고 회상했다. "저는 막내였는데 몸집이 작고 굉장히 건방졌죠. 아버지는 당시 무척 엄하고 무서운 분이셨어요. 화도 많이 내셨는데 제가 그걸 농담으로 받아치면서 도를 넘었던 것 같아요. 계속 시끄럽게 굴고 굉장히 짜증나게 행동했습니다. 어디쯤에서 그만둬야 할지 몰랐어요. 사람들은 지금 저를 보고도 한시도 가만히 있지 못한다고 할 것 같습니다."

학창 시절 팀은 잘나가는 블루그래스(미국의 전통 컨트리 음악—옮긴이) 밴드에서 네 줄짜리 밴조를 연주했다. 밴드는 웸블리 스타디움에서 열린 뮤직 페스티벌에 출연했고 LP까지 발매했지만 금세 잊혔다. 대학에 갈 이유를 찾지 못한 그는 몇 년간 신발을 판매하며 세월을 보내면서 건방진 바람둥이라는 명성을 날렸다. 제인이 맨 처음 팀에 대해 들은 얘기도 바로 이것이었다.

팀에 따르면 결혼 생활은 처음부터 삐걱거렸고 시간이 지날수록 점점 처참해졌다고 한다. 이혼을 전후로 몇 년간 팀은 개인적으로 불행했고 경제적으로 힘들었다. 가업이던 신발 가게가 서서히 내리막을 걸었고 팀이 운영하던 부동산 회사까지 쓰러졌다. 2000년이 되자 팀은 재기에 성공했고, 조지핀 버르라는 흡족한 아내를 만나 그녀가 키우던 네 자녀의 양부가 되었다. 그 후 본처 자식들과 관계를 회복했고 마침내 루시와도 화해했다.

일본에 가겠다는 루시의 생각은 그와 여러 번 대화를 나눈 끝에 선명해졌다. 팀은 루시가 영국항공에서 일하는 걸 힘들어했고 장거리 비행으로 건강이 또다시 나빠지고 있으며 빚이 있다는 것도 알았다. "루시가 빚을 갚도록 돕긴 했어요. 그렇지만 푼돈을 건넸을 뿐이지, 제게 5,000파운드짜리 수표를 턱 하니 써줄 능력이 있는 건 아니잖습니까. 게다가 그렇게 버릇 들이고 싶지 않았습니다. 물론 제가 그 빚을 갚아주었더라면 루시가 도쿄에 가지 않았을 거란 생각은 여전히 달고 삽니다. 하지만 잘 모르겠습니다. 그 때문에 제 자신을 원망하진 않을 겁니다. 덫에 갇히면 빠져나올 길이 없거든요. 그런다고 뭐가 달라지겠습니까."

떠나기 전까지 루시는 호스티스를 한다는 말은 전혀 하지 않았다. "그랬다간 제가 말릴 줄 알았겠죠. 전 물론 말렸을 겁니다. 그건 부적절한 일이었으니까요. 루시처럼 똑똑한 애가 할 일이 아니었어요. 저는 남자라 압니다. 아무리 그 일이 안전하다고 해도 남자들이 여자들을 음흉한 눈으로 바라볼 테니까요. 루시가 모든 걸 털어놓기 전까지 한동안은 좋았어요. 돌이켜 보니 저도 잘 속아 넘어가는 평범한 아빠였더군요."

루시가 영국을 떠난 후 부녀는 정기적으로 통화했고 특이한 엽서도 날아왔다. 처음에 루시는 고향을 그리워하며 도쿄 생활을 지겨워했다. 물가가 비싸서 벌어도 남는 게 없었다. 팀은 루시에게 돌아오라고 했지만 루시는 루이스를 버리지 않았다. 몇 주 후 루시는 팀에게 무슨 일을 하는지 털어놓았다. "루시가 좀 이상하긴 한데 꽤 재미있는 일이라고 했습니다. 서양 여자애들이 술을 따르는데 영국 여자들도 서너 명 있다고 했습니다. 재미있는 일본 사람들 얘기도 해주었습니다. 루시는 일본 사람들이 말하는 게 '하하히히호' 이렇게 웃는 것 같다면서 여자들은 맥주 몇 잔을 마시고 집에 가면 된다고 하더군요. 루시는 근사한 미 해군인 스콧을 만났다면서 이런저런 얘기를 행복하게 재잘거렸습니다. 그 무렵 루시가 호스티스 생활을 훨씬 즐기게 된 게 분명합니다."

그러다 전 부인 제인이 전화를 했다. 어느 버전이 사실이든, 루시의 실종 소식을 들은 후 전 부인보다 그가 훨씬 차분하고 초연하게 반응한 건 분명했다. "그때 기분이 어땠느냐는 질문을 많이 받습니다. 어떤 기분이었는지 잘 모르겠어요. 꿈을 꾸는 것 같았어요. 제인이 수화기 너머에서 악다구니를 하며 온갖 욕을 퍼부었어요. 그때 전 뒷마당에서 나무에 앉은 푸른 박새 소리를 듣고 있었거든요."

그 후 몇 시간도 지나지 않아 모든 게 분명해지기도 전에, 소피가 루시 대신 희생양이 되겠다면서 도쿄행 비행기에 올랐다. 팀은 일본에 대해 전혀 몰랐다. 아들 루퍼트처럼 팀도 사업상 만난 사람들이나 친척의 친구 등 일본에 대해 아는 모든 사람들에게 전화를 걸었다. 그의 형이 아는 일본인은 도쿄에서 영국 여자애 하나가 실종됐다고 일본 경찰이 진지하게 관심을 갖지는 않을 거라고 했다. "이런 말을 여러 명에게 들었습니다. 그 말에 경악을 금치 못했어요. 머나먼 타국 기관의 손에 한 사람의 운명이 온전히 맡겨졌고 생사까지 전적으로 그들에게 의지해야 한다는 걸 깨달았습니다. 그들이 나설 가능성은 별로 없다는 소리를 계속 들었습니다."

이 무렵 기자들의 전화가 쇄도했다. "새벽 2시에 전화벨이 울리자 제인은 거기에 대고 예상 가능한 반응을 보였어요. 욕설을 퍼부은 거죠. 제가 제인과 다르게 응대하자 기자들이 점점 저에게 전화하기 시작했고 전 아는 데까지 말했습니다. 사건이 점차 커지자 '저 멀리 일본에까지 영향을 주려면 사람들에게 루시가 실종됐음을 알려야 해'라는 생각이 들었습니다."

"그때 소피가 도쿄에서 전화해서 '완전히 꽉 막혔어요. 경찰이 거의 말을 안 해줘요'라더군요. 그 순간 영국에서 큰 반향을 일으킨다면 상황이 달라질 거라는 생각이 스쳐서 제가 일본으로 직접 가겠다고 했습니다. 그렇게 하면 더욱 관심을 끌 테니까요." 팀은 개인이 적시에 언론을 상대해 헤드라인을 뽑는 힘을 발휘할 수 있음을 깨달았다. 그리고 중요한 사실을 하나 더 알아차렸다.

7월 말 일본 남쪽 오키나와 섬에서 일본 정부가 주최하는 G8 정상회담이 열릴 예정이었다. 블라디미르 푸틴, 자크 시라크, 빌 클린턴이 도쿄를 경유해 오키나와로 가고, 토니 블레어는 영국 외무부 장관 로빈 쿡에 이어 일주일 후 도착할 예정이었다.

"G8이 열린다는 것을 알고 '일본에서 정상회담이 열리면 전 세계가 일본을 주시할 것이고, 그럼 우리에게도 도움이 될 것'이라고 생각했습니다. 저희가 영국 사람들의 관심을 불러일으키고 유권자들로 하여금 루시와 그간의 사건에 대해 우려하게 만든다면, 영국 수상을 포함한 정치인들이 이 사건에 대해 질문할 책임을 느끼게 될 거라고 생각했습니다. 그러지 않으면 그 정치인은 형편없는 작자 취급을 받을 테니까요."

팀은 일본에 도착하기 전에 이렇게 계획했다. 루시 실종 사건을 시끄러운 사건, 양국 최고 권력자들이 반드시 직시해야 할 문제로 전환시키는 것이다.

"시간과의 싸움이었습니다. 한편으로는 루시 일이 일본 전역으로 방송될 테니 엄청난 홍보가 되리라고 생각했어요. 또 한편으로는 영국 수상이 일본 수상에게 루시 사건을 언급할 테니 일본 경찰이 강한 압박을 받겠죠. 저는 거기까지 내다보았습니다."

"거대 중장비로 땅 파는 사람이 된 것 같았어요. 특정 지점에 집중해야 했죠. 그 지점이란 오로지 루시를 찾는 일이었습니다. 만약 제가 동네를 선택할 수 있다면 집과 도로와 골목을 모조리 파헤치면서 적절히 행동했을 겁니다. 그런데 제가 있어야 할 곳은 아주 멀리 떨어져 있기에 이렇게 마음먹었습니다. A지점에서 B지점까지 직선거리로 곧장 돌진하고, 도중에 방해물이 보이면 돌아서라도 갈 생각이었습니다."

이런 결심이 때론 흥분 상태와 유사해 보여서 그에게 비난이 쏟아졌지만 팀은 그것 덕분에 버틸 수 있었다. 비행기가 나리타 공항에 접근하자 아래로 펼쳐지는 풍경을 내려다보며 그는 혼란과 걱정에 시달렸다. "저 아래 보이는 땅에서 루시를 찾아야 한다는 생각에 완전히 절망했습니다. 차를 타고 들어가는데 도쿄가 장엄하면서도 굉장히 아름답더군요. 너무 광활하고 복잡하고 이국적이었어요. 그 광경을 보며 이런 생각이 들었습니다. '오, 신이시여. 대체 이게 무슨 일입니까? 앞으로 무슨 일이 벌어질까요?' 어쨌건 영국 기자들을 제대로 불러 모으는 일이 가장 시급했습니다."

팀은 소피가 묵는 다이아몬드 호텔에 투숙했다. 기자, 사진기자, 방송국 스태프가 그와 같은 비행기를 타고 와 같은 호텔에 투숙했다. 영국에서 온 기자들 중 상당수는 일본에 대해 관심도, 아는 것도 없었다. 팀은 일본에 도착하자 루시 실종 사건이 과연 어떻게 전개될지 불안해졌다. 그것은 전적으로 단 하나의 질문에 달려 있었다. 대체 호스티스란 어떤 일인가? 호스티스가 본질적으로 콜걸과 같다면 루시 사건은 자극적이고 생명력이 짧은 기사로 전락할 것이다. 젊은 여성이 제 발로 악의 세계로 걸어 들어가 불행을 당해 뻔한 결말을 맞이한 얘기가 될 것이다. 가족이 받는 동정에도 한계가 있을 것이다. 실종된 창녀의 아버지를 만나주는 수상은 없다. 팀은 루시를 순진한 젊은 여성으로 내세우기에 도전했다. 평범한 영국인이라면 순진무구한 자기 딸을 연상할 상황으로 포장하는 것이다.

오로지 팀과 소피만이 할 수 있는 일이었다. 영국 기자들의 냉소 속에서도 부녀는 기적적으로 성공했다.

롯폰기 홍등가에 관한 선정적인 기사가 대거 실렸다(《피플》은 '일본 범죄라는 덫의 위험성'이라는 헤드라인을 뽑았다. "영국의 중산층이 불가사의한 범죄 세계로 서서히 빠져들다"). 일본 남성과 서양 금발 여성이라는 판타지를 인종차별적 관점에서 일반화하면서 뜨거운 설전이 오갔다("일본 남성들은 억압된 성장 환경으로 인해 성적으로 뒤틀렸다"며 도쿄의 한 남성이 〈데일리레코드〉에서 주장했다). 그럼에도 루시와 가족은 신중히 배려받았다. 루시는 '술집 여성 루시'가 아닌 '전직 영국항공 승무원'으로 묘사되었다. 루시가 빚을 진 원인에 대해 가족에게 설명을 요구하는 이는 아무도 없었다. 루시가 관광 비자로 일본에 입국해서 불법 취업한 사실에 대해서도 아무도 관심을 갖지 않았다. 일부 매체는 '영국의 상류층 여성, 매춘하다'라는 자극적인 제목을 내걸면서도 루시가 매춘부가 아니라는 점을 명확히 했다. 1면을 붉게 인쇄하는 가장 선정적인 타블로이드 〈더선〉은 점잖은 표현으로 자세히 설명했다. "루시가 종사한 호스티스라는 일은 남자 손님과 술자리에 동석하는 것이다. 루시가 그 이상 관여한 기색은 전혀 없다."

많은 매체는 젊은 여성의 파멸을 추잡하게 그리는 대신 훨씬 설득력 있고 인간미 넘치는 내용으로 보도했다. 헌신적이고 고통받는 가족과 해외에서 실종된 사랑하는 자녀에 관한 기사로 평범한 독자라면 누구나 공감할 내용이었다.

"루시 없이는 절대로 떠나지 않겠습니다. 저는 그저 딸아이의 안전을 바랄 뿐이죠."_〈익스프레스〉

"언니 없이 돌아가지 않겠어요."_〈더선〉

'신흥종교'에 빠진 여성을 위한 가족의 애원_〈데일리텔레그래프〉

"왜 저희 가족에게 이런 일이 생긴 겁니까?" '컬트의 노예'가 되어 실종된 루시를 찾아 헤매는 고통_〈더선〉

"제가 소피에게 이렇게 말했습니다. '우리가 저들에게 기사를 주지 않으면 저들이 지어낼 것이다'라고요. 저희는 선점하고 싶었습니다. 그래서 소피와 저에 관한 개인적인 이야기를 기자들에게 제공함으로써 먼저 치고 들어갔어요. 저희는 동정을 많이 받았어요. 동정을 받지 않으려고 애썼다면 많이 받지 않았을 겁니다. 저희는 게임을 한 겁니다. 자세한 정보를 제공했고, 차분했고, 과하지 않았어요. 그리고 저녁이면 기자들과 같이 밥을 먹으러 나갔습니다." 팀은 내게 이렇게 설명했다.

취재원이 화내고 배척하는 상황에 익숙한 타블로이드 기자들은 팀이 여유로운 매력을 발산하자 무장해제 되어 당황할 지경이었다. 팀은 늘 전화를 받았고, 이메일에 답장했으며, 사진을 찍으라고 포즈도 잡아주었다. 협조하는 정도가 아니라 때로는 신나 보이기까지 했다. 냉소적인 기자들은 팀의 협조적인 자세에 의심을 품었다. 이 가족에게 겉으로 보이는 모습 말고 뭐가 더 있는 게 아닐까? 그러면서도 기자들은 팀과 같이 취재하는 편안함에, 솔직히 표현하자면 즐거움에 압도당했다.

내가 팀을 알게 된 이후 그가 딱 한 번 솔직하게 고통과 절망을 내비친 적이 있었다.

7월 말 영국 대사관에서 기자회견을 할 때였다. 3주에 걸쳐 기자회견을 여섯 번이나 했지만 루시의 종적은 전혀 보이지 않았다. 경찰은 아예 실마리를 찾지 못했고 보고할 만한 중요 정보도 없었다. 일본으로 날아온 영국 기자들은 런던으로 돌아갔고, 일본 기자들도 2주 전에 비해 극소수만 참석했다.

팀과 소피는 지치고 침체되어 보였다. 부녀는 미소도 시선도 교환하지 않았다. 팀은 양말을 신었다.

"루시가 극도로 혼란하고 생경한 환경에 붙들려 있다는 생각에 저희 가족은 몹시 절망하고 분노합니다. 루시의 아버지로서 그분 들에게 저희 딸을 보내달라고 다시 한 번 간절히 애원합니다." 팀의 목소리는 떨렸고 눈물을 참으려는 듯 눈을 아래로 내렸다. 소피의 눈도 촉촉이 빛났다.

찰칵, 찰칵, 찰칵! 카메라 플래시가 여기저기에서 터졌다. 회 견장 안에 얼마 남지 않은 카메라맨들이 팀의 풀죽은 얼굴을 클로 즈업했다. 그동안 내내 미뤄졌던 사진을 찍을 기회였다.

몇 년 후 나는 팀에게 그 순간에 대해 물었다. 기운차고 냉정했 던 그간의 모습을 몇 주 만에 잃어버린 이유가 무어냐고 질문했다.

"이 말은 하지 말아야 하는데 말이죠." 팀은 잠시 뜸을 들였다. "그때 그 눈물은 사전에 계획한 것이었습니다."

며칠 동안 팀과 소피는 일본과 영국 기자들을 이용하는 빡빡한 일정을 짰다. 런던은 도쿄보다 여덟 시간 느리기에 두 사람은 새벽 까지 자지 않고 가족과 친구와 통화하고 오후 라디오 및 텔레비전 전화 인터뷰를 했다. 고작 몇 시간 눈을 붙이고 나면 도쿄의 이른 아침부터 심야 시간대에 이르는 뉴스 섭외를 위한 전화벨이 울렸 다. 부녀는 아침을 먹으며 같은 호텔에 묵는 영국 기자들에게 브리 핑했다. 루시의 새로운 사진을 달라는 요청도 있었고, 그날 늦게 인 터뷰 약속이 잡히기도 했다. 오전이 다 지나갈 무렵 부녀는 영국 대 사관에 전화했다. 호텔에서 황거의 푸른 해자와 회색 벽을 따라 10 분만 걸으면 대사관이 나왔다. 블랙맨 부녀는 점심때 도심을 가로

질러 TV 아사히나 TBS 스튜디오로 이동해 일본의 주부를 대상으로 하는 한낮 매거진 프로그램인 '와이드 쇼'에 출연했다. 오후에는 도쿄 경시청으로 향했다.

소피는 게으르고 무관심한 경찰을 겪었지만, 일본 경찰은 팀과 처음 만나는 자리에서 좋은 인상을 주려고 수고를 자청했다. 경찰은 오토바이 부대를 거느린 호송단을 대사관으로 보내 블랙맨 부녀를 검게 선팅한 미니버스에 태웠다. 일본 TV 기자들이 밴을 타고 그 뒤를 추적했다. 팀은 "창밖에서 기자들이 정신없이 손짓을 주고받더군요. 코너를 돌면서 갑자기 몸이 홱 기울자 굵은 오른쪽 다리만 잔뜩 보였습니다. 도쿄 도심을 지나가면서 안 해도 되는 행동이었죠. 왜들 저러는지 이해를 못 하겠더라고요"라고 했다. 목적지는 롯폰기 교차로에서 140미터 떨어진 아자부 경찰서였다. 일본 경찰과 관계된 것들이 모두 그렇듯 수사본부는 편안하면서도 무심하고 사악한 모습이 묘하게 섞인 분위기였다.

경찰서는 9층짜리 횅한 회색 건물이었다. 정문에는 젊은 경찰관이 주변을 의식하며 보초를 섰다. 그는 허리에 리볼버를 차고 가정용 대걸레 자루처럼 생긴 무기를 양손에 들었다. 경찰서 정면에서는 도쿄 경시청의 마스코트인 개구쟁이 피포가 웃고 있었고, 그 위에 영어와 일본어로 적힌 배너가 걸려 있었다. '창문과 문을 닫았는지 꼭 확인하세요.' 아래쪽에는 지명수배 포스터가 붙어 있었다. 조폭과 살인 피의자는 물론 도피 중인 옴진리교 범인 세 명이 웃으며 찍은 사진에서 얼굴만 도려낸 모습도 보였다. 1995년 일본 지하철역에 자체 제작한 맹독성 사린 가스를 살포한 범인들이었다.

"몇 가지 면에서 놀랐습니다. 경찰서가 아주 웅장할 줄 알았는데 안으로 들어가니 1950년대 느낌이 풍겼어요. 너무 단조롭고 우중충했습니다. 낡았지만 실용적인 측면을 강조한 철창 같은 느낌이었습니다"라고 팀은 말했다. 무엇보다 충격적인 것은 첨단 기술의 흔적이 전혀 보이지 않는다는 사실이었다. 팬이 돌아가느라 시끄러운 노트북이 있어야 할 자리에 라디오가 놓여 있었고, 구닥다리 파일 캐비닛과 종이가 잔뜩 쌓여 있었다. "평범한 컴퓨터 모니터가 놓인 모습을 기대했는데 들어가 보니 수술 방 같은 곳이더군요. 작은 회색 책상이 줄줄이 보이고 엇비슷하게 생긴 사람들이 흰 셔츠를 입고 소매를 똑같이 걷어 올린 채 돌아다녔어요. 그런데 컴퓨터는 단 한 대도 보이지 않았습니다."

오후를 경찰서에서 보낼 때는 패턴이 정해져 있었다. 팀과 소피가 안내를 받아 낮은 테이블과 의자 두 개가 놓인 작은 미팅 룸으로 들어갔다. 젊은 여성이 누렇고 미지근한 녹차를 내왔다. 팀은 그걸 볼 때마다 체액이 떠올랐다. "녹차가 아주 낯설었지만 늘 잔을 비웠습니다." 잠시 숨을 돌리는 사이 고위 경찰 간부가 미팅 룸에 들어와 허리를 숙여 인사하고 악수를 하며 법석을 떨었다.

일본 이름은 한 번 듣고 기억하기 힘들었다. 소피는 헤어스타일로 고위 간부를 구별했다. 미쓰자네 경정은 웃는 인상에 내성적으로 보였다. 안경을 쓰고 가르마가 허옜다. 경정보다 젊은 마루야마 나오키는 머리를 삐죽하게 세웠다. 마루야마는 경찰청에서 승진이 빨랐고 유창하게 영어를 구사했다. 첫 번째 미팅에서 그들은 영어와 일본어가 앞뒤로 적힌 명함을 부녀에게 양손으로 내밀었다. 미쓰자네 경정의 명함에는 다음과 같은 정보가 빼곡하게 적혀 있었다.

경정 미쓰자네 아키라
도쿄 경시청 범죄 조사국
초동 범죄 수사팀 특별 수사대 담당
100-8929 도쿄 지요다 구 가스미가세키 2-1-1

미쓰자네 경정이 영어를 못해서 통역을 거친 것도 있고, 형사들이 기억상실증에 걸린 양 같은 질문을 반복하는 바람에 미팅은 매번 길어졌다.
　경찰은 루시의 학력, 일본에 오기 전까지의 경력, 일본에 온 동기에 대해 물었다. 그들이 집착하듯 되물은 주제는 루시의 빚이었다. 경찰은 팀과 소피의 여권을 복사하고 서류의 빈칸을 채우고 공식 진술을 적은 후 서명을 요구했다. 이런 질문들이었다. 루시의 성격은? 범죄가 일어났다고 생각하는 이유는? 팀은 대답했다. "루시는 혼자서 돌아다닐 아이가 아닙니다. 지금까지 한 번도 그러지 않았고 그럴 이유도 없습니다. 루시는 누군가를 만나러 나가서 친구에게 금방 집으로 가겠다고 전화한 후 귀가하지 않았습니다. 루시의 의지에 반해 억류된 상태라고 결론을 내리는 게 타당합니다."
　미쓰자네 경정은 고개를 끄덕이며 냉철한 미소를 지었다. 팀이 한 설명이 정확히 받아들여졌다. 고위 경찰관이 미팅에 참석했다는 것은 경찰 내에서 이 사건이 단순 실종 사건에서 범죄로 격상되었다는 뜻이다. "일주일 전 소피가 받은 대우와는 딴판이었습니다. 소피는 경찰서 밖으로 쫓겨났거든요." 팀은 기자회견을 열고 아침 일찍부터 밤늦게까지 인터뷰한 것이 분위기 반전을 가져왔다고 확신했다.

경찰서를 나설 때 팀과 소피는 종종 루이스 필립스와 마주쳤다. 루이스도 조사를 받으러 매일 경찰서에 오는 듯했다. 루이스와의 만남은 위안과 힘이 되는 게 아니라 껄끄러웠다. 소피는 가장 친한 친구가 실종됐는데도 루이스가 매니큐어를 챙겨 바르고 화장까지 하고 경찰서에 나타난 것이 역겨웠다. 팀과 소피와 마주치는 것은 루이스에게도 불편하고 민망했을 것이다. 루이스는 형사가 블랙맨 부녀와 말하지 말 것을 요구했다고 했다.

부녀가 다시 롯폰기 거리로 걸음을 내디딜 무렵 어둠이 내려앉았다. 밤에 출근하려는 호스티스들이 경찰서 바로 뒤에 있는 팁니스 체육관에서 하나둘 모습을 드러냈다. 팀과 소피는 택시를 타고 다이아몬드 호텔로 돌아가 레스토랑에서 맥주를 마셨다. 그즈음 영국에서 온 기자들은 로비에 집합해 두셋씩 짝을 지어 그날 밤의 '탐색'을 위해 신나게 외출했다. 돈을 내면 여자가 나오는 술집으로 가는 것이다. 팀과 소피는 레스토랑 구석에 놓인 텔레비전을 통해 자신들이 나오는 뉴스를 보았다. 그날 아침 한 인터뷰에 일본어 더빙이 입혀졌다.

호텔 바에 있는 전자 피아노에서 초저녁 내내 느린 곡이 흘러나왔다. 피아노 의자에는 사람 크기만 한 거대 토끼 인형이 조끼와 나비넥타이 차림으로 앉아 있었다. 토끼의 표정은 서글프고 체념한 듯했고 구레나룻이 피아노 곡조에 따라 흔들렸다. 토끼가 특이하다거나 웃기다며 눈여겨보는 이는 아무도 없었다. 토끼에게 신경 쓰는 사람은 아무도 없었다. 생각에 잠겨 하루를 마감하는 부녀의 막막한 기분에 이보다 잘 어울리는 건 아무것도 없었다.

알아들을 수 없는 통화

2000년 7월, 토니 블레어 영국 총리가 도쿄의 호텔 뉴 오타니에서 팀과 소피를 만났다. 당시 블레어 총리는 통치력이 정점에 달했고 국내는 물론 해외에서도 최고의 인기를 누렸다. 그날 오후 토니 블레어는 일본 총리 모리 요시로와의 정상회담 자리에서 일본 경찰의 노고에 감사를 전하며 루시를 찾기 위해 "가능한 모든 수단을 동원해달라"고 요청했다. 모리 총리는 이번 사건에 대해 브리핑을 받은 후 "도쿄 경시청은 루시를 찾기 위해 최선을 다하고 있으며, 계속해서 경찰이 그 임무를 수행하길 바란다"고 언급했다.

팀 블랙맨의 계산이 적중했다. 토니 블레어 총리는 충직하고 자상한 가장의 모습을 부각시키기 위해 이번 사건을 무시할 수 없었다. 총리는 텔레비전 카메라 앞에서 팀이 대신 써준 것 같은 메시지를 전달했다. 블레어 총리는 팀과 소피 옆에 나란히 서서 다음과 같이 발언했다. "이 사건은 해외에서 일하던 자식이 실종된 경악스러운 참사로 자식을 둔 부모에게는 악몽이 아닐 수 없습니다. 이런 비극을 당한 블랙맨 가족은 어찌할 바를 모르고 있습니다. 그럼에도 그들은 이 자리를 지키며 딸의 행방과 사건의 진상을 파악하기 위해 싸울 것입니다."

팀은 "윗선에서 가하는 압박이 필요했습니다. 제가 헛기침을 하면 다들 귀찮아합니다. 하지만 일본 총리가 헛기침하고 실무자들의 상사의 상사의 상사의 상사가 헛기침하면 여파가 훨씬 멀리까지 미치죠"라고 했다.

정상회담에 화답하듯 일본 경찰이 적극적으로 나왔다. 마흔 명의 형사가 이 사건에 매달렸다. 실종자 포스터 3만 장이 인쇄되어 일본 전역에 배포되었다. 질의를 하면 경찰은 친절하고 정확하게 제보 전화 콜 수를 공개했다. 첫날은 스물세 콜, 둘째 날은 열아홉 콜이었다. 그러면서도 경찰은 제보 내용의 신빙성이나 사건의 전반적인 진척 상황에 대해서는 함구했다. 미쓰자네 경정은 초연하고 친절하게 웃으며 팀에게 이렇게 안내했다. "최선을 다하고 있으니 안심하십시오."

블랙맨 가족이 결단을 내리고 언론과 캠프를 꾸리자 경찰과의 신의는 완전히 끊겼다.

어느 날 팀과 소피가 사사키 하우스에 있던 루시의 소지품을 수령하러 경찰서에 갔을 때였다. 경찰이 모두 꼼꼼히 분류해 목록을 작성했기에 부녀는 항목마다 일일이 서명해야 했다. 루시의 화장품과 매니큐어 키트, 자기계발서가 각각 비닐봉지에 밀봉되어 경찰서 대장에 적혀 있었다. 제이미가 선물한 티파니 목걸이, 소피가 쓴 감상적인 작별 편지, 루시가 서맨사 버만에게 쓰다 만 엽서도 있었다. 루시의 일기장은 사건 해결의 실마리나 증거가 될 수 있기에 경찰에서 내주지 않았다. 소피는 옷을 거의 챙기지 않고 일본으로 왔기에 언니의 옷을 입었다. 자매는 체격이나 생김새가 매우 닮았다. 소피가 루시처럼 차려입자 환영을 보는 듯해서 팀의 가슴이 더욱 저렸다.

팀과 소피는 경찰과 같이 루시의 소지품을 정리하다 눈물을 흘렸다.

두 사람을 가장 괴롭게 한 것은 루시가 어릴 때부터 갖고 다니던 장난감이었다. 이름은 포버로, '로버'라는 이름을 아이들 식으로 발음한 것이다. 길고 보드라운 귀가 달린 낡은 강아지 인형이었다. 루시는 그 귀를 물고 빨았고, 아가씨가 되어서도 포버를 두고 다니지 않았다. 포버는 루시가 영국항공에서 일하는 내내 같이 비행해서 날이 갈수록 털이 빠지고 꾀죄죄해졌다. 포버는 루시를 따라 도쿄에 왔다가 이제 경찰서에 이르렀다. 팀은 "정말 불길한 징조였죠. 그때 기분이 정말 안 좋았습니다. 그걸 보는 순간 저희가 어떤 상황에 처했는지 처절히 깨달았습니다. 만약 루시가 자기 의지로 집을 나간 거라면 이걸 가방 속에 반드시 집어넣고 갔을 겁니다. 그런데 인형이 경찰서에 있으니⋯. 인형이 이렇게 말하는 것 같았어요. '원래는 집으로 돌아가려 했는데 못 가게 되었어요'"라고 한탄했다.

팀은 후일 나에게 이렇게 말했다. "기자를 상대하는 일이 게임 같았습니다. 솔직히 그걸 즐겼어요. 그렇다고 그 상황 자체를 즐겼다는 뜻은 아닙니다. 저희가 강한 모습을 보일수록 반응이 오더군요. 저희가 포기하지 않으리라는 걸 기자들이 알았기 때문이죠. 블레어 총리를 만났을 때, 저는 총리가 저의 머리를 쓰다듬으며 '이런, 불쌍해라. 얼마나 끔찍한 일입니까. 다 잘될 겁니다'라고 하는 걸 듣고 싶진 않았어요. 제가 강해야 총리에게 더욱 강력히 결단을 촉구할 수 있으니까요. 강자의 모습을 보여야 원하는 걸 얻어낼 수 있죠."

"사람들은 제가 정신적으로 얼마나 만신창이가 됐는지 몰랐어요. 사실 저는 그 사건을 속속들이 파악할 수가 없었습니다. 기억상실증에 걸린 듯이 남들이 하는 말을 이해할 수 없었죠. 제가 일본에서 뭘 하고 있는지도 이해가 가지 않았어요. 돌이켜 보니 그때 충격으로 심각한 정신적 손상을 입었던 것 같아요. 루시의 존재를 언론에 알리는 일을 할 때만 정신이 또렷했고 그때 말고는 완전히 바보 같았죠."

소피 블랙맨도 아버지처럼 의도적으로 강한 모습을 보이기로 결심했지만, 아버지와 달리 그 결심은 분노나 역겨움으로 분출되었다. 소피는 슬퍼서 절망하기보다 경찰에게 계속 짜증을 냈고 특히 기자들을 경멸하는 티를 노골적으로 냈다. 예의와 유머, 매력, 그 어느 것도 소피의 분노를 막을 수 없었다. 자존심을 지키며 방어적으로 굴어봤자 동정을 사기 힘들다는 걸 알고 아예 무례하게 굴기로 작정한 것 같았다. 소피에게는 살면서 가장 힘겨운 시간이 시작된 참이었고 그 후 몇 년 더 자신을 괴롭히다 하마터면 루시처럼 죽을 뻔했다.

소피는 일본에 온 이후 지속적으로 가벼운 구역질에 시달렸다. 시차 때문에 정신이 몽롱했고 현실과 동떨어진 느낌이 전혀 가시지 않았다. 소피는 도쿄에 착륙한 순간부터 밤에 푹 자지 못했다. "한 시간 정도 눈을 붙이면 전화가 울렸어요. 그 순간 여기가 어딘지, 뭘 하고 있는지, 뭐가 문제인지 깨달아요. 그러고 나면 구역질이 났어요. 몇 달 내내 구역질했던 기억이 납니다. 바스락거리는 호텔 침대 시트에 누워 자고 일어나면 에어컨이 시원하게 돌아가고 두툼한 커튼이 쳐진 어두운 방이 보이는 거예요. 그럼 순간 이런 생각이 들었어요. '여기 좋다. 그런데 여기가 어디지?' 아주 잠깐이마나 기분이 좋았어요. 그러다 정신이 들면 전화벨이 울리고 있어요. '나쁜 소식이려나? 언니가 죽었나?'라는 생각이 들었어요. 거의 1년 내내 그러고 살았어요. 구역질이 파도처럼 밀려오면서 걱정과 공포를 느꼈어요. 루시 언니가 무슨 일을 당했는지 밝혀지자 인생에서 가장 처참하고 슬펐지만, 그전의 9개월에 비하면 적어도 마음은 놓을 수 있었어요."

7월 중순이 되자 언론 보도의 결실이 서서히 드러났다. 자원봉사자들이 모여들었고 낯선 이들도 루시 수색을 돕겠다고 나섰다.

팀이 일본에 온 지 일주일 후 아내 조지핀 버르도 날아와 합류했다. 그날 밤 팀과 조지핀은 소피와 같이 벨리니스라는 롯폰기 레스토랑에서 저녁을 먹었다. 가나인 남성들이 행인들에게 스트립쇼를 보러 오라고 유인하는 대로 한복판에 벨리니스가 있었다. 옆 테이블에는 외국인 커플이 앉아 있었다. 젊은 미녀와 키가 크고 덩치가 좋고 머리채가 치렁치렁한 30대 후반의 남성이 텔레비전에서 봤다며 팀과 소피에게 알은척했다. 그는 휴 셰이크새프트라고 자신을 소개하면서 도쿄에서 소규모 독립업체를 운영하는 영국계 금융 어드바이저라고 했다. 휴는 4년 전 도쿄로 이주했으며 그때부터 롯폰기 교차로 근방을 벗어나지 않았다. 그의 사무실은 일본 방위성 맞은편에 있고 아파트는 고속도로 건너편에 있었다. 롯폰기 식당과 술집이 그의 주방이었고 그곳을 찾는 외국 은행가와 주식 브로커가 그의 고객이었으며, 롯폰기 클럽의 호스티스들이 그의 여자친구였다. '롯폰기의 휴 선생'이 그의 별칭이었다. 휴는 넓은 인맥에 자부심을 느꼈다. 열대우림 속 원숭이처럼 태생적으로 롯폰기에서 편안함을 느끼는 롯폰기의 피조물이었다.

휴는 루시를 한 번도 보지 못했지만 무슨 일이 벌어졌는지는 잘 알기에 진심으로 돕고 싶어 했다. 휴는 팀에게 이렇게 제안했다. "따님을 찾고 싶으시다면 대사관 사람들은 잊으세요. 그쪽 사람들은 아무짝에도 도움이 안 됩니다. 사무실을 내고 전용 전화선을 설치해야 합니다. 그건 제가 해드릴 수 있어요."

휴는 식당 코너에 있는 현금인출기 앞으로 팀을 데려가 그 자리에서 20만 엔, 즉 1,250파운드에 달하는 현찰을 뽑아 팀에게 주었다. 그런 다음 그의 영국인 친구가 운영하는 길 건너 술집으로 팀을 데려가 10만 엔을 더 건넸다.

팀은 가슴이 벅차올랐다. 부동산 사무실을 2주간 닫은 상태였고 다이아몬드 호텔 숙박비로 1박에 200파운드 이상 쓰는 중이었다. 거기에 식대, 택시비, 전화비까지 나갔다. "은행에서 대출을 받고 매부에게 돈을 꾼 상태였는데 일이 이렇게 되니 정말 좋았죠. 휴는 정말로 친절했습니다." 두 남자가 헤어질 무렵, 휴는 팀에게 명함을 건네며 내일 아침 사무실로 오라고 했다.

사무실 위치는 환상적이었다. 카사블랑카에서 45미터 떨어진 건물 3층으로 전화기는 물론 자동응답기까지 있었다. 두 남자는 관광 비자로 입국해 경찰과의 접촉을 달가워하지 않는 호스티스들에게 정보와 조언을 얻을 '핫라인'을 개설하기로 했다. 밤사이 휴는 블랙맨 가족 대신 친구와 동료들에게 도움을 요청하는 이메일을 발송했다. 어느 투자은행가는 주말 저녁마다 운전을 해주겠다고 자청했다. 글로벌 제조회사에서 근무하는 또 다른 교포는 액체 세제 용기에 루시의 사진을 부착하자고 제안했다. 몇 안 되는 휴의 직원들이 통역을 돕고 휴의 여자친구 타냐가 가이드로 나섰다. 타냐는 외국어에 능통한 러시아 모델이자 호스티스로, 전날 휴와 같이 식당에 있던 인물이다.

그날 밤 그들은 다 같이 벨리니스를 다시 방문해 새로운 협약을 위해 건배했다. 휴는 레스토랑 매니저에게 팀과 그의 가족이 마음껏 식사할 수 있도록 해달라고 이르고 비용은 모두 자신에게 청구하라고 했다.

사무실과 핫라인이 생기자 팀에게 두 번째 목표가 생겼다. 도와주겠다는 제의가 영국에서도 밀려왔다. 얼마 후 조력자들이 롯폰기로 모여들었다. 팀은 "전화가 계속 걸려왔어요. 대부분 좋은 의도였지만, 어떤 사람들은 기회주의자였죠. 저희는 상대가 어느 쪽인지 제대로 구별할 수 있을 만큼 명료한 상태가 아니었습니다"라고 고백했다. 자칭 '사설탐정'이라는 이가 영국에서 날아와 일주일간 호스티스를 잔뜩 만나고 다니더니 1만 2,000파운드를 청구했다 (팀의 매부인 부유한 사업가 브라이언 맬컴이 여러 비용은 물론 이 비용까지 댔다). 호주 출신 바텐더이자 전직 군인인 애덤 위팅턴은 큰 도움을 주었다. 그는 서맨사 버만의 친구로 보디가드 훈련을 받았으며 아담한 덩치에 옅은 갈색 머리칼을 지니고 겸손했다. 애덤은 도쿄에서 몇 주간 머물며 조심스레 탐문했다. 영어에 능통한 일본 기자인 〈저팬타임스〉의 마에다 도시는 민영방송 TBS의 가타야마 겐타로와 팀을 짜 루시를 찾는 데 많은 시간을 쏟았다.

팀은 영국 대사관에서 다시 기자회견을 열어 루시 블랙맨 핫라인을 공개했다. 영국항공사 버진 애틀랜틱은 핫라인 번호가 적힌 전단지와 포스터 인쇄 비용을 지불했다. 본부를 세워 팀을 꾸린 가족은 그제야 한숨 돌린 채 가장 핵심적인 질문을 던졌다. "대체 루시가 어떻게 됐을까?"

팀은 "당시엔 루시가 이미 죽었을 거라는 생각을 1초도 허락할 수 없었어요. 그건 아예 생각도 안 했습니다. 그럼 모든 게 끝나버릴 테니까요"라고 고백했다. 그런 가능성을 아예 차단하자 긍정적으로 할 말이 별로 없었다. 루시는 남자를 만나러 나갔다. 그날 루이스와 얘기할 때 루시는 행복하고 편안해 보였다. 다카기 아키라의 전화는 분명 장난이었고, 수사를 방해하기 위한 누군가의 속임수였다. 그런데 이 전화로 인해 누군가가 루시의 행방을 알고 있다는 사실이 증명되면서 루시가 억지로 감금되었다는 가정이 강력 대두되었다. 누가 루시를 어디로 데려갔을까?

일단 확실한 사람부터 조사에 들어갔다. 루시의 남자친구이자 미국 해군인 스콧 프레이저가 첫 번째 조사 대상이었다. 그를 만난 이들은 스콧이 솔직하고 알리바이 또한 흠잡을 데 없음을 인정할 수밖에 없었다. 루시가 실종된 당일 스콧은 USS 키티호크에 승선하여 복무 중이었다. 그밖에 두 명이 우선 수사 선상에 올랐다. 루시의 가장 친한 친구 루이스 필립스와, 루시의 최고 단골이자 가장 많이 동반을 나간 스즈키 겐지였다.

소피는 루시의 이메일 계정 비밀번호를 알고 있었기에 급히 이메일을 프린트해 경찰에게 넘겼다. 겐지와 주고받은 메일이 눈에 띄었다. 그가 점점 루시에게 반해가는 과정이 선명히 드러났고 가장 최근에 보낸 이메일에는 질투와 짜증을 억누르는 모습이 역력했다. 그러나 경찰은 취조 후 겐지를 용의 선상에서 제외했다고 팀에게 전했다. 반면 루이스는 계속 경찰서로 출두했다. 부녀 앞에서 냉담하게 구는 루이스를 보면서 블랙맨 가족이 품은 불편한 감정과 의구심이 점점 커졌다.

이번 사건에서 가장 결정적인 부분은 루이스가 루시의 유일한 목격자라는 점이다. 루이스가 거짓말을 한다고 여길 근거는 없었지만 그녀의 발언 중 일부는 충분히 의심을 살 만큼 모호했다. 다카기 아키라의 전화와 관계된 세부 사항은 수사가 불가능한 영역이라 수상쩍었다. 게다가 루이스는 너무 당황해서 실종 신고는 물론 루시의 가족에게 알리는 일까지 늦었다고 해명했다. 그렇다면 루이스는 사건 당일 루시가 만나러 나간 남자에 대해 왜 더 자세히 알지 못했을까?

루이스와 루시는 10년 된 절친한 사이였다. 두 사람은 같이 일하고 같이 먹고 같이 술을 마셨고, 좁은 방에서 같이 살았다. 게다가 두 사람의 지인들은 루시가 수다쟁이로 악명이 높았다고 입을 모아 증언했다. 소피는 "루시 언니는 무슨 얘기든 8만 단어 이내로 설명하는 법이 없었어요. 그건 불가능한 일이었죠. 언니가 얼마나 떠드는지 어떨 땐 듣고 있기가 힘들었어요"라고 했다. 그다음 날 동반 약속이 잡혀 있고 새로 만난 부자 손님이 핸드폰을 사준다니 루시는 그를 만날 생각에 들떠 재잘거렸을 것이다. 그런데도 루이스는 그를 모른다고 했다.

팀과 소피는 루시가 실종되기 전 접대했던 남자 손님들에 대한 기억을 떠올려보라고 루이스에게 애원했다. 스즈키 겐지일 것 같냐는 질문에 루이스는 겐지는 다정해서 그렇게 악한 짓을 할 사람이 절대로 아니라고 했다. 그럼 포토 맨 와타나베는? 루이스는 그건 더더욱 말이 안 된다고 했다. 그럼 루시가 실종되기 일주일 전에 동반을 제의한 고와 씨는? 루이스는 "고와는 아니에요. 고와가 그럴리 없어요"라고 일축했다.

루시 핫라인으로 수십 통의 전화가 왔다. 대부분 기자들의 인터뷰 요청이었다. 나머지는 잡다한 내용이었다. 휴 셰이크섀프트의 직원들에게 도움을 받아 전화 내용은 일일이 번역 및 기록되었다.

— 가고시마 공항에서 루시를 닮은 여성을 목격. 여성은 작은 가방을 든 채 은색 벤츠에 올랐음.

— 웅얼거리는 가운데 알아들을 수 없는 얘기와 웃음소리가 섞임.

— 일본 남성이 차에 탄 서양 여성을 목격함. 루시처럼 생긴 여성이 손바닥에 전화번호를 써서 그에게 내보임. 그 번호로 전화를 해달라는 얘기 같았음. 그가 전화를 걸었지만 결번이었음.

—7월 1일 밤 12시 반 루시를 후지산에서 목격함. 루시는 하얀 드레스를 입고 있었음.

— 제보 내용은 없으나 전화한 이는 루시를 찾으려는 블랙맨 가족의 애절한 노력에 감동받았다고 전함.

— 웅얼거리는 가운데 알아들을 수 없는 말소리와 웃음소리가 섞여서 들림.

— 젊고 당황한 남성의 목소리. 소피와 데이트하고 싶다며 소피가 멋지다고 말함.

일본 전역에서 전화가 쇄도했다. 관계자들은 모두 회신하고 후속 조치를 취했다. 가끔 상당히 당혹스러운 상황에 처하기도 했다. 어떤 이가 북쪽 섬 홋카이도의 아파트 주소를 불러주면서 루시를 거기에서 봤다고 제보했다. 애덤과 타냐가 비행기를 타고 800킬로미터를 날아가 확인했으나 그 집은 사람이 살지 않는 빈 집이었다. 제보가 구체적이어도 별로 도움이 되지 않았다. 속절없이 시간만 흘러갔다. 일본 전역에서 선의를 지니고 공공심이 투철한 이들이 장신의 금발 서양 여성을 눈여겨보면서 혹시 실종자 포스터 속 여인이 아닐지 궁금해했다. 그러나 더 이상 자세한 제보가 들어오지 않으니 아무 소용이 없었다.

시간이 얼마 지나자 팀과 조력자들은 일본인들의 눈에는 금발의 외국 여성이면 모두 똑같아 보이는 건 아닌지 의구심이 들었다.

어느 날 소피와 애덤이 롯폰기 중심가에서 행인들에게 루시의 사진을 보여주고 있을 때였다. 다들 예의 바르게 동정을 표했다. 일부 가게 주인들은 포스터를 상점 전면 유리창에 붙여주었다. 그런데 어떤 여자 둘이 화들짝 놀라는 반응을 보였다. 두 여자는 사진 속 여성을 봤다고 했다. 그것도 조금 전 길 건너 상점에서 봤다는 것이다. 소피와 애덤은 쿵쾅거리는 가슴으로 그중 한 명과 길을 건너 뛰어갔다. 여자가 손가락으로 쇼윈도 너머를 가리켰다. 키가 큰 금발의 유럽 여성이 음료수 냉장고 앞에 서 있었다. "저기 저 여자예요!"라고 여자가 소리쳤다. 그 여성이 몸을 돌렸다. 팀의 아내이자 루시보다 스무 살이나 많은 조지핀 버르였다. 조지핀은 아무것도 모른 채 점심거리를 사는 중이었다.

제인 블랙맨은 일본에 갈 마음이 전혀 없었다. 열여섯 살 아들 루퍼트를 챙겨야 하기도 했지만, 카메라 앞에서 기자들의 질문을 받는다는 생각만으로도 끔찍했기 때문이다. 기자가 전화하거나 찾아오면 제인은 수화기를 내려놓거나 코앞에서 문을 쾅 닫았다. "자녀와 아주 사이가 좋은 부모라면 제가 무슨 일을 겪는지 아실 거예요." 제인은 딱 한 번 공개적으로 이렇게 언급했다. "전 기자들 앞에서 제 기분이 어떤지 말하고픈 생각이 전혀 없습니다." 제인은 잠도 못 자고 거의 먹지도 못했지만 반사 요법 마사지 손님들을 계속 받았다. 제인은 아침에 브랜디를 마시고 오전을 버텼다. 소피와는 전화와 이메일을 주고받았지만 팀과는 안 좋게 전화를 끊은 터라 직접 통화할 생각은 아예 하지 않았다. 세븐오크스에 사는 제인이 실질적으로 도울 일은 거의 없었다. 그렇다고 손 놓고 있자니 견딜 수가 없었다.

제인은 영적인 면에 관심이 많았기에 루시가 '신흥종교'에 가입해 일본 컬트에 대해 공부하느라 쓸데없이 시간을 허비할 가능성을 그 누구보다 높이 쳤다. 사건 초반에 손님 두 명이 제인에게 영매를 소개해주었다. 곧이어 심령술사, 영적 치유자, 채널러(이계의 말을 지구의 언어로 변환해서 들려주는 사람—옮긴이) 들이 자진해서 모여들었다. "그들은 '돈을 내면 내가 일본에 가서 루시를 찾아주겠다'라고 했어요. 그런데 이런 생각이 들더군요. '영매라면 꼭 거기까지 가야 하나요?'" 하지만 달리 수색을 도울 길이 없자 제인은 초자연적 능력을 지녔다고 주장하는 이들에게 매달렸다.

제인과 접촉한 이들 중에는 영국 경찰청과 면밀한 협업으로 실종 사건을 몇 건 해결했다는 키스라는 남자도 있었고, 영매이자 힐러이자 시인이자 '비타민·미네랄 테라피스트'라는 베티도 있었다. 제인은 레이크 디스트릭트(영국 북서부 컴브리아 주에 위치한 국립공원—옮긴이)까지 차를 몰아 가서 여성 심령술사를 만나 교령회(산 자가 죽은 자의 혼령과 교류를 시도하는 모임—옮긴이) 녹음테이프를 받아 왔다. 그 속에는 보이지 않는 영혼들이 외치는 신음과 울음소리, 울부짖음 소리가 가득했다. 어떤 심령술사는 루시의 반지를 쥐고 영적 세계와 접촉했고, 또 다른 심령술사는 일본 지도 위에서 수맥을 짚었다. 제인은 소피에게 그들이 제공한 정보를 잔뜩 적어 이메일을 보냈다. 많은 정보가 희망적이었고 이상할 정도로 자세했지만 중요한 점에서는 애매모호해서 쓸모가 없었다.

루시는 하수처리장 옆 쓰러져가는 가옥에 구금되어 있다.

루시는 야쿠자 소유의 작은 섬에 있다.

루시는 조지아풍 건물에서 하인들과 같이 도박하는 중이다.

루시는 녹이 슨 녹색 밴에 타고 있다.

루시는 화려하게 꾸민 싸구려 선상 술집에 붙들려 있다.

납치범은 피부가 지저분하고 오른뺨에 칼자국이 있는 사내다.

납치범은 머리를 하나로 땋아 내린 일본 여성이다.

루이스는 지금 풀어놓은 것보다 많은 것을 알고 있다. 루이스를 믿지 말 것.

일본 경찰 중 하나가 거짓말을 한다. 그를 믿지 말라.

범인은 일본 마피아다.

범인은 아랍 조직원들이다.

루시는 머리가 짧게 깎였다.

루시는 머리칼을 염색당했다.

루시에게 마약이 투여되었다.

루시는 심리적으로 타격을 입지 않았다.

루시가 요코하마에서 배를 탔다.

기리아시라는 이름이 떠오른다.

오켄호와는 어디인가?

티스모, 토시모, 투시마라는 곳이 있는가?

연못과 인근의 절이 만나는 교차로를 수색하라.

전화 고지서를 살펴라.

두 번째 사립탐정을 선택하라.

범인은 뱀을 기르는 남자다.

맨어깨에 장미 문신이 보인다.

팀은 이들의 주장에 흔들리지 않았다. 나이가 지긋한 호주의 풍수가인 마호가니 봅이 영국 타블로이드 신문사의 협찬으로 퀸즐랜드에서 비행기를 타고 일본까지 날아왔다. 그는 신성한 수맥 봉 두 개를 들고 맥이 따스하게 흐르는 곳에 가면 봉이 돌아가며 교차한다고 설명했다. 며칠간 팀과 소피, 애덤과 타냐는 마호가니 봅과 동행하여 차를 타고 도쿄를 돌아다니다가 수맥 봉이 흔들리는 곳이면 어디든 문을 두드렸다. 가정집, 회사, 심지어 도쿄 만에 정박한 선박 화물칸에까지 들어갔지만 아무 소득이 없었다. 마호가니 밥은 점점 지쳐갔다. 며칠 후 그는 루시가 죽은 것 같다며 더는 할 일이 없다고 선언한 후 호주로 돌아갔다.

제인은 최면술사를 도쿄로 보낼 생각을 했다. 최면을 걸어서 루이스가 정말 아는 걸 캐내겠다는 목적이었지만 계획은 수포로 돌아갔다. 제인은 소피에게 이런 이메일을 보냈다. "이 사태로 인해 현실 감각이 아예 없어져버린 것 같구나. 엄마가 너무 외로우니 일이 어떻게 되어가는지 알려주렴." 그러나 7월 말이 되어도 제인에게 전할 얘기가 아무것도 없었다.

그사이 영국 타블로이드 신문은 훨씬 처참한 기사에 주목했다. 서식스에 사는 세라 페인이라는 여덟 살짜리 소녀가 루시와 같은 날 실종되었다. 세라는 2주 후 강간당해 사망한 채 발견되었다. 기자들은 다이아몬드 호텔에서 비용을 정산하고 체크아웃했다. 체류비가 많이 드는 텔레비전 방송국 직원들부터 전원 철수했고, 신문기자와 사진기자들이 그 뒤를 이었다. 일본 방송국의 관심도 점점 시들해졌다. 팀과 소피가 매주 여는 기자회견장에 모이는 사람이 점점 줄었다. 둘은 작정하고 감성 쇼까지 벌였지만 많은 관심을 모으기에는 역부족이었다.

팀은 기자회견에 동참해달라고 도쿄 경시청에 요청했지만 거절당했다. 팀은 토니 블레어 총리에게 호소문을 보내 "루시의 수색을 위해 영국 비밀 정보부 요원이나 런던 경찰국 기동 수사대를 파견해달라"고 요청했다. "지금 겪는 끔찍한 일들이 밤에 악몽이 되어 나타날 때가 있습니다. 그럼 남들은 자다 깨서 땀을 닦으며 안심을 해요. '꿈이어서 다행'이라고요. 하지만 제 상황은 정반대였습니다" 라고 팀이 털어놓았다.

며칠 후면 루시가 실종된 지 한 달이 된다. 루시는 땅속으로 꺼진 것만 같았다. 일본에서 가장 무덥고 축 처지는 계절인 8월이 되자, 모든 일이 한꺼번에 터지기 시작했다.

꺼져가는 불꽃

어느 날 오후 팀과 소피가 아자부 경찰서에 있을 때였다. 경찰관이 바삐 들어와 미쓰자네 경정에게 다급한 목소리로 보고하자 경정은 그가 내민 서류철을 신중히 검토했다. 경정이 낮은 목소리로 경찰관과 논의하더니 서류 한 장을 블랙맨 가족이 앉은 테이블 위에 내려놓았다. 서류의 상단은 가려져 있었고 아래쪽만 보였다.

루시의 서명이었다. 그런데 루시가 한 게 아니라 누군가 루시의 서명을 흉내 낸 것이었다. 루시의 서명을 보고 엇비슷하게 따라 했지만 아버지와 여동생의 눈을 속이기엔 어림없었다.

때는 7월 말로, 전일자 지바 현 소인이 찍힌 편지가 막 도착했다. 타자기로 쳐서 쓴 편지는 영어로 작성되었고 루시라고 주장하는 이가 가족 앞으로 보냈다. 편지에는 "저는 제 의지에 따라 모습을 감추었으니 찾지 말아주세요. 제 걱정은 마세요. 잘 있습니다. 이제 영국으로 돌아가세요. 제가 영국으로 전화할게요"라고 적혀 있었다. 고작 몇 줄만 읽었는데도 지나치게 격식을 차린 말투가 너무나 어색했다. 서명도 이상했지만 루시가 썼다기엔 내용이 더 이상했다. 첫 번째 편지 상단에 적힌 날짜가 진실을 은근히 폭로했다. 2000년 7월 17일이라고 적힌 그 날짜는 팀의 마흔일곱 번째 생일이었다. 루시는 가족의 생일을 잊은 적이 한 번도 없었는데, 편지에는 그런 말이 전혀 없었다.

누군가 또다시 장난친 것이다. 대체 이게 무슨 뜻일까? 경찰은 루시만 아는 정보가 편지에 담겨 있다고 했다. 루시의 빚과 관련한 세부 내역이 분명했다. 그렇다면 루시가 살아 있다는 얘기인가? 혹은, 루시를 납치한 이가 이 기묘한 가짜 편지를 작성할 때까지는 루시를 살려둔 채로 데리고 있었다는 것인가?

팀과 소피는 루시 없이는 일본을 절대로 떠나지 않겠다고 맹세했지만 그렇다고 계속 있을 수도 없었다. 생업을 포기하고 물가가 가장 비싼 나라에서 지내느라 버거운 생활비도 문제였지만 정신적 부담감 때문에 버틸 수가 없었다. 주위 사람들은 몰랐지만 팀은 조용히 무너져갔다. 결국 부녀는 2주씩 교대로 도쿄를 지키기로 했다. 즉 팀이 영국에 가면 소피가 일본에 남고, 소피가 영국에 가면 팀이 일본에 남기로 했다.

8월 4일, 팀은 조지핀 버르와 영국으로 돌아갔다. 그가 도쿄에 온 지 3주 반 만이자 루시가 실종된 지 34일 만이었다. 두 사람은 히스로 공항에서 포츠머스행 기차를 탄 후 페리에 올라 와이트 섬의 라이드에 있는 두 사람의 집에 도착했다. 팀과 조지핀은 바다가 내려다보이는 언덕 위에 있는 낡고 널찍한 사제관에서 살았다. 그 집에는 조지펀의 네 자녀가 내뿜는 활기찬 에너지가 가득했지만, 팀은 루시의 행방을 아직 모른다는 섬뜩한 진실 때문에 집에서 지내는 기쁨을 누릴 수가 없었다.

귀국 다음 날인 토요일, 마이크 힐스라는 남성이 팀에게 전화했다.

팀은 2주 전 힐스 씨와 짧게 통화한 기억을 떠올렸다. 당시 힐스는 돕겠다면서 희망을 잃지 말라고 말한 숱한 이들 중 하나에 불과했지만 다른 사람들에 비해 훨씬 흥미롭긴 했다. 말투를 들으면 영락없는 런던 토박이였지만, 힐스는 네덜란드에 살았다. 그는 일본에 연락책이 많고 암흑가와 관련된 지인이 몇 명 있다면서 그들을 통해 루시를 찾을 수 있게 돕겠다고 했다. 심령술사, 풍수가, 사설탐정, 수두룩한 제보자들에게 시달린 탓에 말문이 막히고 당황한 팀은 그저 공손히 듣기만 했고 별 의미를 두지 않았다.

그런데 마이크 힐스가 다시 전화를 걸어 훨씬 구체적이고 놀라운 이야기를 쏟아냈다. 힐스는 자신이 수출입업자로 일본과 거래를 많이 한다고 했다. 구체적으로 말하자면 무기 판매상인데 도쿄의 중간상이 그에게서 무기를 구입해 야쿠자에게 건넨다고 건조하게 설명했다. 원래 이 거래는 도쿄에 있는 특정 공무원의 묵인하에 성사되는데 요즘 어려움이 커졌다고 했다. 힐스는 루시의 실종 때문에 조사가 강화된 터라 사업에 방해가 된다고 주장했다. 평소 같으면 그냥 넘어갈 일도 경찰이 꼬치꼬치 캐묻고 매번 참견하며 조사한다는 것이다. 이렇게 쥐어짜이다 보니 도쿄에 있는 암흑가 관계자들이 유달리 몸을 사리는 중이라고 했다.

마이크 힐스가 탁송한 소형 무기가 보세창고에 묶여 방출되지 않자 이게 다 루시의 실종 때문이라며 다들 신경이 곤두섰다고 했다. 무기 거래업에 종사하는 마이크 힐스의 동료들은 최대한 빨리 루시를 찾아서 본국으로 돌려보내려 한다고 했다. 그래야 사업을 제대로 할 수 있기 때문이다. 마이크는 그들이 루시를 찾을 길이 있긴 한데 그러려면 돈이 든다고 했다면서 자기가 루시를 찾는 데 도움이 될 거라고 팀에게 전화로 설명했다.

팀은 그 당시를 회상했다. "받아들이기가 정말 힘들었어요. 도쿄에서 몇 주간 시달리다가 집에 막 돌아왔을 때였습니다. 시차로 고생하면서 몸은 지칠 대로 지치고 마음도 몹시 괴로울 때였죠. 그런데 런던 토박이 남자가 네덜란드에서 전화를 걸어 믿기지 않는 얘기를 하더군요. 마이크 힐스는 '지금 당장 결정하지 말고 직접 만나서 얘기하자'고 했습니다."

사흘 후인 그다음 주 화요일, 두 사람은 영국 해협을 건너 벨기에 북서부의 항구 오스텐데에서 만나기로 했다.

다음 날 마이크 힐스는 놀라운 소식을 들고 다시 전화했다. 그는 암흑가 내부자인 나카니라는 사람에게 문의한 결과 루시가 진짜로 건강히 살아 있다는 확답을 들었다고 했다. 루시가 납치되어 외국 여성 인신 매매단에 팔려갔다는 것이다. 일당은 야쿠자는 아니지만 연계 조직이라고 했다. 나카니는 납치범들과 연줄이 있는 사람들을 안다며 그들이 나서면 루시를 확실히 되찾아올 수 있다고 했다. 임무를 완수하려면 5만 달러가 드는데, 일부를 선지급해야 한다고 했다. 마이크 힐스는 월요일에 일단 선금으로 1만 2,500달러를 자신의 계좌로 이체하라고 했다. 팀은 화요일에 그와 만나기로 한 장소로 현찰을 가져가기로 했다.

마이크 힐스는 "루시가 아직 도쿄에 있습니다. 그들이 루시를 데려올 겁니다, 팀. 따님이 조만간 댁으로 돌아갈 수 있습니다"라고 했다.

마이크 힐스는 자기 사진을 팩스로 보냈다. 흐릿한 이미지 속에서 힐스는 주름지고 망가진 피부에 고르지 못한 치열을 드러내며 아쉬운 듯 웃고 있었다. 지저분하고 못 미더운 인상이었다.

힐스의 얘기에는 미심쩍은 부분이 상당했지만 그렇다고 무시할 수도 없었다. 팀은 "루시가 어디에 있는지 전혀 모르는 상황에서 힐스가 나타나 루시의 행방을 알려주었습니다. 그런 상황에서 '미안하지만 됐어요'라고 말하려면 큰 용기를 내야 합니다"라고 털어놓았다.

팀은 가슴이 떨리고 한 줄기 안도감을 느끼면서도 겁이 나 애덤 위팅턴에게 전화를 걸었다. 호주 출신 보디가드였던 그 역시 런던으로 돌아온 지 얼마 되지 않았다. 팀은 애덤에게 오스텐데에 같이 가달라고 부탁했다. 두 사람은 쌍동선을 타고 서둘러 도버를 출발했다. 팀은 지시받은 대로 전날 은행에서 1만 2,500달러를 인출해 현찰로 준비했다. "그동안 살면서 겪은 걸 훌쩍 뛰어넘는 경험이었습니다. 앞으로 무슨 일이 벌어질지 전혀 몰랐어요. 정교하게 짜인 덫일 수도 있었죠. 제가 일본에서 벌인 일 때문에 누군가 절 죽이고 싶었을지도 모르니까요. 텔레비전에 나오는 일 같았어요. 그래도 텔레비전에서는 10시 뉴스가 시작되기 전까진 일이 늘 해결되잖아요. 하지만 현실에선 그다음에 무슨 지옥이 펼쳐질지 아무도 모릅니다."

마이크 힐스가 페리 터미널에서 그들을 기다리고 있었다. 애덤은 이렇게 기억했다. "힐스는 숱이 적은 흑발을 뒤로 싹 넘긴 채 짙은색 정장을 입고 있었어요. 나이는 쉰다섯 정도 되어 보였고 고달픈 인생을 산 것 같더군요. 치아는 추하고 온통 시커메서 골초 아니면 환자 같았어요. 팀이 저를 친구, 아니 사촌이라고 소개하자 힐스가 코너에 있는 카페로 가자고 했죠."

카페로 가는 길에 일행은 요트 정박지를 지나쳤다. 마이크 힐스는 팀이 열렬히 좋아하는 요트 얘기를 꺼냈다. 팀은 이렇게 설명했다. "마이크 힐스는 낡은 정장을 입고 뒤축이 다 닳은 구두를 신었어요. 그런 사람이 요트 얘기를 하더군요. 자기가 한때 스완 42호의 선장이었다면서 데크 교체 방법에 대해 설명했습니다. 그래서 제가 어떤 걸 썼냐고 묻자 그는 티크 합판을 썼다고 했어요. 크로스 컷 티크라면서 기술적으로 대단히 자세하고도 정교하게 설명했는데 전혀 헛소리는 아니었어요. 그래서 전 그가 과거 요트와 관련된 일을 한 것 같다고 생각했습니다. 초라한 외모에 비해 대단히 눈썰미가 좋고 예리한 것 같더라고요."

팀은 마이크 힐스의 모습이 기대와는 다르다며 세계를 무대로 활동하는 무기 거래상의 이미지에 걸맞지 않다고 말했다.

마이크 힐스가 웃었다. "제가 가장 피하고 싶은 게 바로 그렇게 보이는 겁니다."

카페는 어두웠고 커다란 가죽 의자가 놓여 비좁았다. 카페 주인은 마이크를 따스하게 맞이했다. 커피를 시키기도 전에 마이크는 작업 얘기를 꺼냈다. 지난번 통화한 이후 일본 내 상황이 변한 게 확실하다면서 생각보다 시간이 충분치 않다고 했다.

마이크 힐스의 도쿄 지인들은 루시의 행방을 파악했다. 그들은 루시를 돌려받을 때 5만 달러와 맞교환할 것이며, 루시를 넘겨받은 후 이런 일이 재발되지 않도록 납치범을 구타할 것이라고 했다. 모든 과정이 앞으로 수일 내에 이루어질 거라고 장담했다.

마이크 힐스는 팀과 애덤에게 빨리 일본으로 가라며 루시가 풀려나는 순간 일본에서 또다시 2만 5,000달러를 건네야 한다고 주장했다. 그리고 반드시 비밀을 지키라고 당부했다. 팀이 언론에 너무 알려진 인물이라 접촉은 애덤이 하고 마이크 힐스와 중재인들과 통화하기 위해 전용 핸드폰을 쓰라고 지시했다. 루시가 풀려나 안전히 집으로 돌아오면 그때 1만 2,500달러를 마저 지불하라고 했다.

마이크 힐스는 모두 의견 일치를 보았다는 듯이 일방적으로 통고했다. 그 말만 들으면 은행에서 송금을 두 번 하고 며칠 있으면 루시가 집으로 돌아올 것만 같았다. 그렇게만 된다면 몇 달간 시달린 고생도 구역질도 다 해결될 것만 같았다. 그러나 팀의 가슴에는 여전히 의심과 혼란이 가득했다. 대체 마이크 힐스가 누구지? 그의 말이 어디까지 진짜라고 장담할 수 있을까? 마이크 힐스는 낡은 정장 안주머니에서 자신의 여권 사본과 네덜란드 브레스켄스에 있는 집 주소가 찍힌 수도세 고지서와 빌리라는 남성의 이름과 전화번호를 꺼내 건넸다. 빌리는 마이크 힐스의 친구로 같이 수출입 업무를 하고 있으며 마이크 힐스의 신원 보증인이라고 했다.

성: 힐스

이름: 마이크 조셉

생년월일: 1943년 6월 2일

출생지: 영국 런던

팀은 마이크 힐스의 진심을 증명하기에 이런 서류들이 적합하지 않다고 생각했다.

마이크 힐스는 "당신이 걱정하는 이유를 이해합니다만, 내가 달리 당신에게 확신을 심어줄 방법이 있겠습니까? 나는 네덜란드에 살고, 내가 보증인으로 내세울 사람들은 이곳에 사는 사람들 아니면 남아프리카나 스페인에 사는 사람들뿐입니다. 내가 하려는 일은 상당히 위험한 일이고요"라고 말했다.

그러더니 이렇게 말을 이었다. "이런 방식이 당신 구미에 맞지 않는다면 미안합니다. 하지만 내가 이 돈을 모두 부담할 수는 없지 않습니까. 당신이 전부는 아니더라도 일부는 내야 한다고 생각합니다. 당신이 내 입장이었어도 나처럼 했을 겁니다. 당신을 도우려고 내 주변인을 총동원하고 있잖습니까. 딱 하나 보장하는 건, 당신이 이 조건에 동의하고 그쪽 사람들이 부탁한 대로 일을 처리한다면 이 일이 마무리되지 않을 이유가 없습니다."

팀은 돈을 건네기 전에 동의 내역을 손수 적어 계약서를 작성했다. 두 사람은 계약서에 각각 이름을 적었다.

팀이 물었다. "만약 일이 어그러지면 어떻게 됩니까?"

마이크는 "내 지시 사항이 제대로 이행되지 않을 경우 직접 그

자의 목을 베어버리겠습니다"라고 장담했다.

"정말 어리석었죠. 벌써 어두운 길거리 모퉁이가 눈앞에 떠올랐습니다. 차가 와서 서더니 루시가 팔꿈치를 잡힌 채 앞으로 끌려나오고, 한 손으로 돈을 건네는 장면이 아주 생생하게 그려졌어요. 시나리오 전체가 눈앞에 펼쳐지는 것 같았어요. 루시는 넋이 나간 표정이었어요. 놈들이 마약을 먹여 흐느적거렸어요…"라고 팀은 내게 고백했다.

팀은 서류 가방을 뒤져 100달러짜리 지폐 125장 뭉치를 꺼내 마이크 힐스에게 건넸다.

이런 자리에 데려오기에 젊은 애덤 위팅턴은 적합한 인물이었다. 차분하고 조용하며 상황 판단이 빠르고 관찰력이 뛰어났다. 그는 군인 출신에 보디가드였다가 바텐더를 거쳐 센트럴 런던에서 경찰로 일했기에 빈틈이 없었다. 도버로 돌아오는 쌍동선 안에서 팀은 자신이 현명한 선택을 했는지 애덤에게 물었다. 애덤은 후일 나에게 이렇게 털어놓았다. "마이크 힐스는 팀이 뭘 물을지 정확히 알았기에 전혀 주저하지 않았죠. 두 사람이 얘기하는 동안 저는 옆에서 들으면서 꼬투리를 잡으려 했어요. '저자가 헛소리를 하나? 사기꾼인가?' 그런데 힐스를 믿지 않을 이유가 없었어요. 제가 팀이었고 제 딸에게 그런 일이 생겼다면 저도 똑같이 그랬을 겁니다."

다음 날 팀과 애덤은 도쿄행 비행기에 올랐다. 그들이 도쿄를 떠난 지 일주일도 안 됐을 때였다. 흰 토끼는 여전히 다이아몬드 호텔에서 피아노를 치고 있었다. 팀은 영국 대사관에 가서 마이크 힐스에 대해 간략히 설명했다. 힐스가 루시의 납치범들과 연락 가능한 중재인을 알고 있어서 루시가 조만간 풀려난다고 전했다. 주일 영국 대사관 직원들은 회의적인 반응 대신 우려하면서 루시가 치료받아야 할 경우를 위해 대사관 내에 공간을 마련해 의료진을 대기시키겠다고 했다. 애덤이 핸드폰을 대여하자, 팀은 그 번호를 마이크 힐스에게 팩스로 전송했다. 팀은 "이 번호를 아무한테도 알려주지 않겠습니다. 이 전화가 울리면 제 심장이 터져버릴지도 모릅니다. 이번 작전에 우린 준비를 끝냈습니다. 마이크, 그러니 꼭 성공해주세요. 어쩌면 우리가 평생 친구가 될 수도 있겠죠"라고 적어 보냈다.

이제는 기다리는 일만 남았다.

시간을 보내기가 힘들었다. 평소라면 기자와 인터뷰하고 기자회견을 하는 등 신경을 다른 데로 돌렸겠지만, 마이크 힐스는 이런 일들을 엄격히 금했다. 팀은 휴 셰이크섀프트의 사무실로 갔다. 자원봉사자들이 여전히 루시 핫라인으로 걸려 오는 제보를 살폈다. 하지만 쓸모없고 상관없거나 이상한 얘기들만 가득했다.

　—루시를 닮은 여성을 7월 28일 18시에 나고야 저스트코 상점에서 목격함. 머리를 파마하고 177센티미터 키의 남성과 손을 잡고 있었음. 두 사람은 주차장 4층에 세워둔 은색 차에 탑승함.

　—한 아이가 응원의 메시지를 전함.

—익명의 제보자는 에히메 현에 있는 마타카도 섬이 의심스럽다고
의견을 전해옴.

—루시를 닮은 여성을 후지사와 해변에서 목격함. 멕시코 사람들이
많이 모여서 파티를 열고 있었음.

일본 경찰과는 거의 연락하지 않았다. 총리 비서실에서 토니
블레어를 대신해 회신을 보내 영국 비밀 정보부 요원을 파견해달라
는 팀의 요청을 들어줄 수 없다고 했다. 마이크 힐스가 불안감을 덜
어주자 팀은 그와 매일 통화했다. 팀은 "마이크에게 설득당한 이유
가 딱 하나 있었는데, 그는 늘 통화가 가능하다는 점이었죠. 마이크
는 전 세계 어디서나 통화가 가능한 폰을 소지했습니다. 슈퍼로밍
쿼드밴드(네 개 주파 영역에서 통화 가능—옮긴이) 은하계 장치라고 당
시엔 정말 대단한 기기였어요. 마이크는 전화로 늘 최신 상황을 알
려주었고 그와 통화하는 데 어려움은 전혀 없었습니다." 마이크는
모든 상황을 통제하고 있다며 그저 참고 기다리라고 했다. 하지만
팀이 말한 그 기기가 애덤이 주머니에 넣고 다니는 작고 오래된 핸
드폰과 크게 달랐을 것 같진 않았다.

팀과 애덤은 롯폰기에서 시간을 때우고 스포츠 카페에서 술을
마시고 벨리니스에서 식사했다. 어느 날 밤 갑자기 전용 폰이 울렸
다. 팀과 애덤은 서로를 응시했다. 애덤이 망설이다 전화를 받았다.
애덤은 당시를 이렇게 회상했다. "제가 전화기를 들고 '여보세요'라
고 하자 수화기 너머에서 일본 남자가 뭐라고 하더니 갑자기 뚝 끊

겼어요. 저는 '여보세요'라고 계속 외쳤지만 이미 전화는 끊겼죠. 팀과 저는 눈이 반짝반짝해졌어요. 그들이 분명하다, 마침내 연락이 되었다고요. 그러나 전화는 다시 울리지 않았습니다."

며칠이 지나도 납치범에게서 아무런 소식이 들리지 않자 팀은 점점 초조해졌다. 마이크 힐스가 사과했다. 두 번째 돈을 건넬 날짜를 아예 잡지도 못했다. 마이크는 루시의 납치범들과 중재자들이 나타나지 않아서 그런 거라면서 그래도 통화는 여전히 가능하다고 변명했다. 마이크는 이 얘기가 사실임을 명백히 증명하기 위해서 루시의 최근 사진과 머리카락을 확보해 제시하겠다고 했다.

팀이 도쿄에 온 지 일주일이 지날 무렵, 마이크 힐스는 안 좋은 소식을 들고 다시 연락했다. 루시가 이제 일본에 없다는 것이다.

내용은 자세했다. 이번 사건이 세간의 큰 관심을 끌자 납치범들은 루시를 제거하는 편이 가장 안전하다고 결정했다. 그들은 루시를 사겠다는 남자 셋을 수소문해 덴가이라고 불리는 곳에서 거래했고, 곧장 루시가 레오 J라는 컨테이너 선박에 실려 밀항되었다고 전했다. 루시는 다른 서양 여자 넷과 같이 붙들렸고 성 노예로 팔릴 운명이라고 했다. 그럼에도 마이크 힐스는 포기하지 않았다. 마이크의 연락책들은 루시의 상황을 추적했고 그중 한 명이 레오 J에 간신히 승선해 진행 사항과 인질의 건강 상태를 보고한다고 전했다.

팀은 초조하고 혼란스러운 마음으로 전화를 끊은 후 로이드 선박 등기소(세계 최대 선박 분류 협회―옮긴이)에 다니는 친구에게 연락해 레오 J라는 상선이 진짜로 있는지를 물었다. 놀랍게도 그 배는 진짜로 존재했다.

상선 레오J
총 톤수: 1만 2,004톤
선박 국적: 앤티가바부다
매니저/소유주: 독일 하렌 마레 해운주식회사 MBH & Co.

레오 J가 8월 10일 오사카를 떠나서 고베, 모지, 도쿠야마 등 일본 항구에 정박했다가 홍콩을 거쳐 지금 마닐라로 향하는 것이 사실이었다.

다음 날 마이크가 두 장의 흑백 사진이 담긴 팩스를 보냈다. 거의 식별하기 힘들었지만, 어느 집 실내 같은 사진과 아시아 남성 셋이 서류 가방을 들고 기차에 앉아 웃는 사진이었다. 마이크는 첫 번째 사진 아래 "여기는 덴가이", 두 번째 사진 밑에 "돈 가방. 덴가이로 가는 사람들"이라고 적었다.

마이크 힐스는 첨부된 종이에 이렇게 적었다. "사람들이 지금 이동하는 것으로 보임. 대응책 중 일부에게 돈을 지불한 후 그들을 추적하는 중."

8월 24일, 익명을 요구한 영국의 사업가가 〈저팬타임스〉에 연락하여 루시의 안전한 귀가에 결정적 정보를 제공하는 이에게 사례금으로 10만 파운드를 걸었다.

며칠 후 레오 J에 승선한 마이크 힐스의 내부자가 더욱 속상한 소식을 전했다. 루시까지 총 다섯 명의 성 노예가 아라맥이라는 다른 배로 옮겨져 호주로 향하는 바람에 구출 작전이 긴급 변경되었다고 했다. 마이크는 아라맥호를 급습할 테니 애덤과 다윈에서 만나자고 했다. 그러면서 자신과 그의 '사람들'이 쓸 활동비로 1만 달러를 추가 요구했다.

팀은 마이크의 네덜란드 계좌로 송금했다.

애덤이 다윈으로 날아가 만나기로 한 호텔에 투숙했다.

마이크는 나타나지 않았다.

애덤이 다윈 항 사람들에게 물었지만 아라맥호에 대해 말해주는 이는 아무도 없었다. 팀은 쿼드밴드 폰으로 전화를 걸었으나 통화가 되지 않았다. 그런데 마이크가 지금 호주가 아니라 홍콩에 있다고 변명하는 이메일을 보냈다.

마이크는 긴장하고 화난 것 같았다. 사례금 10만 파운드 때문이었다. 그 사례금 때문에 마이크를 위해 일하는 사람들의 불안감이 또다시 고조되었다고 했다. 마이크는 이메일에 나무라듯 적었다. "이제 사례금 10만 파운드를 받으려고 다윈으로 가는 꼴이 되었습니다. 그런 돈을 내세우면 사람들이 일을 그르칩니다. 그 돈 때문에 많은 이들의 계획이 틀어졌고 상황도 예전과 달라졌습니다. 제발 남들 앞에서 무슨 말을 하기 전에 나한테 먼저 물어요. 우리는 상황을 더 악화시키고 싶지 않습니다."

며칠이 흘렀다. 마이크가 '내부자'를 만나 루시를 데려오겠다며 홍콩에서 전화했다.

그러더니 그가 다시 전화를 걸어 그 내부자가 차에서 피살당했다고 전했다.

애덤은 팀에게 충고했다. "마이크가 장난치고 있어요. 지금 우리를 갖고 노는 겁니다. 마이크는 우리를 세계 곳곳으로 오락가락하게 할 뿐 아무런 성과도 내지 않아요. 늘 돈만 요구하잖습니까."

마이크는 짜증을 내더니 팀이 요구한 대로 자기가 정말 홍콩에 있다는 증거를 보내겠다고 했다. 보내주기로 한 루시의 사진과 머리카락은 어찌 됐냐고 팀이 묻자, 마이크는 네덜란드의 사서함에 있다며 그건 오직 그만이 열 수 있다고 둘러댔다.

그렇게 몇 주간 속절없이 통화만 주고받았다. 한편 도쿄의 일본 경찰관들은 느긋하게 단서를 추적했다. 팀과 소피가 교대로 경찰서를 드나들었다. 마이크 힐스에 대해 아는 몇몇 친구들과 애덤은 팀이 속고 있다고 거듭 충고했다. 8월 말이 되자 팀은 와이트 섬으로 돌아갔다. 루시를 집으로 데려가는 일은 또다시 실패했다. 팀이 적어도 하루에 한 번 마이크 힐스에게 전화하면 마이크는 인신매매범들과 연락하려고 여전히 노력하는 중이라고 했다. 팀은 다시는 마이크에게 송금하지 않았다.

9월 중순의 어느 날 밤이었다. 팀과 마이크가 처음이자 마지막으로 만난 이후 한 달 반이 흘렀다. 그날 팀은 회의를 끝내고 집으로 가던 길에 충동적으로 마이크에게 전화를 걸었다. 쿼드밴드 로밍 폰이 아니라 네덜란드에 있는 마이크의 집으로 전화한 것이다. 어떤 여자가 받았다.

팀이 일본식 발음으로 연기했다. "미스타 히르즈?"

힐스 부인이 대답했다. "죄송합니다만 그이는 방금 나갔어요."

"홍콩 노?"

"아뇨, 네덜란드에 있어요. 저 아래 상점에 갔는데 금방 올 거예요."

팀이 전화를 끊었다. 몇 분 후 마이크가 전화했다.

"네덜란드에 있는 아내에게 방금 전화를 받았습니다. 이상한 사람이 전화했다던데요. 일본인 같다고 했습니다. 혹시……누군지 짐작이 가는 사람이 있습니까?"

"아뇨, 저야 모르죠. 마이크, 그나저나 지금 어디에 계십니까? 아직도 홍콩인가요?"

마이크가 짜증을 내며 말했다. "팀, 몇 번을 말해야 합니까. 지금 홍콩에 있다니까요!"

예전에 나리타 공항에서 산 디지털 녹음기가 있었다. 팀은 전화를 끊고 이후부터 마이크와의 통화를 녹음하기 시작했다. 날이 갈수록 마이크와 통화하기가 점점 어려워지더니 결국 연락이 두절되었다.

당연히 마이크 힐스는 사기꾼이었고, 그가 한 말은 모두 거짓이었다.

2000년 10월, 팀은 낯선 이의 전화를 받았다. 브라이언 윈더라는 남자는 21세의 투자은행원 폴 윈더의 아버지였다. 2000년 3월 폴 윈더는 식물학자 친구와 컬럼비아의 정글을 가로질렀다. 두 사람은 희귀한 난초를 찾는 중이었고 일주일 후 다리엔 갭이라는 파나마 국경 인근 늪지대에서 실종된 후 소식이 끊겼다. 두 남자는 무법 지대에서 활약하는 범죄 조직이나 혁명론자, 마약 밀매상에게 납치됐다고 추정되었다. 부모는 폴이 죽었다면서 체념했다. 그런데 에식스 집으로 수상한 전화가 걸려 왔다. 수화기 반대편에 있는 남자가 파나마의 '지하 연락책'에 대해 그럴듯하게 언급하면서 아들의 소재를 안다고 주장했다. 브라이언은 치아가 엉망이고 런던 말씨를 구사하는 그 남자에게 5,000파운드를 건넸다. 그러나 아무 소득도 얻지 못했고 아무도 폴 윈더의 소재를 알지 못했다.

마이크 힐스는 귀찮았는지 가명조차 쓰지 않았다.

윈더 부부가 에식스 경찰에 먼저 신고했고 팀도 경찰서에 출두했다. 팀은 그간의 사연을 자세히 담은 장문의 진술서를 작성한 후 디지털 녹음기와 힐스가 보낸 팩스 및 이메일을 제출했다. 마이클 힐스는 기소돼 구속영장이 발부되었지만 그의 행방은 묘연했다. 마이크 힐스는 네덜란드를 떠나 스페인 알리칸테로 향한 것 같았다. 그를 체포해 인도한다는 얘기가 오갔지만 몇 달이 지나도 더 이상 상황은 진척되지 않았다.

다행히도 폴 윈더와 친구는 납치된 지 9개월 만에 게릴라 납치범에게서 풀려나 2000년 크리스마스 무렵 영국으로 돌아왔다.

2년 후 에식스 형사가 전화를 했을 때 팀은 그 일을 까맣게 잊고 있었다. 센트럴 런던의 교통 경찰관 두 명이 불법 주차한 오토바이 탑승자를 신문하는 과정에서 그에게 운전 면허증 제시를 요구했다. 컴퓨터로 자세히 신원 조회를 하자 마이크 힐스에게 구속영장이 발부된 사실이 드러났다.

2003년 4월, 마이크 힐스는 부동산을 사기 취득한 두 건의 혐의로 첼름스퍼드 형사 법원에서 재판을 받았다. 그의 주소는 워털

루에 있는 어느 숙박업소였다. 그는 죄를 인정하면서 암 투병 중인 아내의 치료비 때문이라고 변명했지만, 재판부는 돈의 사용처가 증명되지 않았다고 지적했다. 마이크 힐스는 1970년대부터 사기와 절도 혐의로 유죄를 받는 등 전과가 화려했다. 그는 징역 3년 반 선고를 받았다.

선고를 앞두고 마이크 힐스는 이렇게 발언했다. "돈을 가져간 사람이 다름 아닌 바로 저라는 사실이 이제서야 생각났습니다. 제가 이분들께 돈을 되돌려줄 수 있는 처지라면 좋겠습니다. 그럼 좋을 것 같습니다."

기자들이 팀에게 전화를 걸어 이번 판결에 대해 물었다. 기자들은 이런 상황에서 예상되는 말을 그가 했다고 보도했다. 끔찍하다, 악랄하다, 비열하다, 혐오스럽다, 불행의 먹잇감이 되었다. 모두 맞는 말이었다. 나중에 팀은 내게 이렇게 털어놓았다. "그래도 당시에 꺼져가는 불씨 같은 희망조차 없었더라면 아마 더 끔찍했을 겁니다. 루시가 안전하다는 말 한마디를 부여잡고 산 덕분에 기운을 차릴 수 있었습니다. 마이크 힐스가 루시를 돌려보내줄지 모른다는 일말의 가능성에 매달린 덕분에 그나마 목숨을 부지할 수 있었죠."

팀은 이 일에 사악한 사기꾼과 순진한 피해자라는 단순한 사연을 뛰어넘는 무엇이 있었음을 이해했다. 그는 마이크 힐스가 필요했고, 어떤 면에서 그에게 위로와 도움을 받았다. 제인이 심령술사에게 쉽게 흔들렸다면 팀은 마이크에게 흔들렸다. 누군가는 초자연적 직관력으로 구조를 약속했고, 또 누군가는 훨씬 미숙하고 뻔한 술수—돈 가방, 총, 주먹을 내세웠다.

"모든 게 거짓말임을 깨닫는 순간 간신히 부여잡은 생명줄이 제 손을 비틀며 빠져나가자 걱정이 되었습니다. 돈을 갖다 바치고 사기 당한 사실은 별로 걱정되지 않았습니다. 범죄의 타깃이 되어 피해를 본 건 가슴 아프지 않았어요. 그런 건 제 관심사도 아니고 하나도 중요하지 않았으니까요. 딱 하나 가슴 아팠던 건, 생명줄이 비틀리며 빠져나가자 손이 쓰라렸다는 점이었죠"라고 팀은 고백했다.

바로 이런 모습 때문에 나는 팀이 존경스러우면서도 불편했다. 혼란과 통탄 속에서도 팀은 한 걸음 물러서서 대단히 복잡한 상황을 면밀히 검토하는 능력을 지녔다. 수많은 이들이 지켜보는 앞에서 사기꾼에게 속아 넘어가 굴욕을 당한 사람들 중에 용기를 내어 명쾌하게 "돈은 아깝지 않다"라고 말할 사람이 몇이나 되겠는가?

"화나진 않았어요. 생명줄도 희망도 없이 그저 나락으로 빠져드는 기분이었습니다. 이제 다음 희망을 찾으려면 어디로 가야 하나? 그런 생각이 들더군요."

해답이 무엇이든 그것은 분명 롯폰기에 있을 것이다.

다른 가족이 비슷한 일을 당했다면 언니이자 딸이 변을 당한 장소엔 얼씬도 하지 않겠지만, 블랙맨 부녀는 밤에 여러 번 롯폰기를 배회했다. 롯폰기는 루시가 길을 잃은 미궁이었지만 그들이 반한 장소이기도 했다.

8월이 되자 일본의 무더위가 절정에 달했다. 도쿄 도심에서도 매미 떼가 나무 속에 몸을 숨긴 채 울면서 비웃었다. 거리를 따라 늘어선 에어컨 실외기가 뿜어내는 열기로 숨이 턱턱 막혔다. 네온사인이 끈끈한 대기 속으로 빛을 흩뿌렸다. 벨리니스에서 저녁을 먹고 휴 셰이크섀프트 앞으로 비용을 달아놓은 후, 팀과 소피와 자원봉사자들은 루시의 흔적을 추적하려고 바와 클럽으로 흩어졌다.

팀은 클럽 카두와 원 아이드 잭스 같은 업소들에 들렀다. 이중에는 여자들이 폴 댄스를 추면서 비키니 팬티만 남기고 몸을 노출하는 업소도 있었다. 어느 날 밤 팀은 루시가 일하던 카사블랑카에 들렸다. "전부 이상했습니다. 그 비좁은 룸에 그저 그런 평범한 서양 여자들과 영어를 할 줄 아는 척하는 달뜬 일본 남자들이 같이 앉아 있는데, 지저분하고 음침해 보였습니다. 전 루시가 그런 일을 했다는 게 이해가 되지 않았습니다. 루시 스스로도 이해하지 못했을 겁니다. 루시가 '정말 끝내줘요, 아주 좋아요!'라고 말했다 해도 '우리 루시가 뭐가 좋았겠어?'라는 생각이 들더군요. 루시는 거길 전혀 좋아하지 않았겠지만 묘하게 위안은 되었을 겁니다."

물장사에 종사하는 이들은 블랙맨 부녀를 두 갈래 마음으로 맞았다. 다들 TV에서 본 팀과 소피를 알아보고 동정도 하고 인간적으로 걱정해주기도 했다. 하지만 루시의 실종으로 인해 법을 반쯤 어긴 채 굴러가는 이쪽 바닥의 어두운 관행이 달갑지 않은 주목을 받았다. 관광 비자로 입국한 외국 여성을 고용하는 수십 년 묵인된 관행에 대한 조사를 앞두고 호스티스와 바텐더, 마마 상은 블랙맨 부녀와 가급적 말을 섞지 않으려 했다. 그렇다고 미쓰자네 경정과 형사들이 이들을 심하게 압박하는 모습도 거의 보이지 않았다. 팀은 이런 상황에 분개하면서 경찰과 업주 사이에 무언의 공모가 존재한다고 확신했다. "루시가 손님과 약속하고 술집을 나갔다면 카사블랑카의 누군가는 그 손님이 누군지 알 겁니다. 카사블랑카는 경찰 당국과 호스티스 클럽 업주 사이에 존재하는 가상의 선을 넘었습니다." 팀은 롯폰기 유흥업소 종사자들과 척을 질 수밖에 없는 제안을 했다. "카사블랑카 사람들, 예컨대 매니저, 주인, 아가씨까지 모조리 한자리에 모아 감옥에 4주에서 6주 정도 가둔 다음 루시 얘기를 털어놓을지를 스스로 정하게 하는 겁니다. 털어놓을 때까지 풀어주지 않는 거죠."

어떤 이들은 팀이 야밤에 롯폰기를 나다니는 모습에 격분했다. 팀에게 대놓고 말하는 사람은 아무도 없었지만 일부 일본 기자와 영국 대사관 직원들은 팀이 너무 신난 거 아니냐며 투덜댔다. 팀을 아주 좋게 보는 이들조차 가끔 당황했다. "저는 팀이 좋지만 가끔은 이상해 보일 때가 있어요"라고 블랙맨 가족을 장시간 도운 일본인 남성이 털어놓았다. "뭐랄까, 저희는 매니저나 마마 상에게 루시에 관해 묻고 그곳 아가씨들에게 뭘 아는지, 우리를 도와줄 수 있는지 물으려고 호스티스 클럽에 갔습니다. 그런데 팀은 자기 딸에 대해 진지하게 묻지도 않고 호스티스들을 훑었어요. 팀이 술을 마시면서 제 귀에 대고 이런 말까지 했다니까요. '저 여자, 정말 끝내주네!' 전 무슨 말을 해야 할지 난감했죠."

롯폰기의 밤을 헤집고 다녀보니 사악한 진실이 드러났다. 이곳에서 불법 마약이 판을 쳤다.

일본에서는 가벼운 마약을 극소량만 소지해도 가혹한 형벌을 받기에 유럽이나 미국에 비해 젊은이들의 문화에서 마약이 차지하는 비중은 미미하다. 그럼에도 롯폰기에서는 이스라엘과 이란에서 온 마약 거래상이 활개 치며 대마초, 코카인, 심지어 헤로인까지 팔았다. 휴 셰이크섀프트는 "다들 손을 댑니다"라고 했다. 그가 말하는 '다들'이란 그가 아는 사람들 전부, 그러니까 거래상, 바텐더, 호스티스를 의미했다. '배리'는 가루 코카인을 달리 부르는 은어로 허스키한 목소리의 미국 가수 배리 화이트의 이름에서 따왔다. 가루 코카인을 의미하는 훨씬 황당한 은어로 '제러미'도 있었다. 휴는 "제러미는 〈탑 기어〉의 진행자인 제러미 클랙슨을 말합니다. '탑 기어'에서 '기어'는 마약을 뜻하죠. '롱인가요?'라고 묻는 사람들도 있습니다. 이 말은 즉 '시장에서 롱 포지션(선물이나 옵션 시장에서의 매입을 의미—옮긴이)이냐'에서 따온 말인데, '롱이냐?'라는 건 '코카인이 있느냐?'는 뜻입니다"라고 설명했다.

호스티스들 사이에서 가장 인기 있는 마약은 '샤부'였다. 영어로 아이스, 혹은 크리스털 메스라고 알려진 마약이다. 강력한 암페타민으로 코로 흡입하거나 담배로 말아 피우기도 하고, 일부는 주사기로 투입하거나 항문을 통해 장기에 주입한다. 샤부가 주는 흥분감 덕분에 끔찍한 손님과의 어색한 대화가 짜릿하고 신명 나는 불장난으로 변신했다. 샤부는 일부 호스티스들로 하여금 밤을 새우게 하는 유일한 마약이었다. 팀과 소피가 만난 롯폰기 사람들은 대부분 조심하는 편이었다. 어느 날 밤 신중한 성격의 애덤 위팅턴이 술집에서 루이스와 그녀의 친구들과 술을 마실 때였다. 그중 한 명이 애덤을 화장실로 불러 샤부를 건네며 코로 흡입하라고 했지만 애덤은 거절했다.

루시가 마약을 했을까? 루시가 만난 남자가 루시에게 핸드폰 말고 다른 것도 주었을까? 루이스는 아니라고 했지만 그녀의 기억은 분명하지가 않았다. 가족들은 루시가 심각한 마약 중독은 아니었을 거라고 입을 모았다. 하지만 루시는 중증 마약 중독자였던 남자친구를 사귄 적도 있었고, 그런 환경에서 일하기도 했다. 1990년대 중반 런던에서는 코카인이 일상의 유행처럼 번졌다. 루시는 일기 앞부분에 루이스와 같이 도쿄에서 쇼핑하고 "음악(크레이그 데이비드 제외)과 엽서, 마약을 찾기 위한 끝나지 않는 여정"에 나섰다고 발랄하게 적었다. 친구들 사이에서 루시는 코로 마약을 흡입하거나 마리화나를 상습으로 피우고 정제형 마약을 복용하는 사람이라기보다 술꾼으로 기억되었다. 그럼에도 루시가 마약을 했을 가능성은 적게나마 존재했다.

두 번째로 두려운 일은 실종되거나 손님에게 구타당한 서양인 호스티스에 관한 이야기가 꽤 많다는 점이었다.

대부분은 불확실한 루머에 불과했다. 대개 여러 입을 거치고 거치며 만들어진, 친구의 여동생의 지인에 관한 일화였다. 그럼에도 롯폰기에서 끝내 안타까운 일을 당한 외국 여성들의 사연 몇 건이 사실로 확인되었다.

3년 전 캐나다에서 온 27세 여성 티파니 포드햄은 롯폰기에서 일을 마치고 술집을 나간 이후 두 번 다시 보이지 않았다. 이 사건은 공식적으로 수사 중이었지만 경찰은 사실상 손을 놓았다. 2000년 봄에는 뉴질랜드에서 온 익명의 여성 3인이 2층 방에 감금된 채 야쿠자에게 지속적으로 강간을 당하다가 뛰어내려 탈출했다는 보도가 있었다.

팀이 일본에 처음 도착한 지 2주째 되던 날 밤, 휴 셰이크새프트는 팀에게 친구 두 명을 소개해주었다. 호주에서 온 이소벨 파커와 캐나다에서 온 클라라 멘데즈였다. 팀은 젊은 여성 2인이 전하는 얘기를 듣고 크게 충격을 받아 몸서리를 쳤다. 유령이 단단한 물체를 통과하듯 그의 몸을 뚫고 지나간 것 같았다.

이소벨과 클라라는 롯폰기에서 출세한 산증인이었다. 전직 호스티스가 손님으로 만난 부유한 서양 은행가와 결혼까지 한 케이스였다. 둘 다 비슷한 애기를 전했다. 예전에 돈 많은 일본 손님과 동반을 나가 바다 근처 아파트로 갔는데 와인에 마약을 탔는지 몇 시간 후 정신을 차려보니 그 집 침대에 알몸으로 누워 있었다는 것이다. 이소벨 파커의 경우 정신을 차려보니 그 남자가 그녀의 알몸을 동영상으로 촬영하고 있었다. 이소벨은 화들짝 놀라 격분한 나머지 비디오카메라에서 필름을 잡아 뺐다. 경찰서에 필름을 들고 가는 대신 그 남자를 협박하는 데 성공했다. 이소벨은 동영상을 촬영한 대가로 그에게 수만 엔을 받았다.

몇 년 전 일이라 둘 다 끌려간 장소를 정확히 기억하지 못했지만, 두 사람은 같은 장소를 언급하는 것 같았다. 바다가 보이는 리조트로 아파트 별장이 있는 대형 콘크리트 건물이라고 했다. 바닷바람이 불면 야자수 잎이 바스락거리던 곳이라고 했다.

8월의 어느 날, 한 일본 남성이 잔뜩 흥분하고 초조한 목소리로 루시 핫라인에 전화를 걸었다. 이름은 오노 마코토. 그는 은밀히 제보해야 할 결정적인 정보를 갖고 있다고 했다. 팀과 애덤은 요요기에 있는 집으로 그를 만나러 갔다. 루시가 살던 외국인 전용 하우스 근처였다. 두 사람은 택시를 타고 평범한 주택가에서 내린 뒤 어느 건물의 엘리베이터를 타고 고층으로 올라갔다. 실내는 평범한 아파트가 아니었다. 방에 조명과 카메라는 물론 침대까지 보였다. 다른 방에는 비디오테이프 더빙 장비가 있었다. 영어와 일본어로 쓰인 민망한 도색잡지가 테이블 위에 있었고 헐벗은 여성의 포스터가 벽에 걸려 있었다.

팀과 애덤은 이곳이 소규모 포르노 촬영장임을 간파했다.

오노 마코토는 키가 작고 땅딸한 40대 남성으로 티셔츠에 트레이닝 바지를 입었지만 추레해 보이지 않았다. 그는 예전에 작은 컴퓨터 관련 사업을 했고 지금은 성인 비디오를 제작한다고 했다. 애덤과 팀은 얘기를 다 듣고 오노처럼 태연하려 했지만, 침대와 카메라가 놓인 열린 방문으로 눈길이 가는 걸 막을 수가 없었다. 촬영장은 고요했다. 두 사람은 실망과 안도 속에서 현재 촬영이 없다는 사실을 받아들였다.

오노는 자신이 포르노물 제작자인 동시에 가학·피학성 변태성욕자라고 소개했다. 그는 이 사실을 설명하면서 취미, 혹은 오락이라는 용어를 사용했다. 일본의 여느 열혈 애호가처럼 그는 어느 단체, 일종의 SM 서클에 가입해 변태성욕을 추구하는데, 이 서클 회원들은 동영상과 잡지, 판타지를 공유하고 때론 장소를 빌려 여자들과 난교 파티를 벌인다고 했다.

10년 전까지 그는 마쓰다 류지라는 남성이 운영자로 있던 서클 회원이었다. 마쓰다 류지는 요코하마 항구 인근에 사는 부유한 사업가였다. 두 사람이 처음 만난 건 성향이 비슷한 애호가들이 여자들(대체로 용돈을 벌려는 여대생이었다)을 고용해 가죽 끈과 줄로 묶고 '지하 감옥'처럼 생긴 방에서 촬영하려고 정보를 모으던 모임에서였다. 오노는 마쓰다 류지를 본 순간부터 두려웠다. 마쓰다가 미치광이 같았기 때문이다. 마쓰다의 성적 취향은 극단적이라서 적당히 사디즘을 추구하던 오노는 불쾌감을 느꼈다. 모임에 참석한 회원들은 다들 모험담과 판타지를 과시했지만 마쓰다 류지가 말하는 모습은 유독 섬뜩했다. 오노는 팀에게 이렇게 말했다. "제게도 딸이 있습니다. 이게 취미 생활이지만 그래도 넘지 말아야 하는 선은 있죠."

마쓰다가 가장 선호하던 판타지는 사디즘적인 성욕을 극한으로 몰고 가는 것이었다. 마쓰다는 젖가슴이 풍만하고 덩치 큰 금발 외국인 여성을 납치해 그만의 지하 감옥에서 여자를 고문하고 죽음에 이르는 장면을 촬영하는 게 꿈이라고 고백했다고 한다.

마쓰다는 오노에게 이렇게 묻곤 했다. "남자로 살면서 한 번쯤은 이렇게 큰일을 하고 싶지 않습니까?"

오노는 "그게 벌써 10년 전 일입니다. 아주 유치한 계획이었죠. 그런 짓을 할 사람이 대체 어디 있습니까?"라고 반문했다.

회원들이 새로 생긴 좀 더 점잖은 사디스트 모임으로 옮기면서 마쓰다의 서클과는 연이 끊겼다. 그럼에도 오노는 기존 회원 한 명과 계속 연락을 주고받았다. 그의 이름은 다카모토 아키오였다. 마쓰다의 서클에 가입했던 대다수의 회원처럼 다카모토 역시 표면적으로는 대단히 존경받는 인물이었다. 다카모토의 나이는 52세였고 롯폰기에서 고작 몇백 미터 떨어진 후지필름의 임원이었다. 7월 중순 루시의 실종 사건이 보도된 지 일주일 후, 다카모토는 흥분과 격정이 교차하는 목소리로 오노에게 연락했다.

오노는 이렇게 회상했다. "다카모토가 굉장히 화가 나서 여기로 찾아왔습니다. 다카모토는 언성을 높이더니 '마쓰다와 얘기해야겠다'고 계속 중얼거렸습니다. 그는 '마쓰다가 일을 저질렀어. 결국 마쓰다가 그랬어'라면서 '비디오가 있을 테니 마쓰다의 집에 같이 가서 그걸 훔쳐 오자'고 하더군요."

오노는 소름이 쭉 끼치는 가운데 깨달았다. 호들갑을 떠는 그의 친구 다카모토는 마쓰다가 판타지를 실행에 옮기기 위해 루시 블랙맨을 납치했다고 믿었다.

다카모토는 마쓰다가 최근 열정을 탐닉할 새로운 은신처인 '지하 감옥'을 마련했는데 그걸 SM 회원들에게 자랑하지도, 아무도 그리로 데려가지도 않은 게 의심스럽다고 오노에게 말했다. 게다가 다카모토는 마쓰다가 실종자가 컬트 종교 단체에 가입했다고 조작하여 경찰의 혼선을 빚을 납치 계획까지 촘촘히 세운 일도 기억해 냈다.

그게 얼마나 그럴 듯한 시나리오인지 부인하는 이는 아무도 없었다. "마쓰다는 뭔가 달랐어요. 그는 살인을 예사로 생각하는 사람입니다. 여자를 인형 취급해요." 다카모토가 떠나자 오노는 아자부 경찰서로 직행해 모든 내용을 제보했다. 형사들은 관심 있게 듣더니 오노가 언급한 사람들의 이름과 주소를 모조리 받아 적고 어쩌면 그를 다시 부를 수도 있다고 했다.

그다음 주 다카모토는 극도로 초조한 모습으로 오노를 만나러 왔다. 다카모토는 또다시 마쓰다가 루시를 죽였다며 확신에 차서 주장했다. 그리고 2주가 지났다. 다카모토에게서는 더 이상 연락이 없었고 경찰도 아무 소식을 전하지 않았다. 어느 날 아침, 오노는 지인의 전화를 받았다. 이 지인은 다카모토의 아내가 전화를 해서 남편이 어젯밤에 퇴근한 후 귀가하지 않았다면서 혹시 오노가 남편의 소재를 아는지 물었다고 했다.

사실 오노는 다카모토의 가족과 남들이 모르는 사실을 알았다. 존경받는 후지필름의 임원인 다카모토는 자신만의 '지하 감옥'을 꾸며놓았다. 다카모토는 자택에서 전철로 몇 정거장 떨어진 곳에 작은 아파트를 얻었다.

오노는 그날 이른 오후에 포르노 스튜디오를 나서서 그곳으로 향했다.

낡고 허물어져가는 목조 건물 2층에 있는 원룸 아파트였다. 아주 저렴한 곳이었다. 오노가 문을 두드렸다. 응답이 없었다. 문을 건드리자 문이 열리더니 비좁은 전실이 보였다. 다카모토의 신발이 나란히 놓여 있었다. 다카모토가 아파트에 있는 게 확실했다. 오노는 창호지가 발린 현관 중문을 옆으로 밀었다. 제일 먼저 휘발유 냄새와 변 냄새가 코를 찔렀다. 방에는 책과 잡지, 비디오테이프가 널브러져 있었다. 오노는 컴퓨터 화면을 슬쩍 바라보았다. 그때 찬장 옆으로 허연 다리가 보였다.

다카모토였다. 사망한 게 확실했다. 벽에 박힌 후크에 목을 맨 것이다. 몸은 공중에 매달리는 대신 벽에 기댄 채 기우뚱 발이 바닥에 끌린 상태였고, 허리부터 아랫도리가 알몸이었다. 통이 넘어지면서 쏟아진 휘발유에서 악취가 풍겼다. 휘발유가 다다미 바닥에 흥건히 스몄고, 사람의 것이 확실한 대변이 다카모토의 입에서 줄줄 흘렀다.

오노는 부들부들 떨면서 밖으로 뛰쳐나와 경찰에 신고했다.

오노가 방에 머문 몇 초 사이 그가 본 또 하나의 자세한 정황이 있었다. 영어와 일본어가 적히고 파란색 테두리에 하얀 글자가 두드러진 실종자 포스터가 벽에 다닥다닥 붙어 있었다. 미소 짓는 루시 블랙맨의 포스터였다.

한두 시간 내에 경찰 스무 명이 현장에 도착했다. 정복을 입은 경찰도 있었고 평상복을 입은 경찰도 있었다. 오노는 경찰에게 지난 며칠간 있던 일을 소상히 설명했다.

경찰은 오노가 제공한 정보에 의거하여 사흘 전인 8월 5일 다카모토를 불러 취조했다고 밝혔다. 8월 5일은 토요일이었다. 경찰은 그를 결근시켜 망신을 주고 싶지 않았다. 다카모토는 자신이 마쓰다에 대해 느끼는 공포를 경찰에게 털어놓았다. 그다음 날인 일요일, 다카모토는 2만 엔(125파운드)을 섹스 은신처의 월세로 지불했다. 월요일, 다카모토는 가족에게 인사하고 집을 나와 정상 출근했다. 월요일 오후와 화요일 사이에 그가 사망했다.

아파트에 있던 잡지와 비디오는 포르노물이었다. 새로 산 컴퓨터에도 인터넷에서 다운 받은 하드코어 성애물 파일이 저장되어 있었다. 대부분 백인 여성이 민망한 자세로 찍힌 사진이었다. 이웃사람들은 안경을 쓴 조용한 회사원이 거의 매일 초저녁부터 이 아파트에 들렀다고 진술했다. 그들은 그가 누구인지, 무슨 일을 하는지 전혀 몰랐다.

경찰이 주저하는 태도로 다카모토의 죽음은 자위 질식에 의한 사고사라고 발표했다. 자위 질식은 자위하는 남성이 일시로 뇌에 산소 공급을 중단해 오르가슴의 쾌감을 높이는 행위였다. 이 위험한 장난으로 인해 수년간 많은 이들이 목숨을 잃었다. 뜻밖의 사실에 충격을 받은 유족들은 대개 주위에 사인을 자살이라고 밝히는 편이다.

오노는 믿기지 않았다.

다카모토가 경찰의 취조로 가학·피학성 변태성욕자임이 드러났다는 공포심에 자살한 건 아닐까? 그런데 비난과 망신을 피하는 게 목적이었다면 왜 이리 기괴한 방식으로 세상을 등졌을까? 벽에는 루시의 포스터가 여러 장 걸려 있었다. 다카모토는 친구인 오노와 루시 실종 사건에 대해 수없이 얘기하면서도 포스터 얘기는 왜 안 했을까? 다카모토의 사망 이후 경찰의 추적을 피하려고 누군가 포스터를 붙인 건 아닐까? 바닥에 쏟아진 휘발유는 애초에 이 집을 홀랑 태우려고 일을 벌이려다 방해를 받은 침입자의 소행일 수도 있지 않을까?

오노는 이 사건에서 가장 추악한 모습, 바로 다카모토의 입 안에 변이 가득하고 얼굴에까지 인분이 발린 사실에 결정적 증거가 있다고 주장했다. 경찰은 그 인분이 사망자의 것이 맞다고 확인했다. "타인의 인분이 망자의 얼굴에 발렸다면 변태가 맞지만, 만약 망자의 변일 경우 그건 망자를 멸시하고 모욕한 증거라고 오노는 설명했습니다"라고 후일 애덤 위팅턴은 언급했다.

"그 난리를 겪으면서 저는 이상한 사람을 몇 명 만났습니다. 그런데 그 일이 가장 이상했습니다. 오노가 말한 내용이 가장 기괴했고 최악이었습니다. 어떻게 그보다 나쁠 수가 있겠습니까? 물론 더 나쁜 일도 있을 수도 있겠죠. 아무튼 저는 그 시점에서 사고가 멈추었고 덕분에 목숨을 부지했습니다. 만일 제가 그 사건이 루시의 운명을 의미한다고 받아들였다면 어찌 되었을까요? 제가 그걸 받아들이지 못한 게 오히려 다행이었습니다"라고 팀은 고백했다.

하지만 애덤은 모두 이해했다. 애덤은 오노와 헤어지기 전 그에게서 특별한 정보를 받았다. 오노는 세상을 떠난 다카모토와 그를 죽였다고 의심을 받는 마쓰다, 이 둘의 비밀 아지트 주소를 알려주었다.

며칠 후 애덤은 마쓰다의 비밀 아지트로 향했다. 블랙맨 가족을 돕는 일본인 기자 구로다 요시도 동행했다. 두 사람은 요코하마의 주택가에 주차했다. 저층 아파트가 많고 저녁이면 장년 여성들이 개를 산책시키는, 먼지투성이의 낡은 동네였다. 아이들은 전혀 보이지 않았다. 밖에서 보니 아파트 건물은 고문실이라기보다 창고와 흡사했다. 주위에는 나무 펜스가 둘러져 있었다. 애덤은 펜스를 넘어 외부의 시선에서 차단된 건물을 한 바퀴 돌았다. 그사이 요시가 긴장한 채 망을 보았다. 창문 안쪽에 커튼이 쳐져 있었지만 사이가 벌어져 실내가 살짝 보였다. 카펫이 깔린 바닥에 비디오테이프가 흩어진 모습이 애덤의 시야에 들어왔다.

돌을 냅다 집어 던져 유리창을 깰 수밖에 없었다. 애덤이 다부지고 탄탄한 몸으로 창문을 넘어 들어가 걸쇠를 푼 덕분에 요시는 현관으로 걸어 들어갈 수 있었다.

안으로 들어가 보니 네모난 싱글 룸이었다. 지저분한 싱크대를 가리려고 한쪽 구석에 천을 대충 쳐놓았다. 커튼 때문에 빛이 거의 차단됐지만 그래도 의자와 텔레비전, 비디오 플레이어와 바닥에 깔린 매트리스가 보였다. 도색 잡지와 비디오테이프도 잔뜩 있었다. 테이프 라벨에는 일본 및 서양 여성 사진이 붙어 있었다. 대부분 상업용으로 제작된 것들이었지만 아마추어가 찍은 듯한 비디오도 몇 개 보였다. 애덤은 "성인 기구가 널려 있어서 어수선했습니다. 딜도와 클램프(물건을 움직이지 못하도록 고정시키는 기구—옮긴이), 추하고 역겨운 물건이 잔뜩 있었죠. 하네스(몸에 채우는 벨트—옮긴이)나 끈도 보이고 처음 보는 성인 기구가 가득했습니다. 여성의 몸에 삽입하는 튜브도 있었어요. 두 다리를 벌리는 클램프가 달린 걸 보니 가랑이 사이로 튜브를 삽입하는 게 분명했어요"라고 말했다. 성적 쾌락을 위해 고통과 치욕을 줄 목적으로 제작된 물건들이었다.

두 남자는 비디오테이프 라벨을 뒤적이며 루시와 관련된 게 있는지 찾았지만 아무것도 없었다. 벽이 휑하니 실종자 포스터는 보이지 않았다. 진정한 지하 감옥이자 성을 비하하는 장소까지 오자 두 사람은 심장이 쿵쾅거렸다. 익히 소문은 들었지만 직접 와서 보리라고는 기대조차 하지 않았다. 막상 보니 말문이 막힐 만큼 기이했다. 극단적이고 상상을 초월하는 논제처럼 보이긴 하나 그래도 뒤져보면 이 미스터리를 풀 열쇠를 발견할 수 있을 줄 알았다. 그런데 사람의 흔적도 없이 텅 비어 있음을 확인하는 순간 애덤과 요시는 크게 낙담하고 말았다. 두 사람은 루시의 흔적을 따라 여기, 인간의 가슴속 가장 어두운 방, 수갑과 인분과 죽음이 펼쳐진 세계까지 왔다. 그러나 루시는 여기에도 없었다. 차라리 난잡한 파티에 취한 가학·피학성 변태성욕자 패거리나 인신 공양을 하는 마녀들의 모임을 폭로하는 편이 훨씬 쉬웠으리라. 그들이 추적하는 사건은 실감 나는 악행을 목격하거나 주먹다짐에 연루되는 일이 아니었다. 흔하게 마주치는 일도 결코 아니었다. 이것은 실재하던 한 여성이 흔적도 없이 모습을 감춘 사건이었다.

방은 온기 없이 지저분했다. 표면이 매끈한 바이브레이터와 펼쳐진 잡지 위에 먼지가 한 겹 내려앉았다. 애덤은 바닥과 매트리스, 싱크대까지 유심히 살피면서 금발 머리카락을 찾았다. 그러고 나자 할 일이 거의 없었다. 요시는 옆집 문을 몇 군데 두드렸지만 이 집과 여기에 세든 남자에 대해 아는 이도, 의심스러운 장면을 목격하거나 소리를 들은 이도 전무했다.

나중에 요시는 다카모토가 사망한 은신처를 홀로 찾아갔다. 은신처는 싹 비워졌고 청소까지 끝나 있었다. 그는 다카모토의 집으로 향했다. 그 집은 통근 전철 라인에서 버스로 세 정거장 거리만큼 떨어져 있었다. 다카모토의 아내가 문을 열었다. 요시는 미모의 젊은 아내를 보고 소스라치게 놀랐다. 자신을 기자라고 소개했지만 말을 더 할 수가 없었다. "얘기를 해보려 했지만 부인은 그저 울기만 했습니다. 너무 비극적이었고 슬펐습니다. 다카모토가 이렇게 예쁜 아내와 아이들과 아름다운 집을 두고 세상을 떠났으니까요. 이미 기자들이 다녀갔던 터라 부인은 절망한 채로 제게 애원했습니다. '제발 가주세요. 부탁합니다.' 저는 그 말에 가슴이 너무 아파서 돌아섰습니다."

요시는 마쓰다 류지의 집에도 직접 찾아갔다. 요코하마 외곽의 부촌이었다. 초인종을 누를 수도 있었지만, 대신 길 건너편에서 잠복하기로 했다. 마침내 마쓰다 류지가 나타났다. 체격이 다부지고 건강해 보이는 중년 남성으로 둥근 얼굴에 머리칼을 빳빳이 세웠다. 요시는 그에게 다가가 자신을 소개할까 고심하다 꾹 참았다. 대신 마쓰다가 현관에서 나와 차를 몰고 가는 장면을 망원렌즈가 장착된 카메라로 촬영했다.

이 사진으로 무엇을 하고, 이 정보로 무엇을 할 것인가? 몇 주 내내 오노는 팀과 애덤에게 전화하고 찾아와 마쓰다 류지가 루시의 실종과 관계있다는 주장을 반복했다. 그런데 애덤은 그런 오노의 동기에 점점 의구심이 들었다. 오노의 주장에는 설득력이 있었지만 소원해진 사디스트들 사이에 흐르는 원한과 반목을 누가 분별할 수 있으랴? 애덤은 다음과 같이 회상했다. "오노는 혼자서 액션 영화를 찍는 아이 같았어요. 뭐든지 간섭하려 했어요. 솔직히 말하자면, 오노는 그러면서 흥분을 느낀 거죠. 막판엔 오노가 지나치게 나대면서 저희한테 이래라저래라 마구 시키는 바람에 꽤 짜증이 났습니다. 정확한 정보라도 받았다면 뭐라도 했겠지만 제게 보이는 거라곤 회전목마에 올라타 맴도는 오노뿐이었습니다."

"저는 팀과 같이 경찰서로 가서 오노가 한 말을 전했습니다. 그런데 경찰이 이미 연루된 사람들 이름과 마쓰다 류지의 주소까지 다 알고 있었습니다. 경찰이 제보를 받고 뭘 했을까요? 당신이 지금 생각하시는 게 제가 겪은 것과 같을 겁니다. 저희의 신고에 경찰은 무반응으로 일관했습니다. 경찰은 얘기를 듣고 몇 글자 끼적이더니 우리를 출구로 안내했습니다."

사람의 형상을 한 구멍

9월 1일은 루시의 스물한 번째 생일이었다. 절망의 날일 수도 있었지만 블랙맨 가족은 여러 이벤트를 잇달아 열어 이 사건에 시들해진 미디어의 관심을 재차 환기했다. 제인과 루퍼트 블랙맨은 세븐오크스에서 1,000개의 분홍색과 노란색 풍선을 바인 크리켓 경기장 위로 날려 보냈다. 소피도 도쿄에서 같은 행사를 열고 싶었지만 풍선을 날리면 운전자의 집중을 흐린다는 이유로 경찰이 불허하자, 대신 롯폰기 교차로에서 전단지를 나누어 주었다. 머리 위로 보이는 초대형 스크린에는 루시의 사진과 핫라인 번호가 나왔다. 그 전날 소피는 7월의 어느 토요일 언니 루시가 그러했듯 검은 원피스를 입고 사사키 하우스에서 센다가야 역까지 이동하며 영상을 찍었다. 촬영한 장면이 방송되면 목격자가 새로이 기억을 떠올릴지 모른다는 사실에 희망을 걸었다. 그저 기억을 되살리는 것으론 부족했다. 새롭게 진전된 내용이 보도되지 않는다면 이 사건은 결국 흐지부지될 것이다.

가족들이 루시를 돕기 위해 뭘 더 할 수 있을까? 이제 남은 건 돈뿐이었다. 늦여름에서 초가을까지 사례금을 계속 내걸었고 매번 액수가 불어났다. 사례금을 공표하면 잠깐 시선이 집중되었다가 순식간에 무관심이 밀려왔다. 사례금을 계속 올려도 시간이 지나자 마약에 중독되듯 효과는 점점 떨어졌다.

팀의 가족은 루시를 찾는 데 결정적 제보를 한 사람에게 150만 엔(9,500파운드)을 포상하겠다고 제시했다. 호주의 어느 관광객이 BBC로 연락해 홍콩에서 루시를 봤다고 제보했다. "루시가 현금 인출기에서 돈을 뽑으면서 헛소리를 지껄이며 횡설수설했다"고 했다. 팀은 그 남자와 통화했지만, 남자가 설명한 여자는 루시보다 키가 작았다.

익명의 영국 사업가가 사례금을 10만 파운드로 올렸다. 도쿄 경찰은 페르시아 만 연안에 위치한 카타르에서 전화를 받았다. 루시가 카타르에서 돌아다니는 모습을 목격했다는 내용이었다. 카타르 도하 주재 영국 대사관에서 알아본 결과 사실무근이었다.

팀과 소피는 일본을 교대로 오갔다. 팀은 영국에 있을 때조차 일을 제대로 할 수 없었고 그렇다고 평범한 일상에 적응할 수도 없었다. 사업은 폐업 직전이었다. 루시를 찾으러 돌아다니는 바람에 자비로 1만 파운드나 썼다. 10월 중순이 되자 팀은 '신흥종교'를 향해 호소문을 발표하는 처절한 수단까지 동원했다. 그 단체는 루시를 억류하고 있다고 아키라가 전화로 주장한 곳이었다. 그때까지 다카기 아키라라는 남자의 전화는 수사에 혼선을 주려는 어이없는 수작이라고 비웃음을 샀다. "루시가 컬트 종교 단체에 끌려갔을 가능성에 대해 조금 더 고민해야 할 것 같습니다." 팀은 아홉 번째 기자회견을 열어 얼마 모이지 않은 기자들 앞에서 설명했다. "미디어의 관심 때문에 루시를 돌려보내기 힘들 수 있다는 건 이해합니다. 충분히 그럴 수 있기에 어떻게 하면 양측이 완벽한 신뢰 속에 만날 수 있는지 알려주시면 좋겠습니다. 만일 루시가 컬트 종교에 빠진 거라면, 루시를 교화시키는 데 돈이 들 것 아닙니까. 돈이라면 저희 가족이 마련해보겠습니다."

이 당시 다들 묻는 질문이 있었다. "루시에게 무슨 일이 벌어졌나"였다. 하지만 팀에게 이 질문은 별로 중요하지 않았다. 루시가 집으로 돌아올 수만 있다면 무슨 일이 벌어졌든 무슨 상관인가? "실종된 여성들에 대한 끔찍한 얘기를 들었습니다. 마약을 먹여 멀리 끌고 가 강간 영상을 촬영한 후 집으로 돌려보낸다더군요. 그게 루시의 운명이라 해도 지금으로선 정말 좋을 것 같습니다. 루시가 집으로 올 수만 있다면 저희 가족이 상황을 개선시킬 수 있으니 일단 루시를 찾는 게 급선무입니다."

익명의 사업가가 사례금을 50만 파운드로 올렸다.

어느 날 팀이 실종자 포스터 다발을 들고 롯폰기로 나갔을 때였다. 팀이 대로를 따라 늘어선 전봇대에 포스터를 붙이고 있는데 경찰이 오더니 불법이라며 단호히 저지했다. 팀에게 당장 포스터를 떼지 않으면 나중에 경찰이 다 떼겠다고 했다.

"안 됩니다." 팀이 하소연했다.

"협조 부탁합니다." 경찰관이 말했다.

팀은 고개를 젓고 양 손목을 모아 내밀며 체포하라고 했다.

경찰은 걸음을 옮기며 고함을 질렀다. 팀이 전단지를 들고 옆에 있는 전봇대로 갔다. 그런데 거기엔 이미 작은 전단지가 덕지덕지 붙어 있었다. 반쯤 벗은 여자 사진, '패션 헬스 팔러', '숍 랜드', '애스테틱 살롱' 등 광고 지라시였다. 팀은 자세히 보려고 몇 장을 뜯었다. 실종된 딸의 사진과 섹스 클럽 광고지를 번갈아 바라본 후 광고지를 들고 이해할 수 없다는 표정을 지었다. "루시는 안 되고 이건 되나?"

팀은 대외적으로 경찰의 '세심한 수사'를 형식적이나마 칭송하는 방책을 썼지만, 속에서는 분노가 차곡차곡 쌓였다. 루시가 실종된 지 이틀 후 다카기 아키라가 루이스에게 전화한 게 가장 큰 관건이었다. 아키라가 납치범이 아니라 해도 루시의 행방을 알고 전화한 게 확실하니 그 전화번호와 핸드폰 주인을 추적하면 결정적 증인을 확보할 수 있었다. 팀이 격분한 건 경찰이 그건 불가능하다고 우기기 때문이었다. 어떤 날에는 기술적 어려움으로 인해 추적이 불가능하다고 하더니, 또 다른 날에는 개인 및 기업의 통화 기록을 조사하려면 법원 명령이 필요하다고 했다. 형사는 팀에게 당연히 법원에 신청했으나 시간이 걸린다고 해명했다. "제발 참고 기다리세요"라고 미쓰자네 경정이 달랬다.

9월이 되자 인내심이 바닥났다. 블랙맨 가족뿐 아니라 영국 대사관의 직원들까지도 참지 못했다. 영국의 데리 어바인 대법관이 도쿄를 방문했다. 대법관은 일본 총리에게 이 문제를 다시 거론하며 일본 법무부 장관을 통해 전화번호를 추적할 수 있도록 협조해

달라고 요청했다. 어느 날 오후, 팀은 총영사 앨런 서턴과 경찰서로 향했다. 흰 수염을 기른 서턴은 단호한 성미의 소유자였다. 그러나 늘 그렇듯이 경찰과의 대화가 딴 길로 새는 바람에 요점을 전혀 건드릴 수 없었다.

서턴 총영사가 항의했다. "미쓰자네 경정님, 저한테는 통화 기록이 보존되지 않는다고 말씀하셨습니다만 저희가 알아본 결과 실상은 데이터가 보존되더군요. 통신회사가 왜 법원 명령에 따르지 않는 겁니까?"

미쓰자네가 대답했다. "문제는 일본 국내법 때문입니다. 그리고 통신회사에서 실제로 기록을 보관하는지도 의문입니다. 저희도 계속 확인 중이며 필요한 조치를 다하고 있습니다. 법원에서 영장을 받아야 합니다."

팀이 끼어들었다. "이미 법원에 신청했다고 제게 두 번이나 말씀하셨잖습니까?"

경정이 변명했다. "유감스럽게도 기록이 남지 않아서 해당 정보를 얻을 수 없었습니다."

서턴은 일본 통신회사 NTT가 보낸 편지를 들이댔다. 내용은 경정의 말과 정반대였다. 과정이 상당히 복잡하긴 하나 이동통신의 통화 내역은 사실상 사내 컴퓨터를 통해 추적이 가능하다는 것이다.

미쓰자네가 웃었다. "저희는 NTT로부터 아무런 정보를 받지 못했습니다."

이 말에 앨런 서턴이 격노했다. "이 문제가 어느 선까지 올라갔는지 모르고 계시나 본데, 영국의 대법관 어바인 경께서 당신네 법무부 장관에게 확답을 들었습니다. 일본 도쿄 경시청은 해야 할 일을 하시길 바랍니다. 당신들이 어떻게 하고 있는지 영국 정부가 내게 물을 것입니다. 내가 뭐라고 대답할까요? 경찰은 그 정보를 반드시 확보해야 합니다. 한 여자의 목숨이 위태로운 상황입니다."

팀이 호소했다. "실종이 10주째로 접어든 지금, 모욕이 아니라 정확한 정보가 필요합니다. 제 말을 못 믿으시면 대체 누구 말을 믿으십니까?"

미쓰자네 경정이 씩 웃었다. "통신회사에서는 그건 불가능하다고 했습니다. 저희는 일본법을 준수해야 합니다."

영국에 있는 루시의 친구와 가족은 도쿄에서 멀리 떨어져 도울 길이 없었지만, 루시의 실종에서 오는 긴장감은 가라앉지 않았다. 아버지와 여동생이 기자회견을 열고 형사와 고군분투하는 동안 열여섯 살 된 남동생 루퍼트 블랙맨은 새 학기를 맞이했다. 루퍼트의 누나에 대한 소문이 퍼지자 여름방학 사이 루퍼트는 조용히 유명인이 되었다. 과거의 라이벌이나 사이가 좋지 않던 친구들까지 루퍼트를 다정히 대했지만 루퍼트에게는 위로가 되지 않았다. "당시엔 정말 끔찍했어요. 잠자리에 들기 전이면 창문을 열어놓고 그 옆에 서서 담배를 피웠어요. 하늘의 별을 바라보며 누나 생각을 했습니다. 어디에 있는지 모르지만 누나도 저 별을 같이 보고 있을 것 같았어요. 누나는 이제 일본에 없나? 배에 타고 있을까? 컬트 종교에 빠진 걸까? 가장 끔찍한 사실은 제가 아무것도 모른다는 거였죠. 무슨 기분인지도 모르겠더라고요. 가슴속에 온갖 기분이 뒤섞여 있어서 뭐든 끄집어낼 준비가 됐는데도 뭐가 맞는지 모르겠더라고요. 한탄을 해야 할지, 강해져야 할지, 어찌해야 할지 몰랐어요." 이 사건과 관련된 소식이 들려오면 몸서리가 쳐졌다. "친구 집에 가서 TV를 켰는데 누나에 관한 다큐멘터리가 나오더라고요. 뭐랄까, 부모님하고 같이 야동을 보는 느낌과 비슷한 감정이 들면서 이건 아니다 싶었죠."

루시의 동창 게일 블랙맨은 루시가 살아 있다고 확신하며 친구가 돌아오면 보여주려고 친구 앞으로 일기를 적었다. "저희 둘이 루시가 떠나기 전에 산 아주 비싼 침대에 걸터앉아 같이 일기를 보면서 웃는 모습을 상상했어요. 그러다 정신이 들었죠. '이 바보야, 넌 루시를 다시는 못 볼 거야. 루시는 다시 돌아오지 않아.'"

제인 블랙맨이 8월에 잠시 일본으로 건너갔다. 제인은 기자들에게 품은 혐오감을 극복하고 처음으로 기자회견을 열었다. 팀의 대외적 스타일과는 달리 제인은 가슴 저리게 진술한 모습을 보이며 남의 시선을 신경 쓰지 않았다. "내일이면 루시가 실종된 지 석 달이 됩니다. 저는 일본 여성분들에게 호소하기 위해 이 자리에 섰습니다. 어머니이자 딸이고 여동생이자 이모이며 할머니이신 여러분, 이 끔찍한 사건의 실마리가 될 결정적인 제보를 저희와 경찰에게 해주시기 바랍니다. 루시에게 무슨 일이 벌어졌는지 아시는 분이 계실 거라 믿습니다. 그런 증인께서 나서주시기를 간절히 요청합니다. 키가 큰 금발의 늘씬한 미녀가 그렇게 쉬이 사라질 리가 없습니다. 누군가 분명 저희 루시를 보셨을 겁니다. 제발, 제발, 목격자가 계시면 앞으로 나와주시겠습니까? 가족은 루시를 되찾고 싶습니다. 남동생과 여동생, 아버지와 제가 루시의 귀환을 원합니다. 누구신지 모르겠지만 당신은 제 딸을 충분히 데리고 계셨습니다. 저는 일본 국민들이 도움을 주지 않으시리라고는 믿지 않아요. 저희는 여러분이 걱정하시는 것도 알고, 얼마나 가정적인 분들이신지도 알고 있습니다."

"여동생 같은 딸을 둔 엄마로서 제게는 이 일이 너무 끔찍한 악몽 같습니다. 잠도 못 잡니다. 제 인생이 멈췄어요. 전 제대로 움직일 수도 없어요. 심장이 갈기갈기 찢기는 기분이라 가슴이 터질 것 같습니다. 가장 사랑하는 딸이며 온 방을 가득 밝히던 그 아이가…." 제인은 말을 잇지 못했다. 그러더니 다시 입을 열었다. "가족으로서 저희는 루시를 찾는 일을 결코 포기하지 않을 것이며, 못 찾을 거란 대답은 절대로 받아들이지 않겠습니다."

그러나 끔찍한 예감은 점점 실체를 갖추고 있었다. 루시가 죽은 것보다 훨씬 참혹했다. 루시가 무슨 일을 당했는지 아무도 모른 채 영영 실종 상태로 남을 가능성이 커졌다. 소피는 도쿄에서 일본 기자에게 이렇게 토로했다. "10년, 20년, 어쩌면 5년에 한 번씩 제가 일본에 와서 언니를 찾을까 봐 그게 가장 두려워요. 정말 그러긴 싫어요. 언니가 납치되었다는 이유로 제 인생을 포기할 준비가 된 건 아니에요. 그러니 이 사건은 끝을 봐야 해요. 빨리 끝났으면 좋겠어요. 언니는 단순 실종이 아니라고요."

제인은 루시 블랙맨 조사에 비공식적으로 가장 최근에 뛰어든 사람과 동행했다. 퇴직한 총경 데이비드 시본 데이비스였다. 웨일스 출신으로 잘 웃는 남자이며 '데이'라는 별칭으로 알려진 그는 젊은 시절 영국 경찰청의 풍기 사범 단속반에서 수년 복무한 후 엘리자베스 2세를 경호하는 영국 왕실 경호단에서 공적 커리어를 마감했다. 그는 3년 전 일본 왕실 경호단과 미팅하기 위해 일본을 방문했을 당시 환대를 받았다. 그다음 해 영국 경찰청에서 퇴직한 후 '국제 보안 컨설턴트'로 변신해 '디 에이전C'라는 이름으로 파트너십을 맺었다. 데이는 제인 블랙맨의 남동생이 아는 사람으로 수십 년 쌓인 경험과 일본 경시청 내의 네트워크를 어필하며 자신감을 내보였다. 중구난방으로 애쓰는 블랙맨 가족의 노력에 전문성을 갖춘 그의 열정이 더해지면 미쓰자네의 단단한 방호벽도 깰 수 있다고 장담했다. 팀의 부유한 매부 브라이언 맬컴은 데이에게 일급으로 800파운드를 지급하고 경비는 별도로 정산하기로 합의했다. '디 에이전C'의 평균 일급에서 400파운드나 할인받은 금액이었다.

데이는 짧고 깔끔하게 콧수염을 기르고 회색 양복에 페이즐리 타이를 맸다. 그는 따스하고 다정하고 설득력 있으며 겸허함에서 나오는 매력을 갖추었다. 하지만 도쿄에서 수사하는 어려움은 예상을 훨씬 웃돌았다.

2000년 늦여름 그가 일본에 도착했을 무렵, 일본 왕실 경호실에서 근무하던 지인들은 은퇴했거나 전근을 갔다. 남아 있는 사람들은 데이를 도울 형편이 안 되거나 돕기를 꺼려했다. 아키히토 일왕의 경호원들은 롯폰기 형사들과 별개의 세상에서 움직이는 게 분명했다. 게다가 데이는 면허증 없이 일본에서 사설탐정으로 활동할 경우 체포된다는 통보를 받자 충격에 빠졌다. 자신이 블랙맨 가족의 친구인데 이번 일에 관심이 많다고 속였지만 그래서야 팀이나 애덤보다 나을 것도 없었다. 도쿄 경시청은 예의를 차리면서도 데이를 무시했다. 유흥업소 주인들과 매니저들은 의심의 눈초리로 협조를 거부했다. 데이는 이런 모습을 '침묵의 벽'이라고 칭했다. 자신이 진퇴양난에 빠졌음을 인정하는 표현이었다. 데이는 일본에 대해 잘 알지도 못하고 전문 통역을 구하려는 계획도 없이 일본 기자들과 자원봉사자들의 선의에만 기댔다. 비공식적으로 꾸려진 루시 팀에 합류한 이들과 다를 바 없었다. 데이는 6년 후 이렇게 실토했다. "아무도 절 만나려 하지 않았습니다. 저는 궁금했어요. '내가 돈값을 하고 있나? 탐정인 척하는 건 아닐까? 내 전략으로 어디까지 갈 수 있을까?' 경찰이었을 때는 필요한 정보를 마음껏 쓸 수 있으니 다르죠. 정보가 있어야 수사할 수 있으니까요. 그런데 저 혼자 사설탐정으로 활동할 때는 종종 돈을 찔러주어야 합니다. 이제 와 생각하면 일개 개인인 제가 뭔가를 바꾸겠다고 허세를 부린 것 같습니다. 지나고 보니 그런 생각이 듭니다."

'데이' 데이비스는 기자들과 원만한 관계를 유지했다. 그는 다수의 영국인 실종 사건 등 유명 사건에서 비슷한 역할을 했었다. '전직 런던 경찰' 혹은 '슈퍼 탐정'이라는 별칭이 주기적으로 신문 기사나 뉴스 인터뷰에 오르내렸다. 데이는 영국 꼬마 매들린 매캔의 실종 사건을 수사하던 포르투갈 경찰을 몰아붙이기도 했고, 켄트 출신 소녀 루이스 커튼 실종 사건을 수사하던 독일 경찰에게 의견을 제시하기도 했다. 신문에서는 루시 사건에서 데이가 '결정적 역할'을 한다고 종종 언급했다. 하지만 이걸 보면서 팀은 아이러니를 느꼈다.

팀은 "데이 데이비스, 위대한 데이 데이비스. 요전에 그가 텔레비전에 출연해서 '저는 이 사건에 도움을 주기 위해 일본까지 왔습니다'라고 말하는데 분통이 터지더군요. 저희가 그자에게 4만 8,000파운드를 지불했어요. 무려 4만 8,000파운드라고요. 그런데 데이는 그 돈으로 폴 댄스나 보며 매니저들하고 떠들고 있더군요"라고 격분했다.

데이는 블랙맨 가족이 수집해온 조각난 정보에서 그나마 그림 하나를 맞추었다.

9월. 데이는 맨디 윌러스라는 여인을 추적했다. 맨디는 전직 호스티스로 카사블랑카에서 몇 주 일한 후 영국 블랙풀로 돌아갔는데, 루시와 일한 기간이 겹쳤다. 맨디는 6월 말 클럽에 들른 한 남자의 모습을 묘사했다. 그는 루시의 접대를 받으며 돈을 많이 쓰면서 브랜디를 마셨다고 했다. 맨디는 그걸 보며 왠지 모를 불편함을 느꼈다고 털어놓았다. 데이는 타고난 탐정의 직감으로 이 정보를 포착한 후 런던 경찰국 몽타주 팀에서 근무하는 친구를 설득해 같이 블랙풀로 향했다. 그는 그곳에서 맨디가 묘사하는 대로 몽타주를 만든 후 이를 급히 도쿄로 보내 알아볼 만한 사람들에게 보여주었다.

몽타주는 불쾌할 정도로 끔찍했다. 남자는 넙데데한 얼굴에 살집이 있었고 굵은 콧대에 두툼하고 음탕한 입술을 지녔다. 숱이 많은 머리칼이 새싹처럼 위로 솟았다. 몽타주 속 남자는 몸이 근육질이라 단단해 보였다. 큼직한 안경으로 감정이 읽히지 않는 눈매를 일부 가렸다. 무자비하고 인정사정없고 생경한 사람의 얼굴이었다.

인간적인 공감 능력이 없을뿐더러 이해심도 없어 보였다. 두 달간 수색에 참가한 이들이 겪은 고통과 절망을 이보다 더 생생한 상징으로 그려낼 화가는 없을 것 같았다.

10월이 되자 마이크 힐스가 사기꾼이었음이 드러났고 여러 SM 모임을 추적하던 일도 성과 없이 끝났으며, 롯폰기 사무실에서 팀과 소피 블랙맨이 루시를 찾도록 하겠다던 휴 셰이크새프트의 의지도 허물어졌다.

사태가 절망적으로 흘러간 데에는 일본 체류비라는 단순한 이유도 있었지만, 또 다른 이유가 존재했다. 팀에 대한 반감이 자원봉사자 사이에서 커지다 점차 노골적인 미움으로 변했다.

팀을 가장 극렬히 공격한 사람은 휴 셰이크새프트였다. 휴는 팀이 자신의 사무실에서 지내는 모습을 점점 거슬려하다가 여기가 사업장이라는 사실에 둔감하다며 팀을 비난했다. 휴는 벽면에 실종 포스터를 붙였다며 짜증을 냈고, 팀이 자기 직원들에게 '무례하게 아무 말이나 내뱉는 태도'에도 분개했다. 게다가 휴가 자리를 비운 사이 팀이 사무실에서 인터뷰하고 기자들을 벨리니스로 데려가 접대한 후 비용을 휴에게 청구한 사실에도 격분했다. 사실 휴가 느낀 분노의 원천은 그보다 훨씬 뿌리 깊었다. 같은 일을 당한 다른 사람이라면 팀처럼 굴지 않았을 거라는 굳은 신념을 품고 팀의 처신을 바라보았기 때문이다.

이런 사건은 대개 흐지부지되지만 팀의 또박또박한 말투와 차분한 태도 덕분에 루시 실종 사건은 세간의 관심을 훨씬 오래 이어갈 수 있었다. 그럼에도 전형적인 피해자 역할을 거부하는 팀에게 의심의 화살이 지속적으로 쏟아졌다. 겉으로 보기에 그는 제정신이었고 이성적으로 행동했으며 전혀 심란해하지 않았다. 딸이 실종됐는데 아버지가 괴로워하지 않는다니 그건 부덕한 일이었다. 다음은 휴 셰이크섀프트가 팀을 싫어하는 이유를 열 장에 걸쳐 4,000단어로 정리한 문서 중 일부다. "나는 이런 최악의 상황에 팀이 별로 관심을 보이지 않는다는 사실을 점차 또렷이 인지하게 되었고, 가정 내 문제로 극심한 트라우마를 겪는 사람들이 보이는 일반적인 반응을 전혀 보이지 않는다는 것을 깨달았다. 팀은 그저 우리가 그에게 돈을 얼마나 많이 모아줄 수 있는지, 다음 TV 인터뷰는 언제 하는지에 훨씬 관심이 많아 보였다."

다른 이들도 팀이 돈에 집착한다며 불평했다. 블랙맨 가족을 돕던 애덤 위팅턴은 팀이 자기에게 얼마나 신세 졌는지를 따지다가 뼈아픈 말싸움 끝에 절교했다. 루시 수색에 참여한 익명의 제보자는 팀이 아내 조지핀 버르와 통화하는 것을 우연히 들었는데, 둘이 '이런 상황에서 돈을 벌 방법'에 대해 논의했다고 증언했다. 처음 만났을 때 아낌없이 모든 비용을 댔던 휴는 이렇게 기술했다. "난 팀에게 도움이 절실히 필요하리라고 믿었다. 유감스럽게도 팀 블랙맨이 그 후 행동으로 명확히 입증했듯이, 나는 그가 루시를 찾는 건 뒷전이고 자신의 유명세를 즐긴다고 믿게 되었다."

몇 년 후 나는 휴와 저녁에 두 번 만나 루시에 대해 얘기했다. 휴는 팀에 대한 반감을 한참 쏟아냈다. 문득 나는 팀이 정말로 그 상황을 즐겼다고 생각하느냐고 휴에게 물었다. "팀은 새벽 4시, 5시까지 술을 마셨습니다. 필요한 수사를 하다가 새벽 1시에 술에 취해 집에 갈 수는 있어요. 그러나 제가 알기론 팀이 이혼한 이후 5년 동안 루시를 본 게 고작 두세 번이라고 합니다. 팀은 자기 딸을 만날 시간을 내지도 않은 사람입니다. 완전히 자아도취에 빠진 남자죠. 그가 이혼을 어떤 식으로 처리했고, 가족에게 실제로 무슨 짓을 했는지 보십시오. 팀은 매우 차갑고 이기적이라고 평가해도 되는 남자라 생각합니다."

나는 휴의 입에서 팀의 이기주의와 과음을 고발하는 말이 나오는 게 어색해 보였다. 휴는 자기와 친분이 있는 할리우드 배우들의 이름을 떠들고 롯폰기에서 몇 년간 질펀하게 노느라 얻은 심근경색에 대해서도 자유로이 말하고, 자신의 이혼 경력은 물론 떨어져 사는 젊은 아들의 이혼까지 털어놓는 사람이었다. 하지만 팀을 이렇게 평가하는 건 휴만이 아니었다. 2000년 말이 되자 도쿄에서 이런 얘기가 자주 들렸다. 다들 슬쩍 인상을 쓰면서 고개를 절레절레 저었다. 교포들의 아파트에서 열린 저녁 파티에서, 5성급 호텔의 일요일 브런치 자리에서, 대사관 칵테일파티에서, 실종된 여자의 아버지 팀 블랙맨이 마음껏 즐기고 다닌다는 얘기였다.

실종자 가족들은 통상적으로 생각하는 것보다 두 배의 부담을 걸머진다. 처음에는 이 고난이 빚은 고통 때문이고 그다음은 그들에 대한 우리의 기대 때문이다. 우리는 그들에게 보편적 모습보다 한층 수준 높은 모습을 기대한다.

우리는 당연히 인간으로서 힘들어하는 주변 사람들을 도울 방법을 찾는다. 그런데 대부분은 알든 모르든 대가를 원한다. 그 대가란 그들의 무력하고 곤궁한 모습 앞에서 우월감을 느끼는 것이다. 팀은 자신의 고통과 공포심을 숨기고 정력적으로 활동하는 모습을 보였다. 그 때문에 사람들이 불편한 반응을 보인 것이다. 반면 제인 블랙맨은 주위에서 바라는 모습을 보여주었다. 제인은 고통을 마음 껏 쏟아냈다. 어머니는 도움이 필요했고 도움을 받으면 진심으로 고마워했다. 덕분에 봉사자들은 자신들이 선의를 베푸는 사람임을 실감할 수 있었다.

제인이 일본을 방문하던 시점에 팀에 대한 반감이 점점 커졌는데, 이건 우연이 아니었다. 팀은 도쿄의 자원봉사자들에게 전 부인에 대해 거의 언급하지 않았다. 반면 제인은 마음을 터놓은 이들에게 이혼에 대해 거리낌 없이 언급했다. 휴와 애덤, 데이는 결국 학대받은 아내, 가족을 내팽개치고 가출한 난봉꾼 남편이라는 단순한 그림을 그리게 되었다. 온정이 팀에게서 벗어나 제인에게 쏠렸다. 블랙맨 가족이 받을 온정의 양이 정해져 있는데 그걸 둘이 나눠 가져야 하는 상황처럼 보였다.

팀은 그런 변화를 감지하고 영국의 일요 신문과 인터뷰를 했지만 루시를 찾는 이들 사이에서 그의 입지는 전혀 개선되지 않았다. 그는 루시가 실종되어 괴롭다면서 그 고통을 파경으로 소원해진 경험에 빗대어 설명했다. 팀은 〈선데이피플〉과 이렇게 인터뷰했다. "제인의 충격은 이해합니다만 전 제인에게 일말의 동정심도 느낄 수가 없습니다. 제가 전에 루시를 만나지 못했을 때와 같아요. 물론 지금 이 상황이 훨씬 힘듭니다만, 과거 제게 저지른 짓을 제인

이 되돌려 받는 겁니다. 그러니까 고통스러워하는 제인을 보면서도
제 마음이 녹질 않는 거죠."

짧지만 불쾌한 통화를 한 후 제인과 팀은 더 이상 대화하지 않
았다. 두 사람은 서로 마주치지 않으려고 시간을 철저히 조율해 도
쿄를 방문했다. 제인과 데이 데이비스가 10월 초에 일본을 떠난 후
팀은 와이트 섬에서 머물렀다. 소피도 집으로 돌아갔고 애덤 위팅
턴도 8월 말 일본을 떠났다. 영국 영사관의 직원이 루시 핫라인에
연결된 자동 응답기를 확인하고 기록했다.

—10월 2일 오후 1시경, 루시를 닮은 여성이 긴시초 인근 안경점에서
목격되었다는 제보. 여자는 남자와 걸어갔음. 제보자는 아시아와 유
럽에서 온 여성들이 일하는 유흥업소가 주변에 많았다고 덧붙임.

—제보자는 종교 단체에 관한 정보를 들었다면서 일본말이 가능한
영국인이 그에게 다시 전화해달라고 부탁함.

—제보자는 인터넷에서 루시를 닮은 여성을 봤다고 제보함.

—배경음악만 흐름.

3개월 전 루시가 실종된 이후 처음으로, 루시를 찾는 가족이
도쿄에 한 명도 남지 않았다.

나는 루시 블랙맨 사건이 전개되는 내내 도쿄에서 살았다. 이

사건을 발 벗고 취재해 내가 일하던 신문에 기사를 실었다. 에디터가 던지는 명확한 질문, 영국 독자들이 하는 질문, 일본을 잘 모르는 독자들이 하는 질문에 대답하려 애썼다. 일부 질문은 쉬이 해결되었다. 도쿄에서 루시가 어떤 생활을 했는지, 외국인 호스티스가 무슨 일을 하는지에 대해서는 대답할 수 있었다. 그러나 "루시에게 무슨 일이 생겼나"라는 가장 중요한 질문에는 대답할 수 없었다. 뭔가 성에 차지 않으니 독자들이 다른 질문을 제기했다. 예컨대 루시가 마약을 했느냐? 루시의 가장 친한 친구는 뭘 아느냐? 루시의 아버지는 어떠냐? 등의 질문이 꼬리를 물었다.

나는 기자로서 일본의 공적인 표면을 훑고 다녔다. 낮에는 관료, 정치인, 학자, 전문직 종사자들을 만났고, 일이 끝나면 나와 비슷한 이들을 만나 긴장을 풀었다. 이들은 일본을 좋아했고 일본을 고향이라 부르진 않아도 충분히 이해한다고 생각하는 사람들이었다. 롯폰기는 그들이 가끔 밤에 요란하게 놀고 싶을 때 찾던 곳이다. 특정한 성향을 지닌 남자들은 여자 젖가슴을 구경할 수 있는 술집으로 향하곤 했다. 이제 루시 블랙맨을 추적하는 기자로서 나는 클럽을 찾아 요율에 따라 돈을 지불하고 매력적이고 뭔가 아는 듯한 젊은 호스티스와 이야기했다. 처음에 클럽은 기자들을 경계하며 날을 세웠다. 술집 기도들과 카메라와 수첩을 들고 꼬치꼬치 캐묻는 '손님들' 사이에 실랑이가 벌어지기도 했다. 하지만 물장사는 빠르게 본래 수준으로 회복되었다. 루시가 일하던 카사블랑카도 루시 실종 후 며칠 만에 폐업했다가 8월 말에 그린그래스라는 새 이름으로 재개장했다.

나는 롯폰기의 원 아이드 잭스, 도쿄 스포츠 클럽에서 긴 밤을 보냈다. 혼자, 혹은 친구와 같이 가서 나보다도 루시 블랙맨에 대해 잘 모르는 호스티스들에게 술을 권하며 물었지만 돌아오는 얘기는 루시가 컬트 종교에 가입했다는 둥, 집단 강간을 당했다는 둥, SM 모임 때문이라는 둥 루머뿐이었다. 전에는 롯폰기가 그저 네온이 번쩍이는 상스러운 곳으로 보였으나 이제는 어둡고 찜찜하고 불가사의한 장소로 보였다. 콘크리트 거리 밑에 무수한 생명체가 몸을 숨긴 것 같았다. 새벽 4시에 취한 채 집에 돌아오면 옷에서 담배 냄새가 진동하고 주머니 속에는 메모를 끼적인 냅킨이 가득했다. 자면서도 남자들이 흔히 꾸는 꿈을 꾸었다. 말을 탄 기사가 되어 음침한 성으로 가서 용을 죽이고 실종된 처녀를 구해 영원히 영광을 누리는 꿈이었다.

나는 아자부 경찰서의 지속적인 입단속에 굴복했고 영국 대사관에서 뻔한 얘기만 듣는 것도 감내했다. 나는 일본 기자들과 협정을 맺었다. 그들이 경찰서에서 들은 사소한 내용이라도 내게 알려주면, 나는 블랙맨 가족에게 들은 이런저런 소식을 건넸다. 판지에 루시의 사진을 붙여서 가방에 넣어 가지고 다니다가 도쿄에서 만나는 이들에게 보여주기도 했다. 다들 사진 속 여성을 알아보았지만 그녀를 실제로 목격한 사람은 아무도 없었다.

새롭게 보도할 내용이 없는데도 그 사건을 잊기가 불가능했다. 사람이 먼지처럼 흩어질 리 없다. 분명 무슨 일이 벌어진 것이다. 우리는 많은 정보를 모았다. 루시, 롯폰기, 호스티스, 실종된 날 오후에 있었던 일까지. 그러나 그 중심에는 여전히 큰 구멍이 뚫려 있었다. 사람들은 빈 자리가 싫다며 그곳을 채우려 했다. 다들 팀이 그곳을 채워주길 바랐다. 고통과 분노, 명확히 보이고 쉽게 수긍이 가는 감정으로 완전히 채워주길 원했다. 팀이 그런 모습을 보이길 거부하자 사람들은 그에게 분노를 쏟아냈다.

아무도 그 구멍의 정체를 모르면서도 윤곽은 알고 있었다. 그것은 사람 모양의 구멍, 루시를 데려가 해코지한 사람의 모습을 한 구멍이라는 사실을 다들 알고 있었다. 그리고 그자가 분명 남자라는 것도 인지했다.

나는 기자라면 누구나 가끔 마주해야 하는 임무가 싫었다. 유족에게, 무서워서 떠는 이에게, 상실을 겪은 피해자들에게 인터뷰를 청하는 일이 싫었다. 너무 냉정하고 딱딱해 보일까 봐, 혹은 걱정하고 공감하는 척하는 것처럼 보일까 봐 목소리를 가다듬고 수위를 조절하는 게 늘 부담스러웠다. 나는 매번 독하게 마음먹고 블랙맨 가족에게 전화를 걸었다. 슬픔에 빠진 제인, 방어적이고 공격적인 소피, 과하게 협조적이고 매력적인 팀. 그러나 10월이 되자 그들은 모두 슬픈 가슴을 안고 영국으로 돌아갔다. 그제서야 나는 루시 생각을 하지 않고 며칠씩 시간을 보낼 수 있었다. 그러던 어느 날 밤, 일본인 기자 친구가 전화를 걸어 일본 경찰이 체포를 앞두고 있다면서 마침내 사람의 형상을 한 구멍에 딱 들어맞는 남자를 찾은 것 같다고 전했다.

일본 경찰의 위엄

크리스타벨 매켄지는 마침내 도쿄로 도망쳤다. 일반적인 도망자들이 겪는 어려움 때문이 아니었다. 크리스타벨의 아버지는 스코틀랜드의 유명 변호사였고 어머니는 에든버러 대학교 교수라서 똑똑하고 예쁜 크리스타벨은 문화를 풍성히 접하며 자랐다. 원하기만 하면 존경받는 중산층 가정의 삶을 마음껏 누릴 수 있었다. 하지만 크리스타벨은 부유한 에든버러가 거만하고 답답하게 느껴져 독립과 재미를 원했다. 크리스타벨은 학교를 중퇴하고 리셉셔니스트로 일하다가 다시 식스 폼 과정으로 복학해 A레벨 시험을 두 번 치른 후 런던으로 이사해 백화점에 일자리를 얻었다.

런던 생활로는 집에서 충분히 벗어난 기분이 들지 않았다. 그때 일본에서 살다 온 지인이 크리스타벨에게 일본이 얼마나 재미있고 기회가 많은 나라인지 얘기해주었다. 1995년 1월, 크리스타벨은 열아홉 살의 나이로 혼자 도쿄에 와서 7년 가까이 살았다.

크리스타벨은 일본에서 외국인의 삶을 결정짓는 특징이 뭔지,

수많은 사회 부적응자들이 왜 일본을 찾는지 금세 깨달았다. 남들과 달라서 느낄 수밖에 없는 소외감이 외국인이어서 드는 더 크고 보편적인 소외감으로 상쇄되었다. 크리스타벨은 "전 일본을 정말 좋아했고 아직도 좋아해요. 물론 장단점이 존재해요. 뭔가 섬뜩한 부분도 있지만 제가 정말 좋아하는 것들도 있죠. 일본에서는 제가 뭘 하든 이방인 취급을 받기 때문에 자유로워요. 어차피 관심에서 벗어날 수 없으니 사소한 걱정은 접고 느긋하게 즐기면 됩니다. 게다가 돈도 잘 버니 정말 여유롭게 살 수 있어요. 고향에서 아주 멀리 떨어져 있기에 뭘 하든 실제 생활과 단절된 느낌이 듭니다"라고 했다.

크리스타벨은 금발의 장신에 왈가닥이었다. 영어 교사로 잠시 일했지만 싫증이 나서 몇 주 후 프레슈라는 작은 클럽에서 호스티스로 일했다. 프레슈는 롯폰기 인근이자 부촌인 아카사카에 있었다. 롯폰기보다 고급스러워서 젊은 외국인보다 주머니가 넉넉한 일본 회사원이 찾는 곳이었다. 아카사카의 전통찻집에는 극소수의 진짜 게이샤가 남아 있었다. 일본 정치인과 대기업 임원이 이런 찻집의 단골이었다. 이들이 프레슈를 찾는 일은 거의 없었다. 크리스타벨이 상대한 손님들은 대부분 외롭고 매력 없는 남성들로, 외국인 미녀와 두 시간가량 영어로 대화하는 걸 이국적인 경험으로 받아들였고 다른 데에서는 겪기 힘든 기쁨으로 여겼다.

그녀는 이렇게 증언했다. "가라오케 기계가 있는 작은 바에 호스티스가 여섯 명에서 여덟 명 정도 대기하는 아주 얌전한 클럽이었죠. 가끔 공격적이고 야비하거나 구취가 심한 손님이 오기도 했어요. 그렇지만 굉장히 불쾌한 손님은 극소수였고 대부분 괜찮았어요. 지루한 게 제일 힘들었어요. 동반을 나가는 건 부담이 없었죠. 아카사카에 있는 식당에 가서 밥만 먹고 클럽으로 돌아오면 되니까요." 특별히 잘나가는 호스티스는 나약하고 순진한 척 연기했다. 손님들은 종종 그들보다 덜 똑똑한 사람과 대화한다는 기분을 느끼며 자신감을 회복하는 것 같았다. 크리스타벨은 도저히 멍청한 척은 할 수 없어서 다른 방법을 개발해 시간을 때웠다. 바보처럼 술 마시기 게임(크리스타벨은 술을 좋아했다)을 하거나 초반부터 꼬리 치듯 말하기도 했고 마약에 손을 대기도 했다.

1990년대 중반 일본에서는 거품경제가 마지막 숨을 가쁘게 몰아쉬었지만, 그럼에도 도쿄에는 여전히 돈이 넘쳐나 수완 좋은 호스티스들은 어마어마한 액수의 돈을 챙겼다. 손님이 홀딱 반한 호스티스에게 롤렉스 시계며 골드 바, 심지어 아파트까지 사줬다는 소문이 돌았다. 롯폰기에 비해 월등한 아카사카의 위상은 손님이 호스티스에게 퍼붓는 돈을 보면 알 수 있었다. 런던에서 일주일에 120파운드를 벌던 크리스타벨은 호스티스로 일하며 시간당 3,000엔(20파운드 정도)을 벌었고, 요청을 받거나 동반까지 나가면 벌이가 늘었다.

어느 날 밤, 처음 보는 남자가 클럽을 찾았다. 매니저가 허리를 깊게 숙이고 살살거리며 환대하는 걸 보며 크리스타벨은 그 남자가 성공해서 씀씀이가 헤픈 손님임을 짐작했다. 남자는 자신을 혼다 유지라고 소개했다. 클럽 프레슈를 찾는 평균 단골의 수준을 훌쩍 뛰어넘는 사람이라는 걸 한눈에 알 수 있었다.

그는 40대 초반의 단신이었지만 평범한 회사원들과는 다른 매너와 모습을 갖추고 있었다. 얼굴은 평범했지만 비싸 보이는 재킷에 실크 셔츠를 입고 목 단추를 끌렀다. 영어가 유창했고 다른 손님과 달리 절대로 호색적이거나 멍청하게 행동하지도 않고 측은해 보이지도 않았다. "유지는 살짝 건방지면서도 자신감이 넘쳐 신선하게 보였어요. 특별히 잘생기지도, 그렇다고 성격이 아주 좋은 것도 아니었지만 다른 손님과 달리 묘하게 끌렸죠. 속내를 알기 힘든 특이한 사람이었어요."

"약간 허세를 떨며 잘난 척하는 걸음새에 말하는 것도 좀 이상했어요. 설명하기가 힘든데요, 뭐랄까, 혀 짧은 소리를 내는 입 모양이 우스워 보였어요. 아이들 입매 같달까, 도마뱀처럼 혀를 날름거리면서 말했죠." 유지는 클럽의 세찬 에어컨 바람에도 땀을 흘려서 핸드 타월을 작게 접어 얼굴과 목과 이마를 훔쳤다.

크리스타벨과 유지는 처음 만난 저녁 내내 같이 있었다. 그는 다시 그녀를 보러 오겠다고 했다. 이로써 동반을 나가는 관계가 완벽히 구축되었다.

한 달 내내 두 사람은 매주 동반을 나가 저녁을 먹었다. 그때마다 그는 다른 차를 몰고 왔다. 유지에게는 하얀 롤스로이스 컨버터블도 있고 각기 다른 포르쉐도 세 대나 있었다. 크리스타벨은 돈에 휘둘리지 말자고 다짐했으나 유지는 호스티스라면 누구나 꿈에 그리던 손님이었다. 한번은 유지가 그녀를 최고급 중국집에 데려갔다. 메뉴는 해파리 요리에 샥스핀 수프까지 완벽했다. 어떤 날은 신중히 손질해 독성을 제거해야 하는 값비싼 복어 요리를 먹기도 했다. 유지는 자기 얘기는 별로 하지 않았지만 재력을 과시하는 건 분명 중시하는 것 같았다. 클럽 직원이 크리스타벨에게 그의 집안이 일본에서 다섯 손가락 안에 드는 부자라고 귀띔했다. "그는 정말 복어를 좋아했어요. 그러면서 자기는 매일 먹는댔어요. 그런 식으로 과시한 거죠. 사람들은 돈이 많으면 자기가 정말 멋지다고 착각하는데, 그런 걸 볼 때마다 웃겨요." 크리스타벨은 유지를 비범하고 우스꽝스러운 면이 있으나 무해한 남자라고 생각했다.

1995년 5월 어느 날 밤, 유지가 퇴근 후 크리스타벨을 데리러 오더니 해변으로 드라이브를 가자고 했다. 새벽 3시였다. 크리스타벨은 모험을 위해서라면 잠자는 시간에 대한 통념 따위는 전혀 개의치 않았다. 게다가 유지가 말하던 별장이 궁금하기도 했다. 두 사람은 흰색 롤스로이스를 타고 드라이브를 했다. 크리스타벨은 에어컨 바람이 너무 세서 바들바들 떨었다. 그런데 유지는 얄팍한 실크 셔츠 한 장만 입고도 땀을 뻘뻘 흘렸다. "그날따라 이상하게 거슬렸어요. 유지가 마약이든 암페타민이든 한 줄 알았는데 그건 아니었어요. 그냥 운전을 험하게 했어요. 액셀러레이터나 브레이크를 끝까지 밟았죠. 두 동작을 번갈아가며 했고 그 중간이 없었어요." 크리스타벨은 차가 어디로 가는지 방향만 어렴풋이 알았다. 한 시간 후 요트 정박지에 도착했다. 그 옆에는 별장으로 쓰이는 아파트 단지가 있었다. 키 큰 야자나무가 바닷바람에 흔들렸다. 유지가 처음 이 집에 대해 설명했을 때 크리스타벨은 캘리포니아나 호주에서 볼 수 있는, 해안선을 따라 늘어선 정원과 개인 풀장이 딸린 저택을 상상했다. 현실은 실망스러웠다. 큼직하고 획일적인 콘크리트 아파트 열몇 가구라니. "거길 보는 순간 '내가 여기에서 뭘 하는 거지?'라는 생각이 들었어요. 이 남자 애기와 달리 돈이 별로 없구나 싶더라고요."

아파트는 단지 내 있는 건물 3층에 있었다. 작고 낡은 독신자용 아파트 같아 보였다. 좁은 발코니와 거실, 비좁은 주방이 보였고 그보다 더 좁게 칸막이가 쳐진 침실이 있었다. 실내는 매력이 전혀 없어서 끌리지가 않았다. 소파에는 번질거리는 두툼한 천이 씌워져 있었다. 천에는 나뭇잎과 양배추처럼 생긴 장미 무늬가 그려져 있었다. 뒤로 보이는 사이드보드에는 색상과 모양이 각기 다른 병이 잔뜩 진열되어 있었다. "진짜 별 볼 일 없었어요. 죄다 싸구려 같았죠. 유지의 어머니가 꾸민 건지 가구가 죄다 70년대 거더라고요. 할머니 물건처럼 꽃무늬가 그려져 있어서 그런 느낌을 받았죠."

두 사람은 자리에 앉아 맥주를 마시고 유지가 가져온 복어를 먹었다. 그런 다음 유지는 전기기타를 꺼내 앰프에 꽂았다. 녹음된 반주가 시작되자 그는 기타를 연주하며 카를로스 산타나의 〈삼바 파티〉라는 곡을 불렀다. 그는 산타나의 열혈 팬으로 미국에서 산타나와 같이 찍은 사진도 있었다. "저도 산타나를 좋아하지만 가라오케 반주에 맞춰 연주하는 모습을 보니 정말 후져 보였어요. 그때 동이 트자 충분히 있을 만큼 있었다는 생각이 들었어요." 크리스타벨은 유지에게 도쿄로 돌아가고 싶다고 했다. 그런데 그는 하나 더 보여줄 게 있다고 했다. 필리핀에서 온 귀한 와인이라면서 사이드보드 위에 놓인 병들 사이에서 술을 꺼냈다. 그는 크리스털 디캔터에 담긴 와인을 작은 잔에 따르더니 크리스타벨에게 건넸다. 그녀는 창가 옆에 서서 술을 쭉 들이켰다.

다른 여자가 같은 일을 당했다면 그것이 그녀가 기억하는 마지막이었을 것이다. 매캐하고 화학약품 같은 맛이 나는 와인이 목구멍을 타고 내려갔다. 그러나 몇 달간 술을 퍼마신 크리스타벨은 웬만큼 독한 술에는 *끄*떡하지 않았다. "일이 잘못되리라곤 전혀 생각지도 않았어요. 제가 술이라면 환장해서 언제든 넙죽 받아 마신다는 걸 유지가 눈치챈 것 같아요. 그 당시 술을 받아먹고 다니다 보니 점점 술이 세졌죠. 그런데 창가에 서서 술을 마시는 순간 이러다 큰일이 날 거라는 걸 직감했어요. 무슨 일이 벌어지는지 파악할 시간은 있었어요. 그때 제가 '젠장'이라고 했던 기억이 나요. 전신마취가 되는 듯한 느낌이었는데 이미 약 기운이 돌아서 무서울 새도 없었죠."

침대에 홀로 누워 어둠 속에서 눈을 뜨는 순간, 크리스타벨은 무슨 일이 벌어졌는지 곧바로 인지했다. 의식을 잃은 사이에 일어났을 법한 일들도 짐작이 갔다. "'지금 무슨 기분이지?'라고 되물으며 제가 무슨 일을 당했는지 정확히 파악하려고 했어요. 그런데 아픈 데도 없고 옷도 입은 상태더라고요. 제가 정말 오래 잔 게 분명했어요. 그러니 유지가 굳이 제게 옷을 입혔겠죠."

두 사람은 토요일 새벽에 차를 타고 이 아파트로 왔는데 지금은 밤이었다. 크리스타벨은 최소 열두 시간 이상 정신을 잃었다. 유지는 아무 일도 없었다는 듯이 행동하면서 크리스타벨이 욕이든 뭐든 하기를 기다리는 것 같았다. 크리스타벨은 입을 꾹 다물었다.

"그저 집에 가고 싶은 생각뿐이었어요. '이 남자가 집에 데려다주지 않으면 내가 무슨 재주로 도쿄로 돌아가나?'라는 생각이 들었어요. 여기가 어딘지 몰랐으니까요. 아무튼 유지는 절 데려다주었죠." 크리스타벨은 차 안에서 숙취를 느꼈다. 사실 그 무렵엔 자주 그랬다. 숙취가 치밀 때만 빼고 그녀는 얌전히 있었다.

크리스타벨은 이렇게 증언했다. "이제 와 생각하니 제 행동이 굉장히 이상하네요. 사실 호스티스라는 일은 게임 같아요. 남녀가 하는 게임요. 여자들은 뭐든 줄 생각이 없으면서도 돈을 받으려고 기를 쓰고, 남자들은 평소 클럽에서 쓰는 돈보다 더 쓰지 않으면서도 갈 수 있는 데까지 가려고 버둥거려요. 그날 눈을 뜨는 순간 화가 났어요. 그러면서도 상황을 그렇게 만든 데에는 제 책임도 있다고 생각했죠. 여자들이 강간을 당하면 일부를 자기 책임으로 돌린다던데 그런 것과 되게 비슷한 기분이 들었어요."

"전 제가 법칙을 안다고 생각했는데 그게 아니더군요. 어떤 면에서는 제가 순진했던 것 같아요. 그가 게임에서 이긴 것 같았어요. 저는 화가 났지만 너무 곱씹지는 않았어요. 그 상황이 얼마나 위험했는지 당시엔 전혀 인지를 못하다가 몇 년 후에야 깨달았죠. 사실 그때 생각은 하고 싶지 않아요. 그게 얼마나 위험했는지 인정했다면 제가 살아온 생활 방식을 바꿔야 했을 거예요."

유지는 그날 밤 늦게 크리스타벨을 집에 데려다주었다. 그다음 주 크리스타벨은 다시 클럽으로 출근했고, 유지는 다시는 나타나지 않았다.

크리스타벨은 일본의 여러 도시를 돌며 클럽을 옮기면서 호스티스로 일했다. 몇 달간 일해 돈을 모은 후 즐거움을 좇아 인도나 아이슬란드, 캐나다로 몇 주씩 여행을 떠났다.

1999년, 크리스타벨이 일본 최북단 도시 삿포로에서 살 때였다. 거기에서 만난 외국인 여성이 도쿄에서 호스티스들을 제물로 삼는 일본의 갑부 남자 얘기를 해주었는데 혼다 유지가 분명했다. 크리스타벨은 몇 년 만에 처음으로 그 사건을 의식하기 시작했다.

몇 달 후 그녀가 일본 제2의 도시 오사카에서 살 때 친구가 전화를 했다. 도쿄에서 호스티스로 일하다가 런던으로 돌아간 친구였다. 그녀는 여동생이 자기 친구와 같이 일본으로 가니 크리스타벨이 도쿄로 마중 나와줄 수 있냐고 물었다.

전화를 건 사람은 에마 필립스, 도쿄로 간다는 동생과 친구가 루이스 필립스와 루시 블랙맨이었다.

사사키 하우스에 방을 예약한 사람도, 둘이 도착하기를 기다린 사람도 크리스타벨이었다. 크리스타벨이 마리화나를 피우면서 머리에 오일 마사지를 하는 걸 보고 루이스가 기겁을 했었다. 그날 저녁 시간을 같이 보내면서 루시와 루이스는 크리스타벨이 강렬할 정도로 자신감 넘친다고 생각했다. 크리스타벨도 두 친구가 매력적이고 인상적이라고 느꼈다.

"두 친구는 정말 즐겁고 발랄했어요. 어린 두 아가씨가 처음으로 독립을 해보겠다며 고향을 떠나 멀리까지 왔잖아요. 루시는 키가 크고 금발이라서 제 열아홉 살 때 모습과 비슷했던 것 같아요. 게다가 루이스와 에마는 일란성 쌍둥이처럼 닮았더라고요. 둘이서 들어오는 순간 묘한 기분이 들었어요. 마치 5년 전 에마와 저를 보는 듯한 기분이었어요. 루시가 유지의 타입일지도 모른다는 직감이 곧장 들었던 기억이 나요. 제가 그 남자 타입이었다면 루시도 분명 그럴 테니까요. 둘이 너무 싱그러워서 살짝 걱정스러웠어요. 하지만 두 사람은 행복하게 들떠 있었고 저는 둘이 좋은 시간을 보내길 원했어요. 굳이 찬물을 끼얹고 싶지 않아서 아무 말 안 했지만 계속 유지 생각이 났어요. 유지는 보통 생각하는 그런 남자가 아니고 이상했으니까요."

두 달 후 크리스타벨은 오사카로 돌아갔다. 그때 루시가 실종되었다며 에마가 전화했다. "에마는 루시가 손님하고 바다를 보러 간다고 했는데 귀가하지 않았다고 했어요. 곧바로 확신이 들었죠. 분명해, 바로 유지야 하고요."

크리스타벨은 루이스에게 전화를 걸었다. 스트레스를 받아 횡설수설하는 루이스에게 크리스타벨이 말했다. "루시가 약에서 깨어나면 그 남자가 풀어줄 거야. 그 남자가 나한테도 그랬거든." 이틀이 지나도 루시가 여전히 돌아오지 않자, 크리스타벨은 도쿄행 급행열차를 타고 아자부 경찰서로 직행했다.

일본은 세상에서 가장 귀여운 경찰을 갖고 있다. 많은 이들은 오마와리 상(말 그대로 '순찰하시는 분'이라는 뜻인데, 순찰 경찰관을 표현하는 말이다)을 보기만 해도 은근히 뿌듯함을 느낀다. 작고 귀여운 동물이나 아이들을 볼 때 느낄 법한 애정이다. 외국인들도 일본 경찰관이 깔끔한 남색 제복을 입고 묵직하고 촌스럽게 생긴 자전거를 타는 모습을 보면 마음을 울리는 향수를 느낀다. 경찰이 장전된 총을 옆구리에 차고 다닌다는 게 잘 믿기지 않고, 그걸 발포하는 모습은 아예 상상이 불가능하다(일본 경찰은 권총에 줄을 달아 제복과 연결해놓았다. 아이들 벙어리장갑과 비슷하다). 일본에서 가장 자랑스럽고 힘이 센 도쿄 경시청의 상징도 있다. 무서운 마스티프 경비견이나 노려보는 매가 아니라 발랄한 오렌지 요정 피포였다. 피포는 특이하고 순수했던 1950년대 느낌을 도쿄에 전하는 동시에 악당으로부터 도쿄를 지키는 성실한 보이스카우트 같아 보인다.

표면상으로 일본 경찰은 괄목할 만한 성공을 거두었다. 다른 나라처럼 일본에서도 청년 비행과 전통적 도덕관념 붕괴에 대한 우려가 확산 중이다. 그럼에도 가장 중요한 사실은, 온갖 조치 덕분에 일본이 세계에서 가장 안전하고 범죄 발생 가능성이 낮은 나라로 자리매김하고 있다는 점이다. 세계 곳곳의 대도시 거주자들이 점차 일상으로 받아들이는 강도, 절도, 마약 거래 등의 범죄가 서구에 비해 일본에서는 네 배에서 여덟 배가량 낮다.

폭력 범죄도 여전히 드물기 때문에 일본 경찰이 자랑스레 그 공을 거의 다 차지한다. 수년간 일본 국민들은 일본 경찰이 세계 최고 수준으로 범죄와의 전쟁을 벌이는 덕분에 자국의 범죄 발생률이 세계에서 가장 낮다고 생각했다. 법의 효력과 질서에 대해 본능적으로 냉소적 태도를 취하는 타국 시민들과 달리 도쿄 시민들이 경찰에 대해 비아냥거리는 일은 거의 없었다. 그러나 2000년, 크리스타벨 매켄지가 아자부 경찰서로 향할 무렵 이 굳건한 공감대가 와해되기 시작했다.

일본 경찰은 연달아 구설수에 오른 후 몇십 년 만에 처음으로 가장 큰 비난을 받는 중이었다. 일본 전역에서 경찰이 성희롱, 뇌물, 갈취, 마약 투여, 폭행에 연루되었음이 밝혀졌고 업무적 무능함*에 대한 비난의 화살도 빗발쳤다. 일본 신문 중 가장 보수적이고 친정부 성향인 〈요미우리신문〉은 이 사태를 "치욕, 몇십 년 만에 처음 겪는 치욕"이라고 평가했다. 요미우리는 사설에서 "경찰을 바로잡아야 한다. 경찰은 완전히 규율을 잃었다. 단 하나의 해결책이 있다면 그것은 완벽하고 대폭적인 물갈이다"라고 주장했다. 여론조사 결과 일본인의 60퍼센트가 경찰을 신뢰하지 않았다. 2년 전 26퍼센트가 이렇게 대답한 것과 대조되었다. 이렇게 조직이 위축된 분위기에서 루시 실종 사건 관련 조사가 시작되었다.

---

* 가장 악명 높은 사례는 실종 사건과 관련된 것이었다. 1999년 12월, 열아홉 살의 수도 마사카즈가 도쿄 북쪽 도치기 현 숲에서 사체로 발견되는 끔찍한 사건이 발생했다. 수도는 한 달이 넘도록 실종 상태였는데, 부모는 그 이유를 잘 알았다. 세 명의 젊은이가 수도를 붙잡아 앞세우고는 현금인출기와 대부업체를 돌며 막대한 금액을 인출해 넘기라고 강요했다.

수도의 가족은 계속 경찰서를 찾아갔으나 경찰은 조사를 거부하고 수도 마사카즈를 비행 청소년으로 몰 뿐 아니라 마약 복용자라며 의심했다. 그러던 어느 날 납치범들의 명령에 따라 수도가 부모에게 핸드폰으로 전화를 걸었다. 때마침 부모는 경찰서에 있어서 근무 중인 경사에게 애원했지만 경사는 사건 조사를 여전히 거부했다. 부모는 경사에게 아들의 친구인 척하면서 납치범과 통화해달라고 부탁했다. 경사는 전화기를 받아 들자마자 자기가 경찰이라며 곧장 신분을 밝혔다. 얼마 후 수도 마사카즈는 숲으로 끌려가 교살당했고 살인자 셋 중 한 명이 결국 살인죄로 기소되었다. 범인은 그 지역 경찰관의 아들로 밝혀졌다.

블랙맨 가족을 가장 놀라게 한 것은 1990년 실종된 니가타의 열 살 소녀 사건이었다. 실종된 지 10년이 흘렀지만 소녀가 무슨 일을 당했는지 실마리조차 잡을 수 없었다. 그러던 중 2000년 2월, 소녀가 동네 병원에 나타났다. 소녀는 10년 가까이 경찰서에서 고작 몇백 미터 떨어진 주택의 방 한 칸에 감금된 채 살았다. 납치범은 어린이 성추행으로 유죄 판결을 받았다. 4년 전 경찰은 남자가 소녀를 감금 중이라는 제보를 받았으나 그 집에 노크조차 하지 않았다.

경찰은 루시 사건에 대해 그들이 유례 없이 빠르게 대응하고 있다고 주장했다. 마쓰모토 후사노리 총경은 아자부 경찰서장으로 루시 블랙맨 실종 사건의 초동수사를 한 인물이었다. 그는 "저희가 얼마나 긴밀히 협조하며 움직이는지 여러분이 이해해주시기 바랍니다. 저희 경찰은 베테랑 수사관이라 직관에 따라 움직이기도 하지만, 실종 여성이 영국인이며 영국항공과 같은 유수 항공사 승무원으로서 많은 여성들의 선망이 되는 직업을 가졌다는 사실에도 동기를 부여받았습니다"*라고 설명했다.

총경은 자세한 설명을 삼갔지만 실종된 여성이 이를테면 중국인이나 방글라데시인이고 생선 통조림 공장이나 마사지 숍에서 일했더라면 이번 사건에 쏟는 관심이 급격히 줄어들었을 것이라는 뜻으로 들렸다. 이번 사건 조사의 내부 관계자는 다음과 같이 제보했다. "처음에 경찰은 전혀 진지하게 받아들이지 않았습니다. 롯폰기에서 여자 하나가 또 실종됐군, 이 정도였죠. 도쿄에서는 필리핀이나 태국, 중국에서 온 여자들이 자주 실종되고 그때마다 수사하기란 불가능하니까요." 이번 사건과 다른 사건의 차이점은 실종자의 국적이나 전직 때문이 아니라, 외부에서 강한 압박이 들어와 경찰

---

* 루시 사건은 승무원을 대하는 태도에 대한 문화적 차이를 드러냈다. 영국에서는 '카트 밀기'를 하는 직업은 존중받으면서도 한편 비하의 대상이 되기도 한다. 반면 일본에서 항공사 승무원은 최고 엘리트 대우를 받으며 여성의 매력과 세련됨을 발산하는 신분으로 여겨진다. 1980년대 버블 경제 시절 승무원은 높은 대우를 받으며 대중스타와 스모 선수들의 신부로 선택되었다. 많은 일본인들은 루시가 영국항공 승무원직을 버리고 롯폰기에서 술집 호스티스를 했다는 걸 이해하지 못하며 굉장히 의심적은 시선으로 바라보았다.

이 책임 추궁을 당했다는 점이다.

처음에는 소피 블랙맨이 홀로 경찰서를 찾아가 해결책을 요구했다. 곧 소피는 서슬 퍼런 영국 총영사 앨런 서턴을 동반하고 나타났고 대사관 직원들이 매일 전화했다. 그러다 팀 블랙맨이 일본에 도착했다. 얼마 후 믿기지 않게도 팀이 토니 블레어 총리와 대책을 논의했다. 수많은 형사와 일본 기자들은 이 마지막 전개에 경악했다. 입장을 바꿔 일본 총리가 실종된 술집 여종업원의 수색에 개입한다고 상상해보면 그건 도저히 있을 수 없는 일이었다.*

토니 블레어 총리는 이 문제를 일본 총리에게 공식적으로 제기했고, 일본 총리는 어쩔 수 없이 우려를 표명하며 결단력을 보여주었다. 무엇보다 외국 기자들이 코앞에서 지켜보고 있었다. 마쓰모토 총경은 "저희는 일본 언론과 의견 합의를 보았습니다. 저희 경찰은 일본 언론을 어떻게 다루어야 하는지 압니다만, 서양 매체는 어찌 다뤄야 할지 몰라서 굉장히 신경이 쓰입니다"라고 밝혔다.

세븐오크스에 있는 제인 블랙맨에게 전화를 건 마쓰모토는 루시의 모든 지인이 공통으로 하는 말을 제인에게 들었다. 루시가 아무 말 없이 혼자서 훌쩍 떠났다는 건 상상할 수 없다고 했다. 7월 11일, 아자부 경찰서에 특별 수사본부가 꾸려지고 도쿄에서 가장 경험이 많은 우도 도시아키가 본부장이 되었다. 우도 경정은 도쿄 초동범죄 수사팀의 2인자였고 그의 부하들은 도쿄 경시청의 엘리트 경찰

---

*   총경 마쓰모토는 인터뷰 당시 이것 말고는 설명이 불가능하다는 듯이 팀 블랙맨을 가리키며 내게 물었다. "저자가 토니 블레어 총리의 친구라도 됩니까?"

이었다. 그들은 일본에서 발생한 살인, 강간, 납치, 무장 강도 등 가장 시끄럽고 유명한 사건을 해결했다. 명성과 화려함으로 따지자면 영화나 TV, 소설에서 종종 그려지는 런던 경찰국 기동수사대와 맞먹었다. 우도 경정은 일본 패전 후 최대 규모로 이루어진 전범 수사는 물론, 종말론을 추종하는 컬트 종교인 옴진리교 수사에도 참여했다. 옴진리교는 1995년 출근 시간에 도쿄 지하철에 사린 가스를 살포한 교단이었다. 우도 경정은 약간 키가 크고 달걀형 얼굴에 부리부리하고 강렬한 눈매를 지녔고 살짝 놀란 듯한 표정을 계속해서 지었다. 그는 거친 형사라기보다 인자한 교감 선생님 같은 분위기를 풍겼다. 그가 어떤 감정이든 극적으로 분출하는 모습은 상상하기 힘들었다. 그럼에도 그는 루시를 수색하는 과정에서 충격을 받았다. 우도 경정은 "대형 사건이나 유명 사건을 많이 맡았지만 루시 사건을 해결해야 하는 책임이 주어지자 온몸에 긴장감이 돌더군요. 저는 이 사건이 결국 심각한 범죄로 끝날 것임을 직감했습니다. 수상한 냄새가 났고, 무시할 수 없다는 것을 알았죠"라고 토로했다.

그의 직속 부하가 블랙맨 가족을 전담 마크한 미쓰자네 아키라였다. 경찰 조직이 움직여 목청을 가다듬고 수사를 결정하까지 일주일이 걸렸다. 경찰 입장에서 보면 꽤 신속한 반응이었다.

그다음 몇 주간 경찰은 무엇을 했을까? 그 과정을 처음부터 끝까지 완벽히 재구성하긴 어렵지만, 뭐 하나 빨리 진행된 게 없었다. 우도 경정의 특별 수사본부가 꾸려질 무렵 마쓰모토의 형사 팀은 루이스가 진술한 내용의 기본 사실을 이미 확인했다. 일본에서 두 여자의 신분은 호스티스였고 거주지는 사사키 하우스, 근무지는 카사블랑카 따위의 내용이었다. 여기까지 사흘이 걸렸다. 그러나 7월 3일 루이스가 루시의 실종을 신고한 시점부터 경찰이 구체적 진전을 보이기까지는 무려 6주 이상이 걸렸다.

우선 지바 현에 있는 컬트 종교를 필요 이상으로 조사하느라 초동수사가 오래 걸렸다(한 형사는 "사실 그런 종교 단체가 너무 많아서 더 자세한 정보가 있어야 합니다"라고 했다). 묘하게도 아주 확실한 단서는 아예 조사하지도 않았다. 루시가 실종된 지 2주나 지난 시점에도 경찰은 루시의 남자 친구 스콧 프레이저를 소환하지 않았고, 자신을 다카기 아키라라고 밝힌 전화 속 남자를 찾으려는 시도도 하지 않았다. 경찰 대변인은 "가명일 수도 있기에 저희 경찰은 동명이인을 괜스레 힘들게 하고 싶지 않습니다"라고 해명했다.

경찰은 카사블랑카에 가서 호스티스들을 취조하고 카사블랑카의 기록을 세세히 살폈다. 일부 손님은 명함을 두고 갔고, 사업차 접대하는 이들은 회사 이름이 적힌 영수증을 발급받았으며, 카사블랑카는 복사본을 보관했다. 하지만 경찰은 이런 정보를 확보하고도 말도 안 될 만큼 수사를 더디게 진행했다. 이를테면 8월이 훌쩍 지났는데도 오징어 낚시 무용담으로 루시를 즐겁게 한 출판업자 이무라 하지메는 전화 한 통 받지 않았다.

대신 경찰은 루이스 필립스를 반복 취조했다. 루이스는 7월 4일 종일 아자부 경찰서에 있었다. 루시의 실종 이후 처음 맞는 화요일이었다. 그때부터 5주 내내 루이스는 월요일에서 토요일까지 매일 경찰서로 출근했다.

취조는 책상이 놓인 9제곱미터짜리 방에서 이루어졌다. 루이스는 형사 둘과 경찰 통역관과 나란히 앉았다. 루이스에 대한 신문은 아침 일찍 종종 밤늦게까지 이어졌다. 루이스는 우선 경찰이 모두 따스하고 친절해서 놀랐고, 그들이 진이 빠지도록 일하는 모습에 충격을 받았다.

경찰은 매일 루이스에게 도시락을 싸다 주었다. 도시락을 받아 열면 그 안에는 어느 경찰관의 부인이 직접 준비한 소박한 요리가 담겨 있었다. 경찰은 루이스가 머물 아파트를 제공하고 일당 개념으로 5,000엔(30파운드)을 매일 보상했다(이렇게 경찰이 호의를 베풀었음에도 루이스는 뻔뻔하게 그 돈을 모아 카메라를 샀다). 조사를 받는 내내 루이스는 혼란하고 심란해서 속수무책으로 눈물을 흘렸다. 루이스는 여성 통역관과 취조하는 남자 경찰관도 우는 모습을 여러 번 목격했다.

그러나 취조 방식에는 믿음이 가지 않았다. 루이스는 분명 핵심 증인이었다. 루시의 오랜 친구이자 가장 친한 사이이며, 루시를 마지막으로 목격한 인물로 알려졌다. 경찰이 새로운 내용을 조사했더라면 루이스의 취조 시간이 길어지는 게 타당했을 것이다. 그런데 오랜 시간 내내 경찰은 그저 같은 질문 몇 개만 반복해서 묻고 또 물었다. 일본 경찰의 세심함은 인상적이고도 경외를 불러일으켰지만 그밖의 거의 모든 면이 획일적이었다. 루이스가 느끼기에 일본 경찰은 무슨 일이 일어났는지 파악도 못 했고 수사 범위를 좁히는 건 시작도 못 했으며 어디에서 시작해야 하는지조차 아예 감을 못 잡은 것 같았다.

루이스는 이렇게 털어놓았다. "경찰은 우리가 그동안 어디에 있었는지, 뭘 했는지 모조리 알고 싶어 했어요. 특히 루시에 대해서는 모든 걸 알려고 했어요. 심지어 일본에 오기 전 무슨 일을 했는지까지도요. 일본 경찰은 대단했죠. 내내 일만 했어요. 루시의 모반이 어디에 있는지도 알려달라고 했어요. 루시는 허벅지 위쪽에 모반이 있었거든요. 게다가 루시의 어릴 적 건강 상태까지 궁금해했어요. 경찰은 제 남자친구나 다른 친구들 얘기도 묻고, 사사키 하우스에서 저희랑 같이 산 사람들과 클럽에서 만난 손님들에 대해서도 샅샅이 물었어요. 문신한 손님이 있었는지도 물었어요. 계속 그런 식으로 같은 질문만 반복해서 던지며 몇 날 며칠을 허비하더라고요."

　　경찰은 머뭇거리더니 혹시 둘 다 레즈비언이냐고 물었다(루이스는 이 말에 웃음을 터뜨렸다). 게다가 루시의 성생활까지 캐물었다. 스콧과 루시의 관계가 얼마나 진전되었는지, 둘이 며칠 밤을 같이 보냈는지, 피임은 어떻게 했는지에 대해서도 물었다. "경찰은 루시가 클라미디아(성병의 일종―옮긴이)에 걸렸는지 일주일 내내 물었어요. 저는 정말 이해가 안 갔어요. 중구난방으로 질문을 하면서 취조를 몇 시간이나 계속했어요."

　　마쓰모토 경정은 다음과 같이 늘어놓았다. "저는 루이스에게 좋은 인상을 받았습니다. 그럼에도 가능성 있는 시나리오를 모두 고려해야 했습니다. 이를테면 루이스가 루시를 해코지하는 데 일조했을 수도 있지 않습니까? 어쩌면 루시와 루이스가 삼각관계라서 루이스가 그 남자를 독차지하고픈 마음에 친구를 제거했을 수도 있고요. 혹은 루시를 죽인 뒤 돈을 훔쳤을 수도 있으니까요." 수사관들이 흥미를 보인 일부 시나리오는 기괴했다. "저희는 루시가 북한에 갔을지 모른다는 정보를 클럽 사람들에게 입수했습니다만, 그런 가능성은 별로 없다고 봅니다. 루시가 돈을 거의 안 갖고 나갔기 때문입니다."

두 사람이 마약을 했을지도 모른다는 의문은 금세 풀렸다. 마쓰모토 경정은 "루이스는 마약을 하지 않았어요. 안색을 보면 압니다. 저희가 장시간 조사하는 동안 말하는 태도를 봐도 알아요. 입가에 거품이 없어요. 보통 마약 사범들은 입에 거품이 끼거든요. 게다가 체격이 마르지도 않았고 쉽게 지치지도 않았어요. 약을 한 징후는 전혀 없었습니다"라고 장담했다. 한마디로 창백하지 않고 수척하지 않고 입가에 거품이 끼지 않았기 때문에 루이스가 불법 마약을 했을 리가 없다는 주장이었다. 나이 많은 미혼의 고모가 마약과 그 약효를 바라보는 관점과 비슷했다. 위풍당당한 형사의 입에서 우스울 만큼 순진한 말이 나오다니. 이것은 일본 경찰이 무지하고 세상 물정을 모른다는 또 다른 신호였다. 일본 경찰은 심각한 범죄 사건에 직면해서도 때로 터무니없이 미숙하게 대처했다.

그러나 마쓰모토에게서 수사를 이어받은 형사들은 순진하지 않았다. 어느 날 루이스가 취조실에 들어서자 루시의 일기장이 일본어 번역본과 나란히 책상 위에 놓여 있었다.

"안녕하세요, 루이스 씨." 형사가 인사하더니 책상 위에 있는 서류를 집어 들었다. "루이스, 당신이나 루시가 일본에서 마약을 한 적이 있습니까?"

"아뇨, 한 번도 없습니다." 루이스가 고개를 저으며 대답했다.

"확실합니까?" 그는 일기를 넘기며 물었다.

"그럼요, 확실해요. 한 번도 안 했어요."

그동안 경찰은 루이스를 불신하는 인상을 거의 풍기지 않았다. 경찰이 루이스를 그렇게 장시간 취조하는 건 의심해서가 아니라 그저 바지런해서 그런 것 같았다. 그런데 지금 분위기는 서늘했다.

형사가 루이스에게 따졌다. "그럼 왜 루시가 일기장에 '우리는 음악과 엽서, 그리고 마약을 찾는 끝나지 않는 여정에 올랐다'라고 적었습니까?"

루이스는 마음이 복잡했다. "만일 루시가 마약을 했다고 경찰한테 말하면 정말 안 좋을 것 같더라고요. 그래서 전 '루시가 파라세타몰(해열 진통제―옮긴이)이나 누로펜(소염 진통제―옮긴이)을 찾았다'고 둘러댔어요."

"일본에서 불법 마약을 한 적이 없습니까?" 형사가 물었다.

"없습니다."

"정말 확실합니까?"

"네."

"루이스, 당신 이마에 '거짓말쟁이'라고 쓰여 있는데요?"

루이스는 "형사 말이 맞았어요. 저는 그 후에 경찰에게 모두 다 털어놓았습니다"라고 밝혔다.

이 점에 대해서는 영국 출신 스물한 살 여성의 평균적인 기준에서 보면 딱히 할 말이 없었다. "주변에서 워낙 약을 많이 했지만, 저희는 정말 중독되진 않았어요. 예전에 누가 저희 집에 오면서 마법의 버섯(환각 물질이 들어 있는 버섯—옮긴이)을 가져왔어요. 그런데 저희 둘 다 마약하는 걸 좋아하지 않았어요. 루시는 '환각에 빠져서 저렇게 몸을 가누지 못하는 거 싫다'라고 했어요." 두 여자가 마리화나를 손수 산 적은 없었지만 사사키 하우스 거실에 둘러앉아 돌아가며 마리화나를 피운 적은 있었다. 루이스는 둘이서 롯폰기 클럽에서 춤추며 엑스터시를 복용한 적이 있다고 고백했다. 루이스는 두 번(한 번은 딥 블루에서 난투극이 벌어졌을 때였다), 루시는 한 번이었다. 두 사람은 7월 1일 밤에 한 번 더 그걸 구입할 계획이었다. 그러나 그날 밤은 아예 외출을 하지도 못했다.

일본에 사는 외국인이 평범한 상황에서 이렇게 시인했다가는 심각한 상황에 처할지도 모른다. 양이 얼마든, 개인적 용도로 구매했든 아니든, 엑스터시류의 마약을 소지하면 모조리 중죄였다. "저는 어쨌건 진실을 말해야 한다는 생각에 경찰서에서 다 털어놓았어요. 언제, 어디에서 얼마만큼 마약을 했는지 자백했더니 경찰은 괜찮다고 했어요. 루시를 찾는 일이 훨씬 중요했으니까요. 경찰은 열심히 일했지만 제자리를 맴돌았어요. 저는 밤늦게까지 경찰서에 있었고, 경찰은 제가 떠난 이후에도 두 시간을 더 근무했어요. 급기야 경찰관 둘이 탈진으로 휴가를 내고 말했죠"라고 루이스는 전했다.

해변 야자수

롯폰기는, 적어도 외국인 호스티스와 손님들에게는 한 마을이나 다름없었다. 이틀 만에 그 동네 사람들 모두 루시가 실종됐다는 소식을 들었다. 일주일 후 일본과 영국 전역에 기사가 헤드라인으로 보도되었다. 이틀 후에는 루시의 사진이 포스터 3만 장에 박혔다. 도쿄 전역은 물론 런던, 멜버른, 텔아비브, 키예프에 있는 롯폰기 전·현직 호스티스들은 크리스타벨 매켄지처럼 억눌렀던 기억이 갑자기 되살아나는 경험을 했다. 캐나다에서 온 클라라, 호주에서 온 이소벨과 카메인, 이스라엘의 로니아, 미국의 케이티, 영국의 라나, 우크라이나의 타냐가 그랬다. 다들 유지, 고지, 사이토, 아키라 등 다른 이름을 떠올렸지만 경험의 내용은 같았다. 옷을 잘 입고 영어를 잘하는 중년 남성이 고급차를 운전한다. 그 차를 타고 야자나무가 있는 해변가 아파트로 간다. 술을 딱 한 모금 마신 후 필름이 끊긴다. 몇 시간 후 현기증과 메스꺼움을 느끼며 정신을 차린다.

그들 중 일부는 서로 안면이 있었다. 극소수는 조심스레 경험을 공유했다. 루시의 사연을 듣는 순간 다들 같은 반응을 보였다. 그 남자가 분명해.

그러나 그들 대부분은 경찰서에 가지 않는 쪽을 택했다. 모두 같은 이유에서였다. 그들은 비자를 걱정했고, 의식을 잃은 사이 무슨 일이 벌어졌는지 정확히 몰랐기 때문이다. 혹은 너무 잘 알아서 그 경험을 다시 끄집어내 마주할 수 없었기 때문이다. 미국에서 온 젊은 여성 케이티 비커스만은 예외였다. 케이티가 겪은 일을 보면 다른 호스티스들이 내린 결정이 타당하게 느껴졌다. 케이티 비커스가 겪은 일을 보면 도쿄 경시청은 비난받아도 이의를 제기할 형편이 못 되었다.

1997년 케이티가 클럽 카두에서 일할 당시, 잘 차려입은 고지라는 중년 남성이 들렀다. 그가 케이티에게 진토닉이 담긴 술잔을 내밀었고 케이티는 그걸 한 모금 마신 후 정신을 잃었다.

열다섯 시간 후 정신을 차리고 보니 케이티는 소파에 속옷 바람으로 누워 있었다. 고지는 가스 유출이 있어서 자기도 투통이 너무 심하다고 했다. 그는 도쿄까지 데려다주다 말고 도중에 케이티를 택시에 태운 후 핸드백에 현찰과 택시 바우처를 가득 담아 안겼다.

크리스타벨 매켄지는 지독한 숙취를 느끼며 정신을 차렸지만 케이티는 며칠간 계속 구역질이 치미는 증상에 시달렸다. 케이티는 간신히 클럽 카두에 출근해 비틀거리며 시퍼런 입술로 어눌하게 말했다. 클럽 카두의 사장 겸 매니저는 내게 술장사 비법을 일러준 포니테일 머리의 사업가 미야자와 가이였다. 케이티를 본 가이는 그녀를 병원에 보냈고, 그다음 날 둘이 같이 아자부 경찰서로 찾아갔다.

근무 중인 경찰관의 반응은 실망스러웠다. 케이티는 후일 이렇게 기술했다. "저희를 수사실로 데려가지도 않고, 앉으라는 말도 안 하고 안내 데스크 앞에 그냥 세워놓았습니다. 경찰은 저희를 돕거나 향후 조치를 취하려는 낌새를 전혀 보이지 않았습니다. 경찰은 정식 조서를 작성하지도 않고 종이에 몇 자 끼적이고 말더군요. 경찰은 증거가 부족하다며 제 사건을 조사할 수 없다고 했습니다. 저는 그 남자에 대해 정확히 설명할 수 있었고, 그가 데려간 장소가 어딘지도 제대로 말할 수 있었습니다. 게다가 '고지'라는 남자가 직접 적어준 핸드폰 번호까지 경찰에 제출했습니다. 적어도 전 그 남자가 누군지, 전과 기록은 있는지 등을 조사할 만큼 증거를 충분히 갖고 있다고 생각했지만 경찰은 제가 귀찮게 굴어 시간을 뺏는 것처럼 취급했습니다."

가이는 개인적으로 친분이 있는 경찰에게 전화를 걸었다. "다 듣더니 그가 이러더군요. '가이, 외국에서 온 여자가 호스티스라면 다들 약을 해. 그건 그 여자의 사적인 문제니 그냥 잊어'라더군요. 그래서 제가 그 말을 전했더니 케이티가 무척 화를 냈어요. 일주일 내내 케이티가 하도 조르는 바람에 다시 경찰서에 갔죠. 그랬는데도 경찰이 또 이러더군요. '잊으세요. 잊으시라고요.'"

케이티는 계속 도쿄에서 살았다. 그렇게 3년이 흘러갈 무렵 루시가 실종되었다. 케이티는 그 소식을 듣자마자 다시 아자부 경찰서를 찾았다. 이번에는 여자 형사가 몇 가지 세부 내용을 기록했지만 특별한 관심이나 우려를 보이지 않았다. 그래서 가이가 형사 친구에게 다시 전화했다. "그런데 그 친구가 이제 전근을 가서 다른 부서에서 일하더군요. 친구는 '내 소관이 아니야'라고 했어요. 그런데 지금 생각해보니 제가 제대로 대처했던 것 같아요. 분명 동일범 소행입니다."

7월, 경찰은 루시의 실종에 대해 세 가지 가능성을 수사선상에 올렸다. 컬트 종교, 불법 마약 거래 범죄, 야쿠자 연루(그래서 경찰이 루이스에게 문신이 있는 남자를 봤냐고 물은 것이다. 문신은 일본 야쿠자의 상징이었다), 이렇게 세 가지였다. 롯폰기라는 특성과 일본 내에서 일어날 법한 범죄 형태를 고려한 명확하고 합리적인 방침이었다. 사실 경찰서 문앞에서 범죄자가 수년간 버젓이 돌아다녔다는 또 다른 사건이 경찰의 귀에 들리고 있었다. 그 때문인지 경찰은 적어도 수사 초기에는 의도적으로 사건을 등한시했다는 얘기를 듣지 않으려는 것처럼 움직였다.

크리스타벨 매켄지는 오사카에서 도쿄까지 찾아와 경찰에 '유지'를 신고했다. 케이티 비커스는 '고지'에 관해 제보했다. 휴 셰이크새프트의 친구 이소벨 파커와 클라라 멘데스는 크게 충격받은 팀 블랙맨에게 자신들의 경험을 털어놓았다. 그들이 말하는 이름은 각기 달랐지만 내용은 모두 같았다. 네 사람의 증언은 모두 경찰의 무관심에 부딪혔다. 크리스타벨은 "한 달 후에야 경찰이 제 말을 진지하게 받아들였어요. 경찰은 굉장히 굼뜨게 정보를 수집했죠. 보아하니 일종의 타성 같았어요. 한동안 전혀 관심을 보이지 않으면서 건성으로 '네, 맞습니다만, 루시가 컬트 종교에 빠진 것 같습니다'라고만 했죠. 경찰은 루시가 절대로 그럴 사람이 아니라는 사람들의 얘기에 귀를 틀어막고 있다가 증언들이 이어지자 그럴 수도 있겠다며 다시 생각한 것처럼 보였어요. 혹은 굳이 다른 대안이 없으니 그냥 그 말을 믿으려는 것 같기도 했습니다"라고 분석했다.

루시의 서명이 적힌 가짜 편지가 처음 도착했을 때 경찰은 수사본부를 아예 꾸리지도 않았다. 7월 17일 자 지바 소인이 찍힌 편지였다. 그날은 팀의 생일이었다. 루이스는 편지를 보자마자 위조임을 알았다. 서명은 기막히게 흡사했지만 철자가 엉망이었다. 경찰이 팀과 소피에게 보여준 발췌본에는 주요 내용이 꼼꼼히 삭제되어 있었다. 편지는 전체적으로 거칠고 험하며 분노가 가득했다.

형사는 루이스에게 편지 내용을 받아 적지 못하게 했지만, 경찰이 취조실을 비운 사이 루이스는 몇 문장을 종이에 옮겨 적었다.

—루이스, 난 널 친자매처럼 사랑해. 그런데 너 때문에 내가 유명해져서 내 계획이 어그러졌어.

—남자가 날 호텔로 데려가 그 짓을 했어. 호스티스한테 그 짓을 했다니까.

—난 내가 원하는 모습이 되고 싶어.

—일본에 온 건 돈 때문이었어. 맞아, 사실이야.

—도망치고 싶다.

—내가 그 남자한테 너한테 전화하라고 사정했어.

—사랑하지만 더는 같이 있기 싫다고 스콧에게 전해줘.

—순진하지 않아서 많은 일들을 겪었어.

—돈을 받고 손님들하고 잤어.

―루이스, 넌 날 안다고 생각하겠지만 사실은 몰라.

　루이스는 "말이 너무 거칠어서 끔찍했어요"라고 했다. 루이스는 하루 종일 경찰서에 있다가 경찰이 제공한 숙소로 홀로 돌아왔다. 눈을 감으면 악몽이 보였다. 크리스타벨이 며칠 루이스 옆에 있어주었지만 그녀도 좀 더 일찍 경찰에 신고하지 않았다는 죄책감에 시달렸다. 루시를 처음 본 순간 경고해주고 싶었던 마음의 소리를 무시했기 때문이다. 위로 대신 두 여인의 절망이 한데 합쳐졌다.

　루이스는 "루시가 어디에 있을지 계속 생각했어요. 방에 갇혀 있을 것 같은데 어떤 방일까? 매일 밤 이런 생각이 들었죠. '루시가 배가 고프겠지? 추울까? 제대로 먹고 마시긴 할까? 혹시 생리를 하면 어쩌지?' 그러고는 루시가 강간과 고문을 당할지 모른다고 생각했어요. 남자 여섯 명이 루시한테 몹쓸 짓을 하는 장면이 떠올랐어요. 줄지어 늘어선 감옥을 상상하면서 전 루시가 절대로 죽지 않았다고 믿었어요. 그랬다면 제가 가슴으로 느꼈을 테니까요"라고 회상했다.

　2000년 여름은 클럽 카두의 사장 가이에게도 힘든 시기였다. "하루 종일 TV에서 루시 블랙맨 사건이 나왔습니다. 다들 제정신이 아니었어요. 기자들이 롯폰기에 쫙 깔려 쉴 새 없이 인터뷰를 하는 판국이라 아무도 저희 클럽을 찾지 않았어요." 8월의 어느 날 아자부 경찰서에서 전화가 왔다. 루시가 실종된 그 주에, 가이와 케이티가 무시당한 이래 처음 연락이 온 것이다. 우도 경정이 이끄는 수사 팀 소속 형사였다. "형사는 '7월에 당신이 동료 형사와 얘기를 나누었다고 들었습니다. 아자부 경찰서로 오십시오'라더군요. 그래서 제가 이랬죠. '닥치쇼, 여기 기자들 천집니다. 난 클럽 사장이니 장사를 해야 할 거 아닙니까. 이딴 거 필요 없습니다. 이래 봤자 사업에 좋을 거 하나 없습니다. 그냥 다 빨리 끝났으면 좋겠습니다. 경찰 쪽에서 우리 가게로 차를 보내시오. 그러면 그 차를 타고 얘기하면서 드라이브나 가보죠.' 이렇게 말한 다음 케이티에게 전화를 걸었죠."

마약, 갱단, 종교를 파보아도 실마리가 보이지 않자 수사관들은 어쩔 수 없이 다른 가능성을 고려했다. 우사미와 아사노라는 형사 둘이 가이와 케이티를 차에 태우고 도쿄를 빠져나가 고지가 케이티를 데려가 약을 먹었다는 장소를 찾았다. 케이티는 미우라 반도를 따라 도쿄에서 남서쪽 방향으로 갔다고 어렴풋이 기억했다. 가이는 그날의 드라이브를 생생히 떠올리며 그날 자신이 기여한 바가 상당하다고 주장했다. "왜 그랬는지는 잘 모르겠지만 제가 경찰에게 '이 길을 쭉 따라 내려가세요'라고 했어요. 하늘이 절 이끄는 것 같았어요."

일행은 해안가를 따라 3킬로미터 남짓 내려가 즈시 마리나에 도착했다. 즈시 마리나는 1970년대에 세워진 매력적인 유명 리조트였다. 은퇴한 부자 부부와 도쿄 유명인들이 후지산 조망을 품은 별장을 그곳에 마련했다. 노벨상 수상 작가 가와바타 야스나리는 1972년 그곳에서 가스관을 입에 물고 자살했다. 즈시 마리나의 별장은 발코니가 딸린 고층 아파트로 창을 통해 보트와 바다가 보였고 북쪽 멀리까지 조망이 가능하며 주위에 휜칠한 야자수 수백 그루가 심어져 있었다. 케이티는 이곳을 단박에 알아보았다. 가이는 "그 순간 닭살이 돋았어요. 지금도 그 얘기를 하면 소름이 돋습니다. 결국 제 말이 맞았어요. 전 처음부터 제 말이 맞을 줄 알았습니다. 제가 맞다고 100퍼센트 확신했습니다. 그 순간 제가 정말 대단해 보였어요!"라고 으스댔다.

이소벨 파커와 클라라 멘데즈는 팀이 도쿄에 온 지 얼마 되지 않았을 무렵 팀에게 자신들의 경험을 전했다. 그는 그 이야기 자체에 압도되어 머리가 멍해지는 바람에 경찰이 그랬던 것처럼 두 여인의 증언이 얼마나 중요한지를 완전히 간과했다. 그 후 경찰은 수사의 진척 상황을 일부러 팀에게 숨겼다. 은퇴한 선임 형사는 이렇게 털어놓았다. "실종자 부친이 경찰을 찾아와서 수사가 어떻게 되고 있는지 물으면 저희는 그저 '수사가 잘 진행되는 중이다'라고 했어요. 팀이 여러 번 대규모 기자회견을 열자 저희는 마음이 편치 않았습니다. 팀이 '왜 더 말씀해주시지 않습니까?'라고 하자 저희는 '저 뒤에 기자들이 많잖아요. 저희가 진척 상황을 말씀드리면 아버님께서 기자들한테 말씀하실 테고, 그러면 경찰 수사에 위험을 초래할 수도 있습니다'라고 둘러댔죠."

경찰은 수사 진척 상황에 대해 거짓말을 했다. 처음에는 아는 게 거의 없다는 사실을 감추기 위해서였을 테지만, 나중에는 어디까지 추적했는지 용의자에게 알리고 싶지 않았기 때문이다. 이 때문에 수사에 일부 혼선이 빚어졌다.

사실 경찰은 늦여름까지 전화번호를 추적했다. 사건 당일 루시가 만나기로 한 남자가 사사키 하우스에 있는 분홍색 전화기로 전화한 발신 번호를 추적한 다음, '고지' 혹은 '유지'가 케이티와 크리스타벨에게 건넨 전화번호의 명의자와 이 번호가 동일한지 확인하려 했다. 경찰은 7월 초 이 번호를 확보했다(케이티의 경우 1997년부터 제기한 문제의 결실을 이제야 본 셈이었다). 그럼에도 경찰은 8월에야 진지하게 조사에 착수한 것으로 보였다.

굉장한 시간과 노동력이 소요되는 작업이었다. 무슨 번호가 되었든 통신회사는 수신 번호가 아닌 발신 번호만을 저장했기에 분홍색 전화기에서 출발해 미지의 발신자를 거꾸로 추적하기란 불가능했다. 크리스타벨이 받은 번호의 명의자는 다나카 하지메였다. 그러나 이 이름은 마이클 스미스나 폴 존스처럼 일본에서 흔하디흔했다. 이 번호는 공공 건강 보험에 등록되었으나 가짜로 판명되었다. 등록된 주소지가 실재했으나 하지메라는 이름으로 그 주소지에 거주하는 이는 없었다. 케이티가 보관하던 번호이자 두 번째로 확보한 휴대전화 번호는 선불 폰이라서 연락처도, 고지서 발송지도 없었다. 무언가를 숨기고 싶은 이들에게 인기 있는 수단이 바로 선불 폰이었다. 형사는 통화 기록을 요청할 때마다 법원에서 영장을 발부받아야 했다. 필요한 서류를 준비하는 데만 길게는 일주일이 걸렸고, 그걸 법원에 제출한 다음 결과를 기다려야 했다.

형사들은 분홍색 전화기에서 수사를 시작했다. 경찰은 루시가 실종되던 날 대략 몇 시경에 루시와 만나기로 한 손님이 전화했는지 파악한 후 그 시점에서 앞뒤로 6분가량을 특정했다. 그런 다음

통신회사에 그 시간대에 분홍색 전화기로 전화한 모든 회선을 추적해달라고 요청했다. 이 작업을 위해 무려 수백만 건의 회선을 살펴야 했다. 시도하는 것만으로도 통신회사를 집요하게 설득해야 했다.

전직 선임 형사는 이렇게 설명했다. "전례가 없는 일이었습니다. 며칠간 수많은 형사들이 작업에 투입되었습니다. 영국의 토니 블레어 총리가 일본을 방문하여 일본 정부에 특별 협조를 요청한 후 벌어진 일입니다. 그런 요청을 받았으니 저희는 일본 경찰의 위엄을 지키기 위해서라도 어쩔 수 없이 이 작업을 해내야 했습니다."

추적 작업 끝에 여덟 자리 번호 단 한 개가 가려졌다. 후속 조사를 해보니 익명의 선불 폰이었다. 그런데 이 선불 폰을 구입한 배경이 흥미로웠다. 2000년 6월 도쿄에 있는 전자제품점에서 손님 한 명이 무려 일흔 대를 일괄 구입했다. 핸드폰 구입 시 고지서 발송지와 신분증을 제시해야 하는 법령이 도입되기 며칠 전 그는 가명으로 대량의 선불 폰을 구입했다. 이제 경찰은 같은 날 한꺼번에 구입한 다른 번호들까지 확보한 다음, 이 모두가 사건 당일 전화해서 루시를 만난 남자의 소유일 것으로 추정했다.

일흔 개 중 고작 열 개 번호만 개통되었다. 경찰은 갓 발부된 영장을 들고 열 개 전화기의 발신 및 수신 번호를 확보했다. 경찰은 번호들을 '모 번호, 자 번호, 손 번호'로 분류한 후 가계도를 그리듯 복잡한 차트를 그렸다. 이렇게 복잡한 번호들 속에서 마침내 루이스의 핸드폰 번호를 찾았다. 사건 당일인 토요일 저녁 루시가 곧 집에 들어간다며 루이스에게 건 마지막 전화였다.

통신회사는 어디에서 이 전화를 중계했는지 밝혀냈다. 즈시 시내에 있는 중계국이었다.

케이티 비커스는 즈시 마리나 아파트 단지를 보더니 '고지'가 자신을 끌고 간 장소라고 확인해주었다. 이제 형사는 다른 호스티스들을 즈시 마리나로 데려갔다. 크리스타벨, 클라라, 이소벨은 그들이 끌려가 마약을 투여당한 장소가 즈시 마리나가 맞다고 하면서도 몇 동 몇 호였는지는 기억하지 못했다. 형사는 아파트 소유주 명단을 입수해 범죄 기록을 일일이 대조했다. 많은 전과가 드러났지만 수백 명 가운데 성추행범은 단 한 명이었다.

그는 4314호 주인으로 두 건의 전과를 갖고 있었다. 1983년 오토바이 후면을 차로 들이받아 소액 벌금형을 받은 전력과 1998년 10월 일본 서부 시라하마라는 해안가 마을 여자 공중 화장실에서 몰래카메라를 촬영한 혐의로 체포된 적이 있었다. 그가 이러한 행위로 적발된 것은 이것이 두 번째였다. 일본 언론은 그가 경찰에 가명을 댄 사실과 자신을 '논픽션 작가'라고 소개한 것을 보도했다. 그는 죄를 인정해 재판을 받는 대신 즉결심에 회부돼 벌금형을 받았다. 벌금은 9,000엔(56파운드)이었는데, 카사블랑카나 클럽 카두에서 호스티스와 한 시간 보내는 비용보다 저렴했다.

전과 기록 파일에는 체포 당시 촬영한 그의 머그샷이 있었다. 경찰은 그의 운전면허증 사진도 확보했다. 경찰은 그의 명의로 등록된 자동차는 물론, 그가 사장으로 있는 회사 및 이 회사가 일본 전역에 소유한 수많은 부동산까지 확인했다.

용의자의 여러 사진을 다른 수십 명의 사진 속에 섞어놓았는데도 크리스타벨, 케이티, 클라라, 이소벨은 각각 그를 손님 혹은 폭행범으로 지목했다. 클라라는 "정말 이상한 사진이었어요. 눈을 거의 감고 있어서 경찰이 그를 도랑에서 끌어낸 것처럼 보였어요. 모르는 사람이 보면 그가 취한 줄 알 거예요. 하지만 전 그가 카메라를 외면해서 사진 찍기 힘들게 하려고 애쓴 것 같다는 인상을 받았어요"라고 증언했다.

경찰은 일본 고속도로 감시 카메라에 잡힌 그의 하얀색 벤츠 스포츠카를 추적해 루시가 실종된 당일 그가 도쿄에서 즈시까지 운전한 사실을 확인했다. 또한 다음 날부터 며칠간 그가 도쿄에서 미우라 반도까지 왕복한 사실도 밝혀냈다.

우도 경정은 이 남자를 미행하라는 명령을 내렸다. 뒤를 밟는 방식으로는 발각될 가능성이 높기에 형사들은 각기 다른 장소에 잠복해 있다가 용의자가 움직일 때마다 무선을 주고받는 방식으로 미행했다. 어느 날은 형사 열 명이 도보나 오토바이, 차로 용의자를 미행했다. 우도 경정은 이런 미행 기법을 '핀 포인트 방식'이라고 했다. 이 방식은 완벽하지 않아서 형사들이 목표물을 놓치는 경우가 잦았다. 어느 날 그가 지바 방향으로 차를 몰고 가더니 사라졌다. 그다음 날, 지바 소인이 찍힌 분노에 찬 가짜 편지가 루시의 이름으로 아자부 경찰서에 도착했다.

9월 말이 되자 우도 경정은 용의자 확보에 자신만만했다. 루시 실종 당일 그의 동선이나 다른 호스티스들의 증언으로 보아 의심할 여지가 없었다. 그러나 증거가 불충분했다. 케이티 비커스 입장에서 보면 경찰이 3년 전 자신을 홀대할 때보다 지금 더 관심을 보이는 것도 아니었다. 케이티와 다른 호스티스들은 목적을 달성하기 위한 수단이었다. 우도는 "루시에게 무슨 일이 벌어졌으며 그가 어떻게 루시를 살해했는지, 사체를 어디에 유기했는지 알아내는 것이 중요합니다. 루시 사건의 전모를 밝히는 게 저희의 목표죠"라고 말했다.

형사들은 용의자 뒷조사는 물론 지난 몇 주간의 동태를 파고들어갔다. 그의 회사는 북쪽 홋카이도 섬에서부터 남부 규슈까지 여러 군데에 부동산을 소유했다. 도쿄 중심가에 세를 준 아파트도 여러 채 있었고, 부촌 덴엔초후에 수영장이 딸린 2층 저택도 있었다. 즈시에서 남쪽으로 약 30킬로미터 떨어진 미우라 반도 서부 해안의 모로이소라는 마을에도 집이 있었다. 모로이소는 바위가 많은 작은 만과 모래밭이 펼쳐진 해안으로 유명했다. 이곳 어촌 마을 인근에는 휴가용 별장이 몇 블록에 걸쳐 조성되었다. 용의자는 블루 시 아부라쓰보라는 곳에 아파트를 소유했다.

롯폰기 형사들은 모로이소와 가장 가까운 미사키구치 경찰서에서 근무하는 동료 형사에게 전화를 걸었다. 미사키구치 순찰 경찰관이 재미있는 얘기를 들려주었다.

7월 6일, 3인의 경찰관은 관리인 아베 여사의 불편 신고를 받고 블루 시 아부라쓰보로 출동했다. 어떤 남자가 그날 오후에 갑자기 나타나더니 몇 년간 비워둔 401호로 갔다. 그는 열쇠가 없었는지 관리인에게 묻지도 않고 열쇠공을 불러 문을 땄다. 남자는 2인승 메르세데스 스포츠카를 주차했는데, 아베 여사의 동료 히로가와 씨가 보니 흰 천에 싸인 덩어리가 차 안에 가득했고 운전석만 비어 있었다고 했다. 현재 그 남자가 집에 있는데 안에서 쿵쿵거리는 괴성이 들린다고 했다. 하라다 나오키 형사와 다른 형사는 계단을 올라 그 집 문을 두드렸다. 그 집까지 가는 동안에도 쿵쿵거리는 시끄러운 소리가 밖으로 새어나왔다.

처음에는 응답이 없었다. 경찰이 다시 초인종을 눌러 인터폰에 대고 신분을 밝힌 후 들여보내달라고 하자 결국 남자가 현관문을 열었다. 작달막한 중년 사내로 머리가 벗어지고 있었다. 하라다 형사는 "남자가 웃통을 벗고 파자마 바지 같은 걸 입고 있었습니다. 얼굴과 가슴에서 흘러내리는 땀을 보고 충격을 받았죠. 그가 온몸을 떨면서 헐떡거렸는데 몸에 있는 모든 구멍에서 땀이 흘러나오는 것 같았습니다. 남자는 정말 지저분했고, 뭔가 고된 작업을 하던 것처럼 보였습니다"라고 회상했다.

남자는 옷을 갈아입겠다며 문을 닫았다. 안에서 쿵쿵거리는 소리가 더 들렸다. 남자가 다시 나타나자 하라다 형사는 현관으로 한 걸음 들어섰다. "복도에 장비가 여러 개가 보이고 그 주위에 부서진 콘크리트 조각이 널려 있었어요. 뒤에 보이는 리넨 가방에도 뭔가 담겨 있었죠. 지름이 대략 20센티미터 정도 되는 둥글고 회색을 띤 물체였습니다."

그러나 남자는 집 수색을 극렬히 반대하며 욕실 타일을 다시 바르는 것뿐이라고 우겼다. 하라다 형사는 그날 상황을 이렇게 설명했다. "그는 '내 집을 보여주는 건 내 알몸을 보여주는 것 같다'며 화를 내면서 말했어요. 그래서 저는 '당신 알몸은 궁금하지도 않으니 집 안을 보여주면 나가겠다'라고 했습니다." 하지만 영장도 없고 구체적으로 무슨 죄를 저지른 증거도 없었기에, 경찰이 들어가 수색할 권한이 없었다. 경찰은 경찰서로 무전을 쳐서 그가 집주인임을 확인한 후 내려갔다.

이 일화에서 가장 이상한 점은 얼마 후 그가 아파트로 올라오라고 경찰에게 전화한 사실이었다. 하라다 형사는 "남자가 종이에 싸인 무언가를 든 채 현관문을 열어놓고 있었어요. 그는 아이를 달래듯 종이를 펼쳤습니다. 강아지 머리가 보였어요. 그는 사랑하는 개가 죽었다면서, 경찰이 이걸 보면 이상하게 생각할까 봐 안으로 들이지 않았다고 해명했습니다"라고 덧붙였다.

경찰은 개의 사체가 얼어서 딱딱했던 걸로 기억했다. 그는 "죽은 지 하루 이틀 된 사체가 아니었습니다"라고 했다.

"그 남자가 사체를 처리하는 등 뭔가 심상치 않은 일을 하고 있었을지도 모르겠습니다." 하라다 형사는 수년 후 법정에서 이렇게 진술했다. 그럼에도 당시 미사키구치 경찰은 그 남자와 죽은 개에 대해 전혀 수사하지 않았다. 또한 며칠 후 바닷가로 드라이브를 갔다가 실종된 외국 여성에 대한 기사가 보도됐는데도 양자를 서로 연관지어 생각하지 않았다.

7월에서 10월까지 아자부 경찰서와 초동범죄 수사팀 앞으로 편지 여섯 통이 도착했다. 두 장은 어설픈 영어로 작성하고 루시 블랙맨이라고 가짜로 서명한 편지였다. 한 장은 일본어로 된 여덟 장짜리 편지였는데, 루시의 '지인'이라고 주장하는 자가 "루시를 특정 장소에서 만났다"고 했다. 편지에는 루시가 조현병와 다중 인격 장애를 겪는 중이며 빚이 어마어마해 매춘으로 빚을 갚아나가고 있다고 했다. "이건 납치가 아니라 루시가 남자를 이용하는 겁니다"라고 작성자는 주장했다. 우도 경정은 1998년 공중 화장실에서 체포되었던 용의자의 지문을 대조했으나 그의 지문은 이 봉투나 편지에서 발견되지 않았다.

10월 초, 유달리 두툼한 편지 봉투가 아자부 경찰서에 도착했다. 그 안에 1만 엔권 지폐로 총 118만 7,000엔이 들어 있었다. 동봉된 편지에도 역시 '루시'의 서명이 있었다. 편지는 이 돈으로 루시의 빚 7,418파운드를 갚으라면서, 빚 때문에 루시가 한동안 모습을 감추었다가 결국 일본을 떠날 것이라고 했다. 동봉된 현찰은 소피를 통해 채무자에게 전달해달라고 요청했다. 루시의 포스터가 여기저기 나붙는 바람에 루시는 아무도 알아보지 못하는 곳으로 도망칠 결심을 했다고 전했다.

총력을 기울여 감시했음에도 경찰은 용의자가 은행에서 돈을 인출하거나 편지를 부치는 모습을 전혀 목격하지 못했다. 그러던 중 경찰은 10월 1일 그가 보트를 구입했다는 충격적인 내용을 인지했다.

섬유 유리로 만들어진 6미터 길이의 낚싯배였다. 용의자는 요코하마에 있는 상점에서 350만 엔(2만 1,900파운드)을 주고 보트를 구입한 후 시보니아 마리나로 배달받았다. 그곳은 블루 시 아부라쓰보 아파트에서 내다보이는 만 건너편에서 몇백 미터 떨어진 곳이었다. 그는 상점 사장인 가와구치 히데오에게 수심이 아주 깊은 곳에서 쓸 앵커와 1,000미터짜리 로프가 필요하다고 했다. 가와구치는 이렇게 기억했다. "사가미 만으로 나가면 수심 1,000미터가 되는 지점이 있긴 하나, 그 깊이에서 앵커를 감아올리기가 여간 힘든 게 아닙니다. 저는 그 남자에게 아주 긴 닻줄이 필요하다면 로프를 연결해서 쓰라고 했습니다. 그 남자는 자기가 굉장히 경험이 풍부하다고 했지만 그래 보이진 않았어요. 경험이 많은 뱃사람이라면 절대로 그렇게 긴 로프를 찾지 않거든요."

가게를 찾는 손님들은 대부분 반바지에 샌들 차림이지만, 그는 핀 스트라이프 정장에 타이를 매고 검은 구두를 신었다. "좀 이상한 사람이었어요. 태도도 특이했고, 땀을 무척 많이 흘리더군요."

그가 상점을 떠난 지 10분 후 형사가 도착해서 방금 나눈 얘기를 빠짐없이 해달라고 주문했다. 그러면서 이상한 손님에 대해 타인에게 절대로 발설하지 말라고 직원들에게 주의를 주었다.

우도 경정은 갑자기 생각할 게 많아졌다. 무슨 이유로 용의자가 배를 구매했을까? 이제 항해 시즌도 끝났고, 그가 바다에 관심을 가진 적도 거의 없어 보였다. 앵커 밧줄과 사가미 만 얘기를 한 걸 보니 확실했다. 용의자에게는 뭔가 처분하고 싶은 것이 있고 그걸 바다 깊은 곳에 버릴 계획을 세우고 있었다.

시보니아 마리나에서 출항하려면 사전에 해군 준장에게 신고해야 한다. 이 준장도 극비리에 경찰 조사를 받았다. 준장은 용의자가 다음 주인 10월 12일 목요일에 보트를 타고 나갈 계획이라고 경찰에 제보했다. 우도 경정은 "저희 경찰은 루시의 사체가 분명 어딘가에 있고 그가 사체를 유기할 계획을 세웠다고 추정한 후, 그날 아침 그를 체포할 준비를 했습니다"라고 밝혔다. 도쿄 검찰청은 루시의 실종 혐의가 아니라 과거 호스티스를 강간한 혐의로 서둘러 체포 영장을 발부받았다.

용의자는 10월 11일 밤 롯폰기 교차로에서 도보로 10분 거리에 있는 자기 소유의 도쿄 아파트에 머물렀다. 우도는 새벽 일찍 그를 체포하기로 한 후 만반의 준비를 갖추고 잠자리에 들었다.

우도 경정은 새벽 3시에 일본 기자의 전화를 받고 깼다. 일본 최대 신문이자 세계 최다 판매 부수를 기록하는 〈요미우리신문〉이 조간 1면에 루시 블랙맨 실종에 연루된 용의자의 체포를 앞두고 있다는 기사를 실을 계획이라고 전했다.

"이 기사를 받아서 텔레비전 방송국에서도 보도할 것이기에, 용의자가 아침 뉴스를 보기 전에 행동을 개시해야 했습니다." 이제는 용의자가 미행을 알아채고 도주할까 봐 두려운 게 아니라 체포를 앞두고 자살 시도를 할까 봐 두려웠다.

새벽 6시, 아파트에서 잠복근무 중인 형사들은 용의자가 아파트에서 나와 모퉁이 편의점으로 들어가는 모습을 목격했다. 그가 신문을 잔뜩 움켜쥐고 나왔다. 경찰은 사방에서 달려들어 1996년 3월 31일 클라라 멘데즈를 납치 및 폭행한 혐의로 그를 체포했다. 그날 발행된 신문은 용의자가 48세 사업가이자 기업체 사장인 오바라 조지라고 밝혔다. 우도 경정은 "형사가 이름을 부르자 그는 몸을 부들부들 떨더니 구슬 같은 땀을 줄줄 흘렸습니다"라고 증언했다.

4 ———————————— 오바라

약자인가 강자인가

　오바라 조지의 사진이 몇 장 공개되었으나 30년도 더 된 것들이었다.

　한 장을 제외한 나머지는 학창 시절 찍은 사진이었다. 경찰은 다정다감하고 상당히 여성스러워 보이는 소년이 부끄러운 듯 소심하게 웃는 사진을 공개했다. 소년은 하이칼라가 달린 프러시안 스타일의 검은색 일본 교복을 입었다. 오른쪽으로 가르마를 탄 머리는 짧게 다듬어져 있었다. 또 다른 사진에서 그는 카메라를 피해 시선을 돌리고 아랫입술을 살짝 벌리고 신경을 곤두세운 채 다른 곳에 집중한 표정이었다. 허약하고 예민하고 약간 여성스러운 소년 같았다. 입술이 가장 눈길을 끌었는데, 도톰하면서 윤곽이 또렷했고 큐피드 화살의 촉처럼 좌우 대칭을 이루었다.

　마지막 사진은 대단히 거칠고 선명하지 않은 20대 초반의 모습이었다. 그는 넓은 칼라가 달린 셔츠를 입고 단추를 풀어 가슴팍을 노출했다. 학창 시절보다 몸이 말랐고 머리는 더 길고 숱도 더 많아

보였다. 그는 큼직한 선글라스를 끼고 자신만만하게 카메라를 응시하며 미소를 지으면서 자의식이 강한 남성다운 포즈를 취했다. 앞을 똑바로 향한 시선에서 자신감, 혹은 자만심까지 느껴졌다. 이 사진들은 대부분 학교 공식 행사 때 촬영한 단체 사진에서 오바라만 오려내 확대한 것이다. 그가 체포된 후 몇 주간 세상이 들끓던 시기에 일본 기자들이 오바라의 고교 및 대학 동창들을 통해 구한 사진이었다. 그러나 1970년대 중반에 찍은 사진을 마지막으로 그 후에 찍은 사진은 단 한 장도 구하지 못했다.

그의 노모가 사진을 한두 장 갖고 있다는 소리가 들렸다. 운전면허증이나 여권 사진처럼 반드시 찍어야 하는 공식 서류용 사진을 제외하고 오바라 조지는 사진 촬영을 기피했다. 도쿄 경시청에서 머그샷을 찍을 때조차 그는 카메라에서 시선을 돌려 얼굴 공개를 꺼렸다.

그는 호더(물건을 버리지 못하고 모아두는 일종의 강박 장애를 겪는 사람—옮긴이)이자 수집자이며 기록자 겸 일기 작가 혹은 메모 작성자로, 뭐든 내다 버리는 게 불가능해 보였다. 그는 이런 버릇 때문에 의심을 샀다. 그의 부동산 곳곳에 있던 난잡한 기록물들이 없었더라면 경찰은 오바라 조지를 기소할 수 없었을 것이다. 그럼에도 그는 흔적을 남기지 않고 세상 밖으로 움직였거나 움직이려 노력했다. 이런 버릇은 가족력처럼 보였다.

그의 과거는, 심지어 최근의 과거까지도 희미하고 불투명했다. 열심히 오랫동안(나는 몇 달이나 응시했다) 뚫어져라 보니 형태와 모습이 보이긴 했다. 불빛이 비치며 깜빡이다 얼굴이 나타나기도 했고, 말소리가 뜨문뜨문 들리기도 했다. 하지만 어둠 속에서 움직이는 게 무엇인지 꼬집어 말하기는 힘들었다.

오바라 조지는 처음부터 오바라 조지가 아니었다. 그는 1952년 8월 10일 오사카에서 태어났다. 출생 다음 날 아버지는 아들의 이름을 김성종金聖鍾이라고 지었다. 일본식으로 읽으면 '긴 세이쇼'였다. 부모의 성이 김이라서 부부는 아들을 '성종'으로 불렀다. 그러면서도 가족은 또한 일본식 성씨인 호시야마를 써서 자신들을 나타냈다. 아이는 후일 김성종, 긴 세이쇼, 호시야마 세이쇼, 이렇게 세 가지 이름을 번갈아 사용하며 세상을 살았다.

김-긴-호시야마는 '자이니치 조센진', 혹은 줄여서 자이니치在日라고 알려진 인구에 속했다. 이들은 일본에 사는 한인, 즉 재일 조선인을 뜻했다. 2000년 루시 블랙맨이 도쿄에 왔을 무렵 일본 전역의 재일 조선인은 약 90만 명이었다. 그런데 일본에 오래 산 사람이라도 그들의 존재를 잘 몰랐다. 재일 조선인은 한 나라에 사는 소수민족으로 그 자체가 인종적으로 단일민족이었다. 재일 조선인은 20세기 초 격변하던 아시아 정치의 산물이 빚은 비극에서 기원했다.

주변 강대국에 둘러싸인 한반도에서는 역사 내내 전쟁이 끊이지 않았다. 16세기 무렵 일본이 한반도를 약탈한 후 쓰시마 해협을 건너 본토로 돌아가면서 전리품과 노예, 전사한 조선군의 귀를 잘라 가져갔다. 19세기 말 일본은 다시 한 번 한국을 지배했다. 1910년 한국은 정식으로 일본 제국에 합병되었다. 일본은 한국에 도로와 항만, 철도를 건설하고, 탄광과 공장을 만들고, 현대식 농업 기업을 도입하고, 한국 엘리트의 자녀들을 도쿄로 유학 보냈다. 그러나 경제 개발에 기여한다는 미명하에 한국을 강제 점령하면서 민족 차별과 강압, 폭력을 자행했다.

시간이 흐르면서 일본의 정책이 바뀌었다. 1930년대 말이 되자 일본 제국의 목표는 단순히 한국을 지배해 자원을 약탈하는 데에 그치지 않고 한국 문화를 말살하고 한국인의 정신까지 식민지화하는 것으로 바뀌었다. 학생들은 학교에서 강제로 일본어를 써야 했고 신사 참배를 강요당했다. 한국인은 일본 이름으로 개명해야 했다. 어쩌다 한국인이 봉기를 일으키면 일본은 그들을 체포해 고문과 살인으로 진압했다. 또한 불공평한 인적 교류가 대대적으로 이루어졌다. 일본 관료와 개척민은 배를 타고 한국으로 가서 그들을 지배하고 새로운 땅을 개간했다. 가난한 한국인들은 반대 방향으로 배를 타고 일본으로 와서 도쿄, 오사카, 후쿠오카 등 산업 도시에서 일자리를 찾았다.

처음에는 이런 이주가 자발적이었지만, 태평양 전쟁이 일본에게 불리하게 돌아가자 식민 지배를 당하는 민족은 일본 제국 군대와 민수산업에 강제 징집되었다. 1945년까지 수많은 한국인들이 일본군과 함께 아시아 전역으로 흩어져 군인, 잡역병, 수용소 경비병, 군인 성 노예(일본은 50년간 위안부의 존재를 공식 부인했다)로 일했다. 일본에만 200만의 재일 조선인이 있었고 그중 대부분은 그들의 일터인 탄광과 공장 인근 빈민촌에 집중되었다. 다른 분야에서도 마찬가지지만 일본 본토로 외국인이 갑자기 몰려오자 일본 제국주의의 위선이 드러났다.

일본 정부는 한국 문화와 언어까지 말살하여 조선인을 완벽히 제국에 동화시키려는 데 혈안이 되었다. 일본은 조선인의 정체성을 지우는 작업을 추진하면서도 자국민이 누리는 특권과 위상을 조선인에게 허용하지 않으려 했다.

조선인은 절대로 일본 제국의 신민이나 완벽한 시민이 될 수 없었다. 투표권이 제한되었고 국회에 진출할 피선거권도 박탈되었다. 오사카와 가와사키 빈민촌에 사는 조선인은 일본 국민보다 건강 수준이 낮고 문맹률은 높았다. 또한 같은 일을 해도 돈을 훨씬 적게 받았고, 수많은 일본 노동자의 미움을 샀으며, 그들의 임금과 노동은 싼값에 팔렸다. 조선인은 일상에서도 차별과 멸시를 받아서 교육과 취업, 정치적 기회까지 제한당했다.

많은 일본인이 조선인을 혐오에 가까울 만큼 멸시했다. 그들은 조선인이 성미가 급하고 고집이 세고 싸우길 좋아한다고 여기고, 더럽고 냄새나는 민족으로 불쾌한 음식을 먹는다고 깔보았다. 얼굴만 보고도 조선인과 일본인을 구별할 수 있다는 주장에는 이견의 여지가 있지만, 조선인은 말하는 것과 행동거지는 물론 온갖 사소한 방면에서 자랑스러운 순혈 일본인과 구별되었다. 무엇보다 조선인은 천성적으로 신중함이 부족했고 지금까지도 일본인에게서 뚜렷이 보이는 권위에 대한 존경심조차 모자랐다. 신문은 '반항적인' 조선인이 저지른 여러 범죄 기사를 적극 실었다. 조선인은 현장에서 체포되어도 고약하게도 자백을 거부했다. 기껏 매체에 좋게 실려 봤자 조선인은 소란스럽고 악취를 풍긴다는 정도였고, 심한 경우에는 폭력적이고 범죄를 일삼는 체제 전복적 민족으로 취급당했다. 이런 선입견과 긴장감이 늘 노골적으로 드러나는 건 아니었지만 언제든 터지기 직전이어서 조선인이 제 목소리를 낼 경우 바로 반감이 폭발할 준비가 되어 있었다.

1923년 도쿄와 요코하마에 초대형 지진이 발생했다. 목조 건물이 많던 이곳에 화재가 발생하여 14만 명이 숨졌다. 이 끔찍한 사태의 여파로 유언비어가 확산되었다. 조선인들이 불을 지르고 우물에 독을 넣고 폭동을 일으켜 여성을 강간했으며 상점을 약탈했다는 기사가 일본 신문에 반복해서 실렸다. 믿을 만한 근거는 전혀 없었는데도 그 후 며칠도 안 돼 평범한 일본인 무리가 동시다발적으로 광적인 폭동을 일으켜 조선인 수천 명을 학살했다.

당시 기록에 의하면 "누군가 한 사람을 붙들고 '조선인이다'라고 외쳤다"라는 구절이 나온다.

수많은 일본인이 현장으로 달려가 희생자를 둘러쌌다. 그들은 그를 전봇대에 묶고 눈알을 파내고 코를 벤 다음 복부를 칼로 난도질해 안을 헤집어 창자를 끄집어냈다. 그들은 가끔 조선인의 목을 차에 매달고 그가 숨이 막혀 죽을 때까지 질질 끌고 다녔다. 일본인들은 여자를 잡아다 다리를 쥐고 양쪽으로 잡아당겨 몸을 찢었다. 조선인들은 마지막 순간까지 버티면서 애원하고 무죄를 주장했다. 그러나 일본인은 듣지 않았다.

그로부터 2, 3년 후, 부산항 인근에서 오바라 조지의 부모가 태어났다.

일본에서는 범죄를 단순히 범죄자의 행위로만 여기지 않는다. 더 깊은 의미에서 그들은 개인의 범죄가 가족에게서 유래되었다고 본다. 가까운 친척들은 법적인 책임이 없더라도 도덕적으로 책임을 느낀다. 그래서 범죄자의 부모(때론 형제자매, 학교 선생, 심지어 고용주까지)는 범죄자를 제대로 통제하거나 관리하지 못했다며 카메라 앞에서 고개를 조아린 채 눈물을 흘리는 장면을 연출하는데, 일본에서 이런 광경은 놀라울 정도로 흔하다. 오바라가 체포된 지 몇 시간 지나지 않아 일본 기자들은 그가 어디 출신이며 가족들은 누구인지 경쟁적으로 취재했다.

나이, 이름, 직업과 같은 핵심 사항은 금세 알려졌다. 그런데 거기에서 정보의 흐름이 끊겼다. 그로부터 몇 년 후, 나는 몇 주에 걸쳐 오바라의 배경을 취재했다. 십수 명의 일본 기자와 정통 타블로이드 베테랑 기자는 물론 스캔들 전문 주간지 기자들에게 캐묻고 다녔다. 다들 노련한 탐사 기자들이어서 시간과 취재원과 연락처를 확보하고 있었다. 그런 그들과 협조했음에도 나는 단편적인 정보보다 조금 나은 정보를 모으는 데 그쳤다. 한 잡지 기자는 내게 이렇게 귀띔했다. "대부분의 범죄 사건은 가족에 대한 정보를 얻을 수 없으면 친구나 이웃, 회사 동료 같은 주변인이 말해줍니다. 그런데 오바라의 경우엔 증언이 거의 나오지 않아요."

오바라의 아버지는 김교학, 어머니는 전옥수였다. 부부는 태평양 전쟁 발발 이전에 일본으로 건너왔다. 징집이 아니라 자발적인 이주였다. 부부 슬하의 네 아들 중 한 명의 증언에 따르면 김교학은 일본에 저항했다는 죄명으로 2년 반 동안 투옥되었다고 했다. 그러나 언제, 어디서, 어떻게 그런 일을 겪었는지는 불확실하다. 아무튼 김교학은 1945년에 일본에 있었고, 10년도 지나지 않아 투표권도 없던 이민자 신분에서 일본 제2의 도시 최대 갑부로 부상했다.

전후 일본은 가난하고 혼란했으나 조선인들에게는 자신감과 기회를 되찾을 드문 시간이었다. 그들이 느꼈을 강렬하고 파괴적인 즐거움까지 상상할 수 있었다. 35년간 무시당하며 약체로 살던 조선인이 느닷없이 승자의 편에 섰고, 패전국 한복판에서 해방민이 되었다. 다른 도시처럼 오사카도 연합국의 폭격으로 폐허가 되는 바람에 부동산 권리 증서가 영원히 소실되었다. 이런 혼돈이 이어지자 주먹으로 토지 소유권을 주장하는 이들이 나타났다. 폐허 속에서 암시장이 생겨났다. 한쪽은 일본 야쿠자가, 다른 한쪽은 3국인이라 불리는 사람들이 차지했다. 3국인이란 과거 식민 지배를 받다가 막 해방된 민족을 뜻했다. 목숨을 건 세력 다툼이 벌어졌다. 경찰은 수백 명의 야쿠자가 한국인, 태국인, 중국인들과 치열하게 싸우는 모습을 그저 손 놓고 보았다. 많은 조선인들은 해방 이후 대거 한국으로 돌아갔지만 그곳 상황도 일본만큼 처참하고 절망적이었다. 일본에 남은 이들은 전후 잠시 승리에 도취해 의기양양했지만 곧 현실과 마주했다. 그들은 여전히 가난했고, 여전히 불이익을 당했으며, 여전히 선입견의 피해자였다. 게다가 일본 제국이 패망하고 한국이 해방되자 조선인은 피지배민으로서 누리던 기본권마저 박탈당해 확실한 외국인이 되었다.

조선인 대부분은 두 갈래로 나뉘었다. 미국을 등에 업은 남한 우익 독재 권력과 손잡은 민단, 그리고 북한 공산당에게 충실한 조총련으로 갈렸다. 1950년, 각각 미국과 중국의 지원을 받은 남한과 북한 사이에 전쟁이 일어났다. 3년간 지속된 한국전쟁으로 한반도는 또다시 폐허로 변해 가난의 굴레를 벗지 못했다. 그러나 한국전쟁이라는 참극은 일본에게 큰돈을 벌 기회였다. 미군이 일본에게 철강과 제복, 군수 용품을 요청한 덕에 일본 경제가 급속도로 회복되었다.

　　1952년 미래의 오바라 조지 김성종이 태어났다. 당시 그의 아버지 김교학은 부유했다. 그가 어떻게 부를 일구었는지는 설명하기 어렵다. 비슷한 처지의 남자들에게 주어지는 기회는 제한적이었다. 규모가 있는 회사는 조선인을 단순 노동직 이외의 직책으로는 받아주지 않았다. 일본 은행은 조선인에게 대출해주지 않았다. 그러나 김교학은 부동산을 제외하고도 주차장, 택시회사, 파친코 등 최소 세 곳의 수입원을 가지고 있었다. 파친코는 일본의 독특한 아케이드 게임으로 전자 핀볼 게임을 세워서 하는 것과 비슷하며 일본이 법으로 허용하는 몇 안 되는 도박이다. 이런 업종은 대규모 자본투자가 필요 없다는 공통점을 지닌다. 가게나 식당을 차리려면 부지는 물론 직원과 재료가 있어야 한다. 반면 파친코나 주차장은 부지가 필요하긴 하나 기계를 들여놓거나 차가 들어오기만 하면 당장 돈벌이가 가능했다. 매일 현찰이 들어오니 그걸로 생활용품을 구입하거나 재투자가 가능했다(주차 공간을 늘리거나 파친코 기계를 한 대 더 들이면 된다). 하지만 이렇게 간단한 사업이라 해도 무일푼으로는 성공할 수 없었다.

　　파친코 달인들은 곧바로 구슬을 현찰로 바꾸지 않고 담배나 쿠

폰 같은 상품으로 받은 다음, 인근 적당한 창구로 가서 현찰로 교환했다. 이런 방식으로 파친코장은 도박을 금지하는 법망을 우회했다. 야쿠자는 이런 현찰 창구를 운영하고 수수료를 챙겼다. 야쿠자는 또한 시장 질서를 유지하고 토지 소유권 분쟁을 해결하고 마음에 들지 않는 세입자를 내쫓고 대출을 해주고 특정 지역에 운영권을 할당했다. 그들은 이 모든 일을 행하면서 적절한 수수료를 받았다. 야쿠자는 늘 오갈 데 없는 이들의 피신처가 되었다. 가난하고 버림받고 변방으로 내몰린 조선인들은 이 거대한 일본 연합 갱단 내에서 두드러진 활약을 했다. 이름난 야쿠자 조직으로는 오사카와 고베의 야마구치구미, 도쿄의 스미요시카이 등이 있었다. 야마가와구미와 메이유카이 같은 한국계 야쿠자는 폭력성으로 악명이 드높았고 조선인 가게와 그들이 사는 빈민촌을 지켰다.

김교학이 야쿠자였다거나 다른 범죄 조직에서 활동한 증거는 없다. 그는 전과도 없었다. 하지만 그곳에서, 그 시기에, 그런 사업과 연관되었던 인물들은 범죄 조직과 결탁하는 것이 보통이었다. 기자이자 야쿠자 보스의 아들인 미야자키 마나부는 "그건 어쩔 수 없습니다. 재일 조선인의 경우 야쿠자와 관계를 맺는 것이 사업으로 성공하기 위한 조건이죠"라고 설명했다.

"그는 택시 운수업으로 큰돈을 벌었어요"라고 김교학을 기억하는 오사카 한인이 말했다. "파친코 사업에서도 성공했죠. 김교학은 매력적이고 사교성이 있으며 말이 많았어요. 약간 통통한 편이었고 키는 전혀 크지 않았어요. 늘 큼직한 재킷을 입고 다녔고 최고급 차를 여러 대 몰았죠. 그는 그 바닥에서 성공적으로 경력을 쌓았어요." 내게 이 얘기를 전한 남자는 50대의 존경받는 공무원이었다. 그는 공무원으로 출세해 외국 유학을 다녀왔으며, 클래식 음반 수집에 일가견이 있었다. 오바라 조지의 아버지처럼 그의 아버지도 한국에서 온 이민자였다. 그의 아버지는 미군 도살장에서 죽은 말을 매입해 소고기로 속여서 팔았다.

조선인 빈민촌에서 성공한 사람들은 이런 기회주의적 사업관을 공유했다. 일본 패전 후의 10년간 사람들은 어른들까지 아사하던 극심한 고난의 시기를 떠올리면서 민족 간의 동지애에 대해 이야기했다. 풍요로운 시기에는 보기 힘들어진 가치였다. 처음에 김교학 가정은 오사카 아베노 구에서 살았다. 가게와 좌판대가 늘어선 큰길에서 좁은 골목으로 접어들면 허물어진 판자촌이 나왔다. 그곳은 거칠고 어수선하고 시끄러웠다. 가족이 운영하던 파친코장이 근처에 있었다. 미래의 오바라 조지가 아장아장 걸어 다닐 무렵, 가족은 남쪽으로 조금 아래에 있는 동네로 이사했다. 그곳은 아베노 구와는 사회적 위상과 매력이 완전히 딴판이었다.

기타바타케는 높은 담에 둘러싸이고 정원이 있는 고요한 대저택이 위치한 동네로 오사카 최고의 부자들과 지도층이 살았다. 그들은 규율과 자녀 교육을 중시했다. 기타바타케 주민들은 새로 이사 온 이웃을 보고 놀랐지만 노골적으로 민족 차별은 하지 않았다. 그럼에도 1950년대 그런 부촌에 산 한국인들은 자신들이 그 동네 사람들과 다르다는 사실을 의식할 수밖에 없었다.

김교학 가족은 그 동네에서도 고립을 자처했으며 한국 교민 지

역사회와도 대체로 거리를 두었다. 김교학은 오사카 최고의 갑부였음에도 지금 그를 기억하는 이는 아무도 없었다. 아버지를 본받아 그의 아들도 삶의 흔적을 남기지 않고 살려고 애썼다.

패전 후 국적 선택을 강요받자 김교학은 많은 재일 조선인들처럼 남한을 택했다. 서로 경쟁 단체인 민단과 조총련은 일본에 사는 한국인들에게 삶의 중심이 되었다. 그들은 친구를 만들고 인맥을 맺어주는 사교 클럽, 학교, 문화센터를 열고 신용조합을 만들어 일본 은행에서 대출이 아예 불가능한 조선인 사업가들에게 대출해주었다. 특이하게도 김교학은 민단과 조총련 모두 가입하지 않았다.

기타바타케에 있는 저택의 웅장한 정문에 붙은 명패가 그곳이 김교학의 집임을 알려주었다. 김교학 일가는 김 외에 호시야마라는 성도 사용했다. 많은 재일 조선인들이 일본 이름으로 개명했는데, 자연스레 어우러져 일본인 대우를 받는 이점을 누릴 수 있기 때문이었다. 하지만 이런 노력이 오히려 문제를 키웠다. 김교학은 여전히 한국인임이 드러나는 성을 선택했기 때문이다. 예컨대 호시야마는 누가 봐도 조선인임을 알 수 있는 성이었다. 재일 조선인들은 이 사실을 알면서도 이런 성을 택함으로써 그들의 고난과 자부심을 표출하는 동시에 가슴 깊이 박힌 조선인으로서의 정체성을 포기하는 고통까지 드러냈다.

미야자키 마나부는 다음과 같이 설명했다. "당시에는 부자와 가난한 한국인 사이의 간극이 점점 벌어지던 시기였습니다. 일본 사회가 양극화되었죠. 오바라와 그의 가족 같은 이들은 그런 면에서 승자라 할 수 있습니다. 그들은 미래에 대한, 차별 없는 삶에 대한 신념을 갖고 있었을지도 모릅니다만 일본 사회에서 그 차별을 쉽게 극복할 수는 없습니다. 일본인은 늘 타민족과 선을 그으려 하고 다름을 유지하려 합니다. 평등함을 믿는 한국인들에게 일본인들의 그런 태도는 분노의 원인이 되었죠."

아버지가 말고기를 팔았다던 공무원의 증언이다. "1세대 조선인은 한국인이라는 정체성에 대한 자부심이 대단했습니다. 그들 중 자수성가한 이들에게서는 자신만의 제국을 일구었다는 카리스마가 넘쳐흘렀습니다. 그들은 차별당해 일본 주류 사회로 진입하지 못했습니다. 그래서 그런 차별을 극복할 수 있는 방도를 모색했습니다. 해답은 바로 교육이었죠. 그분들은 제대로 된 교육을 받지 못했습니다. 저희 아버지도 간신히 초등학교만 나오셨으니까요. 그래서 그들은 당신들보다 자녀가 더 나은 교육을 받기를 원했습니다."

오바라 조지는 체포된 후 어린 시절이나 가족에 관한 질문에는 일절 답변을 거부했다. 그로부터 6년 후 그의 변호인단이 이상한 책을 의뢰받아 펴냈는데 내용에는 오바라의 입김이 담겨 있었다. 그 책에는 그가 아주 어릴 적부터 받은 '특별 영재교육'에 대한 내용이 자세히 실렸다. 가족에 대한 다른 정보는 언급되지 않았으나 오바라의 부모가 자녀들이 아주 어릴 때부터 지독히 밀어붙인 사실이 드러났다. 나와 우연히 마주친 오바라의 남동생은 이렇게 말했다. "선친께서는 2년 반 동안 투옥 생활을 하셨소. 그분께서는 일본에 저항해 싸우셨소. 단 하나 아버지께 원망스러운 점이 있다면, 가족을 돌보실 시간이 전혀 없었다는 것이오. 그러면서도 늘 교육의 중요성을 외치셨소."

김성종은 초등학교에 입학하기 2년 전 가톨릭 교단이 운영하는 놀이방에 다녔다. 매일 집에 오면 가정교사 셋이 이 꼬마를 기다렸다. 책에 따르면, 그는 세 살 10개월 때부터 바이올린과 피아노를 배우기 시작했다고 한다. 매주 토요일 점심부터 저녁까지 음악 교사와 악기를 연습한 후 한 시간가량 오케스트라와 협주했다. 일요일에는 아침부터 오후까지 더 많은 과외수업을 받았다. 제3자 시점으로 작성된 그 책에는 이렇게 기술되었다. "자유 시간이 없어서 끔찍했다. 오바라는 스트레스에서 벗어나려고 일부러 어떤 수업이건 아무 소용없는 척했다." 그는 글씨체를 망가뜨리려고 오른손 대신 일부러 왼손으로 썼고, 수업 시간이 거의 끝나갈 무렵에야 답안지 작성을 시작했다. 책에서는 이런 상황을 다음과 같은 흥미진진한 문장으로 요약했다. "그는 스스로를 망침으로써 스스로를 해방시켰다."*

여섯 살 때 그는 오사카 교대 부속 명문 초등학교에 입학했다. 그곳은 일본 최고의 학교로 꼽혔다. 자의식이 강한 엘리트 교육 기관으로 영국 공립학교를 모방해 설립되었다. 1950년대 교사들은 대부분 일본 제국 군대와 해군 장교 출신이었다. 오사카 중상위 계층인 의사, 변호사, 사업가 부모들은 어린 자녀를 경쟁적으로 그곳에 입학시켰다.*

학창 시절 김성종은 긴 세이쇼로 불렸다. 초등학교 때 같은 반

---

* 2001년 이 학교는 다시 유명세를 탔다. 다쿠마 마모루라는 정신 질환을 앓던 남자가 식칼을 들고 교실로 침입해 어린이 재학생 여덟 명을 살해했다.

이었던 한 남성은 김성종과 같이 몸싸움하고 야구를 했다고 회상했다. "세이쇼는 당시 힘이 센 편이었죠. 덩치도 크고요. 그에겐 같은 학교에 다니는 형이 있었어요. 기타바타케에 있는 그의 집에 놀러 갔을 때 세이쇼의 어머니께서 아주 잘해주셨던 기억이 납니다. 그는 정말 한국인다웠죠. 화를 잘 냈고 성질이 급했으며 눈빛이 강렬했어요. 눈에 힘을 잔뜩 준 것 같았어요. 사실 다들 그를 좋아하진 않았던 것 같습니다."

또 다른 초등학교 동창은 긴 세이쇼와 같이 야구를 했다. "그는 늘 투수를 하고 싶어 했어요. 제구력이 좋거나 공이 빨라서 그런 게 아니라 늘 과시하고 싶어 했어요. 하지만 실력이 욕심을 따라가지 못했죠. 세이쇼가 아이처럼 신나게 웃는 모습을 본 적이 없어요. 늘 자기가 하고 싶은 대로만 하고 남의 기분은 전혀 신경 쓰지 않았죠. 세이쇼는 다른 사람들과 담을 쌓고 지냈던 것 같아요. 그래서 연락하는 동창이 거의 없거나 아예 없었죠. 지금 생각해봐도 친한 친구는 없었던 같아요."

이 인터뷰는 세이쇼의 초등학교 시절로부터 거의 50년이 흐른 후, 오바라 조지가 체포돼 중죄로 기소된 지 몇 년 후에 이루어진 것이다. 사실 놀라진 않았지만 그래도 여전히 놀라운 사실은, 어린 시절의 그를 기억하는 열 명을 추적한 결과 자신을 긴 세이쇼의 친구라고 부르는 사람도, 세이쇼의 친구라 할 만한 사람을 기억하는 사람도 전혀 없었다는 점이다.

세이쇼는 네 형제 중 둘째였다. 그는 막내 고쇼보다 열 살, 셋째 에이쇼보다 여섯 살이 많았다. 형 소쇼는 1948년생이었다. 전통적인 한국 가정에서 장남은 가족의 기대와 자부심으로 막대한 부담감을 짊어졌다. 그런데 긴 소쇼에게 문제가 있었다.

소쇼의 학창 시절 친구 중에 니시무라 신고가 있었다. 그는 후일 일본 의회의 중위원으로 선출되었다. 니시무라는 국수주의 우익정당 당원으로 태평양 전쟁은 수치가 아니라 자부심의 원천이어야 하며, 일본은 향후 아시아에서 있을 전쟁에 대비하기 위해 핵무기로 무장해야 한다고 주장했다. 일본에 시끄러운 소수로 존재하는 이들이 하원 의원으로 선출되는 일은 극히 드물다. 니시무라 신고의 맹목적 애국심이 그의 어린 시절 기억을 어떻게 변색시켰는지는 파악하기 힘드나, 그는 긴 소쇼에 대해 애석해하면서 다소 좋게 평했다.

어린 시절 소쇼는 호감이 가고 적응에 능한 소년으로 활기찬 10대 소년들과 잘 어울렸다. 니시무라는 "애들이 소쇼를 놀리면 그는 성큼성큼 걸어가 괴롭히지 말라고 했습니다. 저는 그를 근거리에서 지켜보았는데 그는 늘 솔직했습니다"라고 회상했다. 그는 소쇼의 아버지가 파친코 사업으로 재산을 불린 거부이며 가족은 오사카 시내 최고의 부촌에 산다는 사실을 알았다. "소쇼는 다른 아이들과 좀 달랐어요. 그렇다고 따돌림을 당한 건 아니었습니다. 저희에게 애완동물 같은 친구였죠. 중학교 때 그는 정말 귀여웠습니다. 그런데 고등학교에 들어가자 갑자기 변했어요."

쉬는 시간이면 긴 소쇼는 교실 앞으로 걸어 나가 칠판에 분필로 정치 슬로건을 적었다. 그 슬로건에는 일본과 일본인에 대한 분노가 가득했다. "소쇼는 이렇게 적었어요. '일본 제국주의 망해라!' 그런 다음 일본이 얼마나 나쁜지, 일본인이 얼마나 악랄한지 말하고 한국과 한국인이 피해자라고 했어요. 그러더니 자기가 한국 중앙정보부에 미행을 당한다고 했습니다." 악명 높은 한국의 중앙정보부는 종종 정적을 납치해 고문했다.

1960년대 당시 일본과 한국은 정치적 격변을 겪었고 미일 안전보장 조약 및 베트남전에 반대하는 파업과 시위가 벌어졌다. 학교에서 부유하나 되바라지고 정치적 좌파 성향을 띤 학생들이 그나마 하는 일은 조앤 바에즈(미국의 포크 가수 겸 정치 운동가—옮긴이)의 음악을 듣는 정도였다. 그런 아이들이 긴 소쇼의 급진적 슬로건을 진지하게 받아들이기란 불가능했다. "저희는 소쇼가 하는 짓을 모두 지켜보며 웃었어요. 친구들은 '아! 저 녀석 또 저런다!' 라고 했고, 어떤 학생은 '그게 싫으면 집에나 가!' 라고 했어요. 그럼 소쇼는 그걸 진지하게 받아들였죠. 소쇼가 진지하게 받아들일수록 다들 대수롭지 않게 여겼죠."

고등학교를 졸업할 무렵 소쇼가 갑자기 학교에 나오지 않았다. 니시무라 신고는 그 이유를 전혀 몰랐다. 떠도는 소문에 의하면 성적이 나빠서라고 했다. 그리고 후일 소쇼가 미국에 갔다는 얘기가 들렸다. 니시무라는 교토에 있는 대학에 진학한 후 변호사 자격증을 취득했다. 일본 전문직 중에 가장 합격하기 힘든 영예로운 직업이었다. 25년이 흘러 그는 특이한 조선인 소년에 대해 까맣게 잊었다. 그런데 1989년 어느 날 밤, 전화가 한 통 걸려왔다.

긴 소쇼였다. 목소리가 섬뜩했다. 소쇼는 니시무라에게 당장 만나자고 했다. 자정이 지난 시각이었지만 니시무라는 난생 처음으로 기타바타케 대저택으로 급히 향했다. 가정부가 그를 맞이했다. 집에는 다른 사람은 아무도 없었다. 소쇼는 아무 말 없이 그에게 인사하더니 종이 위에 다급히 이렇게 적었다. "소쇼는 말하는 대신 '내가 지금 도청당하는 중이라 말을 못 해. 집에서도 전철에서도, 누군가 나를 지켜보면서 미행하고 있어'라고 적었습니다."

"글쎄요, 제가 주위를 둘러보았지만 그건 사실 같지 않았습니다. 아주 크고 고요한 집에서 가정부가 시중을 들었고, 그를 미행하거나 도청하는 사람은 아무도 없는 게 확실했습니다. 그러나 소쇼는 정말 그렇게 믿었어요." 감시와 미행을 당한다는 피해망상을 표출한 것 말고도 긴 소쇼는 미국에서 지내던 시절 얘기를 간략히 적었다. "미국에서 소쇼가 아주 불행하게 지낸 것 같은 인상을 받았어요. 아마 외로웠던 것 같아요. 소쇼는 그 얘기를 짧게 했어요. 그 시절 사막 한복판의 텐트에서 지냈는데 그때 방울뱀을 총으로 쐈다고 했어요."

소쇼의 필담 때문에 변호사 친구는 그가 뭘 원하는지 정확히 파악할 수 없었고 결국 그 집을 떠났다. "제가 뭘 할 수 있었겠습니까? 저는 소쇼에게 잘 자고 푹 쉬라고 말한 다음 그 집을 나왔습니다."

니시무라는 다시는 그의 소식을 듣지 못했다. 대신 오사카 교대 부속학교 출신의 다른 동창들이 그의 소식을 들었다. 그 무렵 일부 동창들에게 소쇼가 특별한 부탁을 하는 바람에 서로 연락이 되었다. 소쇼는 졸업 앨범을 빌려달라고 했다. 나중에 되돌아온 앨범을 보자 소쇼의 동창생들 얼굴이 모조리 칼로 오려져 있었다.

니시무라는 "학창 시절 우리는 그가 한국인이라는 걸 알았습니다. 그렇다고 특별히 선입견을 갖진 않았습니다. 저희는 그저 평범한 친구 사이였고 잘 지냈어요. 돌이켜 보니 소쇼는 그렇게 부유하면서도 불행했던 것 같아요. 게다가 소쇼는 일본과 일본인 때문에 자신이 불행하다고 믿었습니다"라고 회상했다

오바라 조지의 바로 아래 동생인 셋째는 긴 에이쇼였다. 그는 맏형과 여러모로 다른 방식으로 세상과 맞서 한국인으로서의 정체성과 씨름했다.

에이쇼는 고베 인근 도시에 있는 외국어 대학을 졸업했다. 그는 재능이 많고 창의적인 젊은이였다. 중국어와 영어를 구사했고 일본어와 한국어에 능통했다. 그에게는 문학적, 지적 야망이 있었다. 뜻이 같은 젊은 한인들은 오사카 도서관에 모여 문학과 재일 조선인의 정치적 사상에 대해 토론했는데, 에이쇼도 그중 하나였다. 그들은 도스토옙스키, 사르트르, 카뮈에 대해 토론하고 그들이 일상에서 겪는 선입견에 대해 이야기했다. 그런 선입견은 대부분 눈에 보이진 않으나 교도소 벽처럼 단단하고 높았다. 이 청년들은 결코 일본 최고의 은행이나 무역회사에서 일자리를 얻을 수 없었다. 아무리 좋은 대학을 나와도 그들은 절대로 외교관으로 출세하거나 재무성에서 근무할 수 없었다. "수많은 재일 한국인은 차별을 인식하지 않으며 성장합니다." 오사카의 한 기자가 내게 설명했다. "대부분 무난하게 살면서 야망을 품고 출세를 꿈꾸다가 유리 천장에 부딪히고 말죠. 자신들이 선택의 자유를 박탈당했다는 사실을 깨달

지 못하던 사람들이 갑자기 틀에 갇힌 걸 인지하고 그곳에서 빠져나오려고 애쓰죠. 일본말을 하고 일본 음식을 먹으며 일본에서 자라서 자신들이 차별 대상이라고는 아예 상상조차 못 했던 겁니다. 이런 교포 2세대, 3세대가 차별을 실감하면 그 충격이 어마어마합니다."

나는 젊은 지성인 모임의 멤버였던 한 남성을 만났다. 그는 긴 에이쇼의 친구였다. 그들은 책과 사상에 대해 논의하며 몇 시간을 같이 보냈다. 그러나 그는 에이쇼와 같이 있는 게 늘 부담스러웠다. 에이쇼는 감성적이고 우유부단하며 방어적이었다. 대화는 늘 껄끄러웠다. "에이쇼는 굉장히 뻣뻣했고, 사람들을 대하는 방식이 자연스럽지 않았어요. 가족 얘기가 나올 때마다 그는 늘 평정심을 잃고 방어적으로 굴었습니다." 한번은 그가 긴 에이쇼의 집에 초대를 받았다. 에이쇼와는 급진적 철학과 좌익 정치를 대화의 주제로 삼던 사이라서 그는 에이쇼 가족의 엄청난 재력과 권력을 상징하는 저택과 정원을 볼 마음의 준비가 되지 않았다. "저는 에이쇼가 사회적으로 상승한 위상을 받아들이기 힘들어한다고 느꼈습니다. 그는 자신과 다른 한국인 사이의 거리를 받아들이지 못했어요."

긴 에이쇼의 꿈은 작가가 되는 것이었다. 스물두 살 때 그가 쓴 단편이 재일 조선인이 발간하는 글쓰기 저널에 실렸다. 청년의 슬픔에 관한 작품으로 자의식과 타인의 멸시에 주저하고 어색해하며 고통 받는 내용이었다.

소설의 제목은 〈그것은 하루 사이에 벌어졌다〉였다. 주인공은 재일 조선인 이 부니치(부니치侮日란 일본을 업신여긴다는 뜻으로 작가의 의도가 담긴 작명으로 보인다―옮긴이)였다. 그가 전철을 타고 가는데 또래의 일본 남자 셋이 전철을 탄다. 주인공은 세 청년이 귀가 들리지 않는다는 사실을 곧장 눈치챈다. 세 청년은 부산히 손을 놀리고 얼굴 표정을 과장해가며 수화로 얘기한다. 부니치는 손이나 눈썹으로 미묘한 감정이나 뉘앙스가 전달되는지 궁금하다. 그럼에도 귀머거리 청년들은 온몸을 동원해 의사소통하려고 열심히 애쓴다. 그는 그들의 모습을 보면서 깊은 감동을 받는다.

부니치는 가정 내 불화를 겪는 중이라 거기에서 벗어나기 위해 사회 문제를 비롯한 다양한 외부 문제에 관심을 갖는다. 그럼에도 그는 자신이 몸담은 재일 조선인 조직의 위선에 환멸을 느끼고 차별이라는 고통스러운 질문에 사로잡힌다. 그는 일본인이 한국인을 대하는 방식은 물론, 스스로 지닌 우월감 속에 차별이 존재함을 깨닫는다. 부니치가 차별 대우의 피해자임에도 그 역시 스스로 편견을 지녔음을 고백한다. 그는 "타인을 차별하려는 본능, 우리보다 못한 사람들 속에서 우월감을 느끼는 이 버릇을 어찌해야 하나?"라고 묻는다. "이런 것들을 생각하자 머리 위에 돌덩이가 얹힌 듯한 느낌을 받았다." 부니치는 자신의 마음이 두 갈래로 나뉘었으며, 내면에 그의 양심과 별도의 양심이 존재한다고 느낀다. 냉철히 꿰뚫어보는 지성은 발화와 의도는 별개라면서 스스로를 심판한다. 전철에서 만난 귀머거리 청년들에게는 이런 자의식이 부재했다. 그는 이것을 보고 무척 감동한다. "그들은 자신들을 기만하지 않고 노력했다. 그들이 처절히 의사소통하는 모습에는 거짓이 없었다."

술에 취한 일본 남자가 전철 안을 걷는다. 번들거리는 양복을 입고 흰 구두를 신은 모습이 야쿠자 같다. 귀머거리 청년이 어쩌다 그 남자와 부딪힌다. 술에 취한 남자가 버럭 화를 내며 청년의 멱살을 잡고 사과를 요구한다. 귀머거리 청년이 할 수 있는 건 그저 말이 되지 않는 소리를 내는 일뿐이다. 부니치는 자리에서 일어나 청년을 가만히 두라고 남자에게 고함친다. 그러자 남자가 주인공을 쳐다본다. 몸이 탄탄한 폭력배와 마음 여린 부니치가 싸우면 누가 이길지 자명하다. 주먹다짐이 시작되기 직전 세 명의 귀머거리 청년이 둘 사이를 막아선다. 결국 한국인이 일본 야쿠자에게 폭행당하는 것을 막아준 건 장애인 청년들이다.

부니치는 우러나는 공명심과 정의감에 끼어들었다가 치욕을 맛본다. 그는 머릿속에서 울리는 음성에 의해 한층 가혹한 심판을 받는다. 부니치는 귀머거리 청년이 약하고 공격받기 쉽다고 판단했기에 행동에 나선 것이다. 술 취한 폭력배를 향한 그의 분노는 사실 자신이 장애인보다 우월하다는 가정에서 기인한 것이다. 이것은 그가 재일 조선인으로서 겪는 편견과 그리 다르지 않았다. 그는 이렇게 자문한다. "저들을 약자라고 부르면 우리가 강해지는가? 그렇다면 이렇게 꽉 막힌 일본 사회에서 일자리를 구할 때조차 차별당하는 재일 조선인들은 어떤가? 우리는 어느 쪽인가, 강자인가, 약자인가?"

그는 혼란과 자책감에 휩싸여 전철에서 내려 역에서 집까지 걸어간다. "내가 경멸하던 사람들과 나는 뭐가 다르단 말인가? 왜 인간은 다른 인간을 차별하나?"

그는 웅장한 정문이 달린 대저택을 지나치며 이렇게 생각한다.

"정원의 육중한 돌들이 얼마나 큰지 저 돌로 평범한 집 한 채를 다 짓겠네." 가로등이 켜진 길 위로 캐딜락이 지나간다. "부니치는 저런 집에 사는 이들은 그가 고민하는 바를 생각이나 할지 궁금했다."

당시 이 소설을 읽은 독자들 중에는 눈치챈 사람이 거의 없었겠지만, 주인공이 지나가는 저택은 기타바타케에 있는 김 씨 가족의 집임을 알 수 있다. 캐딜락은 아마 김교학의 차였을 것이다. 자책감과 고립에 관한 이야기 속에서 긴 에이쇼는 마지막 화살을 자신에게 돌린다. 그는 동정심을 자아내는 캐릭터를 창조해 외로움과 자기혐오라는 복잡한 감정을 표현했다. 하지만 그는 자신이 노력해서 얻지 않은 혜택을 누리며 기타바타케의 높은 담 뒤에서 작품을 썼다. 소설 속 젊은이는 고립되긴 했으나 저택에 사는 이들보다는 덜했다. "그런 부모와 아들들은 부유한 삶에 너무나 익숙했다." 부니치는 이렇게 생각한다. 그러면서도 자신도 모르는 질문을 조물주에게 던진다. "저는 어떻습니까?"

〈그것은 하루 사이에 벌어졌다〉는 1977년 〈산젠리〉라는 잡지 겨울호에 실렸다. 이 작품은 문학상 공모전에서 추천작으로 뽑혔다. 긴 에이쇼는 기뻤고 친구들에게 자신의 성공을 이야기했다. 그는 이 일로 부족했던 자신감을 얻은 듯이 보였다. 그러나 그는 그가 태어나기도 전부터 어머니와 친분이 두터웠던 유명 재일 조선인 작가가 그 문학상의 심사 위원이라는 걸 알고는, 자신의 소설이 문학적 수준이 아니라 편애와 가족 간의 친분을 이유로 뽑혔다고 믿었다. 그의 자신감이 또다시 달아났다.

학창 시절 긴 세이쇼, 미래의 오바라 조지는 "스스로를 망침으로써 스스로를 해방시켰다." 대신 그가 선택할 수 있을 때는 자신을 마음껏 치켜세웠다. 그는 일본에서 가장 유명한 명문 사립대 중 하나인 게이오대 부속 고등학교 진학 시험에 합격하자 이를 과시했다. 당시 영국식 기숙학교는 거의 생소했고 10대가 집을 떠나 타 도시로 가는 일도 드물었다. 사실 그의 부모가 세이쇼를 위해 한 일은 21세기 일본에서도 흔치 않은 일이었다. 그런데 1960년대였으니 더 말할 나위도 없었다.

　　세이쇼는 열다섯 살에 집을 떠나 도쿄에서 혼자 생활했다. 그는 기타바타케와 맞먹는 도쿄의 부촌인 덴엔초후에 정착해 가정부를 두고 살았다. 오늘날 그 동네는 대나무 숲과 이끼가 있는 정원에 나무 펜스를 두른 전통 일본식 가옥이 남아 있는 몇 안 되는 지역이다. 그런데 세이쇼의 집은 눈에 띌 정도로 최신식으로 1960년대 세련된 건축물의 전형이었다. 2미터에 가까운 벽돌 벽을 세웠고 그 안을 따라 폭신한 소나무를 심어서 좁은 길에서 떨어져서 보면 건물이 제대로 보이지 않았다. 안에는 타원형 풀장이 있고 커다란 2층 주택 전면에는 하얀 회반죽과 갈색 타일이 발려 있었다. 방에는 슬라이딩 유리벽이 있었고 2층 방에는 넓게 돌출된 발코니가 있었으며 본채 옆 차고에는 차를 여러 대 세울 수 있었다. 주변에 있는 전통 일본 가옥들은 오사카에 있는 부모의 집처럼 그림자가 드리워지고 시원하고 차분했다. 그런데 이 집은 하와이나 캘리포니아에 있는 집처럼 화려했다. 환하고 밝아서 풀장 옆에서 일광욕을 즐기며 바비큐를 해 먹고 춤을 출 수 있었다. 이 집으로 이사한 후 미래의 오바라 조지는 자기 변신의 다음 단계를 밟았다. 그는 긴 세이쇼를 버리고 호시야마 세이쇼가 되었다. 봄에 무거운 겨울 코트를 벗은 남자처럼 가족의 무게, 오사카에서의 생활, 한국인이라는 정체성까지 모두 벗어버렸다.

범죄자의 가족이 범죄자가 저지른 죄에 대해 도덕적 책임을 느끼는 것처럼, 그의 동창들도 그보다는 덜할지라도 막연하게 책임을 느꼈다. 게이오대 부속 고교 동창들은 호시야마 세이쇼에 대해 말하기를 꺼려했다. 그 모습에는 부끄러움이 담겨 있었다. 내가 그들을 만날 무렵 한창 재판이 진행 중이었다. 누구든 거기에 대한 책임감을 떨치는 것도, 과거의 기억을 되살리는 것도 힘들어했다. 호시야마 세이쇼와 가장 가까웠던 이는 고3 때 같이 수업을 들은 아키모토 고지였다.

"해마다 반이 바뀌었죠. 호시야마와 제 친구가 친구 사이였어요. 친구가 제게 그러더군요. '쟤 좀 특이해'라고요. 그런데 저는 그의 첫인상에서 다소 호감을 느꼈습니다. 세이쇼는 늘 깔끔했어요. 머리도 단정히 빗어서 저희는 그걸 '케네디 헤어'라고 불렀죠. 존 F. 케네디 같다고요. 그는 피부가 좋아서 얼굴이 반짝거렸어요. 10대였지만 정말 몸이 좋았어요. 체격도 좋고 살이 찐 게 아니라 근육질이었어요. 게다가 늘 사람들에게 말을 걸고 친구를 사귀려고 했어요. 저는 세이쇼가 재미있다고 생각했지 전혀 이상해 보이진 않아서 친구에게 '쟤가 뭐가 이상한데?'라고 물으니 친구는 '눈을 봐'라고 말하더군요."

아키모토는 그의 눈을 쳐다보는 순간 친구가 무슨 말을 하는지 단박에 알았다. 호시야마의 눈꺼풀을 따라 흉터가 살짝 보였다. 친구들은 그것이 안각췌피 교정술(일명 앞트임―옮긴이)을 받아서 생긴 수술 자국이 확실하다고 여겼다. 중앙아시아와 동아시아 사람들의 특징인 눈머리 안쪽을 덮고 있는 몽고 주름을 제거하는 수술이었다. 수술을 하고 나면 아시아인 눈의 홑겹이 서양인의 쌍꺼풀로 바뀌면서 눈이 더 커지고 동그래져 서양인에 가까워 보인다고 한다. 그래서 인종학적으로 우월하다는 근거가 없음에도 많은 일본인들이나 한국인들은 그걸 매력적으로 여긴다고 한다. 20년 후 아시아 여성들 사이에서는 많은 돈을 들여 이 수술을 받는 게 유행처럼 번졌다. "당시 고등학생이 그런 수술을 받는 건 굉장히 특이한 경우였어요. 세이쇼는 그 수술을 받아서 쌍꺼풀이 생겼죠. 저는 그가 분명 호기심이 많다고 생각했어요."*라고 아키모토가 회상했다.

　　두 소년은 가깝게 지냈다. 아키모토는 두세 번 덴엔초후에 있는 그의 집을 방문했다. 게이오대 부속 고교 남학생들은 대체로 집안이 부유했지만 호시야마의 재력은 유독 어마어마했다. "정말 집이 컸어요. 그의 가족이 수대에 걸친 갑부라는 생각이 들었습니다. 그는 음반도 정말 많이 수집했어요. 당시 게이오대 부속 고교 학생들이라 해도 음반을 사는 건 돈이 꽤 드는 일이었거든요. 그는 연수입이 2,000만 엔이라고 했어요. 엄청난 금액이었죠. 그는 주차장도 소유하고 있다고 했어요. 저는 누군가에게 들어 그의 부모가 오

---

*　39년 후 오바라 조지가 의뢰해 발간된 책에 따르면 그가 열여섯 살에 눈 수술을 받은 건 사실이지만, 자동차 사고로 선글라스가 안면에 부딪혀 깨지면서 생긴 상처의 치료를 위해서였다고 한다.

사카 출신이라는 걸 알았지만 세이쇼는 가족 얘기를 일절 안 했어요."

"집에는 가족사진이 전혀 없었어요. 세이쇼는 할아버지와 같이 산다고 했지만 제가 그 집에서 본 사람은 가정부뿐이었습니다. 어쩌면 할아버지가 안 계실지도 모른다고 생각했죠. 게다가 그는 자주 지각을 하는 편이라 저는 '가정부 말고 다른 가족 없이 혼자 살아서 그런가 보다. 아침에 세이쇼를 깨워서 제대로 학교에 보내줄 사람이 아무도 없으니까'라고 생각했어요. 그는 똑똑했지만 성적은 나빴어요. 부모님하고 같이 살지 않아서 그런 거죠. 아무도 돌봐주지 않으니까요. 그는 자신만의 세계를 구축했어요. 자신만의 대기권에서 살았죠."

다들 세이쇼를 둘러싼 어떤 이질감 때문에 호시야마 세이쇼에게 거리감을 느꼈다. 그의 침착함과 독립심조차 종종 고립과 외로움으로 보였다. "한번은 그가 휴가를 다녀왔다면서 손목시계를 잔뜩 가져왔어요. 롤렉스였나, 그는 그걸 싸게 판다고 했어요. 홍콩에서 샀다고 했어요. 어린 마음에 그런 모습은 굉장히 인상적이었어요. 외제 시계에 해외여행이라니. 그런 건 당시 저희와는 동떨어져 보였으니까요." 호시야마 세이쇼는 영어를 잘했고 똑똑하고 카리스마 넘치는 음악가였다. 적어도 세상 물정 모르는 게이오대 부속 고교 학생들에게는 그렇게 보였다. "세이쇼는 굉장히 노래를 잘했어요. 가을에 학교 축제가 있었는데 밴드 공연을 하고 가판대에서 콜라를 팔아 돈을 벌기로 했어요. 세이쇼가 가수였죠. 그는 톰 존스의 노래를 불렀어요. 정말 끝내줬죠. 진짜 톰 존스 같았어요. 엉덩이를 씰룩이면서 동작도 다 따라 했어요. 긴팔 셔츠를 입었는데 검은색 새틴인지 실크인지 모르겠지만 끝내줬어요. 정말 멋있었어요. 특별히 튀게 입는 것도 아닌데 날이 갈수록 자신만의 스타일이 자리를 잡아 근사해 보였습니다."

하지만 아키모토와 호시야마 세이쇼가 진짜 친구가 되는 건 불가능했다. 세이쇼의 성격에는 공허한 구석이 있었다. 근사한 겉모습 뒤에 가장 중요한 요소인 우정이라는 본질이 보류된 것 같았다. 지금도 그 점은 마찬가지였다. "그와 만날 때 저는 세이쇼가 어떻게 나올지 상상하기 힘들었어요. 설명하기가 굉장히 힘든데요, 세이쇼는 자신과 타인과의 사이에 벽을 쌓고 동창들을 전혀 이해하지 못했어요. 친구라면 대개 서로 공감을 주고받잖아요. 마음이 맞는 일들을 발견하고 거기에 대해 대화하고 이해하다 보면 우정이 더 깊어지죠. 예컨대 둘 다 혼다 오토바이 같은 걸 좋아하면 그렇게 되잖아요."

"세이쇼와 같이 있으면서 저는 그런 경험을 하지 못했어요. 세이쇼는 같이 수업을 듣는 누군가와 친구가 되고 싶으면 '쟤 근사하네'라고 말하지만 성격은 전혀 보지 않았어요. 그는 물질을 중시했죠. 타인과 가슴으로 진정한 소통을 할 때 필요한 섬세한 감정이 늘 부족했어요. 자기가 원하는 것에만 관심을 보였고, 남들과 타협을 할 줄 몰랐어요. 그런 사람은 처음이었고 그 이후로 단 한 번도 본 적이 없어요. 저는 세이쇼와 어느 정도 거리를 두고 그를 유심히 관찰했습니다. 그에게는 한 걸음 다가가 진짜 친구가 될 만한 여지가 전혀 없어 보였어요. 그건 아직도 기억이 납니다."

세이쇼에게서 가장 인상적인 점은 여자에 대한 자신감이었다. "그는 혼자서 지유가오카와 요코하마에 갔어요. 요코하마에 유명한 디스코장이 있었는데 거기까지 갔어요. 당시 제 또래 아이들은 주로 두셋 어울려 클럽에 다니긴 했어도 혼자선 절대로 가지 않았거든요. 그런데 세이쇼는 자신 있게 혼자 갔어요. 그는 어른처럼 행동하고 어른처럼 놀았죠. 그런 모습이 굉장히 특이했고 인상적이었어요."

"고등학교 3학년 때 세이쇼가 '여자랑 데이트한 사진 보여줄게'라고 했어요. 사진을 봤더니 두 사람이 교외의 비싼 레스토랑에 나란히 앉아 있더군요. 학생이 그런 곳에 갈 생각은 아예 하지 않잖아요. 그런데 세이쇼는 흰 정장을 입고 있었고 옆에는 커다란 꽃다발이 보였어요. 여자는 서양인과 일본인 혼혈로 이름은 베티였죠. 세이쇼는 베티를 정말로 진지하게 생각했지만 여자가 그를 떠났죠. 그 후 세이쇼는 제 친구에게 전화를 걸어 울면서 여자가 한 얘기를 전했대요. 당신이 성숙한 남자가 되면 다시 돌아오겠다고요. 세이쇼는 자기가 충분히 성숙했다고 생각하지 않았기에 성숙한 남자가 되겠다고 결심했죠. 그런 걸 보면 세이쇼도 인간이었네요. 진짜 인간다운 사람이 될 수도 있었겠다는 생각이 들어요."

게이오대 부속 고교에는 한국 및 중국 학생들이 몇 명 있었다. 그러나 동창들 중에, 적어도 내가 인터뷰한 사람들 중에 호시야마 세이쇼가 재일 조선인이라는 걸 아는 이는 아무도 없었다. 아무도 그의 부모나 형제를 만나지 못했고 오사카에서 보낸 어린 시절에 대해 아는 사람도 없었다. 세이쇼의 10대 시절을 결정한 순간들에

대해 들은 이도 없었다. 1969년 세이쇼의 아버지 김교학이 급작스
럽게 사망했으나, 그의 죽음은 완벽하게 설명된 적이 없었다.

조지 오하라

　좀 더 평범한 사건의 용의자였다면 아자부 경찰서에서 취조했
겠지만, 우도 경정의 수사팀은 일본 관료의 중심지 가스미가세키에
위치한 요새처럼 생긴 도쿄 경시청으로 오바라 조지를 압송했다.
재무성, 외무성, 법무성이 지근거리에 있는 이 구역에는 일본 국가
권력이 집중되어 있었다. 오바라 조지가 검거된 지 몇 시간 지나지
않아 수색영장을 든 경찰 수백 명이 일본 전역에 흩어진 오바라의
부동산 스무 곳으로 급파되었다. 그중에는 야자수 사이에 있는 즈
시 마리나의 아파트는 물론 죽은 개가 있던 블루 시 아부라쓰보 아
파트, 그가 체포된 롯폰기 인근 빌딩, 덴엔초후 대저택이 포함되어
있었다. 일본 방송사 헬기가 인근 상공을 날며 경찰 저지선 너머를
촬영했다. 수색견이 땅을 킁킁거리며 돌아다니고 경찰이 여기저기
흙무더기를 파헤치는 장면이 방송됐다. 며칠 동안 경찰 밴이 오가
며 도구, 옷, 공책, 서류 다발, 필름 롤, 비디오테이프, 카세트테이
프, 인화지, 용액이 든 병, 가루 봉지 같은 증거 물품을 밖으로 실어

날라 가스미가세키에 있는 창고에 보관했다. 우도 경정은 그곳에서 분류 작업을 직접 지휘했다. "저희 경찰이 구할 수 있는 가장 큰 창고에 1만 5,000점의 증거 물품을 모아두었습니다. 먼지가 너무 많아서 창고로 나르는 내내 기침을 하고 몸을 긁적였죠. 집 먼지 진드기가 다리에 들러붙었지만 저희에게 그 물건들은 보물 더미였습니다."

오바라는 같은 빌딩 내 취조실에 억류되어 있었다. 법적으로 일본의 범죄 용의자는 구치소에서 지내다 조사를 받으러 아침에 나와 일과 시간 이후 돌아가는 것이 원칙이다. 그러나 실상은 용의자들이 내내 경찰서에 붙들린 채 수사기관의 조사를 받고 생활의 전반적인 면에서 경찰의 통제를 받는다. 경찰은 변호사 접견 및 방문객 면회, 신문 시각 및 기간, 식사, 독방의 조명까지 통제한다.

영국과 미국 법무부가 기본권으로 허용하는 수많은 권리가 일본의 용의자에겐 적용되지 않는다. 혹은 이론상으론 가능하나 실제로는 유예 또는 무시된다. 용의자에게는 변호사를 만날 권리가 있다. 그러나 방문 횟수와 시간은 경찰이 정한다. 용의자에게는 신문 시 묵비권을 행사할 권리가 있다. 그러나 신문 받는 내내 앉아 있어야 한다. 몇 시간 내내 이어지는 조사에서 조사관이 수시로 바뀌며 들어온다. 그러다 보면 용의자는 지루하고 피곤해서 감각이 무뎌진다. 형사가 수사 내용을 녹음하는 건 의무 사항이 아니다. 형사는 진술한 그대로 적는 대신 수사를 끝마치기 전에 요약본을 만들어 (사법 시스템 내에서는 이를 '검사의 수필'이라고 부른다) 진이 빠진 용의자에게 그저 이름이나 적으라고 시킨다.

경찰은 한 장의 체포 영장으로 용의자를 사흘간 구속할 수 있다. 법원 허가만 있으면 최대 두 번 각각 열흘씩 연장이 가능하다. 판사는 거의 허가를 해준다. 따라서 경찰은 최대 23일간 용의자를 독방에 가두고 변호사나 가족, 친구의 접견을 금하고 그 어떤 죄목으로도 용의자를 기소하지 않는다. 범죄학자 미야자와 세쓰오는 다음과 같이 기술했다. "일본의 사법 시스템은 수사관에게 상당한 편의를 제공하기에 수사관이 명백히 불법적 수단에 의존하는 일이 거의 없다. 사법 시스템은 전반적으로 용의자가 수사관에게 확실히 자백하는 방식으로 설계 및 실행된다."

그러나 경찰과 검사에게 특별히 부담감을 주는 것이 딱 하나 있는데, 자백을 받아내야 한다는 의무감이다. 오로지 사실을 입증해야 하는 영국과 미국의 법정과는 달리 일본의 법정은 범죄 동기를 상당히 중시한다. 범죄에 이르게 한 논리와 충동을 반드시 법정에서 입증해야 하고 그것이 용의자에게 선고를 내리는 데 결정적 요인이 된다. 누가, 무엇을, 어디서, 언제로는 부족하다. 일본의 재판부는 그 이유를 알아야겠다고 요구한다. 그러면 형사에게는 용의자의 머릿속으로 들어가야 할 의무가 생긴다. 만약 실패하면 형사는 소임을 다하지 못한 것으로 여겨진다.

현실적으로 용의자의 머릿속에 들어갈 유일한 길은 자백을 받는 방법밖에 없다. 어떤 형사는 "자백이 최고"라고 했다. 물리적 증거까지 포함해 다른 건 모두 그다음이다. 일부 사건의 경우 경찰은 자백을 받은 후에야 몸소 수사에 나서기를 선호한다. 용의자가 형사는 모르는 범죄 정보를 공개하면 경찰은 후속 조사로 그걸 확인하기를 바란다. 이래야 자백이 더욱 설득력을 갖게 되고 협박하에 얻어냈을지 모른다는 의구심을 떨칠 수 있다. 한 일본 검사는 "일본에서는 의심의 여지가 없는 증거를 요구합니다"라고 사회학자 데이비드 존슨에게 증언했다. 존슨은 "자백이 핵심이며 일본 법률 체제에서 사건을 진행시키는 펌프다. 일본의 검사는 자백을 받지 않은 채 용의자를 기소할 경우 온몸이 굳는 공포를 느끼는 게 특징이라고 할 수 있다"라고 기술했다.

일본의 용의자들은 유죄든 무죄든 자백을 한다. 세월이 흐를수록 자백하는 용의자의 수가 점점 증가했다. 1984년에 일본에서 형사재판을 받은 용의자 열두 명 중 열한 명이 기소된 혐의를 인정했다. 1998년이 되자 그 수는 열여섯 명 중 열다섯 명으로 늘어났다. 자백을 위해 경검이 법을 어기고 용의자의 코를 후려갈기고 생식기를 멍들게 하는 경우도 종종 있다(어느 형사는 "저희 일본인들에게 머리를 때리는 건 별일 아닙니다. 걷어차야 심각하죠"라고 했다). 그러나 신체적 학대는 대개 미약하고 고통보다는 모욕감을 주기 위한 의도에서 이루어진다. 경찰은 손바닥으로 책상 치기, 기물을 살짝 차기, 잠재우지 않기, 음식과 물을 주지 않기, 담배 연기를 얼굴에 대고 뿜기 등을 시행한다. 이보다 심리적 겁박이 더 흔하다. 존슨은 "용의자를 위협하며 겁을 주고 진을 빼고 유도신문을 하고 설득하고 비난하고 질책하고 조종하고 속이는" 경우가 있다고 썼다. 하지만 용의자를 일단 체포하면 경찰이 과도하게 권력을 행사할 수 있기에 이런 거친 방식은 거의 필요 없다. 일본 형사들은 대체로 조용하고 예의 바르며 공정하고 고집이 세고 가차없다. 그들은 용의자를 구속한 동안 같은 질문을 반복해서 묻고 또 묻는다. 무려 23일, 552시간, 3만

3,120분 내내 형사들은 그저 기다리기만 한다.

2000년 10월 12일 오바라 조지가 체포되자 형사들은 그에게 이런 권한을 휘둘렀다.

오바라는 자백하지 않았다. 조금도 굽히지 않았다. 맨 처음 경찰 머그샷을 찍을 때 카메라를 정면으로 응시하기를 거부하는 것을 시작으로 그는 전혀 협조하지 않았다. 용의자의 권리를 알고 주장하는 게 확실했다. 대체로 일본 경찰은 그들에게 주어진 상당한 권한을 남용하지 않도록 주의한다. 우도 경정은 내게 이렇게 설명했다. "오바라는 검거된 후 지문 채취엔 동의했습니다만 사진 촬영은 거부했죠. 경찰은 그에게 카메라를 정면으로 바라보라고 강요할 수 없었습니다. 턱을 들라고 하면 고문을 했다고 지적당할 수 있습니다. 그래서 오바라가 고개를 숙이고 사진을 찍은 거죠."

우도는 오바라 조지의 경찰 신문에 관해 자세히 밝히기를 꺼려했다. 아마 경찰 입장에서 손해 보는 측면이 많아서 그런 것 같았다. "처음에 오바라는 굉장히 겁을 먹은 것처럼 보였습니다. 땀을 줄줄 흘려서 셔츠가 다 젖을 정도였죠. 땀을 흘리다 몸을 부르르 떨기도 했어요. 그러면서도 모든 걸 부인했습니다." 경찰은 그를 클라라 멘데즈에 대한 유괴 및 성추행 혐의로 체포했다. 우도는 이렇게 강조했다. 법에 따르면 형사는 해당 사건에 관해서만 한정적으로 신문할 수 있다. 그러나 취조실에 들어간 수사관들은 취조의 진짜 목적이 루시에게 무슨 일을 저질렀는지를 밝히는 것임을 인지했기에, 우도는 형사들이 용의자 오바라와 루시 블랙맨에 대해 '잡담'하는 것을 인정해주었다. 그럼에도 오바라는 형사와 얘기하기를 한동안 거부했다. 그는 자신의 이름만 확인해주었을 뿐 다른 것에 대해서는 모조리 묵비권을 행사했다.

2주가 지나 23일간의 구속 기간 만료가 점점 다가왔다. 검사는 또다시 그들이 선호하는 기법을 썼다. 검사는 오바라를 클라라 멘데즈 강간 혐의로 기소한 후 케이티 비커스에 대한 성추행 혐의로 곧바로 다시 체포했다. 이런 식으로 그들은 용의자를 다시 23일간 더 구금하여 경찰서보다 환경이 느슨한 구치소로 보내는 일을 피했다. 논란의 여지가 있는 관행이었지만 그 자체는 불법이 아니었다. 경찰은 권력 남용에 가까운 행위를 자행하며 오바라를 반복해서 여섯 차례 체포하고 또 체포했다.

대외적 성공이 정점에 달한 1969년, 오바라의 아버지 김교학이 오사카 사업가들과 단체로 해외여행길에 올랐다. 당시 김교학은 마흔일곱 살이었고 네 형제는 일곱 살에서 스물한 살 사이였다. 다른 내용은 간략하게만 알려져 있지만 확실한 건 이 일행이 홍콩에 갔고 4월 27일 혹은 그 이전에 김교학이 현지에서 사망했다는 점이다.

오바라는 후일 아버지가 급성 뇌졸중으로 사망했다고 강력히 주장했지만, 다른 사람들은 이 비극에서 뭔가 기이한 면을 감지했다. 거창하고 호화로울 줄 알았던 경야는 기타바타케 대저택에서 열리지 않았다. 김 씨 가족은 애통해하는 유족의 모습을 전혀 보이지 않았다. 유족끼리도 망자에 대해 거의 얘기하지 않았다. 당시 막내 고쇼는 아직 어렸는데 아버지가 어떻게 죽었는지 정확히 몰랐다. 일본 잡지와 김 씨의 이웃들은 김교학이 사업과 관련해 논쟁하다 석연치 않게 사망했다고 추측했다. 그 후 언론은 덴엔초후 저택 창문마다 방탄유리가 끼워졌다고 보도했다.

진실이 무엇이든 가장의 죽음으로 남은 가족의 삶이 바뀌었다. 김교학의 유산은 아들 넷과 아내에게 상속되었다. 택시회사는 정신적으로 문제가 많던 장남 소쇼가 맡았다. 당시 호시야마 세이쇼였던 오바라는 주차장과 덴엔초후를 포함한 부동산을 받았다. 파친코장은 작가를 꿈꾸던 에이쇼가 물려받았다. 막내 고쇼가 유산으로 무엇을 받았는지는 불분명하나 다른 형제보다 적게 받은 것으로 보인다. 막내는 비싼 사립학교 대신 공립학교를 다녔다. 네 형제는 아버지를 여의었음에도 여전히 부자였다.

호시야마 세이쇼는 열여섯 살 무렵 자동차 사고를 당했고 이 때문에 성형수술을 받았다고 후일 주장했다. 그의 변호사가 의뢰받아 펴낸 오바라에 관한 책에는 이렇게 기술되어 있었다. "눈 주위에 박힌 유리 파편을 뽑았다. 여기저기 찢긴 피부를 꿰맸고 상처 일부는 귀까지 쭉 났다." 그 책에 따르면 세이쇼는 그 무렵 알코올중독이 되었다고 했다. "그는 열다섯 살 때부터 술을 마셨고 이후 알코올중독이 되었다. 자동차 사고로 병원에 입원한 동안 술을 마시지 못하자 코로 흡입했는데 꽤 성공적이었다. 그는 매일 밤 술을 흡입하고 꿈의 세계로 빠졌다."*

---

*   인터뷰에 응한 게이오대 부속 고교 동창 네 명 중에 호시야마 세이쇼가 자동차 사고를 당했다거나 입원했다는 얘기를 들은 이는 아무도 없었다.

그의 학교 성적이 좋지 않았다는 건 놀랍지 않았다. 게이오대 부속 고교의 가장 큰 강점은 재학생 대부분이 게이오대 진학을 보장받는다는 사실이다. 게이오대는 사업, 정치, 법, 학문으로 진출할 탄탄대로였다. 게이오대 부속 고교 학생이 게이오대에 불합격한다는 건 평균보다 게으르고 비행을 저질렀거나 멍청하다는 뜻이었다. 호시야마 세이쇼는 그리 멍청하진 않았다. 변호사가 의뢰를 받아 펴낸 책에서는 명문 게이오대가 그의 입학을 불허한 게 아니라 그가 게이오대를 거절했다고 주장한다. 어느 쪽이 진실이든 그는 1971년 3월 열아홉 살 나이로 고등학교를 졸업한 후 게이오대에 진학하지 않았다.

이후 호시야마 세이쇼의 인생에 뿌연 안개가 끼었다. 졸업 후 그는 게이오대보다 명성이 떨어지는 고마자와대에서 수학했고 3년 간 여행을 다녔다. 책에 따르면 "그는 워싱턴 주와 스톡홀름에서 살았고, 세계를 여러 차례 돌아다녔다". 그는 건축을 전공한 것으로 보이고 특정 시점에 미국의 유명 가수 카를로스 산타나와 친분을 쌓았다고 했다. 몇 년 후 산타나와 같이 찍은 사진을 크리스타벨 매켄지에게 보여주기도 했다. 1974년경 일본으로 돌아온 그는 게이오대 통신 강좌 코스에 합격한 후 결국 정식 학부생이 되었다. 법학에 이어 정치학을 복수 전공했으나 양쪽 과의 졸업 앨범 사진 촬영을 거부했다.

고등학교를 졸업할 무렵인 1971년, 그는 다음 단계로 변신했다. 국적을 남한에서 일본으로 바꾸고 오바라 조지로 개명했다. 조지는 한자로 성 성城과 둘 이二로 적는 흔한 이름이었다. 그런데 오바라라는 성이 호기심을 자아낸다. 일본어의 한자는 대부분 문맥에 따라, 어떤 단어와 결합하느냐에 따라 음독과 훈독 두 가지로 읽힌다. 흔한 이름은 발음이 정해져 있지만 특이한 이름은 여러 가지로 읽힌다. 호시야마 세이쇼가 새로 정한 성은 짤 직織과 들 원原을 쓰고 오바라, 오하라, 오리하라로 발음된다.

그는 18세에 이미 세 가지 이름을 거쳤다. 그 후 체포되기까지 30년 동안 십수 개의 이름을 썼을 것으로 추정된다. 본능적으로 신분을 숨기며 속박을 싫어하고 카메라를 쳐다보는 것도, 사진을 찍히는 것도 못 견디는 사람이라면 법정 이름까지 숨겼다고 보는 게 타당했다. 그런데 왜 하필 오바라라고 지었을까?

오바라 조지(한자로 다르게 표기하고〔大原讓二〕 '오' 발음이 장모음이다)라는 배우가 있었다. 그는 1960년대 말 10대 소년의 가슴을 흔든 가벼운 포르노물(《살의 유혹》, 〈욕망의 친구〉)에 연속 출연했다. 비슷한 시기에 같은 이름을 쓰는 촬영감독도 있었다. 그런데 김 씨 가족과 당시 그를 알던 사람들은 다른 설명을 내놓았다.

새로운 이름을 발음하면 영어 이름처럼 들린다는 게 중요했다. 조지는 영어의 조지George, 오바라는 오하라O'Hara처럼 들린다. 한국의 꼬마 김성종에서 출발해, 일본에서 태어난 재일 조선인 긴 세이쇼였다가, 동그란 눈을 지닌 일본의 젊은이 호시야마 세이쇼를 거쳐, 사진 촬영을 싫어하는 묘한 일본인 오바라(혹은 오하라, 오리하라) 조지가 여러 정체성을 거치는 여정 끝에 유명인의 친구이자 국제적인 이름의 소유자인 조지 오하라George O'Hara를 종착지로 삼은 것일까?

오바라는 20대에 학사 학위 두 개를 취득하고 몇 년간 종잡을 수 없이 여행을 다녔지만, 생계를 위해 돈벌이를 한 이력은 확실히 드러나지 않았다. 30대에는 유산으로 받은 재산을 굴리며 재산 증식이라는 시대정신을 완벽히 구현하는 직종에서 일했다.

당시 일본은 악명 높은 거품경제의 시대였다. 1980년대에서 1990년대 초까지 도쿄는 세계 역사상 최고로 부유한 도시로 급부상했다. 40년간 이어진 안정적인 경제 성장, 엔화와 주가, 무엇보다 부동산이 정신없이 치솟았다. 싸든 비싸든 부동산을 소유한 이들이 부자가 되었다. 일본 은행은 묻지도 따지지도 않고 그들에게 경쟁적으로 돈을 빌려주었다.

런던과 뉴욕도 이렇게 들뜬 시기를 보냈지만 도쿄만큼 노골적인 곳은 없었다. 과도하게 부푼 거대 거품은 도시의 전설이 되었다. 나이트클럽 화장실 변기 커버에 밍크를 씌우고, 칵테일에 금박을 뿌리고, 벌거벗은 젊은 모델의 몸 위에 올린 초밥을 집어 먹는 연회 등이 벌어졌다. 전쟁을 겪은 일본인들은 제3세계의 가난과 곤궁을 목도했지만 이제 일본 경제가 미국을 거의 따라잡았다. 세계 최고의 부자 나라 국민임에 익숙했던 외국 관광객들은 엔화의 강세로 상대적으로 가난해지자 은행가, 사업가, 영어 교사 및 노동자 등 외국인 노동 인구가 되어 새로이 일본으로 유입되었다. 아시아 빈국 사람들뿐만 아니라 미국, 호주, 유럽인들까지 도쿄를 찾자 일본은 자부심을 느꼈다. 외국인들은 단순한 사업가나 배낭여행객으로서가 아니라 경제력의 성지를 찾는 숭배자로서 도쿄를 찾았다. 외국인 호스티스 클럽은 그 상징 중 하나였다. 금발의 외국 미녀들이 최근 급부상한 부유한 회사원들에게 굽실거리며 같이 시시덕거렸다.

일본 경제가 활황을 이루자 재일 조선인과 일본인, 혹은 기존 부자와 신흥 부자 사이를 가르던 색상의 차이도 옅어졌다. 오바라 조지는 뛰어난 자리 선점 능력 덕분에 변화하는 부와 권력의 판도에서 혜택을 누렸다. 그는 오사카 주차장 한 곳을 담보로 은행에서 대출을 받아 일본 전역에 20채의 빌딩과 아파트를 매입한 후 대부분 세를 놓았다. 그의 부동산은 일본 본토 최남단 규슈에서 최북단의 홋카이도까지 퍼져 있었다. 오바라가 소유한 부동산은 모두 버블 시대의 전형을 보여주는 이름을 지녔다. 일반적으로 이국적인 웅장함을 드러내는 이름을 붙였는데 '사세보 라이언 타워,' '구시로 패션 빌딩,' '긴자 브라이트니스' 등이었다. 오바라는 압도적인 부와 우월함을 나타내는 징표로 해외 부동산도 최소 한 곳 이상 매입했다. 그는 하와이 와이키키 비치 타워 33층 아파트를 사들였다. 오바라의 명의로 구입한 곳도 일부 있었으나 대부분은 그가 설립한 애틀랜틱 트레이딩, 크리에이션 상사, 플랜트 그룹 등 아홉 개 회사 명의로 구입했다. 회사는 각각 주소지가 달랐고 당연히 이사진과 회계 감사관까지 두었다. 서류상으로 회사는 완벽히 합법적이었다. 그러나 후일 이 회사 서류에 등장하는 이들은 자기들의 이름이 임원으로 올라간 사실조차 알지 못했다는 보도가 나왔다.

오바라는 롯폰기에 원룸 아파트를 매입했고 훗날 그곳에서 체포되었다. 그가 살던 또 다른 집으로는 동궁어소가 내다보이는 대형 아파트도 있었다. 동궁어소란 일본 왕실의 왕태자가 사는 곳이다. 오바라는 1988년 이 아파트를 매입했다. 오지랖 넓은 이웃을 만나는 게 일본에서는 관습처럼 당연함에도 이 아파트에서 오바라를 확실히 기억하는 이가 거의 없다는 게 놀라웠다.

롯폰기 아파트가 있는 블록에 경찰이 우르르 몰려와 그를 검거하기 전까지 직원들은 오바라 조지가 누구인지도 몰랐다. 오바라는 덴엔초후 저택에서 흰색 롤스로이스나 은색 포르쉐를 타고 액셀러레이터를 끝까지 밟으며 시끄럽게 대문을 빠져나갔지만 그를 본 이웃은 거의 없었다. 덴엔초후 저택에서 세 집 건너 사는 구로사키 부인은 이렇게 증언했다. "그와 말을 해본 적이 한 번도 없었어요. 그냥 평범한 사람이겠거니 그렇게 생각했죠. 그렇지만 젊은 남자가 저렇게 큰 집에 혼자 사니 당연히 눈에 띄어서 동네 사람들 입에 오르긴 했어요. 그가 수영장이 딸린 집으로 이사 오자 다들 부러워했죠."

이웃들은 그와 연을 맺으려고 여러 번 애를 썼지만 무시당했다. 덴엔초후 지역사회에서 배포하는 안내문은 그에게 한 번도 전달되지 않았다. 그래서 인구 주택 총조사를 담당한 주부 다나카 미쓰코는 내용이 다 채워진 설문지를 오바라의 집에서 받기까지 애를 먹었다. 딱 한 번 그 집에서 일하는 가정부와 이야기를 나눈 적이 있었다는 다나카 부인은 "가정부가 정말 친절했어요. 주인 남자가 혼자 살고 자기는 요리를 해준다고 했어요. 그래서 제가 일한 지 얼마나 되었냐고 물으니 가정부는 며칠 안 됐다면서 인력 사무소 소개로 이 집에 왔는데 남자가 매주 도우미를 바꿔서 보내달라고 부탁한다고 하더라고요"라고 전했다.

덴엔초후 저택의 주인은 신원조차 불분명했다. 밖에 걸린 명패에는 영어로 'OHARA'라고 적고 그 아래 작게 'HOSHIYAMA'라고 적었다. 그의 이름이 뭐든 그 집 남자에겐 동거인이 없었다. 다음은 구로사키 부인의 말이다. "젊은 사람들이 들락날락했고 외국인도 있었죠. 집 주위 담이 워낙 높아서 여자들 목소리만 들렸어요. 그래서 저는 거의 다 여자라고 생각했어요. 대문 바로 안쪽에서 얘기하고 떠들고 노는 소리만 들리고 사람은 전혀 보이지 않았어요. 그 남자는 그 집에서 걸어서 나가지 않았어요. 대문이 열리면 그가 오픈카 조수석에 여자를 태우고 나갔다가 다시 들어왔으니까요."

다나카 부인의 증언이다. "저는 어떤 여자 하나가 특히 기억이 나요. 긴 머리가 일본 여자처럼 검었어요. 그런데 외국인 같아 보이더군요. 그 여자가 그 집에 한참 살았어요. 그러더니 언제인가부터 더 이상 보이지 않더군요. 저희는 한동안 그 긴 머리 여자가 어떻게 됐는지 궁금했어요."

오바라는 어떤 사람일까? 사업체를 운영하는 일 말고 시간을 어떻게 보냈을까? 알려진 내용이 거의 없다기보다 아예 정보가 존재하지 않는다는 사실이 더욱 충격적이었다. 추측이나 소문, 유추를 제외하고 남은 건 오로지 조각난 정보뿐이었다. 그는 자선단체에 기부하는 것을 자랑스러워했다. 그는 후일 일본 장애아 협회와 법률 자문 협회 등에 대의를 위해 1억 엔 이상을 기부했다고 주장했다. 한국 태생임에도(혹은 태생이라서) 일본 왕족을 열렬히 숭배했다. 아키히토 일왕 부부가 주선하는 파티에 초대받았을 때 자부심을 느꼈다고 했다. 그는 부동산 임대업 말고도 긴자 푸드라는 사업체를 운영했다. 긴자 푸드는 도쿄 최고급 지역에 위치한 작은 라멘 레스토랑이었다. 그는 클래식 자동차광으로 체포 당시 아홉 대를 소유했는데, BMW, 메르세데스 벤츠, 페라리, 1962년식 벤틀리 콘티넨털, 제임스 본드의 애마인 은색 1964년식 애스턴마틴 DB-5를 보유했다.

성인이 된 이후 오바라가 어떤 삶을 살았는지 정확히 말하기는 힘들다. 나는 몇 주간 그의 과거를 취재했으나 친구라 할 만한 사람을 아무도 찾지 못했다. 체포된 이후라 아무리 친구라 해도 둘의 사이를 밝히기가 껄끄러웠을 테니 놀랄 일은 아니었다. 그 점을 감안해도 그에게 친구는 존재하지 않는 것 같았다. 나는 오바라의 이웃과 자산 관리인, 그를 접대한 호스티스, 가게 종업원과 배달부와 이야기를 나누었다. 그가 다른 사람과 같이 있는 모습을 본 사람은 아무도 없었고, 카를로스 산타나를 제외하고 애매하게라도 그가 친구라 칭하는 사람을 들어본 사람조차 없었다. 그가 체포된 후 오래 구속되어 있는 동안 신비로운 지인인 파친코 회사 사장만이 그를 면회했다. 그밖에 그를 찾아오는 사람은 늙은 어머니뿐이었다.

체포된 이후 오바라를 알게 된 이들은 그가 일부러 고립을 자처했다는 인상을 강하게 받았다. 그중 한 명이 내게 이렇게 말했다. "그동안 온갖 사람을 만나봤지만 오바라에게는 의지할 만한 진정한 친구가 아예 없는 것 같습니다. 지금껏 살면서 친구가 한 명도 없었던 것 같습니다. 그의 얼굴을 보면 가끔 절 의지하려는 것처럼 보여요. 상태가 나쁘지 않아도 외로워하는 것처럼 느껴집니다. 종종 오바라가 안됐다는 생각이 들어요. 그는 대단히 고독한 사람이에요.

믿을 사람도, 대화할 사람도 아무도 없어요. 의지할 사람이 아예 없어서 그런 식으로 여자에게 몰두한 것 같기도 합니다."

"그는 진짜 친구가 없어요. 그걸 제가 어떻게 아는지 말씀드리기는 힘들지만, 그의 눈과 얼굴 표정에서 그런 느낌을 받았어요. 전 오바라의 눈을 보려고 하지만 오바라는 제 시선을 피합니다. 그 순간 만감이 교차합니다. 그저 슬픈 게 아니라 연민이 느껴져요. 그는 정말 외로운 사람이고 그래서 이 모든 게 더 비극으로 보입니다."

오바라가 대놓고 사랑한 대상이 딱 하나 있었는데 바로 셰틀랜드 목양견 아이린이었다. 루시 블랙맨 사건에서 아이린은 특이하게도 사후에 역할을 했다. 오바라는 공개적으로 말한 적이 드물긴 하나 아이린에 대해 여러 번 언급했다. 아이린이 제일 좋아하는 사료는 주머니째 끓이는 시저 미트였고 가장 좋아하는 간식은 말린 쥐치였음이 공개되었다. 덴엔초후 저택 대문에 달린 쪽문 옆에 실제 크기의 개 동상이 세워져 있었다. 개는 이빨을 드러낸 채 반짝이는 도자기 혀를 내밀고 있었다. 그는 아이린을 "사랑하는 나의 개" 혹은 "사랑하는 아이린"이라고 불렀다. 아이린이 1994년 7월 6일 무지개다리를 건너자 오바라는 사체를 6년간 보존했다. 그는 후일 이렇게 적었다. "클론 기술이 발전함에 따라 내가 사랑한 개를 되살릴 수 있을지도 모른다는 희망을 품고 나는 큰 냉동고에 아이린을 눕힌 뒤 장미 몇 송이와 생전에 제일 좋아하던 간식을 같이 넣어주었다."

오바라의 사업은 한동안 번창했다. 자산 가치와 주인이 받는 집세가 연일 상승세였다. 그의 총 자산이 40억 엔, 대략 2,500만 파운드라고 후일 보도되기도 했다. 그에겐 빚도 있었다. 그는 신중히 대출을 받아 자산을 제대로 불려나갔다. 1989년 일본 부동산이 정점을 찍은 뒤 1990년대 초부터 버블 붕괴로 치달았다. 그럼에도 오바라는 1993년 회사를 하나 더 설립했다. 지금껏 간직했던 야심찬 프로젝트를 완성하기 위해서였다. 오사카 주차장 부지에 사무실 및 상점용 고층 빌딩을 짓는 게 꿈이었다. 예술가의 손길이 닿은 듯한 말끔한 건물이 투자 설명서에 인쇄되었다. 눈부신 푸른색 유리 구조물 12층 건물로, 상층부에 대리석이 깔린 아트리움이 조성되고 스파이크와 원통으로 장식된 화려한 외관을 하고 있었다. 홍보용 팸플릿에는 '하이 소사이어티' 상점이 밀집한 기타신치 지역 내에 눈길을 사로잡는 '고저스'하고 미래지향적 '실루엣'을 갖춘 건물이 들어선다고 적혀 있었다. 전체적으로 21세기 '랜드스케이프'였다. 기타신치 타워는 크고 웅장했다. 1993년임에도 허세를 떨던 천박한 버블 시대의 여파가 아직 가시지 않았다. 그러나 그 빌딩은 아예 올리지도 못했다. 3년 후 채권자들은 대출한 돈을 돌려받기 위해 오바라를 고소했다. 1999년, 덴엔초후 저택이 법원에 임시 가압류되었다.

말고기를 팔던 한국인의 아들이 내게 말했다. "재일 조선인 2세대, 3세대가 공부를 열심히 하지 않는 이유가 있었습니다. 일본인들은 최고 명문대를 졸업하면 최고의 직장을 잡을 수 있었지만, 적어도 제 나이 또래 재일 한국인들에게는 그런 기회가 암묵적으로 막혔어요. 전 오바라가 그런 사회적 환경에서 공부를 포기한 이유를 잘 알 것 같습니다. 그는 돈이 정말 많잖아요. 그렇게 큰 재산을 물려받았으니 일할 필요가 없었겠죠. 형제들 중에서 가장 촉망받았지만 그 비싼 고등학교에서 그를 기다린 건 뭐였습니까? 술과 여자뿐이었잖아요. 그건 그가 돈이 많아서 그래요. 그가 동기를 잃어버린 건 놀랍지 않습니다."

"오바라는 미국에 있을 때 한국인도 일본인도 아닌 자기 자신으로 받아들여졌다고 느낀 것 같아요. 그런데 일본으로 돌아와서는 사업에 실패했어요. 재능이 없어서 재산을 많이 까먹었죠. 부동산 거품 시기에 겨우 돈을 벌긴 했지만 거품이 꺼지자 또다시 흔하디흔한 실패 사례로 전락한 거죠."

작가이자 야쿠자의 아들인 미야자키 마나부는 이렇게 설명했다. "전형적인 유형이 있습니다. 아버지가 어마어마한 성공을 거두어 이민 1세대는 부자가 됩니다. 그런데 아버지는 단순해요. 자신은 일본어도 제대로 못하지만 자식들에겐 최고의 교육을 시킵니다. 자식들은 모든 기회가 주어졌음에도 실패합니다. 그들은 아버지 사업을 물려받습니다. 그런데 자본을 쥐고 교육까지 받았는데도 잘되지 않습니다. 왜냐, 아버지만큼 공격적이지 않으니까요. 자식들은 학문적 배경을 쌓았지만 사업엔 진짜 관심이 없으니 아버지 세대에게 늘 도움을 청하죠. 그러다 보니 자신들의 핸디캡을 극복하지 못합니다. 그들은 돈이 있어도 인생이 만족스럽지 않습니다. 의존적으로 살면서 아버지 세대의 꾸지람을 듣다 보니 자식들의 삶이 굉장히 꼬입니다."

체포된 지 한 달 후, 오바라의 변호사 하마구치 요시노리가 일본 경시청 출입 기자단에게 오바라의 이름으로 성명서를 배포했다.

후일 오바라는 그 글은 변호사 하마구치가 작성한 것이며 성명서가 공개되기 전까지 자신은 구경도 못 했다고 주장했다. 그럼에도 문체나 내용은 후일 오바라가 직접 공개한 내용과 상당히 일치했다.

성명서는 이렇게 시작했다. "저는 과거에 여러 외국인 호스티스와 유급 도우미와 함께 성적 활동에 참여했습니다. 그 여자들은 모두 미화된 매춘부나 마찬가지였습니다."

저는 제가 '정복 놀이'라고 부르길 좋아하는 '섹스 플레이'를 위해 매춘부에게 돈을 지불한 혐의로 현재 구속 중입니다. 제가 체포된 이번 사건과 관련해 입장을 밝히겠습니다. 몇 년 전 있었던 일이라 정확히 기억나지 않습니다만, 저는 소위 피해자 중 일부와 성관계를 가졌습니다. 그들은 모두 외국인 바에서 일하는 호스티스, 혹은 유급 도우미로 고용된 이들이었습니다. 그들은 대부분 제 앞에서 코카인과 각종 마약을 했습니다. 그들이 섹스 플레이를 하는 대가로 돈을 원했기에 저는 그에 따라 적정 금액을 지불했습니다. 따라서 저는 강간이나 성추행에 대해 유죄가 아니라고 생각합니다.

경찰은 과거 저와 섹스 플레이를 한 외국인 호스티스를 모두 찾아서 그들 모두로 하여금 절 고발하게 하고 실종된 루시 블랙맨 양을 찾을 때까지 저를 반복적으로 구속하겠다고 했습니다. 또한 경찰은 외국인 호스티스 여성들이 행한 불법 마약이나 불법 취업, 매춘 등 불법 행위에 대해 아예 눈감고 있습니다.

루시 블랙맨 양 관련해서 말씀드립니다. 루시 블랙맨 양은 외국인 클럽에서 제 시중을 딱 한 번 들다 다른 테이블로 옮겨 갔습니다. 그 일이 있은 후 제 우편함에는 주소를 적다 만 편지가 여러 장 도착했습니다. 이상한 편지가 오더니 이상한 일들이 차례로 벌어졌습니다. 제가 이해할 수 없는 일들이 많았습니다.

10월 말 이 사건을 담당하는 베테랑 형사(경위 Y와 경사 I)는 영국에서 위험한 인물을 관찰 중이며, 의심스러운 영국인이 도쿄에 도착했다고 진지하게 말했습니다(저는 누군가가 저를 노리고 있다고 해석했습니다). 저는 어마어마한 어딘가로 빨려 들어가는 느낌이 듭니다. 누명을 쓴 것 같습니다. 저는 실종된 루시 블랙맨과는 아무 상관이 없습니다. 언론에서는 제가 루시 블랙맨 양의 실종 사건 범인인 양 보도하고 있습니다만, 그건 사실이 아닙니다.

도쿄 경시청은 루시 블랙맨 양의 실종 사건이 대단히 중요하기에 당장 해결해야 한다고 제게 계속 말합니다. 모리 수상이 경찰을 압박하는 것 같습니다. 경찰은 이 사건을 조속히 해결하지 못하면 국가적으로 불이익이 되리라 믿습니다. 저는 일본이 경찰국가의 부활을 향해 나아가는 것 같은 느낌을 강하게 받습니다. 당국은 절 처음부터 끝까지 흉악범으로 몰고 가는 쪽으로 마무리지으려 합니다. 경찰은 절 제대로 엮어 넣었습니다. 경찰은 루시 실종 사건의 범인으로 누군가를 체포할 것이며 그러기 전까지는 외국인 술집 호스티스들과 섹스 플레이를 하고 성희롱을 한 혐의로 저를 계속 잡아두겠다고 말합니다. 저는 경찰이 한시라도 빨리 진범을 잡기를 바랍니다.

다른 상황이었다면 그는 이 황당한 성명서로 동정도 사고 설득력도 얻었을지 모른다. 경찰이 골치 아픈 사건을 처리하기 위해 필

사적으로 매달리다 겁먹은 외톨박이 괴짜를, 창녀와 사귄 것 말고
는 죄가 없는 그를 억지로 끼워 넣는 그림을 그릴 수도 있었다. 그
러나 현재로서는 드러나는 사실을 반박할 수 없었다. 오바라가 조
사실에서 묵비권을 행사하는 동안 우도 경정과 수사팀은 다른 층에
서 일본 형사들에게는 생소한 임무를 수행 중이었다. 수사팀은 다
수의 부동산에서 확보한 수천 점의 증거 물품을 분류해 자백을 거
부하는 용의자에게 불리한 물리적 증거의 도움을 받아 사건을 입증
하려고 시도했다.

정복 놀이

오바라 조지는 초밥을 좋아했다. 입맛이 매우 특이하고 고급이었다. 그는 야자수가 자라는 즈시 마리나에 아파트를 마련했다. 별장촌이다 보니 옆집에 누가 사는지 서로 몰랐다. 4314호 바로 옆집조차 오바라를 전혀 기억하지 못했다. 그런데 그를 정확히 기억하는 곳이 있었다. 동네 초밥집이었다.

오바라가 직접 가게에 들른 적은 한 번도 없었지만 전화로 배달을 자주 시켰다. 오바라의 주문이 끊긴 지 몇 주가 흘렀다. 사흘에 한 번 가게로 전화하던 그였다. 그는 늘 특별 세트를 주문했다. 가장 신선하고 육즙이 풍부한 참치 뱃살, 대구 곤이, 성게 등을 초밥 위에 올린 9조각 세트였다. 게다가 메뉴 중에서 가장 비싼, 일명 '비너스의 귀'라고 불리며 쫄깃한 식감을 자랑하는 전복도 주문했다. 오바라가 제일 좋아한 전복 내장은 일본인들에게조차 낯설고 귀한 요리였다. 마니아들은 전복을 최음제로 여겼는데, 특히 내장이 그런 면에서 굉장히 강력한 힘을 갖고 있다고 보았다. 이 역시 거품경제 시대에 즐기던 별미로 미식가들의 호사품 중 하나였다. 전복 초밥은 즈시에 있는 이 일식당에서 한 접시에 무려 6,000엔 (37.50파운드)이었다.

배달을 하던 청년은 오바라를 뚜렷이 기억했다. 경찰과 방송국 카메라가 들이닥치기도 전에 그는 용의자로 지목된 남자가 오바라임을 눈치채고 이 얘기를 열 번도 더 했다. 배달원은 "그는 절대로 눈에 띄지 않는 편이었지만 뭔가 특이하긴 했어요. 그 집에 가면 뭔가 묘한 분위기가 흘렀어요. 좀 오싹하다고 할까요. 초인종을 누르면 그 사람은 늘 두 번 기침을 한 다음 문을 열었어요. 크큼, 이렇게요. 늘 흰색 목욕 가운을 걸치고 집 안에서도 검은 선글라스를 꼈어요. 조명은 어둑어둑해서 얼굴이 제대로 보이지 않았죠. 그런데 무슨 냄새가 났어요. 향 같기도 하고 시가 같기도 했어요. 향수일지도 모르죠"라고 증언했다.

"그 집에 다른 사람이 있는 건 못 봤어요. 현관에서 여자 신발을 본 적도 없어요. 그런데도 그 남자는 한 사람이 먹기에 너무 많은 양을 주문했어요. 게다가 늘 영수증을 갖다 달라고 했어요. 음식 값은 보통 9,000엔이 넘었죠. 말투는 사근사근했고 꽤 친절한 편이었어요. 딱 한 번, 제가 깜빡하고 전복 내장을 가져가지 않았더니 남자가 가게로 전화를 걸어서 항의했어요. 그 남자는 그 정도로 전복 내장을 좋아했어요."

오바라 조지는 17세 때인 1970년 4월부터 성관계 일지를 꼼꼼히 기록했다. 그는 법정에서 그건 판타지라고 일축했지만, 그중 일부만 사실이라 해도 엄청난 바람둥이라 할 만했다. 오바라는 아홉 건의 강간 혐의로 기소되었다. 경찰이 덴엔초후 및 도쿄 중심부에 있는 아파트와 즈시 마리나의 집에서 압수한 문서와 사진, 비디오테이프에 기록된 성행위에 비교하면 그건 극히 일부에 지나지 않았다. 거기에 기록된 성행위는 폭력이나 분노를 갑자기 분출하는 형태는 아니었다. 증거 분류 작업을 실시한 형사들은 특별히 욕망을 해소하는 모습으로 보이지는 않는다고 했다. 경찰이 찾은 기록과 오바라의 법정 증언에서, 그는 자신의 성욕 해소 방식과 성적 취향을 자세히 밝히며 그것을 '정복 놀이'라 칭했다.

그는 즈시 마리나 아파트를 '거점'이라고 불렀다. 일종의 전략적 기지를 의미했다. 그는 그곳에 전문가용 조명 장치 등 촬영 장비를 구비하고 침대 위에 고리를 매달아 피해자들을 제대로 배치하도록 꾀했다. 그 집에 들어온 여자들이 빠짐없이 강간당한 건 아니었다. 오바라는 왜소한 남성이어서 피해자들과 절대로 몸싸움을 하지 않았다. 놀이의 결과는 전적으로 그가 여성을 속여 정신을 잃게 하느냐에 달려 있었다. 실패할 경우 여자들은 잠시 찜찜함을 맛보며 제 발로 걸어 나갔다. 여자 공중 화장실에서 훔쳐보다 체포된 경우를 제외하고 그가 다른 장소에서 범죄를 저지른 증거는 없었다.

오바라가 인정하기 몇 주 전이었지만, 경찰은 루시가 즈시 마리나에 갔을지도 모른다는 의심을 사실로 입증했다. 아파트에서 수백 가닥의 머리카락을 찾아 제인과 팀 블랙맨의 손톱에서 추출한 DNA와 비교한 끝에 그중 몇 가닥이 루시의 것임을 확인했다. 경찰이 확보한 여러 필름 중에서 한 통을 인화해 보니 루시의 사진이 두

장 찍혀 있었다. 루시의 마지막 순간이 찍힌 사진이었다. 루시는 바다를 등진 채 난간 앞에 서 있었다. 등 뒤로 만 너머 마을과 언덕이 보였다. 루시는 검은색 미니 원피스를 입고 목에는 반짝이는 하트 모양 펜던트를 걸었다. 선글라스를 머리 위로 올려 쓰고 오른손으로 맥주 캔을 들었다. 긴장한 미소였는지는 정확히 보이지 않았지만 루시는 어색한 각도로 왼팔을 들고 있었다. 자세를 보니 루시는 이 상황을 어색하고 불편하게 여긴 것으로 추정됐다. 핸드폰을 사주겠다는 낯선 남자를 위해 억지로 기쁜 척, 편한 척하는 것 같았다.

전문가들은 사진을 면밀히 분석했고 경찰은 루시가 선 지점을 마리나 인근에서 정확히 찾았다. 날씨와 빛의 각도, 멀리 보이는 마을, 오른쪽 어깨 너머에서 움직이는 부표의 위치까지 확인한 결과 2000년 7월 1일 오후 늦게 찍은 사진임이 확실했다.

경찰은 그동안 열심히 통화 기록을 추적한 끝에 선불 폰도 찾았다. 일본 비즈니스맨들이 주로 들고 다니는 남성용 가방도 확보했는데 그 안에 흥미로운 물건이 두 개 들어 있었다. 하나는 가스 고지서였는데, 그 위에 루시가 루이스와 스콧에게 전화를 건 선불 폰 전화번호가 적혀 있었다. 또 하나는 가루 봉지였는데 분석 결과 플루니트라제팜이라고 불리는 초강력 최면제로 확인되었다. 이 약은 일본에서 간혹 중증 불면증 치료제로 사용되었지만 영국에서는 '로힙놀'이라는 제품명으로 불리며 소위 데이트 강간용으로 악명이 자자했다. 경찰은 특이한 약물을 하나 더 발견했다. 감마 하이드록시 부티르산, 일명 GHB으로 이 역시 주로 같은 목적으로 사용되었다. 거기에 마취제인 클로로포름 열세 통을 확보했는데 그중 두 통은 개봉하지 않은 새 것이었다.

경찰은 아파트에서 어마어마한 양의 문서를 확보했다. 두툼한 공책과 일기장, 수십 년 되어 누렇게 바랜 영수증까지 광범위했다. 경찰과 검찰은 문서를 계속 솎아내면서 새로운 범죄 사건에 연루된 것들을 추렸다. 일본의 한 신문 보도에 따르면 경찰은 초반에 일본 및 외국 여성 예순 명의 이름이 적힌 명단을 찾았다고 했다. 이름 옆에는 우지, 고지, 가즈, 고와, 혼다, 사이토, 이와타, 이와사키, 아키라 등 그가 그동안 사용한 가명이 각각 적혀 있다고 했다. 이런 명단은 수 년 전까지로 거슬러 올라갔다. 일부 여성은 이름만 달랑 적혀 있었지만 전화번호나 주소까지 적힌 여성들도 있었다.

수사팀은 영수증을 통해 7월 초 오바라가 열심히 쇼핑을 한 흔적도 찾았다. 일요일이던 7월 2일이자 루시가 실종된 다음 날, 오바라는 블루 시 아부라쓰보 인근 가게에서 드라이아이스 10킬로그램과 큼직한 포장용 상자를 구매했다. 그는 다음 날 그곳을 다시 찾아 드라이아이스를 10킬로그램 더 샀다. 주인이 "죽은 개가 덩치가 큰가 보죠?"라고 묻자 오바라는 그렇다고 대답했다.

화요일인 7월 4일, 오바라는 아웃도어 용품점 LL빈 도쿄점에 들러 캠핑 장비를 구입했다. 2인용 텐트, 방수 깔개 세 장, 접이식 테이블, 26리터짜리 쿨러 박스, 전자식 토치, 침낭을 샀다. 같은 날 철물점에서 타월, 시멘트 세 포대, 시멘트용 급결제 다섯 통, 혼합기, 플라스틱 박스, 페인트용 붓, 양동이, 빗자루를 샀다. 세 번째 가게에서는 정, 망치, 철사, 칼, 가위, 장갑, 비닐봉지, 도끼, 소형 톱, 기계톱을 샀다. 일부 가게 점원들은 오바라가 전날 전화해 무엇이 필요한지 설명하면서 원하는 물품의 재고를 확인했다고 증언했다.

또한 오바라가 손으로 쓴 공책과 고교 시절부터 써온 일기장도 있었고, 전화 내용을 녹음한 카세트테이프도 발견되었다. 자기 목소리를 메모로 남긴 테이프는 의지와 결심이 담긴 일종의 선언서였다. 낱장을 철한 바인더에 유독 풍성한 증거가 있었다. 수사팀이 작성한 문서에 다음과 같이 세세히 기술되어 있었다.

피고인은 1970년부터 성관계를 한 여성의 이름을 적었고, 어떤 식으로 관계를 했는지도 기록했다. 이 공책 맨 앞장에 1970년 4월 날짜로 "나는 수면제를 투여했다"라고 필기했다. 피고인은 수많은 여성에게 수면제와 클로로포름을 투약한 후 성관계를 하고 그것을 기록으로 남겼다.

공책 맨 앞에는 그해 피고인이 성관계를 맺은 여성들의 숫자가 적혀 있었다. 이를테면 1990년 아홉 명, 1991년 아홉 명 등이다. 그리고 피해 여성들의 수를 국적별로도 기입했다. 18세이던 1970년부터 33세였던 1995년까지, 피고인은 대략 209명의 여성과 성관계를 했다고 썼다.

피고인은 1969년에 한 경험과 관련하여 "나는 여자를 취하게 한 후 그녀에게 수면제를 먹였으나 그 여자가 처녀라 삽입할 수 없었다"라고 요약했다(1970년 4번 여자). 또한 '힘미널'(진정제의 일종—옮긴이)을 투약한 뒤 그 효과에 대해 언급하기도 했으며(1970년 4번 여자), '클로로포름, 수면제'(1973년 26번 여자), 'SMYK(수면제)'(1981년 63번 여자), '특제 SMY(수면제)'(1983년 95번 여자), '크로… 홀(클로로포름)', 'SMY'(1983년 97, 98번 여자), 'SMY 아이스크림' 따위로 적었다. 이로써 그가 초반에 수면제와 클로로포름을 반복 투약해 강간에 준하는 범죄를 저질렀음을 확인할 수 있다.

또한 피고인은 수면제와 클로로포름을 투약하여 성관계를 하는 것이 자신의 수법이라고 기록한다. 예를 들어,

"나는 평소에 하던 대로 아파트에서 그 짓을 한다. SY(수면제)가 좋아서 크로로(클로로포름)는 필요 없었다. 결국 여자는 심한 구토를 했다."(150번 여자)

"SMY 아이스크림＋초콜릿으로 아파트에서 여자를 잠재운 다음 PV(포르노 비디오)를 찍었다."

피고인은 1983년경부터 강간하는 장면을 사진으로 찍고 비디오 카메라로 촬영한 후 '풀 스케일 VTR(비디오) No. 1'(139번 여자), 'PV(포르노 비디오),' 'PP(포르노 포토)'(152번 여자), '외국인 비디오 NO.1'(160번 여자), '즈시에 가서 늘 그렇듯 FC(fuck) PV'(162번 여자)라고 적는다.

경찰은 비디오를 즉각 공개했다. 아파트를 수색하는 과정에서 여성의 이름과 날짜가 라벨에 적힌 비디오테이프도 나왔다. 비디오에 적힌 연도는 1980년대로 거슬러 올라갔다. 어떤 비디오는 오래전에 사라진 베타맥스 포맷이었다. 경찰은 베타맥스 포맷이 재생 가능한 비디오 플레이어를 꺼내 먼지를 턴 다음 테이프를 연속으로

집어넣고 끔뻑이는 화면을 지켜보고 되감기하면서 내용과 기간을 꼼꼼히 기록했다. 그 결과 경찰은 비디오에 패턴이 있음을 오래지 않아 파악했다.

비디오는 컬러였고 화질이 좋았다. 어떤 비디오는 젊은 여성이 웃으며 잔을 든 다음 술을 마시는 모습으로 짧게 서두를 시작했다. 그러더니 갑자기 화면이 끊기고 중요 장면으로 넘어갔다. 동일한 여성이 알몸으로 침대에 누워 있으나 눈을 감고 미동도 하지 않았다. 대신 느리게 호흡하는 모습이 보였다. 여성은 때론 정면으로 눕기도 하고 엎드려 있을 때도 있었다. 여성의 다리는 종종 방해되지 않도록 천장에 박힌 고리에 묶였다. 눈부신 조명이 침대 양쪽에서 강간 장면을 비추었다.

카메라는 고정되어 흔들리지 않았는데 삼각대에 올려놓은 것 같았다. 순간 한 남자가 화면에 들어온다. 그 역시 알몸이다. 그 비디오를 본 누군가가 내게 이렇게 전했다. "평범한 몸이었습니다. 운동을 많이 하지 않은 중년 남성의 몸이었죠." 딱 하나 그에게 눈에 띄게 사악한 점이 보였다. 수많은 화면 속에서 그는 마스크를 착용하고 있었다.

나는 그 비디오를 봤거나 형사들이 확보한 상세 사진 일체를 살핀 세 사람에게 물었다. 모두 그 마스크를 다르게 떠올렸다. 어떤 이는 은행 강도처럼 회색 마스크로 얼굴을 완전히 가렸다고 했다. 또 다른 이는 '마스크 오브 조로'처럼 검은색 마스크로 눈 부위만 가렸다고 했다. 세 번째 사람은 호랑이 가죽처럼 노란 바탕의 마스크에 검은색 줄무늬가 있었다고 했다.

마스크를 쓴 남자는 발기한 상태였다. 고정된 카메라 앞에서 그는 의식을 잃은 여성을 한동안 열정적으로 범했다.

자료를 모두 본 사람이 내게 설명했다. "그는 온갖 체위로 합니다. 정상 체위로도 하고 때론 애널 섹스도 했어요. 가끔 도구나 물체도 사용합니다. 의사가 사용하는 도구로 안을 들여다보더군요. 제 말이 무슨 뜻인지 아실 겁니다. 그는 성기가 정상이었는데도 오이를 삽입하기도 했습니다. 침대 양쪽에 조명을 밝히고 미친 듯이 섹스를 하다가 집중이 안 되는지 조명을 여성의 알몸에 갖다 대기도 했습니다."

화면에 잡히지 않는 곳에 모니터 두 대가 있었다. 오바라가 직접 설명한 바에 따르면 그중 한 화면에는 외국 포르노 영상을 틀고, 다른 화면에는 그가 직접 한 '놀이'를 생생히 재생했다고 한다. 그는 더욱 강렬한 시각적 자극을 위해 화면을 봤을 것이다. 비디오를 본 이는 "그의 리비도는 굉장히 강합니다. 늘 적극적이었고, 절대로 쉬지 않았어요"라고 밝혔다. 그는 첫 번째 섹스를 끝낸 후 곧바로 다시 시작했다. 때론 두 번, 심지어 세 번도 했다. 같은 여성의 비디오테이프가 한 번에 몇 시간 연속으로 찍혔다. "오바라는 여자를 물건 취급합니다. 여자들은 아예 반응을 보이지 않고 소리도 거의 내지 않습니다." 상대가 혼수상태에서 깨어날 기미가 보이면 오바라는 늘 같은 작업을 실시했다. 타월이나 거즈로 손을 뻗어 피해자의 코에 그걸 바싹 들이대면서도 직접 살갗에 닿지 않도록 했다. 그러면 버둥거리던 여자가 동작을 멈추었다.

비디오테이프 개수는 언급되는 곳마다 차이가 꽤 났다. 어떤 기사에서는 경찰이 1,000개를 확보했다고 했지만 4,800개라는 기사도 있었다. 우도 경정은 총 170개가 있으며 150명의 여성이 등장한다고 공개했다. 그런데 법정에서는 마흔 개가 있다고 언급했다. 오바라는 기껏해야 아홉 개라고 주장했다. 우도의 설명에 따르면 오바라가 강간한 여성 중 절반 이상이 외국인이지만 일본 여성도 많다고 했다. 그런데 인종 말고도 피해자는 두 부류로 나뉘었다.

외국 여성들은 대부분 딱 봐도 호스티스임을 알 수 있었다. 키가 크고 늘씬하며 잘 꾸미고 화장을 하고 전부는 아니나 많은 이들이 금발이었다. 그런데 일본 여성들은 체형이 달랐다. 대부분 통통하고 살집이 있었다. 솔직히 말해 뚱뚱한 편이라 외국인 호스티스 여성들의 전형적인 미모와 아예 거리가 멀었다. 오바라는 후일 이렇게 발언했다. "일본 여자들과 할 때는 반드시 못생겨야 했습니다. 저는 굴곡이 없는 몸을 선호했습니다. 전화 목소리만 들어도 체형을 파악할 수 있었죠. 메마른 목소리를 가진 여자들은 말랐고, 촉촉한 목소리로 말하는 여자들은 뚱뚱했죠. 전 못생긴 여자가 좋습니다. 못생긴 여자를 고르는 게 제 놀이의 일부분이에요. 못생긴 여자와 추잡하게 노는 걸 좋아합니다."

그는 외국인 파트너도 같은 기준에서 골랐다고 주장했다. "외국인 호스티스들도 죄다 못생겼죠. 외모가 아니라 마음 말입니다." 수 년 후 오바라의 관점에서 바라본 '정복 놀이'에 대한 설명이 영어로 발간되었다. 자기 본위로 편집된 왜곡과 얼버무림이 가득하긴 했으나 행위의 제의적인 면모는 충분히 전달되었다.

'놀이'를 하기에 앞서 피고인은 코를 쩌르는 악취가 나는 메스꺼운 용액을 작은 유리잔에 붓는다. 보통 '필리핀 술'이라고 알려져 있다. 그다음 피고인과 여성 '파트너'가 번갈아 그 잔을 마신다. 피고인은 두 잔 마신다.

법정에서 분명히 밝혔지만 오바라는 그 술을 두 잔 마신 후 수치심을 아예 잃는다. 그다음 피고인 홀로 상당량의 흥분제를 투약한다. '파트너'는 '필리핀 술'을 계속 마시다 의식을 잃는다. 그러면 피고인은 마스크를 쓰고 '놀이'를 시작한다. 이 마스크를 쓰면 피고인은 다른 사람으로 돌변해 평범함을 벗는다. 이제 피고인이 음란한 '놀이'에 몰입한다.

'놀이'를 공유하기 위해 피고인은 마약에 중독된 외국인 술집 호스티스나 이른바 '미친년'이라고들 하는 펑크 여성(성격에 문제가 있는)을 선호했다…. 또한 피고인은 전화로 남자 파트너를 구하는 일본 여성들을 '놀이 파트너'로 선택하기도 했다. 이때 피고인은 허리가 굵고 살집이 있어서 종종 돼지나 하마에 비유되는 여성을 선호했다. 마스크를 쓴 오바라는 이런 추녀들과 음란한 '놀이'를 즐겼다.

오바라가 체포된 후 수사본부는 클라라 멘데즈를 소환했다. 경찰은 클라라에게 1996년 밤 그녀가 즈시에 있는 조지 오바라의 아파트에 가서 술을 마신 후 정신을 잃은 몇 시간 동안의 장면을 보여주었다. 클라라는 "경찰이 최악의 모습을 보여주었어요. 그냥 사진이었죠. 비디오 화면을 캡처한 사진이었는데 제 모습을 확인할 수 있었어요. 제가 정신을 잃고 침대에 누웠는데 옷은 입고 있더군요.

너무… 소름이 끼쳤어요. 마치 여자 인형 같아 보였어요."

경찰은 피해 여성 명단과 비디오 속에서 그들이 아는 다른 여성들도 찾았다. 케이티 비커스와 크리스타벨 매켄지도 그 안에 있었다. 경찰은 명단에 적힌 전화번호와 주소를 추적해 열두 명 이상의 여성을 확인했다. 대다수의 정보는 피해자를 확인하기에 충분히 않았고 외국인 여성들은 거의 추적 불가능한 곳으로 출국한 후였다. 경찰과 연락이 닿은 일부 여성들은 수치심이나 소심함 때문에, 혹은 모든 걸 잊고 싶은 마음에 협조를 거부했다. 이소벨 파커가 오바라의 행위를 빌미로 협박한 것과 같은 사례들은 다른 이유로 재판에 회부할 수 없었다. 그럼에도 수사팀은 일부 증인을 확보했다. 이들이 등장하는 비디오와 신빙성 있는 피해자의 증언이 합쳐질 경우 검찰 측 주장의 정당함을 입증할 수 있었다.

11월 17일, 검사는 케이티 비커스에게 약물을 투여하여 강간한 혐의로 오바라를 정식 기소했다. 이어서 31세 일본 여성 요시모토 후사코에게 동일 범죄를 저지른 혐의로 오바라를 다시 체포했다. 12월 8일, 경찰은 21세 여성 오시하라 이쓰코를 강간한 혐의로 그를 기소한 후 체포했으며 2001년 새해에는 25세의 모리 메구미에게 동일 범죄를 행한 혐의로 또다시 그를 기소했다. 강간과 약물 투여라는 동일한 기소 내용에 모리 메구미의 다리에 화상을 입힌 혐의가 더해졌다. 오바라는 의식을 잃은 모리의 살갗에 뜨거운 전구를 갖다 대어 화상을 입혔다.

경찰은 루시가 실종된 다음 날 오바라가 즈시 주유소에서 경찰

본부로 전화한 사실을 밝혀냈다. 신문 보도에 따르면 오바라는 "심각한 일이 발생했습니다. 응급실이 어디에 있는지 알려주세요"라고 전화했다고 한다. 그는 안내받은 번호로 병원에 전화했고 그가 언제 병원 문을 여는지 묻는 통화 내용이 녹음되었다. 그러나 그 병원에는 나타나지 않았다. 며칠 후 오바라는 도쿄에 있는 병원에서 쐐기벌레로 인한 발진으로 치료받았다.

경찰은 사건 내역을 파악했다고 확신했다. 오바라가 루시에게 마약을 먹이고 살해한 다음 시신을 어딘가에 유기했다고 믿었다. 그런데 그걸 어떻게 증명할 수 있을까? 루시의 이름은 명단에 없었고 루시가 찍힌 비디오도 없었다. 경찰은 루시와 오바라가 그날 오후를 같이 보냈으며 루시가 실종된 후 그의 행동이 수상쩍었다는 것까지는 입증할 수 있었다. 그러나 오바라가 루시에게 정확히 무슨 짓을 한 것일까? 그리고 지금 루시는 어디에 있을까?

수사팀은 덴엔초후 저택의 정원과 오바라의 다른 부동산 인근 나대지를 수색했고 움푹 꺼진 대나무 밭도 살폈다. 경찰관 대여섯 명은 탐지견을 동원해 블루 시 아부라쓰보 인근 해안과 절벽을 샅샅이 뒤졌다. 짜증스러운 작업이었다. 잡초와 잔디가 빽빽하게 난데다가 쓰레기까지 버려져 있어서 수사팀은 독사를 건드려 깨울까 봐 겁먹었다.

카리타

　루시의 가족과 친구들은 오바라가 체포되었다는 소식을 들어도 마음이 조금도 편치 않았다. 체포 뉴스만으로는 그들을 짓누르는 극심한 고통과 불안감이 전혀 덜어지지 않았다. 도쿄 경시청은 루시가 죽었다고 확신하면서도 블랙맨 가족에게 절대로 내색하지 않았다. 사실 오바라가 체포되었다는 소식만 통보한 채 경찰은 가족에게 더 이상을 발설하지 않았다. 블랙맨 가족은 일본 신문이나 가끔 영국 신문에 실리는 토막 뉴스를 수집했다. 루시 핫라인으로 이따금 쓸모없는 제보가 들어왔다. 루이스 필립스는 몇 주간 취조 당한 후 영국으로 돌아갔으나 경찰의 지시에 따라 블랙맨 가족에게 아무 말도 하지 않았다. 11월 중순 팀과 소피가 다시 도쿄로 날아왔지만 경찰과 만난 자리에서 미쓰자네 경정을 통해 공식 입장만을 들었다. 현재 여러 건의 강간 혐의로 오바라를 조사 중이다, 경찰은 여전히 실종된 루시를 열심히 찾고 있으나 현재로서는 두 사건이 관련 있다고 말할 수 없다는 것이다.

팀은 경찰과 만난 후 기자회견을 열었다. 그런데 그 자리에서 어색하고 부적절한 유머를 구사하는 바람에 경박해 보였다.

　　"루시를 찾을 수 있다고 얼마나 기대하십니까?"라고 어느 기자가 물었다.

　　"절대로 희망을 버리지 않을 거예요"라고 소피가 대답한 후 아버지를 쳐다보았다.

　　팀은 이렇게 밝혔다. "루시가 몇 달째 실종 상태인 것이 현실입니다. 루시가 세상을 떠났을 가능성 역시 존재합니다. 하나씩 지워가다 보면 결론이 나겠죠. 예전엔 가능성을 5 대 5로 봤지만, 지금은 8 대 2로 루시가 세상을 떠났다고 봅니다."

　　"전 6 대 4로 봐요." 소피가 대답했다.

　　팀이 어색하게 웃었다. "늙은이의 현실 인식과 젊은이의 꿈이 이렇게 다르다니까요."

　　크리스마스가 다가왔다. 이혼으로 갈린 가족에게는 부담스러운 시기였다. 그해 블랙맨 가족은 저마다 삶에 뚫린 구멍이 드러날까 봐 크리스마스 시즌이 두려웠다. 크리스마스가 되자 제인, 소피, 루퍼트는 바베이도스로 떠나 해변에서 일광욕을 즐기며 루시와 관계된 건 무엇이든 최대한 멀리했다. 팀은 와이트 섬에서 조지핀과 의붓자식들과 함께 지냈다. 팀은 이렇게 토로했다. "루시를 제 머릿속 한구석에 붙들어두려고 노력했습니다. 동시에 이미 닥친 트라우마가 다른 것들까지 모조리 삼키지 않도록 애를 썼어요. 그때 전 40대 후반이었죠. 제 자식 셋에다 조지핀 쪽 아이들 넷에 대해 책임이 있었어요. 루시도 물론 중요했지만 사랑하는 다른 이들에게도 제 시간과 우선순위를 할애해야 했습니다."

"저는 와이트 섬에서 차를 몰고 켄트까지 한 시간 반 걸려 출퇴근했어요. 루시가 좋아하던 음악 CD를 들으며 집으로 올 때면 딸아이 생각에 슬픔에 빠졌습니다. 조지핀과 다른 아이들 덕분에 버틸 수 있었고 일을 계속할 수 있었죠."

팀은 헛된 희망을 조금스럽게, 그러나 꾸준히 내려놓았다. 루시가 여태 살아 있을 거라는 희망을 버리는 중이었다. 6개월간 그 믿음을 억지로 붙든 채 사기꾼, 협잡꾼, 기자 들에게서 희망을 찾았지만 얻은 것은 분노뿐이었다. 이제는 그 분노가 루시의 납치범과 경찰은 물론 이 사태를 야기한 부패한 시스템과 관련 기관의 안일함으로 향했다. 크리스마스 이틀 전, 팀은 격분한 상태로 형사에게 이메일을 보냈다. 이메일은 "루시가 실종된 지 6개월째입니다. 놀랍게도 도쿄 경시청은 아무런 연락을 해주지 않습니다"라는 말로 시작되었다.

저는 일본 경시청이 피해자 가족의 심정을 전혀 고려하지 않는 사실에 몹시 분노하고 상처를 받았습니다. 이 처참하고 비극적인 사건을 해결하려고 애쓰는 가족에게 경찰이 아무 정보나 뉴스를 알려주지 않으니, 수치스럽고 비인간적인 일입니다.
지난 5, 6년간 롯폰기에서 수많은 여성들이 납치 및 강간당한 건 자명한 사실입니다(그중 일부는 실종 상태입니다). 이들 대다수는 관광 비자로 입국해 불법 취업한 여성들입니다. 이 때문에 일부 여성은 체포된 후 추방될까 봐 경찰에 신고하지 못해 위험에 처했습니다.

일부 여성들이 경찰에 범죄를 신고했음에도 오바라, 혹은 그와 유사한 남성들이 계속해서 여성을 납치하거나 강간하고도 수년간 법망을 빠져나간 이유는 무엇일까요? 그건 경찰이 움직이지 않았고 그들을 체포하지 않았기 때문입니다. 이 점에서 경찰은 루시의 실종에 대해 유죄입니다. 후일 또 다른 여성 피해자가 납치 후 강간 혹은 살해될 경우, 경찰과 출입국관리국은 그 범죄에 대해서도 유죄입니다.

지금까지 루시 실종 사건에 가장 관심을 보인 건 영국과 일본이었다. 그런데 용의자가 체포되고 피해자의 국적이 공개되자 이 사건은 전 세계로 타전되었다. 오바라 조지에 대한 기사가 스페인, 이탈리아, 터키, 독일, 덴마크, 네덜란드에 전해졌다. 10월의 어느 금요일, 35세의 변호사 로버트 피니건은 호주 시드니에 있는 사무실에서 근무 중이었다. 그때 그의 시선이 〈시드니모닝헤럴드〉 10면에 실린 기사로 쏠렸다. 기사는 '차후 발생할 실종 여성에 대한 우려'라는 타이틀로 시작했다. "술집에 온 수상한 손님의 먹잇감이었던 호주 여성들은 영국 호스티스 루시 블랙맨의 실종에 책임감을 느끼는가?"

여러 신문은 이번 사건의 유력 용의자인 도쿄의 사업가 오바라 조지가 다른 외국 여성들의 실종과 관련 있을지 모른다며 우려했다. 롯폰기 유흥가에서 호스티스로 일하는 외국인 중에는 호주인도 적지 않다. 최소 두 명의 호주인과 한 명의 뉴질랜드인이 오바라에게 성폭행을 당했다고 다른 루트를 통해 경찰에 호소했다고 한다. 여성들은 오바라가 도쿄 남쪽 해안가에 있는 고급 아파트로 데려간 후 약을 먹였다고 한목소리로 말했다.

로버트 피니건은 후일 내게 이렇게 고백했다. "점심때 그 기사를 읽는 순간 퍼뜩 깨달았어요. 거기에 모든 정황이 나와 있는 건 아니었는데도, 뭔지 곧장 알겠더라고요. 너무나 비슷했어요. 전 놀라지도, 충격을 받지도 않았어요. 몇 년간 내내 그 생각을 했으니까요. 기분이 후련하진 않았습니다. 그래도 알겠더라고요. 해답을 찾지 못한 질문이 있었는데 이제야 그 해답이 돌아온 거죠."

질문은 이것이었다. 로버트가 사랑했으나 9년 전 잃은, 젊고 아름답던 카리타 리지웨이는 진짜로 무슨 일을 당했던 것일까?

카리타 리지웨이는 광활한 사막이 펼쳐진 호주 서부의 해안 도시 퍼스에서 자랐다. 그곳은 이 세상에서 가장 외진 도시였다. 카리타의 부모 나이절과 애넷은 1960년대생이었다. 두 사람은 아주 어린 나이에 만나 서둘러 결혼했지만 결혼 생활은 몹시 불행했다. 18세에 결혼한 애넷은 깨달음을 추구하며 꿈과 명상과 점성술을 추종하던 학생이었다. 나이절은 1966년 영국에서 이민 왔으며 퍼플 헤이즈라는 로큰롤 밴드의 드러머였다. "솔직히 전 좋은 남자는 아니었어요." 그는 재혼하고 중년의 존경받는 초등학교 교사로 변신한 지 몇 년 후 내게 털어놓았다. "이상적인 남편도 아니었고요. 섹스와 술에 쉽게 빠져들었죠. 술을 과하게 하지는 않았지만 여자들에게 늘 흔들렸죠." 두 사람은 1983년 파경을 맞았다. 슬하에 당시 열네 살, 열세 살이던 서맨사와 카리타가 있었다. "그때를 돌이켜 보니 온몸이 움츠러드네요. 딸아이들이 사춘기에 막 들어설 무렵에 부모가 이혼했으니 시기가 안 좋았습니다. 둘 다 상당히 영향을 받았을 겁니다."

카리타는 늘 에너지가 넘치고 창의적이었다. 타고난 춤꾼으로 영국 문학과 연기와 자연을 사랑했다. 부모가 이혼한 후 카리타는 삐딱해지고 위축되고 우울해졌지만 10대들 사이에서 미녀로 추앙받았다. 기다란 금발 머리에 선이 고운 붉은 입술, 작고 오밀조밀한 이목구비의 매력이 돋보였다. 엄마 애넷은 두 딸을 어떻게 해서라도 먹여살리겠다고 버둥거리느라 카리타를 도울 방법을 몰랐다. 카리타의 절망은 깊어졌다. 애넷은 자살하고 싶다는 카리타가 위험한 상태라는 것을 깨닫고 딸을 정신병원에 입원시켰다. 바깥세상과 강제 격리된 채 간호사와 의사의 관심을 받은 덕분에 카리타는 한동안 점차 나아지는 것 같았다. 정신과 의사가 점심을 먹자며 여러 번 카리타를 데리고 외출했는데 알고 보니 여자 환자들을 성희롱한 전력이 있는 의사임이 밝혀졌다. 카리타가 심각한 피해를 입기 전에 병원은 그를 해고하고 자격을 박탈했다. 그럼에도 카리타는 자존감이 찢기고 상처를 받았다. 애넷은 "집안이 든든하지 않은데 자존감까지 없으면, 출중한 외모는 오히려 골칫거립니다. 자기 자신을 지키지 못해 남들의 먹잇감이 되죠"라고 털어놓았다.

칼리는 정신병원에서 퇴원한 후 자퇴했다. 2년간 퍼스에서 빈둥거렸지만 이 좁고 빤한 동네가 지겨워졌다. 제일 친한 친구 린다 다크가 시드니로 가자고 제안하자 카리타는 그 기회를 움켜쥐었다.

둘은 같이 히치하이킹으로 서부 사막을 가로질렀다. 시드니에서 카리타는 영국에서 막 이민 온 로버트 피니건을 만났다. 둘은 사랑에 빠졌고, 동거에 들어갔다.

애넷은 딸과 처음으로 떨어져 사는 여느 엄마들처럼 카리타를 걱정했다. 엄마의 걱정은 끔찍한 악몽으로 발현되었다. 애넷은 그런 쪽으로 관심이 많아서 몇 년간 꿈을 자세히 기록했다. 꿈에서 카리타가 공격받고 강간당하는 장면이 보였다. 이상한 옷을 입은 낯선 이들이 위험한 비극이 닥칠 거라고 경고하기도 했다. 카리타가 나타나 엄마를 안심시키더니 손가락에 반지를 끼워주는 꿈도 꾸었다. 애넷은 꿈에서 본 장면을 꼼꼼히 기록했다. 장차 벌어질 일들이 애넷의 꿈 일지에 끔찍한 여운을 남겼다.

가장 끔찍했던 악몽은 카리타가 동양 남자들과 한 테이블에 앉은 꿈이었다. 카리타는 행복하고 안전해 보였다. 같이 앉은 남자들은 쾌활해 보였는데 카리타에게 자기들 중 한 명을 고르라고 했다. 그 장면의 진정한 의미와 남자들이 내뿜는 강렬한 악의 기운을 이해한 건 오로지 애넷뿐이었다. "카리타는 스스로 안전하다고 느꼈어요. 남자들 중에 한 명을 골라야 했는데 다들 차갑고 계산적이었어요. 카리타는 그들이 어떤 사람인지 알 수도, 볼 수도 없었죠. 정말 끔찍한 악몽이었어요. 그런 꿈을 꾸었는데도 전 아무런 조치도 취하지 않았죠. 그저 상징적이려니 했지만 그게 예지몽이었던 거죠. 일어날 일을 그대로 보여준 꿈이었어요. 그 생각만 하면 아직도 기분이 끔찍합니다."

카리타는 남자들이 보내는 관심에 당황했다. 그 관심을 돌리려고 금발을 적갈색으로 염색했지만 여전히 눈에 띄었다. 로버트 피니건은 진중하고 조용한 말투에 안경을 쓴 남자였다. 그는 카리타에 대한 마음으로 가슴이 벅찼다. 동남아시아를 여행한 후 시드니에 도착한 그는 시드니 배낭 여행객이 묵는 호스텔에서 카리타를 만났다. 두 사람은 5년을 동거했다. "아침에 눈을 뜨면 카리타가 제 옆에 있었죠. 믿을 수가 없었어요. 본다이 비치를 걸을 때가 기억나네요. 수많은 여자들이 있었어요. 다들 잡지 표지 모델같이 아름다웠죠. 곁에 있는 카리타를 바라보았더니 그녀가 훨씬 아름다웠어요. 저흰 어렸고 미래가 불투명했죠. 그럼에도 평생을 같이하리라 믿었던 것 같아요"라고 로버트가 회상했다.

두 사람은 시드니에 있는 싸구려 월세방을 돌아다녔고 이민 온 젊은이들과 집을 공유했다. 둘 다 임시직을 전전했다. 로버트는 건축 현장에서, 카리타는 세탁소를 거쳐 식당에서 일했다. 카리타는 티셔츠를 디자인해 팔기도 하고 모델 일도 하고 학생들이 제작하는 영화에 출연하기도 했다. 두 사람이 일하는 이유는 여행을 다니기 위해서였다. 필리핀, 네팔, 멕시코, 미국까지 장거리 여행을 한 후 돈이 떨어지면 시드니로 돌아왔다. 둘이 처음 만난 1987년은 호주 건국 200주년이어서 바비큐 파티와 야외 경축 행사가 많았다. 다음 해 여름 카리타의 친구 린다가 같이 일본에 가서 술집 호스티스로 일하자고 카리타를 설득했다.

로버트는 걱정이 되었다. 미모의 여자친구와 떨어져 지내야 하는 이유 때문만은 아니었다. 과거 도쿄에서 일한 적이 있는 린다는 호스티스 일 자체는 위험하지 않다고 했다. "남들처럼 저도 일본이 세상에서 가장 안전한 나라라고 믿었어요. 여자들이 새벽 2시에 밤길을 돌아다녀도 아무 일도 없는 나라라고요. 호스티스라는 게 일본에선 그저 특이한 직종이겠지만, 서양에서는 좀 한심한 일이잖아요. 그래도 일본 회사원들이 스트레스를 푸는 방식 중 하나다 생각했죠."

로버트는 카리타와 몇 달간 떨어져 지내면서 마음이 편치 않았다. 카리타가 멀리서 어떻게 생활하는지 상상하기가 쉽지 않았다. 엽서가 호주와 일본을 오고 갔다. 카리타는 1, 2주에 한 번 전화했다. 로버트는 두 사람이 길에서 구조한 연갈색 고양이 신밧드 그림을 그녀에게 보냈다. 카리타와 린다는 도쿄에서 북쪽으로 한 시간 거리에 있는 우쓰노미야 시에 살았다. 별다른 특색이 없는 도시였다. 두 여자는 마담 애덤과 타이거스 레어라는 클럽 두 곳에서 미국, 브라질, 필리핀, 뉴질랜드 여자들과 같이 일했다. 카리타는 그런 생활이 꽤나 신나는 듯했고 금방 단골을 확보했다. 그중 한 남자가 기사 딸린 페라리에 그녀를 태우고 동반을 나갔다. 카리타는 어머니에게 이렇게 편지를 적어 보냈다. "나쁜 짓은 전혀 안 해요. 일본 남자들은 서양 여자들을 데리고 나가 과시하기를 좋아해요. 일본 남자들은 보통 여자 셋을 두고 살아요. 집에 있는 아내를 놔두고 클럽에 여자친구를 데려가지만, 클럽에서는 여자친구를 까맣게 잊고 호스티스와 수다를 떨어요."

로버트는 "카리타가 영어 강사를 했으면 제 마음이 한결 편했을 겁니다. 하지만 카리타에게 강요하긴 싫었어요. 가끔은 하고 싶은 걸 하게 내버려둬야 하잖아요"라고 했다. 몇 달 후 카리타가 타이거스 레어를 관두자 로버트는 홍콩에서 카리타를 만나 둘이 같이 싱가포르와 태국을 여행했다.

1990년 카리타와 린다는 다시 석 달 일정으로 일본으로 향했다. 이번에는 롯폰기 클럽이었는데 호스티스 일뿐 아니라 춤도 춰야 하는 곳이었다. 로버트는 별 말 하지 않았지만 토플리스 댄스를 춰야 한다는 사실을 인지했던 것 같다. "린다는 괜찮았겠지만 카리타는 약간 민망했을 겁니다. 전에 두어 번 그 일을 했다가 잘 안 된 것으로 알거든요." 9월이 되자 카리타는 시드니로 돌아와 로버트와 같이 지내면서 다시 웨이트리스와 모델 일을 했다. 로버트가 뉴 사우스 웨일스 대학 법대 시험을 준비하는 동안 그를 뒷바라지했다.

그다음 해 카리타는 세 번째로 도쿄를 찾았다. 이번에는 일본인을 남자친구로 둔 친언니 서맨사와 함께였다. 자매는 서맨사가 강사로 일하는 영어 학원 인근의 외국인 하우스에서 같이 살았다. 카리타는 긴자에 있는 아야코지라는 클럽에서 일했다. 호스티스들이 페티코트를 속에 입고 풍성하게 주름이 잡힌 촌스러운 드레스 차림으로 일해야 하는 곳이었다. 자매는 1991년 12월부터 1992년 1월까지 일본에서 같이 살았다. 크리스마스에 자매는 긴자에 있는 라이온 레스토랑에서 돼지갈비와 아버지가 퍼스에서 보내준 트뤼플을 먹었다. 박싱데이(크리스마스 하루 뒤인 12월 26일—옮긴이)에 도쿄에는 눈이 내렸다. 새해 첫날 자매는 서맨사의 남자친구 히데키의 가족과 같이 야외에서 시간을 보냈다.

로버트가 희소식을 전했다. 법대에 합격한 것이다. 카리타는 기뻐하면서 정말 자랑스러워했다. 두 사람을 아는 이들은 둘이 잘 어울리는지 가끔 의아해했다. 차분하고 진중한 로버트와 카리타가 잘 맞느냐는 것이다. 고작 스물한 살인 카리타는 화려하고 모험을 좋아했다. 그러나 카리타는 둘의 관계에 설령 회의가 들었다 해도 내색한 적이 없었다. 5년 이상 함께한 사이라 로버트와 카리타가 헤어지는 건 상상할 수 없었다.

2월의 어느 월요일, 서맨사가 로버트에게 허둥지둥 전화를 걸어 괴로운 목소리로 말했다. 카리타가 주말에 외출한 후 귀가하지 않았는데 지금 도쿄의 어느 병원에 의식을 잃은 채 누워 있다고 했다.

애넷과 나이절, 로버트는 도쿄행 비행기에서 내린 후 카리타가 누운 병원으로 곧장 향했다. 무슨 일이 벌어졌는지 상황을 파악할 수 없었다. 카리타는 한 번도 아프지 않았고, 술과 담배는 물론 마약은 아예 손도 대지 않았다. 카리타는 금요일 저녁 호스티스 클럽에 멀쩡히 출근했다. 그런데 월요일, 서맨사는 카리타가 인근 병원에 입원했다는 전화를 받았다. 당황한 서맨사는 서둘러 집을 나서면서 주말에 전화 한 통 없던 동생을 야단칠 마음에 짜증이 났다. 그런데 카리타는 거의 의식 불명이었다. 말도 못 하고 언니를 잘 알아보지 못했다. 니시다 아키라라는 일본 남성이 그날 아침 이 지경이 된 카리타를 병원에 입원시킨 후 다급히 사라졌다고 했다. 그날 늦은 오후에 카리타는 완전히 의식을 잃었다. 몇 시간 후 의사들은 카리타가 급성 간부전이라면서 생존 확률이 50퍼센트 미만이라고 통보했다.

수요일, 부모와 남자친구가 병원에 와보니 카리타는 링거와 호흡용 호스로 연명했고 황달이 와서 피부가 누렜다. 다음 날 카리타는 코마 상태에 빠졌다. 로버트와 리지웨이 가족은 교대로 병상을 지켰다. 의사가 고가의 혈액 투석을 실시했으나 차도가 없었다. 카리타는 시설이 좋은 대형 병원으로 옮겨졌다. 그럼에도 주말이 되자 간이 해독 기능을 상실해 체내에 쌓인 독소로 경련이 일었다. 그 다음 주 주말이 되자 의사는 이미 눈에 빤히 보이는 사실을 선언했다. 카리타가 뇌사에 빠졌다.

의사가 바늘로 카리타의 몸을 찔렀으나 전혀 반응을 보이지 않았다. 감겨진 눈은 시력을 잃어 안구가 뿌옜다. 서맨사와 로버트는 도저히 납득할 수 없었다. 하지만 나이절과 애넷은 카리타를 억지로 붙들어두는 게 무의미하다고 의견을 모았다. 토요일이자 윤날인 2월 29일, 네 사람은 마지막으로 병원으로 향했다. "카리타가 온몸에 튜브와 기계를 매달고 산소 호흡기에 연결된 채 누워 있었어요. 의사가 그걸 모두 제거했습니다"라고 나이절이 술회했다. "심박이 점점 느려지더니 길게 한 줄이 되더군요. 튜브를 다 떼고 나자 그제야 카리타가 다시 카리타답게 보이더군요. 얼마나 예쁘고 평화롭던지. 임종 순간을 보는 게 끔찍하진 않았습니다. 이미 죽은 카리타를 그저 보내주는 거였으니까요. 하지만 로버트와 서맨사, 특히 로버트가 굉장히 힘들어했어요. 우린 모두 눈물을 흘리며 카리타를 안아주었죠. 간호사가 우리더러 잠시 나가달라고 부탁했어요. 나갔다 다시 들어와 보니 간호사가 카리타에게 예쁜 분홍색 기모노를 입혀주었어요. 양손을 가슴에 단정히 포개고 누운 카리타 주위를 꽃이 둘러싸고 있었어요."

카리타의 시신은 병원 지하에 있는 불교식 제단 앞에 놓였다. 애넷과 나이절은 그곳에서 밤을 새워 카리타를 지키며 향에 불을 붙였다. 다음 날 유족은 도쿄 외곽에서도 거의 끝자락에 있는 화장장으로 차를 타고 한참 갔다. 그들은 장미꽃이 가득한 관 속에 평화롭게 누운 카리타에게 작별을 고한 후, 화장로 철문 뒤로 카리타가 사라지는 모습을 지켜보았다. 그러나 앞으로 무슨 일이 닥칠지 알고 각오한 사람은 아무도 없었다.

유족은 화장장 반대편에 위치한 방으로 안내된 후 각자 흰 장갑과 젓가락을 지급받았다. 안으로 들어가니 뜨거운 화장로에서 막 나온 카리타의 유골이 철제 침대 위에 놓여 있었다. 화장은 완전하지 않았다. 나무와 옷, 머리칼과 살은 다 타서 없어졌지만 팔다리의 굵은 뼈와 부서져서 알아볼 수 없는 두개골은 남았다. 깔끔한 유해 가루가 든 상자 대신 유가족들은 카리타의 타고 남은 뼈와 마주했다. 일본에서는 유가족이 화장 과정에서 젓가락으로 뼈를 집어 유골함 속에 넣는 것이 관례였다.

나이절은 이렇게 설명했다. "로버트는 그걸 도저히 못 하더라고요. 생각만 해도 우리가 괴물이 된 것 같다고 했어요. 하지만 저희는 부모고 카리타는 우리 딸이잖아요. 제가 지금 이렇게 말하는 게 섬뜩하게 들리겠지만, 그땐 전혀 그런 기분이 들지 않았어요. 감정이 북받치다가도 오히려 기분이 가라앉았어요. 저희가 카리타를 챙기는 느낌이 들었습니다."

나이절, 애넷, 서맨사는 큰 뼈를 집어서 유해와 같이 유골함에 넣었다. 두개골의 큰 뼛조각을 맨 위로 올렸다.

카리타는 스물두 번째 생일을 사흘 앞두고 세상을 떠났다. 단 일주일 사이에 간 기능이 갑자기 정지했기 때문이다. 어떻게 그런 일이 가능할까? 의사들은 설명하지 못했다. 처음에 의사들은 카리타가 마약 복용자라고 생각했지만, 서맨사와 로버트는 물론 카리타를 잘 아는 이들 모두 카리타가 마약에 손댄 적조차 없다고 주장했다. 그러자 의사들은 사인이 바이러스성 간염이라고 말을 바꾸었지만 간염의 유형 및 감염 경로에 대해 의견이 갈렸다.

사인을 설명할 위치에 있는 유일한 사람은 월요일 아침 카리타를 병원에 두고 간 남자 니시다 씨뿐이었다. 그는 연락처를 남기지 않고 떠났지만 얼마 후 서맨사에게 전화를 걸었다. 가족이 카리타가 죽어가는 모습을 지켜보는 그 주 내내 니시다 씨는 언니에게 여러 번 전화를 걸었다.

그는 유창한 영어를 구사했다. 서맨사가 화를 내도 남자는 차분하고 세심한 태도를 보였다. 그는 카리타를 호스티스 클럽에서 만나 도쿄 남쪽에 있는 해안 마을 가마쿠라에 데려갔는데, 그곳에서 카리타가 상한 굴을 먹고 식중독에 걸렸다고 했다. 그는 카리타가 심각한 상태라는 걸 알고 괴로워하는 것 같았다. 서맨사는 그에게 주소와 전화번호를 알려달라고 했다. 유감스럽게도 니시다 씨는 거절했지만 하루 이틀 건너 한 번씩 전화했다. 로버트 피니건은 그가 유독 의심스러웠다. 카리타와 니시다의 관계를 설명할 수 없다는 점도 그렇지만, 둘이 함께 주말을 보냈다는 사실이 더욱 고통스러웠다. 로버트의 부탁으로 서맨사의 남자친구 히데키가 니시다 씨를 조사해달라고 경찰에 신고했다.

형사 둘이 서맨사와 히데키에게 질문을 하러 병원을 찾았다. 묘한 만남이었다. 형사는 니시다에 대해 형식적으로 묻더니 히데키에게 마약 거래 혐의를 제기했다. 경찰은 카리타가 아픈 게 히데키 책임이라고 은근히 내비쳤다. 서맨사는 "다시는 경찰에게 전화하지 않았어요. 저희는 부드러운 말씨로 자신을 니시다라고 소개하며 걱정하던 그 남자보다 경찰이 더 무서웠어요"라고 고백했다.

카리타가 사망한 다음 날 다시 전화한 니시다가 히데키에게 이렇게 제안했다. 니시다는 유족을 위해 비행 편과 장례 비용을 대고 싶다면서 100만 엔(6,250파운드)을 제시했다. 또한 나이절과 애넷과 얘기하고 싶다고 했다. 유족은 도쿄 국내선 공항 인근에 있는 호텔로 그를 만나러 갔다.

유족이 한 시간가량 기다리자 니시다는 만남을 위해 호텔 방을 잡아놓았으니 올라오라고 전화했다. 그가 카리타의 부모만 보겠다고 하는 바람에 서맨사와 로버트는 분통을 터뜨리며 로비에서 기다렸다. 애넷의 회상에 따르면, 호텔 방 안이 가림막으로 나뉘어 있었다고 했다. 애넷은 누군가가 반대편에서 듣고 있는 것 같은 불안감이 들었다. 니시다라는 사람 자체는 별로 인상적이지 않았다. 중년에 막 접어든 듯한 남자로 짙은색 정장을 입었고 "너무 잘생기지 않은 얼굴"에 "특이하게 생긴 코가 특히나 초췌해 보였다"고 애넷은 기억했다. 가장 눈에 띄던 건 땀이었다. 그는 손수건인지 타월인지 모를 것으로 연신 얼굴을 훔쳤다. "정말 상황이 불편했어요. 카리타

의 임종을 본 지 얼마 되지 않았는데 호텔 방 가림막 반대편에서 누
가 언제든 불쑥 뛰어나올 것 같았거든요"라고 애넷이 말했다.

니시다는 호텔 방에 있는 낮은 커피 테이블 건너편에 앉아 나
이절과 애넷 부부를 맞았다.

"따님을 사랑했습니다. 그래서 같이 시간을 더 보내고 싶었어요."

"저희도 그랬어요"라고 애넷이 대답했다.

그는 둘이 함께 보낸 주말에 대해 설명했다. 그들이 보낸 시간
은 금요일 오후 호스티스 클럽에서 시작되었다고 했다. "니시다가
토요일 밤에 같이 저녁을 먹으러 가자고 했대요. 그런데 카리타가
기분이 별로 안 좋아서 계속 방에만 있다가 잠자리에 들었대요. 그
남자의 말을 들으면 둘이서 한 방을 쓴 것 같지는 않았어요. 그러다
한밤중에 카리타가 깼는데 아까와 달리 너무 불편해 보였대요. 일
요일 아침이 되자 상태가 더욱 심각해져서 니시다는 의사를 불렀
고, 의사는 구토와 통증을 덜어줄 주사를 카리타에게 한 대 놓았다
고 했어요. 그랬는데도 카리타의 상태가 점점 더 심각해져서 월요
일에 니시다가 병원에 데려갈 무렵에는 거의 코마 상태였다고 해
요. 자기는 카리타를 도우려고 애를 썼지만 뭐가 잘못됐는지 왜 아
픈지 알 수가 없었대요. 그는 우리에게 카리타가 한 말을 전해주었
어요. 그건 카리타가 정말로 했을 법한 말이었어요. 카리타는 '내가
아파서 좋은 친구가 되어주지 못해서 미안하다'고 했대요. 카리타
라면 정말 그렇게 말했을 거예요."

나이절은 이렇게 기억했다. "그 남자는 정말 끔찍한 일이 일어
났다며 연신 사과했습니다. 우리 애를 자기 여자친구인 양 생각하는

눈치였어요. 그가 너무나 심란해하기에 저는 '끔찍한 사고였다. 자책하지 말라'고 했어요. 저는 그 남자를 있는 그대로 받아들였습니다."

45분 후 니시다는 상자 두 개를 나이절과 애넷에게 건넸다. 한쪽에는 금목걸이가, 다른 쪽에는 다이아몬드 반지가 들어 있었다. 둘 다 선물 같아 보였지만 포장은 되어 있지 않았다. 게다가 반지는 벨벳 걸쇠에 끼워져 있지 않고 상자 안에서 덜그럭거리며 돌아다녔다. "그는 '카리타를 사랑해서 더 오래 같이 있고 싶었다'면서 '다음 주 생일 선물로 이걸 주려고 했다'고 했어요"라고 애넷이 전했다.

훗날 애넷은 마음속으로 이 선물의 중요성을 여러 번 곱씹다가 탐욕스러운 남자들이 나온 꿈을 떠올렸고 카리타가 꿈속에서 끼워 준 반지가 기억났다. 그러나 당시에는 할 말이 없어서 그저 보석 선물을 받아 들고 나올 수밖에 없었다. "저희 둘 다 완전히 멍한 상태였어요. 액면 그대로 받아들여야 하는 정보만 있었죠. 그 남자를 고소할 수도 없었어요. 그가 카리타에게 무슨 잘못을 했는지 몰랐으니까요. 경찰도, 호주 대사관도 관심을 보이지 않았어요. 니시다는 자기가 할 수 있는 일을 했다던데, 뭔가 말이 되는 것 같았어요."

두 사람은 어색하게 작별 인사를 한 후 복도를 걸어 나왔다. 엘리베이터로 향하다가 애넷이 뒤를 돌아보았다. 니시다가 방문을 반쯤 열고 고개를 뺀 채 두 사람이 멀어지는 모습을 지켜보고 있었다. 그는 도저히 읽을 수 없는 표정을 짓고 있었다.

그들은 카리타를 화장한 다음 날 유해를 들고 일본을 떠났다. 서맨사는 도쿄에 몇 달 더 남아 있었다. 리지웨이 가족은 퍼스로 갔고, 로버트는 시드니로 돌아가 둘이 같이 살던 아파트로 들어갔다. 그는 일곱 달 동안 매일 밤 잠들 때마다 울었다. 법대에 입학한 첫해에는 몽유병을 앓았고, 그보다 더 오랫동안 앞으로 결코 행복해질 수 없으리라 믿었다. 로버트는 혼자 아파트에서 살면서 카리타가 데려온 연갈색 고양이 신밧드를 키웠다. 그는 법학 학위를 따고 변호사 시험에 합격해 시드니에 위치한 호주 최대 로펌 필립스 폭스에 입사했다. 사무실은 마켓 스트리트에 있었다. 그날 오후 로버트가 〈시드니모닝헤럴드〉 기사를 읽은 장소가 바로 그곳이었다. 로버트는 수상쩍은 남자 니시다 아키라와 오바라 조지가 동일인임을 확신했다.

동굴 속

　　도쿄 경시청 본부에 마련된 창고는 오바라의 집에서 압류한 구겨진 필름과 누런 종이로 가득 찼다. 우도 경정은 창고에서 거의 살다시피 하면서 젊은 형사들의 증거 확인 작업을 총지휘했다. 우도는 "증거가 있는 곳에 최대한 붙어 있으면서 일일이 확인했습니다. 제 눈에 다이아몬드로 보이는 것들을 경험이 부족한 형사들이 종종 놓칠 때가 있거든요"라고 밝혔다. 2000년 말 자욱한 먼지와 벌레 속에서 우도 경정이 보석을 발견했다. 카리타 리지웨이가 도쿄 서부에 있는 병원에서 치료받은 영수증이었다.

　　우도는 경찰이 자력으로 이 사건을 어떻게든 마무리했다는 인상을 주려 했으나 그들이 2000년 11월 이전에 카리타 리지웨이에 대해 인지했다는 증거는 전무했다. 그 무렵 시드니의 로버트 피니건은 계속해서 경찰을 들볶았고 이후 호주 대사관도 일본 경시청에 연락을 취했다. 경찰이 기민하게 움직이자 사실 관계가 금세 밝혀졌다.

영수증의 발급처는 히데시마 병원이었다. 카리타는 처음 이곳에 입원했다가 도쿄 여성 병원으로 옮겨진 후 사망했다. 경찰은 카리타의 사진을 들고 오바라가 수집한 비디오를 살핀 끝에 의식을 잃은 외국인들 중에서 카리타를 찾았다. 몇 시간씩 카리타를 강간하던 오바라가 액체가 든 병을 흔들어 천에 묻히더니 그것을 카리타의 코 밑에 갖다 대는 모습이 찍혔다. 도쿄 여성 병원에 가장 결정적인 증거가 있었다. 카리타가 사망한 직후 병원이 행정 절차에 의거해 몇 년간 보존하기 위해 카리타의 간 조직을 떼어두었다. 조직 분석 결과 경찰은 의료진이 어이없이 놓친 사실을 밝혔다. 독성 간 손상을 일으킨 클로로포름이 검출된 것이다.

로버트는 리지웨이 가족과 자주 연락하지 않았다. 볼 때마다 카리타가 떠올라 위로가 되긴 해도, 그만큼 힘들었기 때문이다. 그러나 모든 의심이 해소되자 로버트는 퍼스에 사는 카리타의 어머니 애넷에게 전화를 걸어 니시다라는 남자가 사실은 연쇄 강간범으로 기소된 오바라 조지이며, 카리타를 살리려 한 게 아니라 살해했다고 전했다. 로버트와 애넷은 도쿄로 날아와 경찰을 만났다. 두 번째 방문 시 애넷은 도쿄를 홀로 찾아 필요한 서류에 서명하고 고소장을 접수했다.

오바라는 자신이 니시다였음은 인정했지만 더 이상의 자백은 거부했다. 오바라는 변호사가 대신 발표한 성명서에서 이렇게 밝혔다. "제가 카리타를 강간한 후 죽였다는 혐의에 대해 말할 수 없는 분노를 느낍니다. 저는 카리타와 연인 사이였고 걱정하는 마음으로 카리타를 병원에 데려갔습니다." 로버트 피니건은 직접 성명서를 작성해 리지웨이 유족 명의로 발표했다. "오바라는 여성에게 마약을 먹이고 강간한 것에 그치지 않고, 이제는 피해자를 모욕하고 유족에게 굴욕을 안기고 있습니다. 오바라는 인간 말종이며 전혀 양심의 가책을 느끼지 않습니다. 그의 실체가 일본 법정에서 낱낱이 드러나기를 바랍니다."

이제 경검은 오바라가 살인자임을 입증할 수 있었다. 비디오와 공책을 통해 매주 새로운 강간 혐의를 추가할 수 있었다. 그러나 카리타의 죽음에 대한 진상을 밝혔다 해도 루시의 실종과 오바라의 연관성 사이의 수사가 지지부진하다는 사실은 만회할 수 없었다. 오바라는 구속된 지 3개월이 지났지만 자신의 죄를 전혀 인정하지 않으려 했다. 수사에 참여한 형사는 이렇게 토로했다. "경찰이 오바라를 얕봤습니다. 경찰은 오바라도 여느 멍청한 범인들처럼 '죄송합니다, 제가 한 짓이에요. 시신은 여기에 있고, 이렇게 묻었어요'라고 자백할 거라고 오판했죠. 그런데 오바라는 고집이 세서 모든 걸 부인했습니다." 오바라는 어쩔 수 없이 입을 열어야 할 상황이면 강간당했다고 진술한 여자들이 모두 창녀라고 주장했고, 카리타의 사인은 식중독이나 병원 오진 때문이라고 우겼다. 또한 자신은 루시가 무슨 일을 당했는지 전혀 모른다고 잡아뗐다. 형사는 "밤 11시, 12시까지 오바라를 집요하게 추궁했습니다. 잠도 거의 재우지 않았죠. 오바라를 정신적, 신체적으로 지치게 했어요. 저희가 할 수 있는 게 그것밖에 없었으니까요"라고 설명했다.

선임 형사는 "일본 경찰은 자백을 받아내는 데 도사입니다. 범인이 저지른 행동이 어떤 결과를 낳았는지 이해시키려고 노력합니다. 이를테면 '피해자의 슬픔이 상당하다'라든가, '네가 저지른 것에 대해 반성도 안 하느냐?'라고 하는 거죠. 그런데 오바라는 그런 유의 인간이 아니어서 경찰의 술수가 통하지 않았어요"라고 털어놓았다. 그는 유별난 오바라의 성격을 술술 설명하다가 잠시 머뭇거리더니 그가 외국인이라서 그렇다고 일축했다. "이해하기 힘드시겠지만, 그건 오바라가… 일본인이 아니어서 그렇습니다."

나는 경찰에 대한 세간의 평가와 경찰이 그들 자신에 대해 하는 말을 듣고 경찰이 부당하게 취급받고 있다는 느낌을 받았다. '범인은 자백한다'라는 기본 법칙이 깨지고 있었다. 경찰로서는 고군분투할 수밖에 없는 상황이었다. 자신들이 야비하고 고집 세고 거짓말을 일삼는 범인을 다루기 위해 존재한다는 생각을 가진 형사는 많지 않았다. 경찰은 무능하고 융통성 없고 게으르고 현실에 안주한 게 아니었다. 지금의 경찰은 최악의 불운을 겪고 있는 피해자였다. 일본에서 100만 명 중에 하나 있을까 말까 한 뻔뻔한 범죄자의 희생양이 된 것이다.

일본의 겨울은 환하면서도 혹독해서 추위 때문에 독사들이 꼼짝달싹할 수 없었다. 우도는 그 겨울 오바라 조지가 자주 찾은 장소에서 루시를 찾기 위해 마지막 노력을 기울였다. "지대가 광활했습니다. 시신이 묻혀 있을 법한 장소가 여러 군데 있었죠. 저희는 팀을 짠 후 루시를 찾기 전까진 복귀하지 말라고 명령했습니다. 12월과 1월에 경찰은 땅을 여기저기 팠습니다." 2001년 2월 초 어느 월요일, 스물두 명의 사복 경찰이 오바라의 블루 시 아부라쓰보 아파트에서 몇백 미터 떨어진 모로이소라는 마을의 해변 여관에 투숙했다. 경찰은 2월 내내 여관을 세내고 아침마다 삽을 들고 나가 해안가를 따라 여기저기 쑤시고 다녔다. 동네 사람들은 그들이 지역 개발 프로젝트의 일환으로 고용된 노동자인 줄 알았다. "그렇지만 그 사람들은 건설 판 일꾼의 눈빛이 아니었어요"라고 동네 여자 주민이 말했다.

2월 8일 목요일, 우도는 자문 역으로 부팀장을 도쿄에서 내려보냈다. 수색 지역이 워낙 광활했던 터라 다음 날 가장 유력한 지점이었던 블루 시 아부라쓰보 인근 절벽 밑 해변 230미터 구역을 재수색하자는 결론에 도달했다. 블루 시 아부라쓰보는 루시가 실종된 지 닷새 후 오바라가 자동차 조수석에 짐을 잔뜩 싣고 왔던 곳이다. 오바라는 열쇠공을 불러 아파트 문을 따고 들어갔고, 그 후 쾅쾅거리는 굉음이 집 밖으로 새어나왔다. 경찰이 아파트 문을 두드리자 오바라는 웃통을 벗은 채 땀을 뻘뻘 흘리며 일단 경찰을 돌려보냈다가 나중에 사과하며 그가 키우던 개의 냉동 사체를 보여주었다. 게다가 관리인의 남자친구 히로가와 씨는 인근 해변에서 오바라를 닮은 누군가가 야밤에 흙 묻은 삽을 들고 가는 모습을 목격했다고 주장했다. 경찰은 10월에 오바라가 체포된 이후 경찰견을 데리고 이 일대를 훑으며 삽으로 땅을 찌르고 다녔다. 이제 절박해진 경찰은 재수색을 결정했다.

직사각형 부지의 블루 시 아부라쓰보가 마지막 건물이었고 그곳을 지나면 길이 끊기면서 해안이 시작되었다. 돌이 많은 해안가였다. 낭떠러지에서 낙하한 큼직한 돌들이 해변에 흩어져 있었고 그 위로 시멘트 도로가 닦여 있었다. 매력적이지도, 아름답지도 않은 해변이었다. 겨울 하늘은 높고 푸르렀다. 바닷물도 깨끗해서 바다 밑바닥에 깔린 돌의 형태까지 고스란히 보였다. 그러나 모래는 칙칙하고 끈끈했고, 말라서 부스러진 이파리와 돌이 뒤엉켜 지저분했다. 7월 초쯤이면 바위틈에서 썩어가는 해초류를 먹고 사는 불쾌한 갈색 딱정벌레가 수천 마리씩 모여들어 모래밭이 번들거렸다.

해안 굽이를 돌아가면 낭떠러지가 무너지면서 쌓인 돌무더기가 나타났다. 아파트에서 약 180미터 떨어진 인기척이 드문 장소였다. 그 바로 뒤, 시야가 닿지 않는 곳에 동굴이 하나 있었다. 쓰레기를 몰래 투기하거나 10대들이 담배를 피우며 밀애를 나누기 위해 찾을 법한 비밀 장소였다. 일본보다 덜 정숙하고 교육 수준이 낮은 나라였다면 동굴 안에는 맥주 캔과 쓰다 버린 콘돔이 나뒹굴었을 것이다. 사실 그곳은 동굴이라기보다 지저분한 바위가 넓게 벌어진 틈새에 가까웠다. 입구는 폭이 2.5미터, 가장 높은 곳이 3미터였고, 들어갈수록 벽면과 천장이 기울고 좁아지다 막혔다. 울퉁불퉁한 천장에서 우그러진 플라스틱 파이프 네 개가 삐죽 튀어나와 물이 바닥으로 뚝뚝 떨어졌다. 아주 오래전 낭떠러지 위에 고인 우수를 아래로 돌리기 위해 만들어놓은 것으로 보였다.

낡은 욕조의 일부가 모래 바닥 위로 튀어나와 있었다. 오전 9시, 경찰관 네 명이 욕조를 동굴 밖으로 끄집어내 안을 채운 모래를 파헤치기 시작했다. 몇 분 후 삽 끝에 부스럭거리는 물체가 걸렸다. 위로 잡아당기자 불투명한 쓰레기 비닐봉지가 나왔고 그 안에는 큼직한 물체 세 덩이가 들어 있었다. 팔 하나에 발 두 개, 보자마자 토막 난 시신임을 알았다. 손목에는 식물과 해조류가 뒤엉켜 있었다. 살은 시랍화가 진행돼 허연 밀랍처럼 보였지만 손톱과 발톱은 잘 보존되어 있었다. 삽을 든 경찰들은 네일 폴리시를 보는 순간 얼마나 공들여 가꾼 손발톱인지 짐작했다. 경찰은 곧장 핸드폰으로 우도 경정에게 전화했다. 우도는 "그가 '경정님, 루시를 찾았습니다'라고 울먹이면서 보고하더군요"라고 회상했다.

네 경찰관은 모래 파기를 멈추고 최고 책임자와 엘리트 형사들이 도쿄에서 내려오기를 기다렸다. 우도는 상관인 초동수사팀장 히로미쓰 아키라를 대동하고 내려갔다. 판사는 총체적으로 수색할 수 있도록 즉시 영장을 발부했다. 두 시간 만에 동굴에 마흔 명이 모였다. 지역 경찰, 우도의 특별 수사팀, 스무 명의 감식반이 도착했다. 감식반은 카메라와 스케치 패드, 고무 글러브와 증거물 수집용 비닐 백을 갖추고 등장했다. 긴급 속보가 타전되자 일본 방송국 소속 헬기가 하늘에 나타났고 사진기자들은 해안가에서 몇 미터 떨어진 바다 위에서 보트를 타고 출렁거렸다. 경찰은 파란 방수포로 임시 천막을 쳐서 동굴 입구를 가렸다. 허리까지 오는 아노락(모자가 달린 짧은 재킷—옮긴이)을 입고 고무장화를 신고 파란 야구모자를 쓰고 얼굴과 코를 하얀 면 마스크로 가린 이들이 종일 동굴을 드나들었다.

경찰이 모이자 시신 발굴이 재개되었다. 동굴 속 모래를 지표면 60센티미터 아래 기반암까지 퍼냈다. 루시의 몸통은 쓰레기 비닐봉지 없이 바로 옆 30센티미터 깊이에 묻혀 있었다. 이윽고 비닐봉지가 두 개 더 나왔다. 한쪽 봉지에는 반대편 팔과 양쪽 허벅지와 종아리가, 다른 봉지에는 두꺼운 시멘트인지 콘크리트인지가 발린 머리처럼 보이는 부위가 담겨 있었다.

그날 오후 늦게 수색에 참가한 여섯 명이 180센티미터 길이의 육중한 비닐 지퍼 백을 양쪽에서 들고 어색한 자세로 옮겼다. 시신은 일단 아자부 경찰서로 향했다가 이튿날 아침 도쿄대 연구소로 옮겨졌다. 연구소에서는 두개골을 감싼 시멘트를 비틀어 깨고 치아를 검사했다. 영국 세븐오크스에서 받은 치과 진료 기록과 정확히 일치했다. 열 토막 난 시신을 검시대에 모두 올리자 루시 블랙맨의 유해임이 분명해졌다.

선임 형사들은 그 주에만 도쿄 경시청 본부 출입 기자들 앞에서 여섯 번의 브리핑을 했다. 이때 오간 말들의 기록을 보면 수사관들의 흥분과 더불어 방어적인 모습이 확인된다. 시신이 발견된 당일 저녁, 한 형사가 기자들에게 이렇게 말했다. "이제 구체적인 증거를 확보했으니 오바라의 자백은 필요 없을지 모릅니다. 걱정 마십시오. 경찰이 시신을 찾지 못하는 게 장애물이었습니다만 신원이 확인되었으니 증거가 차고 넘칠 겁니다." 일본 기자들은 담당 기관 대변인에게 캐묻거나 공격하는 일이 별로 없다. 그럼에도 기자들은 이렇게 물을 수밖에 없었다. "대체 왜 이리 오래 걸렸습니까?"

경찰은 형사들이 기초 수사에 실패한 게 아니라 그들의 끈질김이 승리한 것이라고 교묘하게 포장했다. 한 형사는 이렇게 해명했다. "저희가 예전에도 수색 지역을 살펴보았지만 단박에 발견할 순

없었습니다. 그럼에도 저희 경찰은 시간이 날 때마다 그곳을 반복적으로 수색했습니다. 분명 의심스러운 장소였고 마침내 경찰의 끈기가 결실을 맺은 것입니다." 특별 수사팀 소속 또 다른 형사는 이렇게 발뺌했다. "전에도 수색을 했지만 달랑 네다섯 명으로는 시신을 찾을 수 없었습니다. 워낙 잡초가 많은 데다가 독사까지 있다고 들었기에 시신을 찾는 게 쉽지 않았습니다." 어느 기자가 공책에 S씨라고 적은 형사의 설명이 가장 기억에 남았다. "형사는 경주마와 같아서 생소한 장소에 가면 제 능력을 발휘할 수가 없어요. 하지만 여러 번 그 코스를 뛰다 보면 점점 본능이 빛을 발하기 시작하죠. 전 분명히 블루 시 아부라쓰보 인근일 줄 알았습니다."

실종된 여성의 시신은 용의자 소유의 아파트에서 180미터 떨어진 곳에 얕게 암매장되어 있었다. 경찰은 루시가 실종된 지 닷새 후 의심스러운 행동을 하는 용의자가 있다는 제보를 받고 그의 아파트로 출동했다. 체포 직전 경찰은 오바라가 몇백 미터 떨어진 마리나에 보트를 정박시켰다는 제보를 받고 그가 사체를 유기할 계획임을 포착했다. 가장 결정적인 제보가 있었다. 용의자가 늦은 밤 동굴 인근에서 삽을 들고 있었다는 내용이었다.

경찰은 경찰견을 동반해 일대를 수색했다. 엘리트 형사 마흔 명으로 특별팀을 꾸리고도 시신을 찾기까지 무려 7개월이나 걸렸다. 형사들은 미끈한 순종 경주마가 아니라 꾸물대는 당나귀 같았다. 수사 현장을 따라다닌 일부 기자들 사이에서는 이런 추측이 돌았다. 경찰은 수사 초기부터 루시가 암매장된 장소를 확실히 알았으며, 동굴에서 보여준 모습은 공들여 각색하고 위장한 것이라는 주장이었다.

추론은 이런 단계를 거쳤다. 경찰은 멍청하지 않다. 따라서 분명 특정 장소에서 시신을 찾았을 것이다. 하지만 자백이 필요했다. 믿을 만한 자백. 나중에 철회하지 않을 자백. 다시 말해, 법정 궤변으로도 뒤집히지 않을 최고로 듬직한 자백이란, 용의자가 오로지 자신만이 아는 정보를 경찰에 털어놓는 것이다. 사실 경찰은 여느 용의자처럼 결국 오바라도 자백하기를 꾹 참고 기다렸다. 오바라가 입을 열어 동굴에 시신이 있다고 자백하면 경찰은 오바라의 진술 정보에 의거하여 시신을 즉각 찾아내 그의 유죄를 명백히 밝힐 생각이었다. 수사에 깊숙이 관여한 형사는 "형사들이 블루 시 아부라 쓰보에 갔었으니 분명 알았을 거라고 봅니다. 하지만 경찰이 시신부터 찾으면 안 되고, 오바라에게 시신의 위치를 자백받아야 했어요. 그래야 오바라를 기소한 사건이 술술 풀리거든요. 사람을 체포하기는 쉽습니다만 유죄를 증명하기가 어렵죠"라고 실토했다.

오바라는 자백하지 않았다. 그리고 그가 자백하지 않으리라는 게 점차 확실해졌다. 상황이 이렇게 되고 시간만 흐르자 경찰은 차선을 선택해 직접 시신을 파헤친 것이다.

문제는 그사이 시간이 7개월이나 흘렀다는 점이다. 시신이 비닐봉지에 담겨 눅눅한 모래 속에 암매장되는 바람에 공기가 차단돼 벌레와 박테리아가 활동하지 못하자 뼈만 남은 게 아니라 일부 시랍화되었다. 검시를 할 때 에둘러 표현하는 문장 중에 "사후 변화가 극심하다"라는 말이 있다. 시신의 신원은 금방 확인 가능하나 사인을 밝히는 건 불가능했다.

아니나 다를까 우도 경정과 이 사건을 수사한 형사들은 발견 당일까지 시신의 위치를 전혀 몰랐다고 강변했다. 알았다고 했다가는 위증죄에 걸릴 가능성이 있었다. 경찰이 오판해 은폐하는 바람에 법의학적 증거가 부패했든, 경찰의 어이없는 실수와 무능으로 동일 결과를 초래했든, 어느 쪽이 진실이든 간에 경찰로서는 체면을 세우기 어려운 상황이었다.

영국에서 제인 블랙맨은 루시가 남긴 기념품을 간직했다. 루시가 태어나던 날에 발행된 〈데일리익스프레스〉 신문, 신생아 때 차고 있던 플라스틱 팔찌, 어릴 때 크레파스와 사인펜으로 그린 그림, 루시가 고사리 같은 손으로 꼼꼼히 적은 학교 연습장 등이었다. 그 속에는 뒤뜰 어린이 풀에서 놀던 추억, 루이스와 데이지 꽃으로 팔찌를 만든 일, 아빠가 연주하는 밴조에 맞춰 루시가 리코더를 연습했던 일, 아장아장 걷던 루퍼트가 혀를 깨물어서 병원에 같이 갔던 일 등이 적혀 있었다.

1월 말, 제인은 경찰의 요청으로 다시 일본을 방문했다. 이 기묘한 비밀 입국으로 인해 경찰이 시신이 암매장된 장소에 대해 자신들이 시인한 것 이상으로 알았을 것이라는 의심이 짙어졌다. 하필 루시가 암매장된 동굴을 발견하기 일주일 전 제인을 도쿄로 불렀다는 것이 의미심장했다. 제인이 일본에 온 걸 아는 이는 극소수였다. 경찰은 제인을 가명으로 호텔에 투숙시켰고 호텔 방으로 걸려 온 자녀들의 전화까지 차단했다. 미쓰자네 총경은 제인에게 수사 진행과 관련된 구체적 사항에 대해서는 일절 함구하면서도 신중하게 준비한 기괴한 질문을 던져 제인을 당황시켰다. 어떤 날은 제인에게 루시가 자주 하고 다니던 헤어핀을 한 시간 이상 그리라고 했고, 또 어떤 날은 루시가 장어를 즐겨 먹느냐고 묻기도 했다. 딸의 입맛을 묻는 질문에 제인은 온몸이 오싹해지고 구역질이 올라왔다. 제인은 "'루시가 장어를 먹습니까? 튀김도 먹나요?' 이런 질문을 받자 기분이 섬뜩했어요. 참을 수가 없었어요. 저는 토끼가 피아노를 치는 다이아몬드 호텔에 묵었습니다. 호텔 방에 바퀴벌레가 기어가는 것을 보고 내내 울었던 기억이 납니다. 제가 거기에서 뭘 하는 건지 몰랐으니까요"라고 고백했다.

루시는 그랜빌 스쿨 시절 쓰던 연습장에 '내가 엄마를 사랑하는 이유'라는 제목으로 글을 썼다. "엄마가 집을 깨끗하게 해주시기 때문에 나는 엄마를 사랑한다."

엄마는 친절하시고 나를 돌봐주신다.
엄마는 예쁜 케이크와 비스킷을 만들어주신다.
엄마는 예쁜 점심 도시락을 싸주신다. 나는 늘 내 침대를 깔끔하게 정리해주시는 엄마를 사랑한다. 가끔 엄마가 소리치시는 게 싫어서 울기도 한다. 하지만 대체로 엄마는 근사하다. 멋진 아침을 차려주시고 예쁜 차도 만들어주신다. 나는 예쁜 원피스를 입은 엄마가 너무 좋다. 나는 엄마를 정말정말 사랑한다.

제인은 어려서 어머니를 여의고, 커서는 여동생을 잃었다. 엄마가 된 제인에게는 자녀를 잃는 것이 가장 큰 공포였기에 아이들을 지키는 것이 인생의 목표가 되었다. 이제 제인은 일본에서 통역관을 통해 경찰과 이야기했다. 경찰이 죽은 딸의 위장 속 음식물을 확인하려고 질문을 던진다는 느낌이 들었다.

루시의 시신이 동굴에서 발견되고 14일 후, 부모는 루시를 집으로 데려갔다. 처음으로 팀과 제인이 동시에 일본에 있었지만 따로 다녔다. 서로 마주치지도, 말을 섞지도 않았다. 소피와 루퍼트는 아버지와 함께 일본에 왔다가 비행기에 루시를 태우고 어머니와 같이 영국으로 돌아갔다. 일본에 동행한 제인의 친구 발레리 버만은 호러 영화에서처럼 루시의 관이 큼직하고 시커먼 나무로 짜여 있어서 섬뜩했다고 회상했다. 팀은 경찰서에서 루시의 유해를 보겠느냐는 질문을 여러 번 받고 기겁했다. 팀은 "놀랐습니다. 일본 문화가 그렇습니까? 그런 건 보고 싶지 않습니다. 그걸 제 머릿속에 새기지 않아도 충분히 상상이 가거든요"라고 하소연했다.

육중한 관을 밀봉한 후 금속 밴드로 둘러야 했는데 시신 상태 때문에 꼭 필요한 조치였다.

가족 전원이 기자회견을 열었다. 제인은 다이아몬드 호텔에서 기자회견을 열고 예전처럼 말을 아끼며 애절한 모습을 보였다. 질문 시간이 되었으나 물어볼 말이 더 있을 것 같지 않았다. 그런데 누군가 앞으로 나오더니 그런 상황에서 빠지지 않는 질문을 했다. 진짜로 궁금해서가 아니라 애통해하는 모습을 촬영하기 위한 유도 신문에 가까웠다. "블랙맨 부인, 딸의 시신을 데리고 영국으로 돌아가시는 기분이 어떠신가요?"

제인은 어리둥절한 표정으로 질문자를 바라보고는 냉정을 지켰다.

제인이 간결하고 과묵하게 기자회견을 한 것과 달리, 팀은 소피와 루퍼트와 같이 일본 외신 기자 클럽에서 장황하고 자세히 얘기했다. 그는 몇 달간 도움을 준 기자들에게 감사를 전하며 루시의 죽음, 오바라의 체포, 롯폰기 '시스템', 경찰의 역할에 대한 소회를 소상히 밝혔다. 또한 '루시 블랙맨 트러스트' 신탁을 세우겠다고 공표했다. 여행하는 자녀들의 안전을 보장하기 위해 기금을 조성해 루시의 죽음을 헛되지 않게 하겠다는 것이다. 루시와 팀이 포옹하는 사진과 기부를 요청하는 일본 은행 계좌 번호가 담긴 전단지가 배포됐다.

그날 기자회견을 보면서 나는 수첩에 이렇게 적었다. "슬픔을 대하는 사람들의 모습은 제각각이다."

팀은 자녀들과 같이 해변 동굴에 가겠다면서 유가족에게 조용히 애도할 공간과 시간을 달라고 부탁했다. 메시지는 분명했다. "제발 잠시만이라도 우리를 가만히 내버려둬달라." 그런데 이렇게 요청하면서도 팀은 정확한 장소와 일시를 공개했다.

루퍼트 블랙맨에게는 이번이 첫 번째 일본 방문이었다. 루시의 실종으로 고통스러운 나날을 겪으며 위축된 동안, 루퍼트는 이번 사건에서 가장 뒤로 빠져 있었다. 아직 학생이었기에 세븐오크스 집으로 찾아와 가끔 벨을 누르는 기자들과 사진기자들과의 접촉을 최대한 피했다. 그럼에도 루퍼트는 깊은 상실감을 느꼈고, 부모와 누이의 고군분투에 거리를 두고 선 채 추이를 지켜보았다. 루시가족에 대한 기사를 쓴 기자들은 루퍼트의 이름을 잘못 표기하거나 그를 아예 빼버렸다. 그래서 신문 기사만 읽은 수많은 사람들은 루퍼트를 보고 루시 블랙맨에게 남동생이 있다는 사실에 깜짝 놀랐다. "제가 가장 슬픈 건 루시 누나를 개인적으로 잘 알지 못했다는 점이에요. 누나는 늘 큰누나였고 저는 늘 막냇동생이어서 루시 누나와 대등한 관계를 맺을 기회가 없었어요. 보통 형제들은 10대 후반이나 20대 때 그런 기회를 갖잖아요. 저는 누나와 깊이 이해하는 관계가 되지 못했고, 앞으로도 절대로 그럴 수가 없죠." 그래서 루시의 시신을 집으로 데려와야 할 때가 오자 일본에 가자고 루퍼트를 설득할 필요가 없었다.

나리타 공항에 내린 그들은 카메라 셔터 소리와 더불어 뒤로 종종걸음 치다가 뒤엉켜 넘어지는 사진기자들을 대면했다. 루퍼트가 튀어나오는 웃음을 억지로 참아야 했던 것은 이번만이 아니었다. "루시 누나의 영혼이 저희에게 깃든 것 같았어요. 상황이 이랬는데도 저희는 여전히 재미있고 우스운 면을 바라보았죠. 정말 웃겼고, 너무 재미있었어요. 사실 저희 가족이 처참한 상태잖아요. 그러니 뭘 할 수 있겠어요? 안 웃으려면 울어야죠. 기자회견이 열리기 직전 회견장에서 저희가 무슨 일 때문에 웃음을 터뜨리자 아빠가 이러셨죠. '안 돼. 잘 들어, 우리는 침울하고 슬퍼 보여야 해'라고요."

루퍼트는 일본에 반했다. 수많은 사람들이 질서정연하게 인도와 교차로를 걷는 모습도 그렇고, 초봄에 내린 비를 피하려고 펼친 수천 개의 우산도 인상적이었다. "다른 데서는 저런 모습을 본 적이 없어요. 사람들이 서로를 존중하는 모습이 마음에 들었어요. 보고 있으니 겸허해지더라고요. 이런 도시에서 그런 일이 일어났다니 더욱 받아들이기 힘들었어요." 주말이 되자 경찰은 광활한 도쿄 만을 가로질러 햇살을 받으며 휘어진 레인보우 브리지를 건너 모로이소 해안가로 유족을 데려갔다.

유족은 절벽 위에 차를 세우고 녹슨 계단을 따라 해안가로 내려갔다. 루퍼트는 루시에게 가까이 가고픈 마음에 일곱 달 동안 누나가 모래 속에 누워 있던 장소를 직접 보고자 했다. 큰누나와 개구쟁이 남동생 사이에서 한 번도 느끼지 못한, 앞으로도 느끼지 못할 친근함을 느끼고 싶었다. 루퍼트는 루시에게 줄 꽃을 들었다. 가족은 주유소에 들러서 종이와 펜을 샀고 루퍼트는 누나에게 남길 작별 인사를 적었다.

계단을 내려가자 30, 40명의 일본 사진기자와 카메라맨이 대기 중이었다. 저마다 서거나 쭈그려 앉은 채 무거운 카메라를 들고 촬영할 준비를 하고 있었다. 다른 기자들은 동굴 입구에서 고작 3미터 떨어진 모래 위에 철제 사다리를 세우고 그 위에 올라가 있었다.

루퍼트는 그 모습을 보는 순간 "정통으로 훅을 맞은 것 같았다"고 표현했다. 해변으로 내려가자마자 낯선 사람들이 기다리는 모습을 보니 주먹으로 턱을 한 방 맞은 것 같았다.

세 사람이 꽃을 들고 앞으로 나아가자 카메라 셔터 소리가 정신없이 울려 퍼졌다. 팀과 소피와 루퍼트가 동굴로 향하자 사진기자들이 바로 뒤에서 기어오기 시작했다. 팀이 뒤돌아보자 카메라맨이 동작을 멈추었다. 팀과 소피의 눈에 뭔가 어른거렸다. 소피가 카메라 기자를 보고 욕하고 고함치자 기자들이 게걸음으로 물러났다.

팀도 소리를 치면서 버려진 사다리를 들어서 어설프게 모래밭으로 던졌다. 카메라맨은 그 장면을 계속 촬영했다. 루퍼트는 모든 걸 지켜보다가 고개를 돌렸다. "아빠가 카메라와 사다리를 집어 들고 소리치자 다들 뒤로 물러났어요. 소피 누나도 소리치면서 다들 꺼지라고 했죠." 루퍼트는 끈적끈적한 모래 위에 무릎을 꿇은 채 울면서 큰누나의 무덤이자 물이 뚝뚝 떨어지는 동굴 안쪽을 응시했다.

5 ———————— 정의

의식

　루시의 장례식은 2001년 3월 말에 치러졌다. 안 그래도 침울한 상황인데 제인과 팀 사이에 노골적으로 흐르는 적대심 때문에 암울함이 배가되었다.

　제인의 주도로 진행된 장례식은 세븐오크스에서 20킬로미터 떨어진 치즐허스트의 영국 성공회 교회에서 열렸다. 제인이 이곳을 선택했다는 게 의아했다. 세븐오크스에도 교회는 여러 곳 있었다. 게다가 루시는 제인과 같이 10대 때 명목상 성공회 신자에서 명목상 로마 가톨릭으로 개종했다. 이 교회가 블랙맨의 가정에 중요한 의미를 지니는 이유는 21년 전 팀과 제인이 바로 이곳에서 결혼했기 때문이다. 제인에게는 이게 중요했을까? 나는 궁금했다. 막을 내린 결혼과 딸의 죽음을 엮어 팀을 은연중에 원망하기 위해서였을까?

　260명의 조문객이 교회에 모였다. 왁자지껄한 사진기자와 기자들은 알루미늄 바리케이드에 막혀 저지당했다. 토니 블레어와 런던 주재 일본 대사가 보낸 조화가 놓였고 도쿄 경시청이 선물한 향이 장례식 내내 피워졌다. 장례식에는 월섬스토 홀 동창들이 대거 참석했으며 소시에테 제네랄의 예전 동료들, 파란색 유니폼을 입은 영국항공 조문단, 카사블랑카에서 루시와 같이 일한 헬렌 도브는 물론 게일 블랙맨과 캐롤라인 로런스도 참석했다. 막판에 게일은 차마 교회를 못 쳐다보겠다고 했지만 주위의 설득으로 차에서 내렸다.

일부 조문객은 몸이 붕 뜨고 멍하니 최면에 걸린 것 같다고 했다. 저 멀리서 열리는 장례식을 바라보며 꿈을 꾸는 기분이 들었다. 루시의 빈자리 때문에 이런 기분이 더욱 심해졌다. 시신의 부패가 급속히 진행되는 바람에 관은 화장장에 두고 파란 원피스를 입은 루시의 큰 사진으로 그 자리를 대신했다. 게일은 "그 자리에 루시가 없다는 사실이 제일 끔찍했어요. 루시에게 전할 카드를 써서 장례식 전에 장의사에게 건넸습니다. 지금이라면 묻지 않았겠지만 그땐 꼭 알아야 했어요. 장의사에게 '루시가 얼마나 안 좋나요?'라고 묻자 '안 좋습니다'라는 대답이 돌아오더군요."

제인과 팀은 서로 말도 안 하고 얼굴을 마주하지도 않았다. 그럼에도 둘 사이엔 검은 기운이 불타올랐다. 교회를 가득 메운 지인들조차 한때 부부였던 이들이 내뿜는 안 좋은 기운에 굴복해서 자기장 주위의 철가루처럼 정렬했다. 장례식장에 도착한 팀과 제인의 가족은 복도를 사이에 두고 양쪽으로 갈라 앉았다. 21년 전 두 사람의 결혼식에 참석한 모습을 패러디하는 것 같았다. 74세인 제인의 친정아버지 존 에서리지는 건강이 좋지 않았다. 그는 심장병이 악화된 상태였고 최근 두 번째 다리 절단 수술을 받아 휠체어를 타고 교회로 들어왔다. 한창때 키가 190센티미터에 달할 정도로 건장했으나 지금은 고작 57킬로그램밖에 나가지 않았다.

애통함 속에서도 루시의 친구와 가족들은 가슴으로 루시를 느끼려고 애썼다. 게일은 루시를 전혀 모르거나 좋아하지 않았고 심지어 학창 시절 자주 괴롭히던 월섬스토 홀 동창들이 잔뜩 온 것을 보고 버럭 화를 냈다. "어머니께서 조화를 받지 않겠다고 하셔서 루시의 친구들은 그 말을 존중했어요. 그런데 학교 동창들이 죄다 차려입고 꽃을 잔뜩 들고 왔더라고요. 걔네들은 남들에게 보여주려고 장례식에 온 거예요. 두 줄 떨어진 곳에 앉아 이렇게 말하더군요. '어머나, 저기 누구 왔다. 누가 누구랑 온 것 좀 봐!'라고요. 그 꼴이 역겨워서 저는 화장장에 따라가지 않았어요. 도저히 못 봐주겠더라고요."

장례식에서 팀 블랙맨만큼 철저히 냉정한 모습을 보인 사람은 없었다. 그래서 팀보다 눈총을 더 많이 받은 사람도 없었다. 조문객들은 대부분 팀을 본 적이 없었고 텔레비전 뉴스나 신문 기사, 친구나 지인의 얘기를 통해서만 그를 알았다. 그들은 "루시의 아버지가 딸을 찾으려고 백방으로 뛰었지만 그의 처신이나 성격 때문에 다소 의심을 샀다"고 들었다. 조문을 온 영국항공의 세라 게스트는 "'저분이 저렇게 침착하시다니 믿기지가 않아'라는 말이 나올 정도였어요. 아버님은 전혀 내색하지 않으셨지만, 어머님은 예상보다 격하게 반응하셨어요. 사실 전 아버님을 전혀 몰라요. 슬픔에 대처하는 모습은 저마다 다르잖아요. 하지만 장례식에 온 사람들은 그분을 상당히 비난했죠"라고 했다.

아무도 면전에 대고 말하지 않았지만 많은 조문객들은 유족에게 일종의 행동 기준이라는 잣대를 들이댔다. 제인은 기준에 부합했지만 팀은 그들의 성에 차지 않았다.

 루시가 실종된 지 1년 하고도 사흘이 더 지난 2001년 7월 4일, 오바라 조지가 루시 블랙맨 강간 치사 혐의로 법정에 섰다. 도쿄 경시청에서 180미터 떨어진 법원 청사 내 법정은 사람들로 발 디딜 틈이 없었다. 오바라는 이미 일곱 차례 법정에 출두했고 다섯 건의 강간 혐의로 기소됐다. 심리는 매일 연달아 진행되는 것이 아니라 한 달에 한 번 열렸다. 지금까지 오바라의 재판은 대부분 비공개로 진행하고 피해자들을 소환하여 증언을 청했다. 클라라 멘데즈, 케이티 비커스, 세 명의 일본 여성이 비공개로 증언대에 섰다. 하지만 이날 오전에는 60석 방청석에 900명이 몰려들어 전산 추첨으로 자리를 배정했다. 10시 정각, 제복을 입은 보안 요원이 오바라를 양쪽에서 붙든 채 법정으로 들어섰다.
 오바라는 짙은 회색 양복을 입고 셔츠 목 단추를 끌렀다. 보안 요원이 수갑을 채우고 두꺼운 파란 포승줄로 허리를 감아 양쪽 끝을 쥐고 있다가 오바라가 착석하자 수갑과 포승줄을 풀어주었다. 이런 모습은 일본 형사사건의 정례였다. 그럼에도 나는 화려하고 현대적인 도쿄와 어울리지 않는 모습에 찌릿한 충격을 받았다. 사람을 무력하게 포승줄로 묶다니.
 검사가 카리타 리지웨이와 루시 블랙맨에 대한 강간 치사 기소 혐의를 낭독할 순서가 되자 오바라에게 3인의 재판부를 향해 일어서라는 명령이 떨어졌다. 강간 치사란 강간으로 죽음에 이르게 한 행위로 우발적 살인과 비슷하나 고의적 살인보다 가벼운 혐의였다. 형사 공판에서 피고인은 그저 유죄를 인정하거나 무죄를 주장하지 않는다. 묵비권 행사가 가능하다는 고지에 이어 피고인에게 혐의에 대한 발언권이 주어진다. 오바라는 앞에 있는 단상에 종이를 한 장 올려놓고 크게 읽었다. 목소리는 또렷했지만 예상과 달리 부드러운 말투로 맥없이 혀 짧은 소리를 냈다. 그는 사건이 벌어진 날 밤에 카리타와 루시와 같이 있었던 건 사실이라고 하면서도 두 여자의 죽음에 책임이 있다는 혐의는 부인했다. 카리타와의 성관계는 상호 동의하에 이루어진 것이라고 주장했다. 그는 카사블랑카에서 루시 덕분에 즐거웠지만(루이스는 오바라를 혀 짧은 발음으로 영어를 구사하던 고와 씨로 기억했다) 동반을 부탁한 건 루시였지 자신이 아니라고 부인했다. 핸드폰 얘기는 아예 언급조차 하지 않았다. "저희는 즈시에 있는 제 아파트에서 술을 마시고 비디오를 봤습니다만 그날 밤 단 한 차례도 '플레이'를 하지 않았습니다. 저는 루시에게 수면제나 다른 마약을 탄 음료를 먹이지 않았습니다."

그는 다음 날 아침 아파트를 나설 때만 해도 루시가 괜찮았다고 말을 이었다. "나중에 루시가 사망했다는 것을 알았지만 그건 제 행동으로 인한 것이 아닙니다. 루시가 사망한 데에는 제게도 약간의 책임은 있겠지만 전 기소당할 만한 일을 아예 하지 않았습니다."

십수 명의 기자들은 오바라의 진술 내용을 재판정 밖 텔레비전 방송국과 통신사로 정신없이 송고했다. 오바라가 다시 착석하자 선임 검사가 일어나 큰 소리로 상세한 기소장을 읽었다. 그는 숨도 쉬지 않고 단조로운 톤으로 소장을 낭독하면서 페이지를 한 장씩 넘겼는데, 기자들이 따라잡기 힘들 정도였다. "피고인은 적어도 1983년까지 가명을 사용하며 신원을 숨겼으며 즈시 마리나로 여성들을 데려가 마약이 든 음료를 건네고 여성들의 의식을 잃게 하여 마스크를 쓴 채 강간하며 비디오 촬영을 했습니다. 피고인은 정기적으로 동일 범죄를 저지르며 이것을 '정복 놀이'라고 칭했습니다."

일본 법정과 유럽 및 북미 법정의 차이점을 고려할 때 가장 두드러진 점이 있다. 바로 유죄 판결률이다. 미국은 법정에 선 형사 피고인의 유죄 판결률이 보통 73퍼센트이며 영국도 비슷하다. 그런데 일본에서는 무려 99.85퍼센트이다. 다시 말해 재판을 받는다는 건 유죄가 거의 확실하다는 얘기다. 일본 재판정으로 걸어 들어와 정문으로 걸어 나갈 확률은 극히 희박하다. 이 때문에 대중과 언론, 심지어 변호사까지 피고인을 대하는 태도에 영향을 받는다. 일본에서는 유죄 판결을 받기 이전부터 사실상 유죄다. 오바라의 변론을 맡은 변호사는 이렇게 설명했다. "체포되는 순간부터 유죄입니다. 신문에서 형사사건이 차지하는 지면을 보십시오. 용의자가 체포되면 지면을 크게 할애하지만, 기소 관련 기사는 훨씬 적고, 유죄 판결이나 결심 기사는 극히 미미하게 다룹니다."

일본 사회는 이런 가정에 동조한다. 체포되는 순간부터, 혹은 기소를 하기 전부터 용의자의 이름 뒤에는 전통적인 존칭어인 '-상' 또는 '-씨'가 아니라 '-용의자'라는 말이 붙는다. 즉 '오바라-용의자'로 불린다. 다시 말해, 더 이상 오바라 씨가 아니라 용의자 오바라가 되는 것이다.

검사는 유죄 판결률이 높은 이유는 용의자의 유죄가 확실할 경우에만 공판이 열리기 때문이라고 강변한다. 즉 유죄냐 무죄냐는 공개된 법정이 아니라 수사받는 동안 밀폐된 수사실에서 결정된다. 사회학자 데이비드 존슨은 이렇게 기술했다. "일본 검사들은 유죄일 경우에만 기소해야 하며, 기소했다는 건 유죄가 거의 확실한 것이라고 믿는다. 대부분의 일본 형사 재판은 법에서 규정하는 대항 논리에 따라 다투고 겨루는 스포츠 경기라기보다 사소한 의견의 불일치조차 없는 빈껍데기 형식에 가깝다."

유죄의 반대인 무죄가 나오는 경우는 극히 드물다. 무죄는 치욕적인 한 방을 사법부에 날리는 것이다. 서구 법정에서 변호사는 종종 승소한다. 그러나 일본에서는 검사가 패소할 경우 타격이 상당하다. 오바라 조지가 수갑을 차고 포승줄에 묶여 법정에 들어선 순간 그의 패소 가능성은 압도적으로 높았고, 무죄일 가능성은 거의 없었다. 그날 아침 법정에서 빠르게 낭독한 공소장은 검경이 지난 1년간 합동 수사한 노력의 결정체로, 여기에 그들의 커리어와 평판이 걸려 있었다.

카리타 사건 개요, 즉 카리타가 급격히 건강이 악화된 사실, 간이 클로로포름에 중독된 상태였다는 것, 비디오 속에 마스크를 쓴 남성이 등장하는 사실 등을 열거한 후, 기소장은 루시와 그녀가 죽기 전 마지막 며칠 동안 오바라의 동태로 이어졌다.

6월 30일, 오바라는 도쿄 아카사카에 있는 24시간 상점에서 포도, 자몽, 멜론, 귤을 구입했다. 40분 후 인근 주유소에서 자신의 메르세데스 벤츠에 주유했다. 다음 날인 7월 1일 오후 1시 30분 그는 루시에게 전화해 약속 시간을 뒤로 미루었다. 뉴 오타니 호텔 세탁소에 들러 옷을 몇 벌 맡긴 후 루시에게 다시 전화해 3시 반 센다가야 역 앞에서 루시를 차에 태웠다. 두 사람은 오후 5시가 막 넘은 시각에 차를 타고 즈시 시로 내려갔고, 루시는 오바라의 핸드폰을 빌려 차에서 루이스 필립스에게 전화했다. 광량과 그림자로 판단한 결과 오바라는 루시의 사진을 5시 20분에 촬영한 것으로 추정된다. 오후 6시, 두 사람은 즈시 마리나 4314호로 들어갔다. 하루 종일 거의 빈속이었던 루시는 이 무렵 시장했을 것이다. 오바라는 동네 식당에 전화해 프라이드치킨과 새우와 장어 튀김을 주문했다. 아파트에 가스 공급이 안 된다는 통보를 받자 오바라는 도쿄 가스에 신고했고, 오후 7시 14분 가스 기사가 도착해 점검한 것으로 보인다. 오바라가 기사와 얘기하는 동안 루시는 오바라에게 방금 선물받은 핸드폰으로 루이스에게 전화한 후 스콧에게 메시지를 남겼다. 그리고 루시가 실종되었다.

검사는 "그 시점에서부터 2000년 7월 2일까지, 피고인은 동일 아파트에서 피해자에게 수면제를 탄 음료를 먹이고 클로로포름을 투약해 피해자가 의식을 잃도록 했습니다. 피고인은 피해자를 강간했고 앞서 언급한 약의 부작용으로 피해자가 심 정지, 혹은 호흡 곤란을 일으켜 죽음에 이르게 했습니다"라고 공소장에서 주장했다.

검사는 다시 사건 발생 후인 일요일 오후를 언급했다. 당시 오바라는 기차와 택시를 이용해 자신의 도쿄 아파트에 갔다가 당일 저녁 즈시 마리나로 돌아왔다. 다음 날 오전 일찍, 오바라는 다시 도쿄로가 보유 중이던 선불 폰 한 대를 작동시켰다. 같은 날 오후 5시 반이 되기 직전 루이스 필립스에게 전화했다.

오바라는 "다카기 아키라라고 합니다. 루시 블랙맨을 대신해서 전화 드렸습니다"라고 했다.

그 후 두 시간 반 동안 오바라는 전자 기기 상점, 하드웨어 상점, 아웃도어 상점 LL빈 등에 연속 전화했다. 다음 날인 화요일 오후 오바라는 위 가게들을 차례로 방문해 텐트, 매트, 침낭, 토치, 망치, 커터, 작은 톱, 기계톱, 삽, 보트, 시멘트 혼합 도구, 시멘트 25킬로 그램짜리 포대 두 포, 시멘트용 급결제를 구입했다.

수요일인 7월 5일 오바라는 벤츠를 몰고 블루 시 아부라쓰보 아파트로 갔다. 차 안에는 하얀 시트에 싸인 짐이 가득했다. 다음 날 관리인은 의심을 품고 경찰에 신고했다. 경찰은 시멘트와 가방을 넣어놓고 땀을 흘리는 오바라를 목격했고, 이후 오바라는 경찰에게 사과하며 냉동된 개의 사체를 보여주었다.

다음 날 새벽 관리인의 애인이 오바라를 닮은 자가 삽을 들고 해변 근처를 거니는 모습을 목격했다.

"2000년 7월 5일과 6일 피고인은 가나가와 현과 인근 장소, 혹은 블루 시 아부라쓰보 401호 아파트에서 전기톱으로 루시의 머리와 팔다리를 절단했고 루시의 머리를 시멘트 속에 넣어 굳힌 후 이 것과 기타 신체 부위를 쓰레기 비닐봉지에 담아 낭떠러지 밑에 위치한 동굴 속에 암매장했습니다"라고 검사가 빠르게 낭독했다.

7월 9일 일요일, 오바라는 폰팅 서비스로 알게 된 일본 여성과 통화했다. 여성은 오바라를 본 적이 없으며 그의 본명도 알지 못했다. 오로지 인터넷 전화와 핸드폰으로만 접촉했기에 경찰은 추적을 통해 여성을 찾아냈다. 여성은 오바라가 "제가 끔찍한 일을 저질렀는데 당신한텐 말할 수 없어요"라고 한 말을 기억했다.

오바라는 7월 말에서 10월 초까지 경찰에 네 통의 편지를 보냈다. 두 통은 영어로 작성해 루시라고 서명하고 루시의 부채를 나열한 후 이를 해결할 현찰을 동봉했다. 경찰은 편지에 적힌 리스트와 동일한 명단을 오바라의 아파트 한 곳에서 발견했다.

루시가 암매장된 동굴에서 발견된 텐트 가방은 오바라가 LL빈에서 구입한 것과 동일했다. 전기톱은 발견되지 않았으나 루시의 뼈에 남은 자국은 오바라가 같은 날 구입한 모델과 일치했다. 경찰은 오바라의 집에서 루시의 공책은 물론 클로로포름, 로힙놀, GHB 및 강력한 수면 유도제도 확보했다.

우도 경정 수사팀이 몇 달간 수집한 증거에 기초해 기소장이 작성되었다. 통화 기록, 톨게이트 비용 영수증, 고속도로 CCTV 카메라, 배달부, 관리인, 과일 가게 판매원 증언 등을 모두 문서화했다. 사건 파일 스물여덟 개가 법정 구석에 놓인 3단 책장을 가득 채웠다. 그러나 토요일인 7월 1일과 7월 2일 일요일, 7월 5일에서 7일까지가 공백이었다. 경찰은 통화 내역, 증인, 은행 거래 등으로 그 빈 곳을 메우는 데 실패했다. 오바라가 자백했더라면 그 여백을 채울 수 있었을지 모른다. 루시의 시신에서 오바라의 DNA 샘플—혈액, 체모, 정액—이 발견되었더라면 그 공간이 채워졌을 것이다. 그러나 시간이 너무 경과해서, 혹은 오바라의 DNA가 사체에 아예 존재하지 않아서 법의학 검시관들은 그의 흔적을 전혀 찾지 못했다.

여하튼 루시는 사망했다. 누군가가 어떤 곳에서 루시를 전기톱으로 절단해 동굴 속에 파묻었다. 정황 증거는 일관되게 물었다. 만일 오바라 조지의 범행이 아니라면, 대체 누구의 범행이란 말인가? 그럼에도 고지식하고 융통성 없고 엄중한 일본 사법부는 '정확히' 무슨 일이 벌어졌는지 진상 파악을 요구했다.

재판 심리는 크기가 다양한 법정에서 열렸지만 법정은 어김없이 길쭉한 형광등이 켜지고 창문 없는 내실이었으며, 자동 온도 장치로 조절되는 죽은 공기가 가득했다. 일본은 무더운 여름을 거쳐 춥고 건조한 겨울로 접어들었지만 법정 내 기온은 일정했다. 덥지도 춥지도, 건조하지도 습하지도 않았다. 직사각형 법정에는 나무 난간이 둘린 방청석이 있었다. 앞에는 변호사와 검사가 책상을 나란히 두고 마주 보았고, 그 사이에 증인과 피고인을 위한 단상이 놓여 있었다. 법원 안내인과 인상을 쓴 속기사가 방청석을 바라보고 앉았다. 그 뒤쪽 위로 등받이가 높은 의자에 앉은 3인의 판사가 검은 후광이 비추듯 우뚝 솟아 있었다.

점심 식사 이후에는 재판정에서 조는 모습이 많이 보였다. 주심 판사 오른편에 앉은 비교적 젊고 통통한 판사가 심리 내내 눈을 감고 있었다. 그가 진지하게 집중하는 건지 조는 건지 분간이 가지 않았다. 오후에 오바라 측 변호사가 소리 내어 코를 골자 동료 변호사가 찔러서 깨웠다. 영국 법정에서는 이런 일이 수치스럽게 여겨지고 비난이 쏟아진다. 그런데 일본에서는 법원 서기가 낄낄거리고, 판사들도 너그러이 웃더니 금방 잊는다.

일본은 2차 세계대전 중 배심 재판을 폐지했다. 이후 유무죄 심판과 형 선고라는 막강한 권한이 3인의 판사*에게 쥐어졌다. 선임 법정 변호사의 순위에 따라 판사직에 임명되는 영국과 달리, 일본의 판사는 판사직에만 헌신한다. 법대를 갓 졸업한 젊은 남성(대부분 남성이다)이 사법부에 입성하면 오로지 판사로만 재직한다. 서구의 시선으로 바라보면 말랑말랑하고 통통한 볼살에 주근깨가 있는 초임 판사는 지나치게 어려 보인다. 그들은 길고 검은 법복을 착용해 권위를 강조했다. 증인은 증언에 앞서 진지하게 선서하고, 변호사와 판사는 서로 정중하게 격식을 갖춰서 호명했다. 그러나 영국 법정에서 보이는 연극적 권위는 전혀 없었고 법원이 속세와 동떨어진 장소라는 느낌도 거의 들지 않았다.

반대신문은 평이했고 용두사미로 끝났다. 진술서도 횡설수설 낭독되었다. 명령 신청도 건조하고 냉랭했다. 화를 참지 못하거나 목청을 높인 이는 아무도 없었다. 재판 진행 과정이나 결과에 대해 개인적으로 우려를 표명한 이도 전혀 없었다. 갈등이나 드라마적 요소도 전혀 없었고, 어쩌다 살짝 짜증을 내는 것 이상으로 감정을 드러내지도 않았다. 재판은 위엄 속에서 법률적 질의가 오간다기보다 답답한 학교에서 교사들이 회의하는 분위기와 비슷했다.

몇 달 내내 변호사는 앵앵거리는 목소리로 말했고 속기사는 자판 위에서 손가락을 정신없이 튕겼다. 가끔 나는 혼자서 고개를 끄

---

* 배석 판사(전문 판사 옆에 패널로 앉아 있는 일반 국민) 제도는 일본 형사 재판의 진행 속도와 효율을 높이기 위한 대대적 개혁의 일환으로 2009년 도입되었다.

덕였다. 그런데 누런 수의를 입은 듯한 관료주의의 겉모습 아래로 몽롱한 서스펜스가 흘렀다. 윙윙거리며 날던 모기가 인간들의 재판정 문턱에 걸터앉은 것 같았다. 현실이 고조되다가 열기가 폭발하거나, 소리 반 떨림 반이던 감각의 현이 철탑에서 끊기는 것 같았다. 이는 다름 아닌 오바라 조지에게서 비롯된 것처럼 보였다.

오바라는 고스게 외곽의 요새처럼 생긴 12층짜리 도쿄 구치소에 수감되어 있다가 공판이 열릴 때마다 매번 이송되었다. 오바라 측 변호사가 이의를 제기했는지 초기 몇 번의 공판 이후로는 그가 수갑을 차고 굵고 퍼런 포승줄에 묶인 모습을 볼 수 없었다. 오바라는 법정 오른편에 자리를 잡고 뒤에는 변호인단이, 그리고 양쪽 옆에는 두 명의 보안 요원이 착석했다.

오바라는 당당하고 거만했던 남자가 안타깝게 몰락한 상황에서도 어떻게든 티를 내지 않으려고 버둥거리는 모습이었다. 법정에서 그는 늘 목 단추를 끄른 셔츠를 입고 짙은 남색이나 회색 정장을 걸쳐 지적이며 고급스러운 모습으로 등장했지만, 급히 꺼내 대충 먼지만 털고 입었는지 옷이 주글주글했다. 중간 길이로 다듬은 부드러운 머리카락은 서둘러 매만졌는지 양복과 마찬가지로 흐트러져 있었다. 나는 8년 동안 그의 관자놀이가 안쪽으로 서서히 세는 모습을 지켜보았고, 머리가 정수리에서 바깥쪽으로 천천히 벗어지는 모습도 목격했다. 오바라는 짙은색 테의 안경을 쓰고 작고 파란 타월로 얼굴과 손과 목에서 흐르는 땀을 닦았다. 법정은 공공장소라 신발을 벗지 않으므로 오바라를 제외한 모든 이들이 신발을 신었다. 오로지 오바라만 헐렁한 플라스틱 슬리퍼를 신었는데 그가 도주할 가능성을 차단하기 위한 조치처럼 보였다.

몇 장 되지 않는 오바라의 스냅사진은 최소 30년 전에 찍은 것이었기에, 일본 기자들은 법정에서 그의 최신 사진을 확보하는 데 혈안이 되었다. 그러나 법정에서는 사진 촬영이 일체 금지되었기에 화가들이 방청석 맨 앞줄까지 밀치고 들어와 스케치북과 파스텔을 들고 인상을 쓰며 열심히 오바라를 스케치했다.

오바라는 그의 얼굴을 포착하려는 이들의 시도를 수포로 돌렸다. 법정에 들어설 때부터 그는 고개를 135도 틀어서 방청석을 외면하고 판사석을 바라보았다. 다음 날 신문에 실린 스케치는 재미없게도 그나마 건질 수 있었던 45도 각도의 뒤통수를 그린 게 전부였다. 머리카락과 목, 재킷 칼라, 뒤에서 바라본 오바라의 좌측 턱선이 전부였다. 법정 심리 중에도 오바라의 정면을 구경하기가 힘들었다.

검사들은 공판을 거치면서 사건을 재검토해 초반 기소장에 적시하지 않은 내용을 추가 보강했다.

2003년 1월 의사가 클로로포름의 독성에 관한 증거를 제출했다. 4월, 마취 전문의는 강간 비디오를 분석해 피해자들의 호흡 패턴으로 판단하건대 마약이 투입된 것이 확실하다고 설명했다. 블루시 아부라쓰보 관리인과 신고를 받고 출동한 형사들은 오바라가 느닷없이 나타났을 당시와 루시의 실종 후 며칠간 보인 이상 행적을 증언했다. 경시청 소속 화학자는 루시의 두개골을 감싼 시멘트와 오바라가 루시의 실종 후 구입한 시멘트가 동일한 종류임을 증명했다. 마리나 인근에 보트를 소유한 다키노 유카라는 여성은 루시가 실종된 지 2주 후 블루 시 아부라쓰보 인근 해변에 갔던 때를 설명했다. 그녀는 어떤 남자가 해변에서 노는 모자를 쳐다보고 있음을 의식했다. "남자는 제 아들을 날카롭고 다소 화난 눈빛으로 쳐다보았습니다. 남자가 아이를 좋아해서 저희를 쳐다본다는 느낌은 받지 못했습니다."

어린 아들이 돌멩이를 가지고 장난을 치다가 큰 소리로 엄마를 부르더니 동굴에 들어가도 되겠느냐고 물었다. 부인은 "아들이 동굴을 향해 달려가기 시작했습니다. 그러자 그 남자가 화들짝 놀라며 제 아들과 저를 번갈아 쳐다보더니 시선을 떼지 않았습니다. 저는 이상한 느낌이 들어서 아이를 불렀죠. '이리 돌아와!'라고요. 그런데도 아들은 동굴 근처로 갔고 전 이렇게 소리쳤어요. '그 안에 들어가지 마'라고요"라고 법정에서 증언했다.

모자는 짐을 챙겨 해변을 떠났고 이후 살짝 불안했던 마음을 잊었다. 7개월 후 루시의 사체가 발견되자 부인은 그때 그 이상한 일을 떠올렸고 삽과 양동이를 들고 놀던 아들이 동굴에 들어갔더라면 무슨 일이 벌어졌을지를 짐작했다. 해변에 있던 남자가 법정에 나온 남자가 맞느냐는 질문에 다키노 부인은 시선을 오른쪽으로 돌려 2미터 떨어진 자리에서 고개를 숙인 오바라를 쳐다보았다. "제가 봤던 남자와 비슷합니다. 그런데 그때 그 남자는 화가 나 보였고, 지금 저분은 살짝 미소를 지으시네요."

검사는 이번 사건에서 자신들의 약점을 예리하게 인식하고 정면 대응했다. 경찰은 몇 주간 수색하면서 카펫과 다다미 마루를 벗기고 오바라 집에 있는 배관까지 뒤졌지만 루시의 혈흔을 한 방울도 찾지 못했다. 그들은 남자가 시신을 열 토막 내면서도 피해자의 DNA 흔적을 남기지 않을 수 있음을 법정에서 증명해야 했다. 2004년 5월, 경찰은 텐트 안에서 죽은 돼지를 토막 내는 모의실험을 실시했다.

피가 낭자했던 이 기괴한 실험은 블랙코미디에 가까웠다. 당시 책임자였던 아카미네 노부요시 경감이 이 실험에 대해 설명했다. 그는 루시가 실종된 후 오바라가 사흘간 돌아다니면서 구입한 것과 같은 종류의 텐트와 매트, 기계톱을 수집해 도쿄대 법의학 교실 안뜰에 모조리 모아놓았다. 그다음 정육점에서 척추를 따라 반으로 가른 70킬로그램짜리 돼지를 구입했다. 돼지를 고리에 매달아 피를 제거한 상태였기 때문에 형사와 수사팀은 실제 피를 재현하기 위해 양동이에 붉은색 식용 염료를 섞었고 도쿄대 법의학 교수가 돼지고기에 이 염료를 일일이 주사했다.

경감은 정육점에서 파는 다양한 육류 중에서 돼지의 피와 살성이 인간의 것과 가장 유사하다고 설명했다. 돼지의 오른쪽 절반은 냉동시키고 왼쪽 절반을 해동시켰다. 아카미네 경감의 지휘하에 수사팀 형사는 반쪽짜리 돼지고기를 비좁은 텐트 안으로 들고 들어가 기계톱으로 해체했다. 형사는 톱질을 끝낸 후 붉은 염료를 텐트 천막에 뿌려 텐트의 불투과성을 입증했다.

변호인단과 재판부는 경감이 설명한 실험 과정을 기록한 서류와 사진 앨범을 살폈다. 나는 법정 맨 앞줄에 앉아 있었기에 몸을 앞으로 숙이자 축축한 돼지고기가 번들거리는 사진을 볼 수 있었다. 검사는 오바라가 해체 작업을 벌인 곳이 아파트인지 야외인지 특정하지 못했고, 오바라가 시신을 얼렸는지도 정확히 판단하지 못했다. 그럼에도 아카미네 경감의 보고에 따르면, 돼지 실험이 끝난 후 텐트 밖으로 피가 한 방울도 튀지 않았다고 했다.

일단 피고 측 변론이 시작되자 심리에 관심이 있는 기자가 별로 없었음에도 방청석은 절반이 넘게 찼다. 기이하고 괴짜 같은 방청객들은 양복 차림의 흔한 회사원들과 달리 시선을 사로잡았다. 나이가 지긋한 남성은 띠를 둘러 흰 꽃을 꽂은 갈색 모자를 썼다. 그 뒤에는 무단결석을 한 듯한 통통한 여학생 둘이 세일러 교복 차림으로 앉아 있었다. 노숙자처럼 칙칙하고 눅눅한 옷을 입은 사람이 한두 번 보였는데 세상에서 가장 똑똑한 낙오자처럼 생겼다. 제일 놀라웠던 방청객은 40대 남성으로 그는 희끗희끗한 턱수염을 기르고 초록색으로 염색한 머리에 종아리까지 오는 치마를 입고 공책에 연신 메모했다. 방청객 중 두세 명은 늘 꾸벅꾸벅 졸았다.

공판에 꼬박꼬박 참석하는 여성이 있었다. 아담한 몸에 짧은 머리를 한 채 열심히 기록하는 다카하시 유키라는 여성은 가즈미코라는 카페의 운영자이자 회원이었다. 이 카페는 시간이 날 때마다 흉악 범죄 관련 재판을 참관한 후 관찰 내용을 블로그에 올리는 친목 단체였다. 그런 블로거들의 모임은 여러 곳 있었다. 스커트를 입고 초록 머리를 한 남성은 자신을 '아소 마이티'라고 소개했는데 그 역시 비슷한 모임의 회원이었다. 오바라 조지를 가장 꼼꼼히 관찰한 유키는 블로그 이웃인 '미키 상'과 '포이즌 캐롯'과 같이 왔다.

유키는 "난 오바라 재판이 참 좋다. 우리 식구 생일처럼 그의 공판 일정이 내 머릿속에 콱 박혀 있다"라고 블로그에 포스팅했다.

아마 내가 오바라 사건에 대해 누구보다 가장 많이 알 것이다. 오바라 퀴즈라는 게 있다면 내가 우승하지 않을까(그보다 출제 위원이 되고 싶다)? 공판이 진행되는 동안 나는 심지어 오바라가 사용한 핸드폰 번호까지 외웠다. 때론 내가 스토커가 아닐까 의심스럽기도 하다! 오바라도 참 좋지만, 처음으로 솔직히 고백하건대, 검사들이 훨씬 좋다. 특히 젊은 검사가 마음에 든다. 그는 내 타입이다. 주임 판사도 물론 좋다. 약간 사투리를 쓰지만 말투가 믿음직스럽다. 공판이 열리는 날은 좋아하는 사람들을 한 공간에서 만나는 날이라 참을 수가 없다. 공판 전날엔 긴장감이 최고조에 달하고, 그다음 날에도 긴장감은 여전하다.

일본에서 유죄 판결률이 유난히 높다 보니 형사사건 변호사가되겠다고 나서는 이는 거의 없다. 무엇 하러 하겠는가? 민사사건에 비해 형사사건 변론은 수임료가 박하고, 매력적인 보상도, 사회적 인지도도 전혀 얻을 수 없다. 일본인들은 변호사가 범죄자의 행동을 옹호한다며 의심의 시선을 보내는 경향이 있다. 법정에까지 설정도면 거의 유죄이기에 이런 믿음은 타당하다. 압도적 유죄 판결률에 근거하면 변호사는 평균 31년에 한 번 무죄를 끌어낼 것으로 예상된다.

변호사는 일본의 사회 계급에서 의사, 교사, 정치인처럼 '선생님'이라고 불린다. 피고인은 환자나 학생처럼 자신을 변호해주는 선생님의 지혜에 의문을 품어서는 안 된다. 그런데 오바라는 애초부터 이런 통념을 거부했다. 그는 자기가 장군이 되어 전쟁을 이끌듯이 자신의 변론에 임했다. 오바라는 변호사에게 그의 권위를 받아들이고 법적 공방에서 자기가 시키는 대로 하라고 명령했다. 그의 첫 번째 변호인단은 2001년 10월 전원 사임했다. 변호인단은 "피고인과 좋은 관계를 유지할 수 없다"며 이유를 들었다. 오바라를 기꺼이 변호할 변호사가 나설 때까지 심리가 1년 보류되었다. 변호인단 중 한 명은 오바라에게 이런 말을 들었다고 했다. "나는 형량을 줄이고 싶은 게 아니라 무죄를 원합니다. 피고인으로서 모든 혐의를 부인합니다. 여러분들은 내 변호사이니 검사와 싸워야 합니다." 서구에서 이것은 당연한 상식이었다. 하지만 수많은 일본 변호사들은 이런 투지를 보인 전례가 없었다. 본인이 받을 수술을 직접 집도하겠다고 나서는 환자를 인정할 수 없는 것과 마찬가지였다. 바로 이런 면에서 오바라의 독특함이 드러났다. 변호인단 중에서 이전에 오바라 같은 의뢰인을 만나본 사람은 아무도 없었다.

변호인단은 도쿄 구치소에 수감된 오바라를 면회했다. 엄격히 말해 유죄 판결을 받기 전까지는 무죄이므로 오바라는 감옥이 아닌 구치소에서 자유를 훨씬 많이 누렸다. 편지를 주고받기도 하고 매일 면회를 할 수도 있었다. 처음에는 한 달에 한 번, 그 후론 횟수가 줄었지만 오바라의 노모 기미코가 오사카에서 신칸센을 타고 면회를 왔다. 어머니를 제외한 면회객은 오로지 변호사뿐이었고, 최소한 명의 변호사가 매일 면회를 왔다. 오바라는 교도관들과 친분을 쌓지 않았다. 그를 제외하고 구치소에서 몇 달 이상 지내는 수감자는 거의 없었다. 침대와 세면대뿐인 작고 좁은 독방에서 9년을 살면서 오바라는 오로지 변호인단하고만 중요한 의사소통을 했다. 하는 일은 오로지 자기 변론뿐이었다.

오바라의 독방은 작전실이었다. 바닥에서 천장까지 A4 용지가 기둥처럼 쌓였고 편지, 팩스, 법률 서적, 증거 다발 등이 가득했다. 그에게는 여덟 건의 강간과 두 건의 강간 치사 혐의만 있는 게 아니었다. 버블 경제의 열매를 먼저 따먹은 사람들처럼 그 역시 채권자들에게 고소를 당했다. 그가 체포되기 18개월 전, 법원은 그의 부동산 여러 곳을 가압류했다. 2004년 오바라는 부채 23억 8,000엔(1억 2,200만 파운드)를 떠안고 파산을 선언했다. 여러 변호팀이 다양한 사건을 담당했다. 오바라만 변호사들의 이름을 모두 알았고 총 몇 명인지 파악했다. 그는 최소 10인의 변호사에게 변론을 맡겼고, 재판이 진행되자 수십 명을 동원했다.

변호사라면 의뢰인의 비난과 감사에 익숙하지만, 오바라를 변론하는 건 괴로운 경험이었다. 오바라가 무례하거나 공격적이어서가 아니라 그가 변호를 진두지휘한다는 사실이 충격이었기 때문이다. 그의 변호사가 이렇게 고백했다. "오바라는 자신이 보는 현실에 의거해 대본을 쓰고 촬영하는 영화감독 같았습니다. 똑똑하고 굉장히 의심이 많았죠. 오바라는 아무도 믿지 않았고 심지어 변호사도 믿지 않아서 정말 상대하기 힘듭니다." 반대신문 시 대본에 적힌 질문만 하다 보니 변호인단은 불편한 심기를 노골적으로 드러냈다.

블로거 친목 단체 회원인 다카하시 유키는 이렇게 기록했다. "변호사들이 불쌍했다. 변호인단이 법정에서 썩은 생선 눈을 하고 있었다. 오바라가 그들에게 처음부터 끝까지 명령하기 때문이다. 이번 사건과 전혀 무관한 질문을 하라고 시켰기 때문이다. 나야 웃음이 나오지만 변호사들은 분명 힘들 것이다."

오바라는 날짜와 세부 사항을 정확히 기억했기에 헷갈리거나 착각하는 변호사를 참지 못했다. 오바라가 아이디어를 많이 내긴 했지만 일관성이 없고 논리가 맞지 않은 경우가 허다했다. 오바라의 변호사는 "오바라는 똑똑해서 여러 전략을 내놓긴 하지만 최고의 전략을 끝까지 마무리하지 못합니다. 그렇다 보니 이것저것 대충 합치는데 그래 봐야 아무 소용이 없죠"라고 털어놓았다.

문제는 간단했다. 꼼꼼히 수집된 다수의 불리한 증거에 대해 어떻게 답변할 것인가? 강간 혐의에 대한 쟁점은 분명했다. 실제로 성관계를 하고 그것을 촬영한 점이 특이하긴 하지만 모두가 상호 합의하에 이루어진 것이다. 오바라 변호인단 중 가장 거물인 시오노야 야스오는 이렇게 설명했다. "호스티스나 비슷한 일을 하는 여성이 남성과 아파트로 갈 경우 두 사람은 성관계에 동의한 것으로 간주됩니다. 바로 이게 오바라의 생각이죠. 오바라는 자신이 마약을 먹이고 상해를 입힌 점은 인정합니다. 상해로 기소된 사실은 인정하지만 강간 혐의는 부인합니다. 이게 바로 그의 핵심이죠. 저는 논리적으로 오바라가 옳다고 봅니다."

카리타 리지웨이에게 마약을 먹여 강간한 후 살해한 혐의에 대한 변론은 훨씬 복잡했다. 이 건은 그녀의 사인을 둘러싼 의문에 달려 있었다. 오바라는 상호 합의하에 성관계를 했다고 다시금 주장하면서, 의식을 잃은 카리타가 찍힌 비디오는 그녀가 급사하기 몇 주 전에 촬영한 것이라고 항변했다. 카리타 사망 당시에는 마약에 의한 간부전이라고 진단한 의사가 아무도 없었다. 카리타는 오진에 따른 부적절한 치료 때문에, 혹은 오바라가 카리타를 병원에 데려가기 전 진통제 주사를 처방한 의사 때문에 사망했을지 모른다.

그렇다면 루시의 경우는 어떠할까? 오바라의 변호사들에게 이 것은 아주 간단했다. 직접적 증거가 없기 때문이다. "오바라와 루시가 단 둘이 있었다는 점이 가장 중요합니다. 무슨 일이 있었는지 아는 사람은 아무도 없습니다. 저희는 오바라가 범죄를 저지르지 않았음을 증명할 필요가 없습니다. 검사 측이 그걸 증명하지 못한다는 사실만 지적하면서 그쪽에서 제시하는 증거가 얼마나 취약한지 보여주기만 하면 됩니다. 비디오도 없고 사인도 불분명합니다. 오바라가 어떻게 그 무거운 시신을 한여름에 혼자서 즈시 아파트에서 갖고 나올 수 있었으며, 그걸 목격한 사람이 아무도 없을 수 있을까요? 오바라가 어떻게 시신을 차에 태우고 자신의 아파트로 가져가 토막 내 혼자 묻었을까요? 저희가 할 일은 이 모든 약점을 강조하는 것뿐이었죠."

다시 말해 피고인을 옹호하는 게 아니라 검사 측 주장을 손상시키는 기존의 전략을 쓰면 되었다. 그러나 오바라는 이것으로 성에 차지 않았다. 그는 자신만의 이야기를 하고 싶었다. 사람의 형상을 한 구멍을 채우고 싶었다.

만능 박사

　　루시가 사망한 지 5년 후이자 오바라의 첫 공판이 열린 지 56개월 후, 오바라 조지는 자신의 변론 전략을 펼치기 시작했다. 방청석은 꽉 찼다. 팀과 소피 블랙맨은 공판에 참석하기 위해 비행기를 타고 날아와 맨 앞줄에 앉았다. 공판이 진행되자 경찰 통역관이 공책에 글을 적어 부녀에게 보여주었다. 오바라는 늘 그렇듯 방청석을 외면한 채 판사석 쪽으로 고개를 삐딱하게 틀고 보안 요원들 사이에 앉았다. 연회색 정장을 입은 그는 햇빛을 한참 받지 못한 탓인지 얼굴이 허옜다. 증인석으로 걸어 나오면서 오바라는 팀과 소피가 앉은 쪽으로 일부러 시선을 주지 않았다.

　　이번 공판이 열리기 몇 주 전부터 기대에 찬 긴장감이 오바라 변호인단 내에서 흘렀다. 까다로운 의뢰인을 참고 받아준다는 점으로 인해 오바라의 변호인단은 특이하고 흥미로운 집단이 되었다. 변호인들은 의뢰인과 예상 판결에 대해 놀라울 만큼 수다스럽고 솔직하게 털어놓았다. 다음은 그중 한 명의 발언이다. "공판을 거듭하면서 오바라의 기분이 오락가락했습니다. 다소 절박한 상태에서 만감이 교차하는 것 같아요. 스스로 승소할 거라 자신하지 못하기에 초조해합니다. 유죄 판결을 받을 가능성이 있지만 오바라는 기필코 무죄를 받고 싶어 합니다. 자신감과 두려움 사이를 오가는 중이죠."

당시 나는 처음으로 시험 삼아 오바라와 접촉했다. 변호인은 나와의 직접 대면은 거절하면서 내 인터뷰 요청서와 질문지를 구치소에 전달해주겠다고 했다. 답장은 팩스로 받았다. 다른 변호사가 서명했으나 오바라가 받아 적게 한 것이 확실했다. "이번 사건을 수사 중인 검찰이 그동안 파악하지 못한 기본적인 사실들이 있습니다. 예를 들어, 저희는 패리 씨, 당신이 일전에 물은 질문지에서 가장 중요한 5번 질문에 대해 답변할 예정입니다. 오바라 씨가 언급한 대로 당신 회사가 루시와 국적이 동일하기에 차후 당신에게 특종을 제공해드리겠습니다."

내가 전한 5번 질문은 이랬다. "당신은 블랙맨 양의 죽음에 아무 책임이 없다고 하셨습니다. 그럼 피해자의 죽음에 누가 책임이 있다고 생각하십니까?"

검경은 루시의 죽음에 대해 1년 이상 조사한 후 이 사건을 기소했다. 하지만 오바라는 무려 5년을 준비했다. 그동안 오바라는 수십 명에 달하는 변호사와 사설탐정을 고용했고, 구치소에 수감된 상태에서 그들을 지휘했다. 검사 측이 제시한 사건 경위는 상당히 자세했고 "오바라가 루시를 죽인 후 시신을 유기하지 않았다면 대체 누가 했느냐"라는 핵심 질의에 대응하기가 힘들었다. 이제 오바라는 그가 주장하는 진실을 내세워 검찰에 대응하기로 했다. 이 주장은 반드시 걸작이어야만 했다.

그는 증언대에 서서 손으로 쓴 여러 장의 모두 변론서를 큰 소리로 낭독했다. 그는 혀 짧은 발음으로 부드럽게 읽어 내려갔다. "루시가 어떤 성격이었는지 밝힐 경우 유족이 치욕과 우울함을 느낄 수 있습니다. 부모라면 딸을 늘 순수한 존재로 여기고 싶을 테고, 자매라면 언니를 존경하고 싶기 때문입니다. 저는 그들이 간직한 루시의 이미지를 망치고 싶지 않아 루시의 실제 모습을 밝히는 일만은 피하고 싶은 마음이었습니다. 그러나 이 끔찍한 사건에 제가 연루된 관계로 사실을 밝히게 되었습니다."

오바라는 두 가지 측면에서 방어 논리를 펼쳤다. 첫째, 검찰의 공소장에 이의를 제기해 모든 문장을 무력화시키고, 약점을 공략해 허점을 드러내며, 자신만의 황당한 주장으로 세부 사항에 대한 의문을 제기하지 못하도록 한다. 둘째, 세상이 아는 것과 다른 루시의 면모를 드러낸다. 이게 바로 심리 직전 오바라가 내게 두 번째 팩스를 보내 '특종'을 허락한 내용이었다. 루시는 가족과 친구들이 말하는 쾌활한 젊은 아가씨와는 아주 거리가 멀었다. 루시는 늘 고통에 빠져 있고 자학적인 인물로, 불법 마약을 과다 복용해 사망했다는 것이다.

변호 측 반대신문에서 오바라는 루시의 일기장을 일본어로 번역한 것을 읽었다. 그가 고른 내용은 루시의 가장 처참했던 순간을 기록한 부분이었다. 오락가락하는 기분, 외로움, 향수병, 호스티스로서의 실패, 성공한 루이스에 대한 부러움 등이 담겨 있었다. 오바라는 일기를 낭독했다. "지난 20일간 마신 술이 태어나서 지금까지 마신 술보다 더 많았다⋯. 턱밑까지 차오른 빚 때문에 미치겠다⋯. 나는 아직도 정처 없이 길 잃은 느낌이 크다⋯. 눈물이 멈추지 않는 다⋯. 나는 못생기고 뚱뚱하고 눈에 띄지도 않아서 내 자신이 계속 밉다."

나는 내 생김새가 싫다. 머리, 얼굴, 코, 처진 눈도 싫고, 얼굴에 난 사마귀와 치아와 턱, 옆모습, 목, 가슴, 크고 처진 엉덩이, 똥배도 싫고, 모반도 꼴 보기 싫다. 못생긴 내 다리도 싫다. 난 너무 역겹고 추하고 평범한 것 같다.

5월 4일 루시는 "음악(크레이그 데이비드만 빼고)과 엽서, 마약을 찾는 끝나지 않는 여정에 나섰다!"라고 적었다. 경찰 측 번역가는 이 문장에서 가장 문제가 될 만한 '마약'이란 단어를 다소 교묘하게 번역한 후 앞뒤가 맞지 않는다고 주장했다. 반면 오바라는 법정에서 "제가 5인의 전문 번역가에게 문의한 결과, 다들 이 단어를 '마약'으로 해석해야 한다고 의견 일치를 보았습니다"라고 반박했다.

"엽서와 마약을 산 게 왜 중요합니까?" 변호사는 또다시 준비된 질문을 외워서 말하는 듯한 인상을 풍겼다.

"젊은이들이 해외여행을 가면 흔히들 엽서를 삽니다." 오바라는 보란 듯이 자신 있게 설명했다. "마약을 하는 이들에겐 엽서와 마약을 사는 게 흔한 패턴이죠."

오바라가 다음의 일기를 읽으면서 또다시 말도 안 되는 주장을 펼쳤다. "평소와 다름없이, 난 어디에 있든 외롭다. 토크스toaks 때문이 아니라 나 때문이다." 오바라는 토크toak는 주로 'toke'로 표기하며 마리화나를 일컫는 속어라고 설명했다. 검사는 불법 마약 복용을 인정하기가 민망했는지 반론도 반박도 하지 않았다. 그러나 만일 원어민에게 물었더라면 루시가 '토크스toaks'라고 쓴 게 아니라 고향을 숫자로 축약해서 '세븐오크스7oaks'라고 쓴 것임을 알았을 것이다.

주임 판사는 도치기 쓰토무였다. 그는 얼굴부터 치아까지 새하얬고 짜증나고 긴장되는 순간이면 활짝 미소를 지었다. 그런데 판사는 서서히 흡족이 아니라 불편한 마음을 내비쳤다. 오바라가 루시의 일기 중에서 가장 구슬프고 자기 연민에 빠진 부분을 읽자 그런 감정이 더욱 선명히 드러났다.

"이런 번역문을 듣고 있기가 힘들군요." 드디어 도치기 판사가 입을 열었다. "대체 이게 이번 재판과 무슨 상관입니까?" 그럼에도 오바라는 이제 2000년 6월과 7월 일기를 낭독하기 시작했다. 내용은 점점 이상해졌다.

오바라는 2000년 여름 굉장히 복잡한 시기를 보냈다. 부채 상환 일자 재조정 건으로 채권자들과 한창 협상 중이었다. 6월, 밴이 그의 자동차를 후방 추돌하는 바람에 오바라는 목이 심하게 꺾이고 고막이 손상되어 병원에 입원했으며, 그 와중에 부동산 일부를 매각하려고 애쓰고 있었다. 그중에는 블루 시 아부라쓰보 아파트도 포함되어 있었다. 그의 마음을 가장 무겁게 짓누르는 것은 사랑하던 셰틀랜드 목양견 아이린이었다. 그는 아이린의 사체를 덴엔초후 저택 냉동고에 보관했으나 유전자 복제로 아이린을 부활시키겠

다는 꿈을 접고 그가 소유한 이즈 반도의 숲에 매장하기로 했다. 큰 나무 몇 그루를 베어야 했기에 간단한 작업이 아니었다. 그런데 오바라가 법정에서 밝힌 대로, 이 일에 적격인 사내를 만났다. 자신을 A씨라고 밝힌 그는 '난데모야何でも屋'였다. 말 그대로 '뭐든, 무엇이든 제공하는 이'였다. 팔방미인, 만능 박사라는 뜻이었다.

A씨라는 설명할 수 없는 코드명은 오바라가 내세운 개연성이 떨어지는 주장 중 하나였다. 그의 변론에는 기괴한 점이 너무나 빼곡해서 도저히 머리로 따라갈 수 없었다. 기괴한 주장이 비틀거리며 등장하기가 무섭게 서너 개의 주장이 잇따랐다. 오바라는 법정에서 1997년 자신의 자동차가 지하 주차장에서 폭발했다고 했다(그는 이 끔찍한 사건에 대해 더 이상 설명하지 않았다. 자신에게 이런 불운이 벌어진 게 그저 확실하다고만 했다). 이 일을 알아보기 위해 오바라는 도쿄 신주쿠 역 인근에서 우연히 만난 A씨를 고용했다. 당시 만능 박사 A씨는 오바라에게 마약을 조달해주기도 했다. A씨는 50만 엔(3,125 파운드)에 오바라가 아끼던 아이린을 묻을 자리를 깨끗이 정리해주겠다고 했다. 작업 일자는 7월 5일과 6일로 잡았는데, 7월 6일이 오바라의 애완견이 죽은 지 6주년이 되는 날이었다. 이것으로 오바라는 그에게 불리한 정황 증거, 즉 루시가 실종된 후 그가 텐트와 톱, 삽을 구입한 사실을 가장 설득력 있게 반박했다. 오바라는 그것이 죽은 여인의 시신을 해체 및 처리하기 위한 것이 아니라 밤새 캠핑하면서 나무를 베어 개를 매장하기 위한 도구였다고 주장할 수 있었다.

주말에 벌어진 예기치 못한 사건으로 계획은 취소되었다.

오바라는 6월 말 카사블랑카에서 루시를 만났고, 루시가 요청하고 그가 동의하여 그녀를 해변으로 데려갔다. 사실 관계를 보면 오바라가 해명한 사건 당일의 궤적과 검사가 주장한 내용이 일치했다. '즈시 마리나로 차를 몰고 간다. 바닷가에서 사진을 찍는다. 가스 기사가 방문한다. 루이스와 스콧에게 전화를 건다.' 하지만 오바라는 그 누구도 설명할 수 없는 위치에 있는 인물이었다. 오바라만이 루시가 죽기 전 몇 시간 동안 무슨 일을 했는지 밝힐 수 있었다.

오바라는 이렇게 증언했다. "루시는 굉장히 들떠 있었어요. 술 때문이 아니라 루시가 가져온 '그것'의 영향 때문이었습니다." '그것'이란 크리스털 메탐페타민(속칭 메스, 크리스털, 필로폰으로 불린다—옮긴이), 엑스터시, '토크스' 등을 의미했다. "루시는 술이 굉장히 세서 와인과 샴페인에, 진과 데킬라까지 마시고도 수다를 떨었습니다. 루시는 자기가 조울증 환자라고 했어요. 사실 루시가 처음에는 조증 상태였지만, 시간이 흐를수록 울증에 빠져들었죠…. 물론 마약 기운도 있었고요."

루시와 오바라는 많은 이야기를 나누었다. 그녀는 오바라에게 빚이 있다고 투덜대면서 빚을 하루 빨리 청산하기 위해서 롯폰기에 있는 '특별 클럽'에서 일할까 고민 중이라고 했다(그곳은 매춘을 하는 장소임을 암시했다). 그가 차 사고를 당해서 목에 통증이 있다고 하자 루시는 마사지를 해주겠다고 했다. 다음은 그의 변호인단이 펴낸 책에 있는 내용이다. "마사지는 좋았지만 통증이 가시지 않았다. 그러자 루시는 갖고 있던 마약을 오바라에게 권했다. 루시가 약을 먹으면 통증이나 불편함이 사라진다고 해서 오바라는 마약을 먹었다.

그날 밤, 오바라는 세 종류의 알약을 먹었다…. 루시는 그에게 배꼽 피어싱을 보여주면서 왼쪽 유두에도 피어싱을 할 거라고 했다…. 오바라는 루시가 건넨 약을 먹고 구름 속을 거니는 기분을 느꼈다. 강력한 약효는 한 시간 이상 지속되었다."

팀과 소피 블랙맨은 방청석 맨 앞줄에 앉아 침묵을 지켰다. 경찰 통역관이 오바라의 증언 내용을 요약해 공책에 적어주었다. 루시의 서글픈 일기장이 그런 식으로 공개되자 가족은 당연히 당황스러웠고 민망하기도 했다. 거기에 오바라의 무자비함과 교활함까지 드러나자 충격이 가중되었다. 팀은 나중에 이렇게 밝혔다. "부모로서 루시가 마약을 절대로 하지 않았다고 단정 지으면 바보 같아 보일 겁니다. 루시가 재미로 살짝 손댔을지도 모르죠. 많은 사람들이 그러는 것처럼요. 하지만 루시가 목숨이 위태로울 지경까지 했다는 게 믿기지 않습니다. 루시가 제 손으로 로힙놀을 먹진 않았을 겁니다." 루시를 아는 사람이라면 그녀를 술에 취해 정서가 불안한 마약쟁이 창녀로 몰고 가는 오바라의 주장이 터무니없어서 웃음을 터트릴 것이다. 재판부도 이런 술수를 꿰뚫어 보았을까?

오바라는 기회주의적 조작, 왜곡, 때론 노골적인 거짓말까지 섞어서 변론했다. 그런 거짓말은 놀랍지가 않았다. 가장 역겨운 것은 기를 쓰고 들여다봐야 진실의 핵이 보인다는 점이었다. 오바라는 루시가 무엇 때문에 힘들어하는지 알았다. 오바라가 떠든 것들은 루시에게 개인적으로만 들을 수 있는 은밀한 얘기였다. 단둘이 있을 때 실제로 무슨 일이 있었든 두 사람은 속내를 나누었고, 루시가 믿을 만한 극소수에게만 털어놓는 비밀을 그와 공유한 게 확실했다.

오바라는 그다음 날인 7월 2일 일요일에 대해 이어서 설명했다. 검사는 그때 이미 루시가 사망했거나 죽어가는 단계였다고 확언했다. 그러나 오바라는 루시가 멀쩡했고, 약 기운에 힘을 내 연신 술을 마셨다고 주장했다. 오바라는 기차를 타고 도쿄로 갔지만 루시는 아파트에 남아 가져온 약을 다 하겠다고 했다. 그날 저녁 그는 도쿄 아파트에서 루시에게 전화했다. "루시가 이상한 말을 하기 시작했어요. 약을 너무 많이 한 것 같았습니다." 그는 루시가 치료받아야 할 경우를 대비해 병원 응급실 몇 군데에 전화를 걸었고, 자정이 되기 직전에 즈시 아파트로 돌아갔다. "약을 너무 많이 했으니 도쿄에 있는 병원에 가야 한다고 했으나 루시는 마약이 검출되면 추방될지 모른다며 겁나서 안 가겠다고 버텼습니다."

오바라가 법정에서 한 다음의 얘기가 가장 소름이 끼쳤다. 거짓말이 아니라 그것 역시 사실이었기 때문이다. "차 사고 후유증으로 목이 시큰거려서 기분이 별로였는데 루시가 제 조언을 무시하자 짜증이 났습니다. 루시는 나쁜 농담을 계속했어요. 이를테면 '저희 외가 쪽은 저주를 받았어요. 뇌에 문제가 있거든요. 외할머니는 마흔한 살에 돌아가셨고, 이모는 서른한 살에 돌아가셨죠'라고 했습니다."

가족에 대한 기록은 정확했다. 오바라가 세븐오크스에서 활약하는 영국 탐정을 원격 조정해 이 얘기를 들었을까? 아니면 그가 루시에게 유도신문을 하다가 그날 밤 이 비밀을 알았을까?

"루시는 계속 떠들었습니다. '그래서 저주라는 거죠.' 할머니는 마흔하나에, 이모는 서른하나에 돌아가셨다고 했어요. 자기는 스물한 살에 죽을 거고 자기 딸은 열한 살에 죽을 거라고 했어요. 루시는 이 불쾌한 농담을 쉬지 않고 떠들었습니다. 전 짜증이 나서 어떤 남자에게 연락해서 이렇게 물었습니다. 마약에 잔뜩 취한 외국인 호스티스를 집에 데려다줄 수 있냐고요. 이 남자가 바로 A씨입니다."

오바라는 월요일 아침에 도쿄로 출발했다고 주장했다. 그는 즈시 마리나를 떠나기 전에 잔뜩 취한 루시에게 음식을 남겨놓고 누가 와서 집에까지 데려다줄 거라고 말했다. 그리고 A씨에게 줄 돈을 아파트 현관에 있는 양가죽 슬리퍼 속에 숨겨놓았다.

A씨만으로는 충분히 신비롭지 않았는지 오바라는 이 지점에서 또 다른 인물을 끌어들였다. 중국 소수민족 출신인 사토였다. 사토는 훨씬 더 모호한 인물로 정체가 충분히 설명되지 않았다. 사토는 그날 점심때가 다 돼서 오바라에게 전화해 A씨 대신 자기가 루시를 데리고 병원에 가는 중이라고 했다. 사토는 전화기를 외국 여성에게 넘겨주었는데 목소리가 루시와 비슷했다. 오바라는 그녀와 짧게 통화했다. 나중에 오바라가 루시에 대해 묻자 사토는 "A씨에게 물어보십시오"라고 했다. 오바라는 A씨에게 "루시가 병원에 가는 걸 반대해서 사토가 루시를 자기가 알던 부자에게 소개해주었다고 했습니다. 루시가 마약을 달라고 했기 때문이라고 했어요. 두 사람이 잘 맞았고 둘이서 좋아하는 일을 한다고 했습니다"라고 전해 들었다고 했다.

정리하면, 오바라는 루시에게 무슨 일이 벌어졌는지 몰랐다. 오바라는 즈시 아파트에서 루시를 마지막으로 보았다. 당시 루시는 마약에 취해 횡설수설했지만 살아는 있었다. 오바라는 정체가 애매한 지인에게 루시를 맡겼고, 그 지인은 루시를 훨씬 더 정체가 애매한 지인에게 넘겼다고 했다. 오바라는 그 주에 해야 할 중요한 일을 계획했다. 냉동된 개 사체를 매장하는 일이었다.

그는 월요일 오후와 화요일에 도구와 캠핑 장비, 시멘트를 구입한 후 덴엔초후 저택 냉동고에 있던 아이린의 사체를 꺼내 드라이아이스로 꽁꽁 에워쌌다. 7월 5일 수요일 아침 오바라는 매장 예정 장소를 향해 차를 몰았다. 그런데 A씨가 갑자기 전화해 급한 일 때문이라고 핑계를 대며 약속을 미루었다. 오바라는 실망한 나머지 블루 시 아부라쓰보로 방향을 틀어 근처 여관에 투숙했다. 그는 키가 없어서 열쇠공을 불러 아파트에 들어갔고, 그곳에서 아이린의 묘비를 만들기 시작했다. 직접 '예술 작품'을 만들 생각이었다. 다음 날 저녁인 목요일, 초인종이 울려서 나가보니 경찰이 여러 명 보였다. 그중에 하라다 형사도 있었다. 하라다 형사는 오바라의 이상 행동을 설명하기 위해 법정에 섰다. 그러나 경찰이 착각한 것이다. 그들이 본 시멘트는 '예술 작품'을 만들기 위한 것일 뿐 목이 잘린 두개골을 감싸기 위한 게 아니었다. 오바라가 경찰에게 화가 나서 비협조적으로 군 건 사실이었다. 그 이유는 하라다 형사가 현관으로 들어서면서 담요에 싸인 아이린의 사체를 발로 무심코 찼기 때문이라고 했다. 정복을 입은 형사가 자신이 키우던 동물의 사체를 발로 차는 것을 보고 화내지 않을 동물 애호가가 있을까?

오바라는 7월 7일 목요일 밤에 대해서는 알리바이를 제시하지 않았다. 그는 산책을 나갔다가 아침까지 돌아다녔다고 주장했다.

쐐기벌레에 물렸는데 물린 데가 붓고 열이 나는 바람에 A씨에게 전화해 이즈 반도 숲에 아이린을 묻는 계획을 연기했다. 오바라는 다시 도쿄로 돌아가 병원에서 발진 치료를 받은 후 며칠간 은행원과 회계사를 만나 여러 번 회의했다.

다음 주가 되자 루시의 실종 소식이 일본 언론을 뒤덮고 전철역과 공공 게시판에 실종된 루시의 포스터가 나붙었다. 방송국 기자들은 롯폰기에서 생방송을 하면서 루시의 가족과 장시간 인터뷰를 했다. 가족들은 루시를 목격한 사람의 제보를 간절히 원했다.

이 모든 상황에 대해 오바라는 어떻게 반응했을까? 그의 변호인단이 발간한 책에 따르면 그는 '놀랐다'고 했다. 오바라가 급히 A씨에게 전화를 걸었더니 A씨는 루시가 "어떤 남자와 여행 중"이라고 했다.

A씨와 오바라는 7월 15일에 다시 만나 아이린의 무덤을 만들기로 했지만 또다시 A씨가 약속을 취소했다. 오바라가 A씨에게 루시에 대해 재차 묻자 "루시는 지인의 집에서 마약을 하면서 잘 지내고 있습니다"라는 대답이 돌아왔다. 루시가 실종돼 난리가 났다는 오바라의 말에 A씨는 "진짜 말도 안 됩니다. 루시는 지금 자기가 원하는 일을 하고 있다고요"라고 대답했다.

정말 기괴한 이야기였다. 루시가 마약 중독자라는 말을 믿기도 어려웠지만 오바라가 경찰에 직접 신고하지 않았다는 것을 이해하기가 훨씬 어려웠다. 그럼 심부름을 하기로 한 사람이 심부름을 시킨 사토는 누구일까? 루시가 같이 쾌락을 즐겼다던 부자는 또 누구일까? 이 질문에 대답할 위치에 있는 사람은 단 한 명뿐이었다. 그렇다면 A씨는 누구이며 어디에 있을까?

A씨의 이름은 가쓰타 사토루였다. 지인들에게는 '가짱'이라는 별칭으로 알려진 인물이었다. 2001년 가짱은 도쿄 교외인 미타카에서 살았다. 신장은 167센티미터이며 긴 머리에 콧수염을 길렀다. 1953년 규슈 섬 남부에서 태어났으며 오바라 조지보다 한 살 어렸다. 20대 때 불명확한 이유로 할복을 감행했다. 목숨은 건졌으나 수혈 중 C형 간염에 걸렸다.

도쿄 지방법원은 2005년 피고인 측 증인으로 소환된 미즈타 이세이라는 노인을 통해 이 내용을 모두 파악했다. 미즈타는 가쓰타의 지인으로 그를 운전사나 임시직으로 자주 고용했다. 미즈타는 가쓰타가 이것저것 하는데 마약 거래도 한다고 확인해주었다. 가쓰타는 크리스털 메탐페타민, 일명 샤부를 신주쿠 역 인근에서 판매했다. 2001년 12월 초 어느 날 두 남자가 같은 차를 타고 이동 중일 때 가쓰타는 "너무 불안합니다. 당신의 조언을 듣고 싶습니다"라고 털어놓았다. 루시 블랙맨 사건으로 재판을 받는 오바라 조지와 관련된 일이라고 했다.

2000년 여름 어느 날 가쓰타는 오바라에게서 외국인 호스티스를 도쿄까지 데려다주라는 부탁을 받았다고 했다. 그게 바로 루시였다. 가쓰타가 아파트로 데리러 가자 루시는 이미 마약에 잔뜩 취해서 약을 더 달라고 애원했다. 가쓰타는 루시에게 샤부를 한 번이 아니라 여러 번 주었다. 미즈타는 증인 선서를 한 후 다음과 같이 증언했다. "가쓰타는 제게 '루시가 마약을 너무 많이 해서 죽었어요'라고 했어요. 루시가 자기가 보는 앞에서 죽었다면서 루시의 시신을 다른 곳으로 옮겼다고 했지만 어디라고는 말하지 않았습니다. 가쓰타는 루시가 죽었다는 사실을 오바라에게 알리지 않았습니다."

미즈타는 말을 이어갔다. "가쓰타는 루시가 죽어서 시신을 버렸다고 저에게만 털어놓았습니다. 아무도 그 사실을 몰랐어요." 가쓰타가 모조리 털어놓자 미즈타는 다른 일을 떠올렸다. 2000년 여름 루시의 실종을 신문 방송에서 한창 보도할 무렵 가쓰타가 불안하고 초조해 보였고 머리가 잔뜩 빠졌다고 증언했다. "저는 가쓰타에게 좀 더 자세하게 듣고 싶다고 했어요. 그래서 신년 파티에서 가쓰타에게 그걸 물을 계획이었어요. 그가 자세히 털어놓으면 가쓰타를 경찰서에 데려갈 것인지 말 것인지를 고민하려 했습니다." 하지만 미즈타는 기회를 놓쳤다.

며칠 후 가쓰타가 중증 간경화로 병원에 입원했다. 그로부터 2주 후에 가쓰타는 위독한 상태로 미즈타에게 전화해 울부짖으며 의식이 흐려진 채 고함을 쳤다. "내가 루시에게 불을 놓았다! 루시가 불탄다!"

미즈타의 증언은 오바라가 앞서 법정에서 증언한 내용이 사실임을 뒷받침해주었다. 그런데 두 가지 점이 문제였다. 첫 번째는 루시의 사망에 죄책감을 느끼며 괴로워한 가쓰타가 이 얘기가 사실임을 증언하기 위해 법정에 출두하지 않았으며, 미즈타와 고통스러운 통화를 한 것을 마지막으로 며칠 후 사망했다는 점이다.

두 번째는 미즈타였다. 그는 증인 선서를 한 후 신분을 밝혔는데 '오야붕親分'이었다. 즉 악명 높은 스미요시카이 야쿠자 연합 소속 범죄 조직의 두목이었다. 다시 말해 오바라의 핵심 증인이자 무죄 판결 여부가 달린 증언을 한 자가 일본 마피아의 두목임을 자인한 것이다.

내가 일본에 다시 온 기분이 어떠냐고 묻자 팀 블랙맨은 이렇게 대답했다. "두렵진 않습니다. 이유는 모르겠지만 두렵지가 않아요. 가봐야 기분이 착잡해지는 걸 알면서도 다시 무덤을 찾는 것과 비슷합니다. 그건 그냥 애도 과정의 일부, 계속 소통하는 것의 일종이죠. 루시 사건과 관계된 건 뭐든 싫냐고요? 그렇지 않아요. 왜냐, 저희는 할 일을 해야 하기에 하는 거고, 저희는 그 일을 하고 싶습니다."

팀은 와이트 섬에 있는 자택 정원에 2층짜리 목제 사무실을 지어 사업을 했다. 지난 몇 년간 부동산 개발업자로서의 생업은 뒷전으로 밀려났다. "몇 달간 루시의 죽음과 관련된 일을 하며 지냈어요. 거의 매일 일이 생기다 보니 사무실 업무가 모조리 그쪽으로 쏠렸습니다. 캐비닛에 파일을 쌓아가며 루시 블랙맨 트러스트에 관한 일을 처리했죠. 작은 사업을 하는 것과 비슷해요. 이젠 그 일이 제 삶의 절반을 차지하죠." 팀은 공판이 진행되자 도쿄에서 벌어지는 일을 더 쉽고 편안하게 이해할 수 있기를 희망했지만 현실은 정반대였다. 재판 과정이 너무 지난하고 모호해서 일본 법정에서 벌어지는 일을 제대로 이해할 수 없었다. 팀이 정원에 마련한 사무실에서 가족은 하릴없이 거리감을 느끼며 난감해했다.

공판이 열리고 며칠 후 도쿄 경시청은 재판 과정에 대해 짤막하게 정리한 당황스러운 요약본을 발표했고, 이 자료는 팀이 대대적으로 수집하는 파일 속에 보관되었다. "저희가 확보하는 정보의 양은 미미해서 아주 짧은 기사라도 굉장히 꼼꼼히 읽습니다. 오바라의 진술은 저희에게 굉장히 중요합니다. 그가 어떤 태도를 취하든 저희 부녀가 일본에 있어야 오바라에 대한 관심이 높아진다고 굳게 믿습니다. 오바라로서도 독방에 있는 것과 피해자의 아버지와 여동생 앞에 서는 것은 완전히 다를 겁니다. 만일 오바라가 철저히 준비하지 않았다면 부담을 느끼겠죠."

정말 그랬는지 아닌지, 그러니까 오바라 조지가 재판에 참석한 팀과 소피를 보고 진짜로 부담을 느꼈는지 파악하는 건 불가능했다. 그런데 그다음 공판에서 자리에서 일어나 증언석에 설 때 오바라는 한 번도 하지 않았던 행동을 했다. 방청석으로 고개를 돌리더니 팀과 소피를 쳐다보며 무표정하게 고개를 살짝 숙였다. 까딱보다 많이, 인사보다는 덜 숙였다. 예의를 표시했다기보다 알아봤다고 표 내는 것 같았다. 소피는 공판이 열리는 지루한 시간 동안 이 예상치 못한 어정쩡하고 강렬한 순간의 오바라의 모습을 그렸다.

나는 팀에게 오바라에 대해 물었다. 직접 보니 어떠냐고 묻자 팀은 말을 아꼈다. 팀이 얘기를 하다가 이런 모습을 보이는 경우는 드물었다. 팀이 입을 열었다. "저에겐 무슨 계시 같았습니다. 제가 좀 이상해 보이겠죠. 사실 좀 이상할 수도 있지만, 그걸 인정할 각오가 되어 있습니다." 그러더니 다시 말을 끊고 한숨을 내뱉었다. "무슨 기분이었냐면 뭐랄까… 저와 동년배인 누군가가 보입니다. 그 남자는 자신의 행동 때문에 가장 처참하고 끔찍한 상황을 초래했고 타인의 삶에도 소름 끼치는 일을 저질렀어요. 그런데 정말 이상하게도 그에게 연민이 느껴지더니 화를 내는 게 훨씬 자연스러운 상황임에도 오히려 분노가 가라앉았어요."

내가 의도한 것보다 훨씬 놀란 목소리로 "오바라가 가엽다고요?"라고 묻자, 팀은 "정말 가엽습니다. 진심이에요. 정말 오바라가 불쌍합니다"라고 대답했다.

팀과 오바라는 나이가 11개월 차이였고, 둘 다 보트를 소유했고, 둘 다 부동산으로 돈을 벌었다. 팀의 고집스러울 만큼 특이하고 복잡한 성격을 이보다 더 잘 보여줄 수는 없었다. 나는 그 모습을 보면서 호감과 존경을 느꼈지만 많은 이들은 역겨워했다. 도덕적 견지에서 팀은 기존 도덕성이 요구하는 명확한 태도를 거부했다. 그는 앞장서서 외치는 대신 느릿느릿 주위를 맴돌다가 남들은 그저 흑백으로만 보는 연민과 모호함 속에서 미묘하게 다른 음영을 찾아냈다는 점에서 한 수 위였다. 구경꾼들은 이런 모습에 당황한 정도가 아니라 경악을 금치 못했다.

루시 블랙맨의 사망이 선악의 대비를 꾸밈없이 보여주는 예시가 아니라면 대체 무엇일까? 다른 사람도 아닌 루시의 아버지가 이번 사건에 복잡한 면이 있다면서 자기 딸을 죽인 살인마에게조차 공정하게 굴며 범인을 동정하자, 선악의 관념에 상처를 받은 사람들은 정통 교리가 결여된 팀이 자신들을 모욕한다고 받아들였다. 사람들은 용납할 수 있는 감정을 뛰어넘었다는 이유로 팀을 죄인 취급하며 신성 모독한 자와 거의 동일시했다.

SMYK

교묘하게 빠져나가고 능수능란하게 곡예하듯 몸부림치는 오바
라의 변론은 어느 법정에서든 특이해 보였을 것이다. 일본에서 변
론을 위해 검찰 측 주장을 강하게 반박하는 경우는 흔치 않았고 전
례도 없었다. 변론은 가끔 황당할 정도로 모호하고 흐릿하다가도
때로는 바로크 양식처럼 쓸데없이 세밀하고 군더더기가 많았다. 왜
곡과 누락은 물론 망자에 대한 명예훼손까지 뻔한 주장들이 뒤엉켰
다. 오바라 측 변호인단 중 상당수는 이러는 게 도움이 되지 않는다
고 믿었다. 그중 한 변호사는 내게 이렇게 말했다. "미즈타가 증언
한 가쓰타 사연은 증거로서 전혀 중요하지 않습니다. 두 사람이 갱
단 출신이라는 사실만 빼고 풍문일 뿐이죠. 판사가 '이 얘기를 왜
이제야 하느냐'고 계속 물었습니다. 이 말은 즉 재판부가 그 증언을
믿지 못한다는 암시입니다. 오바라는 루시가 마약을 했다는 얘기를
왜 처음부터 하지 않았을까요? 지난 4년간 변론하면서 오바라는 그
얘기를 언급조차 하지 않았습니다. 오바라가 루시가 약을 했다고

애기를 꺼내자 저는 좀 불쾌했습니다. 그는 왜 망자를 모욕하기 시작했을까요?"

허물어지는 댐에 뚫린 구멍을 틀어막듯이 변호인단은 오바라의 애기를 들으면서 떠오르는 뚜렷한 의문점 몇 가지를 되물으며 그의 주장을 물 샐 틈 없이 만들려고 노력했다.

오바라는 루시가 실종되었다는 소식을 듣고도 왜 경찰에 신고하지 않았나?

그는 루시가 준 엑스터시 세 정을 먹었기에 불법 마약을 복용한 혐의로 기소될까 봐 두려웠다.

그렇다면 오바라로부터 전화로 "끔찍한 일을 저질렀는데 당신한텐 말할 수 없다"고 들었다던 여성은 뭔가?

그는 예전에 당한 교통사고에 대해 말했을 뿐이다.

오바라는 병에 든 클로로포름으로 뭘 했나?

사실 병에 든 건 클로로포름이 아니다. 원래 있던 내용물을 비운 후 그 속을 보드카로 채웠다. 그가 비디오에서 여성의 코 밑에 갖다 댄 건 보드카였다.

때로는 오바라가 억지로 자화자찬하는 모습에 헛웃음이 나왔다.

변호사: 당신은 자선단체에 많은 돈을 기부했습니다. 그 점에 대해 설명해주시겠습니까?

오바라: 저는 고등학교 때부터 기부를 했습니다. 제 실명으로 하진 않았습니다. 지금까지 기부한 금액이 몇억 엔은 될 것입니다. 저는 아이들에게 특히 연민을 느낍니다. 유니세프는 제가 기부한 기관 중 하

나입니다.

변호사: 1991년 4월 16일, 당신은 오쿠라 호텔에서 일왕 부부를 만났습니다. 맞습니까?

오바라: 네, 맞습니다. 그곳에서 열린 자선 행사에서 만났습니다. 두 분은 저를 다른 자선 행사에도 초대해주셨습니다.

변호사: 당신의 어린 시절에 대해 말씀해주시겠습니까? IQ가 200이라는 게 사실입니까?

오바라: 네….

2006년 3월, 이제 검찰이 오바라에게 반대신문을 할 차례였다. 검사와 마주하자 오바라의 자신만만한 모습이 사라졌다.

미조구치 검사는 경찰서에 도착한 여러 통의 편지에 대해 물었다. 루시의 이름으로 서명한 편지 두 통과 오바라의 아파트에서 찾은 편지 초안도 포함되었다.

"일부 편지는 가쓰타에게 메시지를 받은 후 제가 작성했습니다." 오바라는 시인했다.

"무슨 메시지였습니까?" 미조구치 검사가 물었다.

"메시지가 그냥 메시지죠. 이 이상은 말씀드릴 수 없습니다."

"가쓰타는 피고인이 아자부 경찰서에 편지를 보내야 하는 이유를 설명했습니까?"

오바라: 그런 메시지도 있었습니다.

검사: 편지를 보낸 목적은 무엇입니까?

오바라: 제가 답변하지 않아도 되겠습니까?

검사: 질문에 답하고 싶지 않다는 뜻입니까?

오바라: 메시지를 받았기에 편지를 쓴 것입니다.

검사: 더는 자세히 설명할 수 없다?

오바라: 지금으로선 그렇습니다.

여느 때처럼 오바라는 손에 파란색 손수건을 쥐고 얼굴과 목에 흐르는 땀을 꾹꾹 찍어서 닦았다. 뒤에서 자세만 봐도 그가 얼마나 불편해하는지 알 수 있었다. 오바라는 어깨를 축 늘어뜨리고 고개를 아래로 숙였다. 미조구치 검사가 계속 신문했다. '7월 3일, 즈시 마리나에서 자정에 출발해 모토 아카사카 타워스로 돌아간 다음 오전에 무엇을 했습니까?'

오바라는 답변하지 않았다.

"집에서 인터넷을 검색한 기억이 나십니까?"

"아뇨, 기억나지 않습니다."

"집에 컴퓨터가 있죠?"

"네, 모토 아카사카 타워스에 한 대 있습니다."

"7월 3일 컴퓨터 사용 기록을 보면 그날 오전 8시 50분경에 인터넷 검색을 한 것으로 나옵니다. 기억하십니까?"

미조구치는 빼곡하게 인쇄된 종이 다발을 들었다. 오바라의 반응은 보이지 않았으나 그는 분명히 놀랐을 것이다. "이걸 피고인에게 보여드리겠습니다. 아마 처음 보실 겁니다."

오바라는 서류를 받아 들었다.

미조구치는 "이것은 6월 중순부터 피고인이 개인용 컴퓨터로 검색한 결과를 프린트한 것입니다. 2000년 7월 31일 오전 8시 44분에서 8시 57분 사이 여섯 건의 검색이 이루어졌습니다. 지금 이 검색 기록을 보니 뭔가 기억나십니까?"라고 질의했다.

오바라는 입을 다물었다. 이어서 나온 문장은 토막이 나서 일본어로 말하는데도 알아듣기 힘들었다. "7월 1일 밤늦은 시각부터 약을 했고(누가 약을 했는지는 불분명했다), 7월 2일 루시와 같이 영국에서 실종된 여성에 대해 얘기했습니다. 여자가 납치됐는데 여전히 실종 상태라면서 루시는 그 사건이 되게 유명하다고 했고,* 저는 잘 알지도 못하면서 그 여자가 벌써 죽은 게 아니냐고 물었습니다. 그래서 영국에서 납치된 여자 이야기가 머릿속에 남았습니다."

검사는 오바라가 그날 아침 검색한 내용을 열거했다. 첫 번째는 악마의 트럼펫이라는 별명으로도 알려진 '다투라 메텔'이라는 약초로, 복용할 경우 환영을 일으키고 사망에 이르게 한다. 두 번째는 '나치 하버'였다. 노승이 생의 끝자락에 찾아와 배에 올라 마지막으로 숙명적인 여정을 떠나는 곳이었다. 세 번째는 '클로로포름 구하기'였다. 네 번째는 '데이트 마약인 GHB 합성'이었다.

"왜 이런 것들을 검색했습니까?" 미조구치가 압박했다.

"검사님께서 이유를 물으시는데요, 이건 범죄 영화를 왜 보냐고 묻는 것과 마찬가지입니다. 범죄를 저지르려고 범죄 영화를 봅니까? 그냥 스트레스를 풀려고 보죠. 사실 제가 이런 사이트를 많

---

*   나는 오바라가 언급한 실종 사건에 대한 기록을 전혀 발견하지 못했다.

이 검색한다는 사실을 검사님도 아시게 될 겁니다."

미조구치는 오바라가 그날 아침 마지막으로 검색한 내용을 조목조목 지적했다. "황산 만드는 법을 검색하고 황산을 구하는 법을 알려고 다른 웹사이트에도 접속했던데, 황산 구하는 방법을 검색한 게 맞습니까?"

오바라는 대답하지 않았다.

검사는 서류를 손으로 튕기면서 다른 페이지로 넘겼다. "여기에 뭐라고 적혀 있냐면 '고온 화로로 뼈까지 태워 재로 만드는 방법도 가능하나 너무 어렵다. 뼈까지 모조리 녹이는 유일한 방법은 뼈를 농축된 황산에 담그는 것뿐이다'라고 적혀 있습니다. 이건 시체 처리 방법 아닙니까?"

"저는 6월에도 그런 사이트를 검색했습니다. 미조구치 검사님이 암시하시는 그런 동기에서 검색한 게 아닙니다." 오바라가 반박했다.

"그렇다면 하필 왜 그날 이런 사이트를 방문했습니까?"

"말씀드렸다시피 런던에서 납치된 여성 사건에 대해 루시와 얘기했기 때문입니다."

"이 두 가지 방법—소각과 용해—은 '너무 어렵다'고 적힌 것을 본 사실을 기억하십니까?"

"기억이 안 납니다."

피고와 검사가 재치를 겨루는 듯한 심리전은 일본 법정에서 보기 힘든 광경이었다. 오바라는 땀을 닦았다. 미조구치가 노란 종이가 섞인 두꺼운 폴더에서 다음의 증거를 제시하는 순간 오바라의 심장은 가슴 속에서 뒤집혔을 것이다.

그것은 오바라가 자신의 성관계를 기록한 '플레이' 일지에 적은 내용이었다. 루시의 일기를 인용했던 오바라가 이제 거꾸로 자기 일기가 읽히는 상황에 처했다.

검사는 "여기에 피고인이 1970년대 무렵부터 기록한 공책이 있습니다"라고 했다.

오바라는 당연히 이 일지를 기억했다. "저는 여자들과의 경험을 5년 후에 기록했습니다. 5년을 묵히면 애기가 더욱 흥미진진해지거든요. 그래서 5년이 경과한 후에 적었더니 사연이 훨씬 호색적으로 느껴졌습니다."

"그렇다면 여기에 적힌 내용이 허구라는 겁니까?"

"전부 그런 건 아닙니다. 언급된 여성들은 실존하지만 내용은 소설이죠."

성관계 기록에는 숫자가 매겨졌고 어떤 경우에는 날짜도 적혔다. 1970년부터 1995년까지, 1부터 209번까지였다. "63번, 세 번째 줄을 보시죠." 검사가 오바라에게 주문했다. "SMYK가 무슨 약자입니까?"

"이건 더 재미있으라고 5년 후에 그냥 적어 넣은 겁니다."

"무슨 뜻이죠?"

그는 잠시 머뭇거린 후 입을 열었다. "대답하지 않겠습니다."

"4번 보시죠. '나는 그녀에게 수면제를 주었다.' 21번, '오늘 나는 그녀에게 수면제를 주었다.'"

일본어로 수면제는 '스이민야쿠睡眠薬'였다.

"피고인이 적은 SMYK는 '스이-민-야-쿠'를 뜻합니까?" 검사가 물었다.

"답변을 거부하겠습니다."

"140번, 'SMY와 CHM를 너무 많이 주는 바람에 덜컥 겁이 났다.' 여기에 적힌 CHM가 무슨 뜻입니까?"

"까먹었습니다."

"150번, 피고인은 CRORO라고 적었는데, 이건 무슨 뜻입니까?"

"대답하고 싶지 않습니다."

"클로로포름(일본어로 '크로로호무'라고 발음한다)을 의미하는 게 맞습니까?"

"모릅니다."

미조구치는 다음 장을 넘겼다. "190번, 당신은 '도중에 그녀가 눈치채서 내가 둘러댔지만, 그녀는 알았다'라고 적었던데, 이게 무슨 뜻입니까?"

"이것 역시 '플레이'입니다. 대답하지 않겠습니다."

"공책에 적힌 내용으로 판단하건대 당신이 합의하지 않은 상태에서 '정복 놀이'를 했다는 걸 여자들이 알게 되자 굉장히 겁을 먹은 것 같군요."

"아뇨, 사실이 아닙니다. 그냥 '플레이'였습니다."

"그렇다면 그 '플레이'라는 게 어떤 겁니까?"

"대답하지 않겠습니다."

"179번, 1992년 2월, '나나에를 만난 후 카리타를 만났다.' 이게 이번 범죄 사건의 주인공 카리타와 동일 인물입니까?"

오바라는 아무 말도 하지 않았다. 그의 얼굴이 보이지 않으니

미칠 노릇이었다.

"피고인은 카리타에게 클로로포름을 투약하지 않았다고 주장하십니까?"

"그렇습니다."

"198번, 'SMY와 CROCRO를 사용했다. CROCRO를 너무 많이 썼다. 카리타에게도 CROCRO를 썼지만 병원에서 준 약이 원인인 것 같다.' 이게 피고인이 쓴 내용입니다. 클로로포름을 투약했습니까?"

오바라는 대답했다. "그건 다 소설입니다."

몇 번의 심리를 거친 후 오바라는 피고인 측 변호사에게 인터넷 검색과 섹스 일지에 대해 질문을 시켜 반대신문에서 입은 타격을 만회하려고 시도했다. 오바라는 몇 달 동안 인터넷을 검색했다는 점을 강조하면서 그날 아침에만 검색했다고 한정하는 건 타당하지 않다고 주장했다. 섹스 일지에 대해서는 CRORO, CROCRO, CRO 및 다른 영어 코드명은 클로로포름이 아니라 오바라와 여성 파트너가 비닐봉지에 담아 코로 흡입한 각종 알코올이라고 주장했다. 그러나 증인석에 서서 변론하는 동안에도 오바라는 미조구치 검사에게 또다시 신문당하는 처지로 전락했다. 미조구치의 첫 번째 질문은 간단했다. "SMY가 '스이-민-야쿠'입니까?"

"SM은 슈퍼 매직을 뜻하며, Y는 외국에서 보편적으로 환각을 의미하는 약자로 쓰입니다. Y는 알려지지 않은 뭔가를 의미하는데요, 옐로 선샤인(LSD를 칭하는 속어—옮긴이)이나… 예스카(마리화나를 일컫는 속어—옮긴이) 같은 걸 의미하…." 오바라는 이 부분에서 앞뒤가 맞지 않자 말꼬리를 흐렸다.

도치기 판사는 근사한 치아를 번쩍이더니 "지금 무슨 말을 하는 겁니까?"라고 물었다.

2006년 4월 공판이 한창 열리는 와중에 제인과 팀 블랙맨, 카리타 리지웨이의 모친 애넷은 직접 증인석에 서려고 도쿄에 왔다. 루시의 부모는 관계가 워낙 껄끄러워서 검찰은 일단 양쪽 어머니를 먼저 법정에 앉히고 팀은 닷새 후에 부르기로 했다.

기소된 살인자와 자식을 잃은 부모가 법정에서 얼굴을 마주한다는 예고가 나가자 방청석은 만원이었다. 법원 안내인은 기자단과 일반인들을 법정 안으로 늦게 입장시켰다. 문이 열린 뒤 보니 제인과 애넷은 방청석 맨 앞줄에 앉아 있었지만 오바라가 늘 앉던 자리는 비어 있었다.

주임 판사 도치기는 온화하게 미소를 지었다. "재판부는 오늘 피고인의 불출석을 통보받았습니다."

판사는 법에 따르면 형사재판은 피고인이 불출석 시 진행할 수 없으나 피고인이 소환장을 받고도 불출석하는 정당한 사유를 대지 못할 경우 이 조항은 유예 가능하다고 설명했다. 오바라는 평소대로 출석 통보를 받았고 도쿄 지방법원 관계자들이 오늘 아침 구치소로 찾아가 법정 출두를 요청했다. "그러나 피고인은 탈의를 한 채 세면대에 매달려서 출석을 거부했습니다. 피고인은 정당한 불출석 사유를 제시하지 않았습니다. 딸을 잃은 가족이 멀리 해외에서 오신 관계로, 재판부는 피고인이 불출석한 상태임에도 기다리지 않기로 결정했습니다"라고 주임판사가 설명했다.

제인이 먼저 증인석에 섰다. 그녀는 루시의 아기 때, 어린 시절, 아가씨 때의 모습을 이야기하고 자매처럼 가까웠던 모녀 사이에 대해 얘기했다. "저는 자식을 잃은 부모의 마음은 다들 알듯이 그저 크나큰 슬픔이라 생각했습니다. 그러나 제가 틀렸습니다. 자식을 잃었을 뿐 아니라 자식의 몸이 그렇게 잔인하게 토막 난 사실은 지금껏 겪어야 했던 그 어떤 고통보다 처절하고 잔인합니다. 오바라가 오늘 법정에 출두를 거부한 건 수치스러운 일이며 그가 유죄라는 걸 명명백백하게 보여주는 증거라고 생각합니다. 오바라는 비겁합니다."

애넷이 그다음이었다. 애넷은 카리타의 죽음에 영향을 받은 큰딸 서맨사와 남자친구 로버트 피니건에 대해 증언했다. "14년이 흘렀지만 아직도 매일 카리타를 떠올리며 딸을 잃은 상실감에 시달립니다. 카리타는 제게 최고의 딸이었기에 그 누구도 빈 자리를 대신할 수 없습니다. 저는 오바라가 반드시 처형당하길 원합니다만 그건 불가능하니* 그가 죽을 때까지 평생 감옥에 있어야 한다고 주장

---

* 일본은 살인죄에 사형을 선고하고 극소수의 사형수에 대한 사형을 매년 집행한다. 그러나 사형은 극악한 경우에만 선고되는데, 연쇄 살인이나 보험금 수령을 노린 고의적 살인 같은 경우로 한정된다. 검찰은 피해자들에 대한 고의적 살인을 시도한 혐의로 오바라를 기소하지 않았다. 그게 아니더라도 오바라가 불법 마약을 과다 투약함으로써 카리타 리지웨이를 우발적 사망에 이르게 했으며, 루시 블랙맨의 경우에도 오바라가 무분별하게 같은 실수를 반복해 사망에 이르게 했다고 주장할 수도 있었다. 그러나 오바라의 유죄를 입증하는 데 정황 증거에만 의존하는 상황이라, 검찰은 그보다 낮은 '강간 치사' 혐의를 적용하여 기소하는 것이 무난히 유죄 판결을 끌어낼 수 있다고 결론 내렸다.

합니다."

닷새 후 팀이 법정에 섰다. 오바라는 이번에도 불출석했다. 판사는 이번에는 오바라가 독방 벽 좁은 틈새로 들어가 나오기를 거부했다고 알렸다.

팀은 30분 가까이 증언했다. "딸 루시의 죽음은 제 평생 가장 끔찍하고 처참한 사건입니다. 그 충격과 트라우마는 저를 바꾸어놓았습니다"라고 말을 시작했다.

8,000일을 살다 간 루시는 제 마음속에 여러 모습으로 남아 있습니다. 저는 사람들 사이에서도 매일 울음이 터지고, 사업 미팅을 할 때도 눈물이 고이고, 친구들과 같이 있거나 밤을 지새울 때도 수시로 눈시울이 뜨거워집니다. 유모차에 탄 아이를 볼 때면 루시가 떠올라 눈물이 흐릅니다. 가끔 아이들이 공원에서 아빠와 같이 즐겁게 놀면서 기뻐하는 모습을 볼 때면 루시 생각에 서글퍼집니다. 전철에서 스물한 살 정도 되어 보이는 젊은 여성 옆에 서 있으면 루시 생각에 눈물이 고입니다. 어린아이를 데리고 가는 젊은 여성을 볼 때면 루시 생각이 납니다. 루시는 저렇게 못 하는구나….

루시가 어여쁜 두 팔로 제 목을 감싸며 사랑한다고 말하는 순간의 포근한 행복을 다시는 느낄 수 없습니다. 루시의 삶이 멈춘 순간을 머리에서 떨칠 수가 없습니다. 루시의 뇌가 기능을 다하는 순간, 비극적으로 마지막 긴 호흡을 내뱉는 순간, 루시는 고통스러웠을까요? 겁이 났을까요? 절 찾았을까요?

저는 동강 난 루시의 육체를 머릿속에서 그립니다. 전기톱 톱날 자국이 루시의 뼈에 새겨지고 몸이 썩어 문드러진 모습을 상상합니다. 토막 난 루시의 몸이 비닐봉지에 담겨 모래 속에 암매장된 기억은 소피와 루퍼트의 얼굴에 그늘로 아로새겨졌습니다. 이런 모습은 평생 저와 같이할 것입니다. 루시를 생각할 때나 어린아이를 볼 때면 이 끔찍한 모습도 같이 떠오릅니다.

꿈속에서 루시의 목소리가 들리면 잠시나마 루시가 죽었다는 사실을 잊습니다. 잠깐이나마 루시의 목소리를 들어서 기쁘지만 곧이어 루시가 세상에 없다는 사실이 떠올라 고통에 빠집니다. 이제는 루시를 꿈속에서만 볼 수 있다는 걸 압니다.

이 많은 일들로 인해 저는 변했습니다. 말로 표현할 수 없는 깊은 아픔으로 마음이 산란하고 상처를 입었습니다. 잠도 제대로 못 자고, 종종 참지 못하고 울음을 터뜨리곤 합니다. 친구와 가족을 만나기가 겁이 납니다. 왜냐하면 그들의 눈에서 보이는 슬픔 때문에 화가 나거든요. 가끔은 일에 집중할 수 없고, 정신이 혼미해 직장에서 중요한 결정을 내릴 수가 없습니다. 그 일이 너무 하찮고 가벼워 보이기 때문입니다.

저는 루시를 만날 수 있었음에도 바쁘다는 핑계로 만나지 못한 과거에 대해 죄책감을 느낍니다. 루시가 어릴 때 야단쳤던 것도 후회스럽습니다. 루시가 달라는 돈을 주지 않았기 때문에, 루시가 저를 가장 필요로 할 때 같이 있어주지 못했기 때문에 죄책감을 느낍니다. 이런 죄책감이 비논리적이라 해도 늘 가슴에 남아 기분을 가라앉히고 루시의 죽음으로 생긴 심한 상처를 더욱 곪게 합니다.

루시가 생각나지 않을 때 드는 죄책감이 가장 큽니다. 잠시나마 다른 일로 행복감을 느끼는 순간 죄책감이 덮칩니다. 루시가 처참하게 살해당했기에 죽을 때까지 이런 죄책감에서 결코 벗어나지 못할 것입니다. 다음 생에서 루시를 다시 만날 때까지 이 비극에서 절대로 벗어날 수 없다는 것을 잘 알고 있습니다. 이 고통에서 벗어나는 길은 오로지 죽음뿐입니다. 제가 죽으면 루시가 제 목에 양팔을 감는 감촉을 다시금 느낄 수 있다는 걸 알기에, 오로지 그 사실 덕분에 저는 다시 힘을 내어 살아갈 수 있습니다.

그동안 팀이 했던 연설 중 가장 강렬했다.* 도쿄 지방법원은 무미건조한 장소였지만 이 말이 가져온 여파는 의심할 바 없었다. 검찰 측 주장은 치밀하고 일관되었다. 오바라의 변론은 모순으로 뒤엉켜 있었다. 그리고 지금, 세상을 떠난 루시의 아버지가 재판정에 나와 법정 최고형을 호소했다. 그렇기에 2001년 말, 팀 블랙맨이 오바라에게 100만 엔을 받고 피고인에게 불리한 증거에 이의를 제기하는 서류에 서명한 사실이 알려지자 커다란 충격이 덮쳐왔다.

---

*   서양 사법부에서는 확실히 구별되는 법원의 두 가지 임무, 유무죄 선고와 피의자 양형 확정이 일본에서는 상당히 혼란스러웠다. 오바라가 죄를 인정했거나 그의 유죄가 드러났다면 양형 결정 시 피해자 가족의 의견이 이성적으로 고려되었을 것이다. 그런데 이 단계에서 오바라는 모든 혐의를 극구 부인했다.
    피의자를 여전히 무죄로 추정해야 하는 이 단계에서 일본 사법부가 유가족을 부른 것은 피고인이 재판을 받기도 전에 이미 비공식적으로 유죄임이 성립되었고 재판은 요식행위라는 인상을 강하게 풍겼다.
    다음은 오바라가 이런 심리를 받으면서 준비한 사유서의 내용이다. "이번 재판에서 절 범인으로 기소한 어떠한 내용도 제가 절대로 인정하지 않았음에도, 카리타 리지웨이와 루시 블랙맨의 가족이 범죄자에 대해 직접 발언할 예정입니다. 따라서 제가 출석할 경우 범죄자로 낙인찍혀 죄를 인정해야 할까 봐 두렵습니다. 또한 형사재판 법정이 보복과 비난의 장으로 전락해 증오와 회한을 남기게 될까 봐 두렵습니다." 도치기 판사는 이 불출석 사유서의 법정 내 낭독을 허락하지 않았다.

애도

"장례식을 치렀다는 건 언니가 더는 실종 상태가 아니라는 뜻이죠"라고 소피 블랙맨이 말했다. "어중간한 시기는 이제 끝났어요. 이제 더 이상 언니를 찾아 헤맬 필요가 없죠. 전 언니의 유해를 묻으면서 비로소 언니의 인생이 끝났다는 걸 깨달았습니다. 언니의 장례식보다 더욱 의미가 있었죠. 유해를 묻는다는 건 언니가 죽었음을 인정하는 거니까요." 소피도 죽음의 문턱까지 갔다.

화장을 한 후 유해를 안치하기까지 4년이나 걸렸다. 유족은 유해 처리 방법을 놓고 4년 내내 소모적인 논쟁을 벌였다. 처음에 팀은 루시가 어릴 적 가족이 자주 배를 타러 가던 솔렌트(영국 본토와 와이트 섬 사이의 해협─옮긴이) 해안가에 유해를 뿌리자고 했다. 루퍼트는 가족이 모두 찾아갈 수 있게 세븐오크스에서 가까운 묘지에 묻는 게 좋겠다고 했다. 그러나 엄마와 딸은 이 일을 두고 치열한 말싸움을 벌였다. 소피는 가슴 아파하며 남은 가족 넷이서 유해를 나누자고 간절히 애원했다. 소피는 언니와 모로이소 동굴에서 재회

한 순간을 계속 간직하고 싶어 했다. 소피는 가족 앞으로 보낸 편지에 절절한 마음을 담았다. "언니의 유해를 예쁘고 섬세한 은제 장신구 상자에 담아서 평생 간직하고 싶어요. 전 언니를 흙으로 돌려보낼 준비가 되지 않았어요. 조금이라도 루시 언니와 같이 있고 싶어요. 어딘가에 두고 매일 언니와 얘기하고 싶어요. 먼 훗날 제가 가정을 꾸리거나 제 집이 생기면, 영원히 함께할 완벽한 장소에 언니를 묻어줄 거예요."

그러나 제인은 단호했다. 2002년 법원은 어머니 제인을 루시의 재산 관리인으로 지명했다. 이로써 모든 문제에 대한 최종 결정권을 부여받자 제인은 이를 행사하기로 결심했다. 제인은 특별한 용도로 가정용 금고를 구입하여 한때 그 안에 유해를 보관하기도 했다. 자세한 설명은 하지 않았지만 제인은 팀이나 소피가 루시의 유해를 훔쳐갈까 봐 두려워하는 것 같았다. 제인이 이렇게 극도로 겁내는 이유는 루시가 사망한 형태와 상당히 관련 있었다. 루시의 온몸이 토막 났다는 생각을 떨치지 못해 제인은 계속 두려워했다. "루시가 토막이 났는데 유해마저 가르겠다니 말도 안 된다고 강력히 주장했습니다. 전 딸의 일부분만 갖고 싶지 않았어요." 2005년 3월 23일, 가족은 제인이 사는 곳에서 1.6킬로미터 떨어진 실이라는 마을의 세인트 피터 앤 세인트 폴 교회에서 루시의 유해 안치식을 준비했다.

소피는 10대 때부터 엄마와 치열하게 싸웠고, 다툼을 중재한 루시는 양쪽 모두에게 소중한 존재가 되었다. 소피는 열네 살 때 가출해 몇 달간 친구네 집에서 살았고 대입 준비 과정까지 다니다 중퇴했다. 루시가 실종됐을 무렵 소피는 심박 박동기를 살피고 심장을 검사하는 심장 전문인이 되려고 공부 중이었다. 소피는 최대 며칠 머물 예정으로 도쿄로 떠났지만 결국 다이아몬드 호텔에서 몇 주나 묵었다. 소피는 도쿄와 런던을 오가다가 런던으로 돌아온 사이에 의료 실습생 생활을 재개했다. 하지만 급작스러운 루시의 실종으로 소피의 생활은 여러모로 흔들렸고 위로하는 사람들을 스스로 끊어내면서 관계를 재정비했다. 어떤 친구들이 무슨 말과 행동을 해야 할지 몰라 소피를 외면하자, 소피도 그들을 무시했다. 또 어떤 이들이 위로와 응원을 한답시고 호들갑 떨고 숨 막히게 굴자 소피는 그들을 내쳤다. 자존심 강한 소피의 방어적인 태세는 종종 공격적이고 무시하는 태도로 비쳤고, 이 때문에 자연스레 소피를 도왔을 많은 이들까지 멀어져버렸다.

소피는 어머니보다 아버지 팀과 훨씬 사이가 좋았다. 그러나 팀은 예전부터 없다시피 한 존재로 저 멀리 와이트 섬에 새로 꾸린 집에서 살았다. "저는 스스로 왕따가 됐는데 꽤 행복했어요. 인생에서 변함없이 믿을 사람은 딱 하나, 루시 언니뿐이었어요. 정말 그랬어요. 우울해질수록 의지할 사람 없는 상황으로 저를 내몰았더니 언니를 안치하는 날 제 곁엔 아무도 남지 않았어요."

애초부터 직계 가족 넷이서 비공개로 안치식을 치르자고 의견을 모았다. 그런데 기자들이 어디선가 이 소식을 전해 들었다. 가족은 기자들과 사진기자들이 물 샐 틈 없이 스크럼을 짜는 상황을 피하고자 오후 4시 예정이던 안치식을 막판에 1시로 앞당겼다. 제인이 분통을 터뜨리며 팀이 기자들에게 흘렸다고 확신하는 바람에 그날 내내 어색함이 배가됐다.

안치식은 굉장히 짧고 간단했다. 사망한 지 거의 5년 만에 루시의 유골함은 서부 켄트의 평야와 낮은 언덕이 내려다보이는 실 교회 경내의 좁은 터에 묻혔다. 루퍼트는 누나를 위해 직접 작사 작곡한 노래가 담긴 CD를 무덤 속에 넣었다. 소피는 루시가 좋아하던 예이츠의 〈아일랜드 비행사가 죽음을 예견하다〉라는 시의 첫 행이 새겨진 명판 두 개를 가져와 첫 행이 적힌 명판을 루시 곁에 넣었다.

나는 내 운명과 마주하게 되리란 걸 알았네

그다음 행이 적힌 명판은 소피가 간직하면서 어디를 가든 평생 갖고 다니기로 결심했다.

저 구름 속 어딘가에

식을 마친 후 네 사람은 행복했던 과거에 루시의 생일을 축하했던 랑데부라는 레스토랑으로 늦은 점심을 먹으러 갔다. 이혼한 후 팀과 제인이 이렇게 가까이 앉은 것은 처음이었다. 팀은 샴페인을 주문하더니 이런 상황이 나쁘지 않다는 사실을 알고 놀라워했다. 화기애애한 분위기라 소피와 루퍼트는 농담과 웃음을 참지 못했다. 제인은 옆에 전남편이 앉았는데도 예전보다 참을 만했다. 제인은 "다들 서로에게 예의 바르게 대했습니다. 팀은 저더러 아름답다고 했어요. 원래 그날을 그렇게 보낼 생각은 아니었지만 저희 둘

다 루퍼트와 소피를 위해서 그랬던 거죠"라고 했다. 그러나 소피에게는 두려움과 위선의 시간이었다. 명랑해 보이는 겉모습과는 달리 소피는 내내 괴로운 마음에 속이 뒤틀렸다.

"엉망진창이었고 소름이 끼쳤어요." 4년이나 지났는데도 소피는 이 얘기를 하자 목소리가 갈라졌다. "레스토랑에 앉아 다들 서로에게 잘해주려 하고, 우리가 행복한 가정인 양 연기하고 있었어요. 루시 언니를 막 묻고 왔는데 어이가 없더라고요. 다들 하나가 된 것처럼 굴었지만 사실 저희 사이엔 아무것도 남지 않았어요. 서로를 연결해주는 끈이 전혀 없었으니까요. 지금도 그때를 생각하면 분통이 터집니다. 말도 안 되는 일이었죠. 루시 언니의 죽음이 우리 가족 모두의 관계를 바꾸어놓은 건 확실해요. 남동생과 여동생, 엄마와 아버지임에도 저희 가족은 한 테이블에 둘러앉은 4인의 이방인이었어요."

소피는 자존심을 지키기 위해 감정을 숨긴 다음 자신의 불행을 걸고 친구와 가족에게 도전했다. "제가 정말 괜찮지 않다는 걸 슬쩍 내보이려고 모두를 제 아파트로 초대했어요. 끔찍한 점심 식사 자리를 박차고 나가고 싶었지만 대신 다 같이 있는 시간을 연장했죠. 그게 제 딴에는 '아직은 절 두고 가지 마세요. 전 아직 준비가 덜 됐어요'라 말한 거였죠." 블랙맨 가족은 소피의 집에서 술과 차를 조금 더 마신 후 작별 인사를 나누었다. 룸메이트이자 승무원으로 일하는 에마가 외출할 예정이라 소피는 루시를 땅에 묻고 온 날 밤에 홀로 있어야 했다. "저는 '제발 가지 말고 제 옆에 있어주세요'라고 말하지 않았어요. 물론 도움이 필요하면 가족에게 부탁해야 하는

게 맞습니다. 제가 한 실험은 저희 가족이 제 마음을 알아채느냐였
죠. 제 상태를 알았더라면 다들 물어볼 필요도 없이 제 곁에 있었겠
죠."

"정말 외로웠어요. 언니를 묻은 날이니 제 인생에서 가장 중대
한 날이었죠. 언니의 인생이 끝나서 다시는 볼 수 없다는 얘기잖아
요. 그걸 못 견딜 것 같았어요."

전년도에 소피는 계속 항우울제를 복용했다. 약을 여러 번 바
꾸었지만 별로 도움이 되지 않았다. 이제 보드카를 스트레이트로
여러 잔 마시다가 낱개 포장된 약을 포장지에서 꼼꼼하게 빼내 몽
땅 펼쳐놓았다.

"저쪽에 홀로 앉아 정신을 잃어갔어요. 무슨 생각을 했는지 정
확히 모르겠고, 뭘 하겠다고 결단을 내린 기억도 없어요. 그냥 갖고
있는 약을 모조리 입에 털어 넣었어요. 약을 손에 한 움큼 쥐고 먹
은 기억이 나요. 약을 포장에서 꺼내 한 주먹씩 계속 먹었어요. 사
람들은 '그게 도와달라고 외친 거 아니야?'라고 말하지만 그건 아니
었어요. 전 그냥 죽고 싶었고 살고 싶지 않았죠. 뭐가 중요한지 모
르겠더라고요."

소피의 룸메이트와 남자친구가 집에 와보니 소피가 소파에서
잠들어 있었다. 두 사람은 소피가 보드카를 마셔서 인사불성이 된
줄 알고 소피를 침대로 옮겼다. 다음 날 에마는 이틀 예정으로 새벽
에 비행을 나갔다. 그 후 벌어진 일에 대해서는 각자 다르게 기억했
다. 팀은 에마의 어머니가 전화했다고 기억했고, 소피는 겨우 정신

을 차리고 직접 전화로 앰뷸런스를 불렀다고 기억했다. 어느 쪽이 사실이든, 그때가 금요일 새벽이었으니 약을 과다 복용한 지 24시간도 훨씬 지나 앰뷸런스를 타고 병원에 간 덕분에 소피는 목숨을 건졌다.

루퍼트가 가장 먼저 이 소식을 듣고 소피가 실려 간 정신병원으로 급히 달려왔다. 남동생은 누나가 왔다 갔다 하면서 웅얼거리고 양손을 강박적으로 비비는 모습을 보고 경악을 금치 못했다. 불과 이틀 전만 해도 반주를 곁들여 식사하던 까칠하고 기운찬 누나가 아니라 좀비 같아 보였다. 팀은 와이트 섬에서 달려와 소피를 개인 병원으로 옮겼다. 소피는 정신 보건법에 의해 신속히 격리 조치되었다. 팀은 소피의 허연 안색에 충격을 받았고, 위세척을 한 후였음에도 여전히 환각에 시달리는 모습을 보고 놀랐다. 제인이 제일 늦게 병원에 도착했다. 제인은 병원에 와서야 소피가 몇 개월 전 팔을 그어 자해한 상처를 처음 보았다.

며칠 후 소피는 퇴원해서 아버지의 보살핌을 받기로 하고 와이트 섬으로 옮겨 낡은 사제관에서 팀과 조지핀, 이복형제들과 10주간 살았다. 소피는 차분하고 행복하게 지내면서 시티 오브 웨스트민스터 칼리지 임상생리학과 졸업 논문을 마쳤다. 그해 여름에 결과가 발표되었다. 소피가 최우수 졸업 학위를 받았다.

다음 해 소피는 리치먼드어폰템즈에 있는 카셀 병원에 입원했다. 가족과의 관계에서 심각한 심리적 문제를 겪은 이들을 치료하는 전문 병원이었다. 소피는 9개월간 입원했고, 다시는 어머니 제인을 만나지 않았다.

"루시의 죽음과 같은 불행을 겪으면 가족이 다시 하나로 뭉칠 것 같지만, 사실 행복한 가정이라 해도 그런 일을 당하면 와해되는 경우가 많습니다. 서로 비난하다 서로를 피합니다. 벌어진 일은 돌이킬 수가 없고 고통스럽다 보니 대처할 기운이 점점 빠지죠. 이미 쌓인 피로감에 스트레스까지 겹쳐 점점 감당하기 힘들어집니다"라고 팀이 말했다. 2006년 여름이 되자 팀은 블랙맨 가족을 한층 더 힘들게 하는 소식을 들고 병원에 입원한 소피를 찾아갔다. 오바라 조지가 50만 파운드를 제시하자, 팀이 그 돈을 받기로 한 것이다.

2006년 3월 오바라의 변호사가 이메일로 처음 제안했다. 현찰 20만 파운드를 일시불로 받고 그 대가로 팀이 도쿄 지방법원에서 증언하지 않는 조건이었다. 제인도 비슷한 제안을 받았지만 치를 떨며 거절했다. 그런데 팀은 이 제안에 대해 이메일로 짧게 답장을 보냈다. 당시엔 돈을 받겠다는 의도가 아니었다고 팀은 내게 변명했다. "그렇게 오바라와 거의 직접 연락할 수 있었죠. 전 그에게 접근하고 싶어서 협상하는 척하며 답장을 보냈습니다. 일단 어디까지 부르는지 보려고 했고, 그다음엔 오바라의 기대치를 높이다가 등에 칼을 꽂고 찬물을 끼얹어 그의 노력을 수포로 돌리려는 목적이었죠. 전 그저 장난을 친 겁니다. 합의는 없습니다. 오바라에게 받을 돈도 없고 그를 용서하지도 않을 겁니다."

오바라의 변호사는 이메일 사본을 보관했고 팀과 통화한 내용을 녹음해 녹취록을 작성했다. 그다음 해 변호인단은 그 내용을 공개하면서 팀이 스스로 주장한 것보다 돈을 받으려고 훨씬 적극적으로 나왔다고 했다. 팀은 이메일에서 "저는 피고인에게 제안을 받았습니다. 저는 그 제안에 대해 고려할 준비가 되어 있고 조건에 대해서도 고려할 준비가 되어 있습니다"라고 적었다. 팀이 50만 파운드를 요구하자 오바라는 30만 파운드를 제시했다. 이에 팀은 법정에서 증언할 내용에 대해 동의했다. 팀은 다음과 같이 말하기로 약속했다. "피고인은 뉘우치고 있고 루시의 죽음을 애도했습니다. 저는 루시의 아버지이자 기독교인으로서 피고인을 용서할 수 있습니다. 이로써 저희 관계는 해결되었습니다. 저는 피고인이 갱생하여 사회로 복귀하기를 희망합니다." 그런데 며칠 후, 팀이 돌연 협상을 중단했다.

그는 오바라 측 중재인에게 전화를 걸어 설명했다. 당시 통화한 내용이 녹음되어 녹취록이 공개되었다. 팀은 "영국 경찰의 연락을 받았습니다. 그들이 일본 검찰과 의논을 했더군요. 그쪽에서는 제가 돈을 받고 법정에 출두하는 일을 좋아하지 않습니다"라고 전했다.

카리타의 어머니 애넷 리지웨이도 비슷한 제안을 받았지만 역시 거절했다. 세 명의 부모는 그다음 달 도쿄에서 딸을 잃은 후 삶이 어떻게 바뀌었는지 증언했다. 팀은 법정에서 다음과 같이 진술했다. "사랑하는 제 딸아이에게 가해진 참혹한 행동은 역겨운 존재가 저지른 짓입니다. 더러운 짐승이 예쁘고 유약한 상대를 먹잇감으로 삼았습니다. 이것은 법과 통제의 손길이 닿지 않는 온실 속에서 수십 년간 제멋대로 자란 괴물이 저지른 사악한 행위입니다."

이 괴물은 반인륜적 도착적 행위나 범죄에 대해 일말의 회개나 부끄러움, 죄책감을 전혀 보이지 않습니다. 오히려 거짓말을 일삼고 부인할 뿐입니다. 애당초 루시에 관한 모든 것을 부정하더니 루시의 죽음까지 부인하고 있습니다. 저 짐승의 먹잇감이 되지 않았더라면 제 딸은 지금쯤 살아 있었을 겁니다.

저희를 상대로 벌인 이 야비한 범죄행위에 대해 반드시 법정 최고이자 최장형 선고가 내려져야 합니다. 전 세계는 이 살인 혐의에 대해 사형이 선고되기를 지켜보고 있습니다. 저 역시 동의합니다. 법정 최고형에 못 미치는 선고가 내려질 경우 응당한 정의가 부정됨으로써 루시의 삶과 죽음에 치욕이 될 것입니다.

그런데 6개월 후 팀이 오바라 변호인단에게 연락을 재개했다. 9월 말 그는 도쿄 뉴 오타니 호텔에서 변호인단과 만났다. 타이밍은 우연이 아니었다. 10월, 오바라 변호인단은 최종 변론 절차에 돌입했다. 정확히 닷새 전 와이트 섬에 있는 팀의 은행 계좌로 1억 엔(당시 환율로 45만 4,000파운드)이 입금되었다.

가해자가 피해자에게 돈을 지불하는 행위는 일본 형사재판에 정착된 과정으로 종종 검사가 권장하기도 한다. 행인에게 상해를 입힌 난폭 운전자, 좀도둑, 심지어 강간범까지 금전으로 합의를 볼 경우 형량이 낮아지거나 처벌을 면하기도 한다. 이때 피해자가 관용을 요청하는 탄원서를 작성하거나 법정에서 호소하는 일 등이 동반된다. 서구의 시각에서 보면 이런 합의는 사법부가 기계적으로 끼어드는 위험한 중재 행위다. 그러나 가해자는 자신이 상해를 입

헌 피해자에게 반드시 배상해야 한다는 것이 많은 일본인들이 지닌 상식이다. 집단 강간의 경우 피해자에게 150만 엔을 지불한 피고인들은 징역 3년 형을 받았지만, 돈을 마련하지 않았거나 못 한 피고인들은 4년 형을 받았다. 사회학자 데이비드 존슨은 이렇게 기술했다. "이러한 사건의 경우 징역 1년당 150만 엔으로 치환된다. 살인사건의 경우 징역 3년 형에서 종신형까지 선고되는데(사형도 가능하다), 사형에는 돈이 영향을 주지 못하지만 징역형일 경우 유가족의 의중이 영향을 끼친다."

그러나 이런 관행과 오바라가 제시한 합의는 달랐다. 기존 사건의 경우 피고인은 속죄 의사를 표명하고 잘못을 저질렀음을 인정하고 이를 바로잡고자 하는 열망을 구체적으로 표현하기 위해 돈을 지불한다. 그런데 오바라는 아무것도 인정하지 않았다. 그의 변호사들이 수십만 파운드를 뿌렸음에도 사과나 자백은 동반되지 않았다. 그들은 사실 이것이 배상금이 아니라 '미마이킨見舞金', 즉 위문금이나 조의금이라고 진지하게 지적했다. 이 말은 즉 어떠한 형사 책임도 없음을 의미했다. 오바라는 잘못한 게 전혀 없는데도 품격을 갖춘 여러 사람들처럼 루시와 카리타가 당한 일이 너무나 애석해서 애통한 유족을 그저 돕고 싶었을 뿐이라는 것이다.

그가 죄를 인정했다면 피해자에게 지불한 돈으로 판사를 설득해 형량을 줄일 수 있었을 것이다. 그런데 전혀 해를 입히지 않은 상대에게 돈을 건넨다니 말이 되지 않았다. 오바라의 변호인단 중 일부는 이 전략을 비판했다. 그러나 오바라는 자선을 베풀겠다는 취지를 공격적으로 밀어붙였다.

변호사와 사설탐정은 오바라를 고소한 여자 여덟 명을 한 명씩 마크하며 각각에게 200만 엔을 제시했다. 일부 여성이 거절했음에도 그 제안은 성희롱에 가까울 만큼 집요하게 거듭되었다. 아사오 미키코라는 여성 변호사가 피해자 3인의 변론을 맡았다. 그녀는 피해 여성들에게 이렇게 조언했다. 그들은 오바라에게 배상받을 자격이 있으나 만일 돈을 받을 경우 오로지 영수증만 발행해주어야지, 성명서나 선처를 요청하는 행위, 법원 심리에 영향을 주는 행위는 절대로 해주면 안 된다고 환기시켰다. 그럼에도 돈을 받기로 한 피해 여성들은 대부분 오바라 측에서 내민 서류에 서명했다. 오바라의 변호사가 초안을 잡은 서류에는 '민폐 보정'을 받았음을 인정하고 이제 사건이 '완전히 종결되었음'에 동의하며 "본인은 오바라가 저지른 범죄에 대한 처벌을 촉구하려는 의도가 없기에 본인 사건과 관련한 처벌과 고소를 취하해달라"고 재판부에 요청하는 내용이 담겨 있었다.

아사오 미키코는 "이런 탐정들이 여성들에게 반복적으로 연락을 취했습니다. 직장과 집, 핸드폰으로 연락했습니다. 핸드폰 번호를 바꾸면 바뀐 번호를 알아내고 개인 이메일까지 알아냈어요. 거짓말하고 겁박하고 피해자들을 심리적으로 분노하게 만들어서 원하는 걸 얻는 거죠. 저는 그 얘길 듣자마자 오바라 측 변호사에게 항의했지만 그들은 멈추지 않고 서류에 서명하라고 압력을 가했습니다"라고 비난했다.

아무도 팀 블랙맨을 협박하지 않았는데도 1억 엔이 입금된 당일, 팀은 하기 서류에 서명하고 지장을 찍었다. 그리고 오바라 측 변호인단은 다음 주에 열린 공판에서 관련 서류를 제출했다.

서면 진술서

본인은 제 딸 루시 블랙맨의 사인이 불분명하다는 것을 알지 못했고
피고인 오바라의 DNA 등이 제 딸의 사체에서 전혀 발견되지 않은 사
실도 알지 못했으며, 딸의 사체가 절단되어 유기됐다고 추정되는 일시
에 피고인 오바라가 일본식 호텔에 투숙한 사실도 알지 못했습니다.
본인은 일본 사법부에 하기 문제에 대해 언급 및 질의하고 싶습니다.

1. 제 딸 루시 블랙맨의 입에서 흘러내린 검은 물질과 머리를 감싼 검
은 물질은 무엇입니까?

2. 제 딸 루시 블랙맨의 머리를 감싼 콘크리트의 성분 분석을 요청합
니다.

3. 제 딸 루시 블랙맨의 사체가 즈시 마리나에서 아부라쓰보로 언제
어떻게 이동했습니까?

루시 블랙맨의 아버지로서 본인은 루시의 사인과 이번 사건을 명명
백백하게 밝힐 가장 중요한 상기 세 가지 쟁점에 대해 법원이 부디 조
사해주시기를 요청합니다.
사인을 밝히는 데 도움이 될 입안을 가득 채우고 얼굴을 뒤덮은 검은

색 물질을 검경이 폐기할 경우, 이것은 불법 행위입니다. 딸을 사랑하는 아버지로서 본인은 검경을 용서하지 않을 것입니다.

문법에도 맞지 않고 황당한 세부 사항에 매달린 내용을 보니 팀이 직접 작성하지 않고 대충 서명만 했으며 내용을 제대로 이해하지 못한 게 확실했다. 하지만 많은 이들을 경악시킨 것은, 그가 정확히 1억 엔을 받은 대가로 검찰 측 주장을 아무 생각 없이 깎아내려야 한다는 사실이었다.

"저는 남들 앞에서 아빠의 결정을 적극 지지했어요." 소피가 말했다. "하지만 실상은 전혀 지지하지 않았죠. 아빠가 돈을 받은 사실이 못마땅해서가 아니에요. 아빠가 그 돈을 받는다는 건 사회적으로 자살 행위를 한 거나 다름이 없고 엄마와 언론에 의해 갈기갈기 찢기리란 걸 알았기 때문이에요. 누구나 자기 의견을 가지고 있어요. 아무리 아빠가 그걸 정당화해도 사람들은 자신들의 잣대로 아빠를 판단합니다. 그게 아빠의 생활과 생업, 모든 면에 영향을 끼치겠죠. 그리고 지금도 영향을 받고 있어요."

팀이 영국으로 돌아온 다음 날 그가 돈을 받은 사실을 알린 것은 오바라 측 변호사였다. 영국의 주말 신문들은 일제히 이 소식을 다루었다. 헤드라인은 '피 묻은 돈'으로, 제인의 인터뷰에서 따왔다. 제인은 "저는 피고인이 제안한 돈을 모두 거절했습니다. 소피와 루퍼트 역시 거절했죠. 팀은 제 바람과 아이들의 간청을 어기고 이 협상을 진행 중입니다. 루시의 충직한 가족과 친구들은 팀 블랙맨이 저지른 극악의 배신에 질렸습니다"라고 입장을 밝혔다.

　그와 같은 상황에 처한 사람들은 대개 분분한 의견이 수그러들 때까지 몸을 사렸을 것이다. 그런데 팀은 기자들을 피할 생각을 전혀 하지 않았다. 그는 방송국과 신문기자들이 청한 인터뷰를 연달아 우직이 해냈다. 다들 같은 질문을 던졌다. "왜 돈을 받으셨나요?" 팀은 루시가 실종된 후 몇 달간 경제적으로 큰 손실을 입었다고 설명한 후 루시 블랙맨 트러스트에 대해 언급하며 재정 기반을 단단히 다지고 싶다는 희망을 밝혔다. 또한 일본에서 소요된 소송 비용과 기간, 오바라가 파산 상태임을 지적하면서 민사소송을 진행해도 배상받을 길이 없다고 지적했다. 그럼에도 자신의 주장 일부를 스스로 정당화하지 못했다. 그는 이미 돈을 받았으나 오바라가 아니라 그의 대학 '친구' 쓰지 씨에게 받았다고 주장했다. 그리고 돈을 받은 건 오바라를 돕는 게 아니라 "그를 더욱 유죄로 보이게 한다"고 우겼다. 팀은 어정쩡하게 방어적 태세를 취했다. 전에는 싱글거리며 연민을 담아 팀에게 질문하던 방송국 기자들이 공격적이고 독선적으로 변했다. 팀 블랙맨은 자식을 잃은 아비가 아니라 범인이 된 것 같았다.

　그다음 주가 되자 상황은 더욱 악화됐다. 〈데일리메일〉이 '아버지의 배신'이라는 제목을 단 2,000자 분량의 기사로 팀을 저격했다. 기사는 다음과 같았다. "놀라운 반전이다. 팀의 행위는 루시의 어머니 제인에게 막대한 고통을 안겼다. 흥미로운 것은 그의 행동이 통탄할 분노를 일으켰음에도 팀 블랙맨을 잘 아는 많은 이들은 그리 놀라지 않았다는 사실이다." 기사 내용에는 제인의 말을 직접 인용한 부분은 전혀 없고, 다만 팀의 배신 앞에서 제인이 보인 '침묵의 위엄'에 대해 언급했다. "지인들은 얄팍하고 허영심 많은 한 남자가 10년 전 가족을 버리고 다른 여자와 동거하면서 가족에 대한 경제적 부양을 아예 외면했다고 증언했다…. 거만하고 이기적인 그는 도쿄인들이 제공한 선의의 우물을 바싹 말렸다."

기사에서 언급한 '많은 이들' 중에서 유일하게 이름이 공개된 자가 있었다. 휴 셰이크섀프트, 일명 '롯폰기의 휴 선생'이었다. 재정 고문이었던 그는 팀이 도쿄에 있는 동안 매섭게 돌아섰다.* "팀의 처신으로 인해 오랫동안 충격을 받았고 실망했습니다." 휴는 〈데일리메일〉에 이렇게 폭로했다. "지금까지 입을 다물고 있었지만, 그가 무슨 짓을 했는지 듣고 난 후엔 더는 침묵을 지킬 수 없다고 생각했습니다." 휴는 불만을 반복해서 언급했다. 팀이 휴의 사무실에서 얼마나 방종하게 굴었는지를 폭로하고 기자들에게 접대하느라 휴에게 식비를 청구한 일은 물론 도쿄에서 소피를 혼자 이틀이나 내버려둔 일 등을 까발렸다. 제인의 '친구'는 팀이 양육비를 거의 보내지 않았다고 비난하고는 루시와의 관계("부녀가 가까웠다고 말하는 건 웃기는 일이죠")는 물론, 그가 루시 블랙맨 트러스트 설립에 대해 제인의 의견을 묻지 않은 일 등을 들추었다. 〈데일리메일〉은 제인이 루시 블랙맨 트러스트 신탁 관리자에게 "전남편이 이 단체를 운영하는 데 적합한지 질의하기 위해" 문서를 작성해 보낼 계획이

---

*   휴는 이제 쿠알라룸푸르로 이주했다. 그는 말레이시아 공주와 약혼을 했다가 이내 파혼했다. 그 후 론 바드라는 거구의 영매와 파트너 관계를 맺고 새로운 사업을 시작했다.

라고 보도했다.

팀은 도쿄 법원에 힘겨운 심정이 담긴 편지를 보냈다. "저희가 전 세계에서 조의금을 받았듯이 오바라의 친구에게 조의금을 받았습니다. 그걸 받은 이유는 피고인이 루시에게 행한 범죄 행위를 조금 더 유죄로 보이기 위함이었습니다. 피고인은 유죄임에도 여전히 무죄라고 우기고 있습니다. 그는 정신 나간 악질 범죄자로 우리 딸들을 먹잇감으로 삼았습니다." 하지만 너무 늦었다. 아무도 팀의 말을 듣지 않았다. 오바라에게 돈을 받은 지 한 달 후, 팀이 그 돈으로 6만 4,500파운드짜리 요트를 구입한 사실이 공개되었다. 그는 자신이 운영하는 요트 대여 회사를 대신해 투자 목적으로 보트를 구입했다고 해명했지만 아무도 그 말에 관심을 갖지 않았다.

제인 블랙맨은 몇 달 후 민망함을 극복하고 팀에 대해 직접 언급했다. 제인은 〈데일리메일〉과 공식 인터뷰를 했다. 헤드라인은 '그이는 부도덕합니다'였다. "전 지금 양쪽과 싸우는 것 같아요. 한쪽에서는 딸을 죽인 살인범과, 또 한쪽에서는 전남편과 싸우고 있어요. 팀은 어느 편일까요? 이러는 게 딸을 위해 정의를 세우는 데 무슨 도움이 될까요? …팀은 은화 100만 닢을 받은 거죠. 유다는 딱 은화 30닢만 받았지만요."

나는 제인의 두 번째 남편인 로저 스티어를 만났다. 그는 내게 조언을 해주었다. "이 이야기는 처음부터 두 가지 버전이 있다고 보시면 됩니다. 팀의 버전과 제인이 공개하는 진실 버전이 있죠."

제인은 루시가 죽은 지 2년 반이 지나 로저를 만났다. 제인은 로저의 사랑과 실질적 지원으로 가장 참혹한 시간에서 벗어날 수 있었다. 제인은 1995년부터 줄곧 혼자 지냈다. 제인은 이렇게 회상했다. "다시는 남자를 못 만날 줄 알았어요. 그쪽으론 제 인생이 끝났다고 생각했으니까요." 어느 날 친구들이 남자를 소개해주겠다고 하자 제인은 술김에 그러라고 했다. 데이트는 시작부터 예감이 좋았다. 루시가 죽은 지 몇 년이 지나자 제인은 남들은 거의 못 느끼는 중요하고 미세한 신호를 알아채게 되었다. 나비, 흰 깃털, 별, 그림과 디자인 속에 숨은 천사의 형상, 노래하는 새, 물건이나 기계가 특이하게 작동하는 일 등. 제인은 이 모두가 루시의 현시라고 확신했다. "얼마 전에 루시가 다녀갔어요." 내가 그 집에 두 번째 방문했을 때 제인이 말했다. "물건이 없어지거나 아무 이유 없이 화재 경보가 울려요."

마흔아홉의 나이에 선을 보는 게 겸연쩍었던 제인은 약속한 술집 주차장에 도착해 은색 자동차 옆에 차를 세웠다. 그런데 옆 차에 실내등이 켜져 있었다. 알고 보니 제인이 그날 만나기로 한 남성의 차였다.

"그 남자한테 이랬죠. '주차장에 있는 은색 벤츠가 당신 차 맞나요? 실내등이 켜져 있더군요'라고 했죠. 그는 '말도 안 돼'라고 하더니 밖으로 확인하러 나갔어요. 그런데 남자가 들어오더니 '당신 말이 맞았어요. 그런데 혹시 제 차 옆에 주차하신 게 맞다면, 당신 차에도 실내등이 켜져 있어요'라더군요. 그래서 이번에는 제가 '말도 안 돼'라고 한 후 밖으로 나가서 보니 그 사람 말이 맞았어요."

루시라는 이름은 라틴어로 빛이라는 단어에서 따왔다. 제인은 빛이 루시 생전에도 그랬지만 죽어서도 중요하다는 사실을 깨달았다. 느닷없이 불이 깜빡이면 루시가 왔다는 믿을 만한 신호였다. "루시였어요. 루시가 허락했어요. 저한테 OK 사인을 해준 거예요." 5주 후 로저는 제인에게 청혼했다. 그로부터 8개월 후인 2003년 8월, 두 사람은 식을 올렸다.

로저는 제인보다 다섯 살 연하였고 제인과 마찬가지로 이혼 경력이 있었다. 그는 감리교 목사의 아들로 태어나 은행가로 일하면서 사회 운동가, 런던 시 헤드헌터, 프리랜서 커리어 고문으로도 활동했다. 제인과 재혼할 당시 로저는 '기업 철학가'로 변신해 도덕 및 윤리적 문제에 대해 기업체에 조언했다. 그는 《윤리가능성 ethicability®: 옳은 일을 결정하고 실행하기 위해 용기 내는 법》이란 책을 펴냈다. "겸손, 용기, 자기 수양 같은 도덕적 가치는 성공과 웰빙, 지속 가능성을 향한 성공의 열쇠다"라고 그의 웹사이트에서 설명한다. 로저는 '윤리가능성ethicability®'이라는 신조어를 만들고 앞글자 e를 소문자로 적었는데, 이 점이 등록 상표를 뜻하는 ®만큼 중요하다는 것을 눈치챈 이도 있을 것이다. 윤리가능성은 "사람들이 멈춰 서서 생각하고 이야기하여 의견을 모으는 데 도움을 주는 의사결정 및 문화 체제"다. 로저는 런던에 위치한 카스 비즈니스 스쿨의 기업 윤리학 교수로 임용되었다. 또한 '팀 블랙맨의 기소와 유죄 판결을 위해 전념하는 모임'의 비공식 총무로도 활약했다.

로저는 턱수염을 기르고 부드러운 인상을 지닌 50대였다. 맨처음 만났을 때 그는 프리랜서 겸 자가 출판한 철학가로서 가벼운 긴장을 느끼고 있는 것 같았다. 윤리가능성 웹사이트에 실린 사진

속 로저는 카메라를 향해 몸을 숙이고 두꺼운 테 안경을 낀 채 신뢰 감 있는 미소를 짓는다. 핀 스트라이프 재킷 속에 꽃무늬 셔츠를 받쳐 입고 목 단추를 풀었다. 로저는 폴 스미스를 입었을 때보다 집에서 막스 앤 스펜서를 입었을 때 훨씬 강한 인상을 주었다. 제인을 향한 사랑과 존경, 힘겨운 상황을 겪는 그녀를 지켜주겠다는 의지가 뚜렷하고 진실해 보였고, 루시 블랙맨의 어머니라는 현실적 측면에 입각해 제인을 돕는 모습이 자연스러워 보였다.

제인이 시골길을 산책하다 날아드는 나비에서 루시의 모습을 볼 때면 로저도 루시를 보았다. 제인은 나와 인터뷰하다 말고 고통을 이기려고, 혹은 견딜 수 없을 만큼 행복했던 순간을 떠올리며 말을 더듬을 때가 있었다. 그럴 때면 로저는 곁에서 손을 뻗거나 찻잔을 내밀어 아내를 도왔다. 나는 그가 팀에게 강하게 맞서는 모습에 깜짝 놀랐다. 아내가 도덕적 우월감을 위해 벌이는 싸움을 자신의 투쟁으로 받아들이는 느낌이었다. 때로는 한 번도 본 적 없는 팀을 더욱 경멸하기 위해 로저가 아내와 경쟁하는 것처럼 보이기도 했다.

나는 세븐오크스 외곽 켐싱에 있는 두 사람의 집에서 제인과 몇 시간씩 이야기를 나누었는데, 그때마다 거의 로저가 동석했다. 제인이 대답하기 힘들 때면 로저가 내 질문에 꼬박꼬박 대답했다. "저는 제가 상당히 통찰력 있다고 생각합니다. 사회 운동가로 활동하다 보니 행동과 성격을 잘 이해하기 때문이죠. 팀은 중증 인격 장애를 앓는 징후를 상당히 많이 보입니다. 월터 미티(제임스 서버의 소설 《월터 미티의 은밀한 삶》 주인공. 터무니없는 공상꾼을 의미한다—옮긴이)처럼 공상에 빠져 자신을 터무니없는 영웅으로 착각합니다. 팀은 한때 대단히 자상한 아빠였죠. 아이들에게 아주 잘하는 아버지여서 루시가 발작을 일으키자 루시를 데려가 목숨을 구했죠. 그랬던 그가 채찍을 휘둘러 제인뿐만 아니라 자녀에게까지 상처 주는 사람으로 전락했습니다. 팀은 그런 면에서 심리학자들이 케이스 스터디로 연구하고픈 이상적인 표본입니다."

"일명 소시오패스죠." 제인이 이 대목에서 끼어들었다.

"맞아요, 기본적으로 팀은 소시오패스입니다."

팀에 대한 법정 투쟁은 그가 '피 묻은 돈'을 받은 그다음 달에 개시되었다. 도쿄에서 과거 자원봉사자로 활동한 영국의 은행가는 휴 셰이크섀프트만큼 팀에 대한 반감이 심했다. 그는 제인이 신문방송에 자주 등장하는 유명 변호사 바크 스티븐스를 고용하도록 비용을 댔다. 스티븐스의 도움을 받아 제인과 로저 부부는 팀의 거주지 관할 경찰 지구대인 햄프셔 경찰을 설득해 팀을 사기 혐의로 고소했다.

이것은 기발한 고소였다. 표면적으로 혐의를 뒷받침할 증거가 거의 전무했다. 대체 팀이 누구한테 사기를 쳤다는 말인가? 돈을 받으라고 애원한 오바라는 피해자가 아니었다. 비슷한 제안을 반복해서 거절한 제인도 피해자가 아니었다. "루시의 재산이 피해자였죠"라고 로저가 설명했다. 팀이 서명하고 오바라의 변호사가 작성한 진술서에서 팀은 '루시의 가족을 대표해' 1억 엔을 수령했음을 확인했다. 그런데 루시의 재산 관리인은 제인이었다. 팀이 자격이 없음에도 대표로 나섰기에 살아 있는 자가 아니라 죽은 루시를 속였다는 주장이었다. 이 주장을 진지하게 받아들인 햄프셔 경찰은 경사를 파견해 제인에게 진술서를 받은 후 일본 당국에 더 많은 자료를 요청할 수 있도록 국립 기소청에 공문을 발송했다.

　제인은 특히 루시 블랙맨 트러스트에 대해 분개했다. 루시 블랙맨 트러스트는 딸이 남긴 유지를 누가 소유하느냐를 두고 부모가 결투를 벌이는 전쟁터가 되었다. 5년 동안 루시 블랙맨 트러스트는 소수의 유급 직원과 자원봉사자를 보유한 소규모 자선단체로 성장했다. 이곳에서는 강간 경보기, 술에 약물을 탔는지 감지하는 테스터 등 젊은이를 위한 안전 장비를 판매했다. 팀은 학교를 순회하며 루시의 사연을 전하고 영국과 외국에서 개인 안전의 중요성을 설파했다. 제인은 루시 블랙맨 트러스트의 자선단체 지위를 취소해달라며 자선 위원회에 투서하고, 수탁자에게 팀과의 절연을 촉구했다. 로저는 기자에게 '오프 더 레코드이자 출처를 알 수 없는' 이메일을 보내 루시 블랙맨 트러스트의 재정 상태를 취재해달라고 요청했다. 2007년 4월 또 다른 공격이 잇달았다. 팀의 전 비서이자 루시 블랙맨 트러스트의 부대표였던 하이디 블랙이 로저에게 이메일을 보냈다. 한 달 전 해고된 그녀는 노동재판소에 이의신청을 제기하고 루시 블랙맨 트러스트의 기부금이 증발했다며 경찰에 고소했다. 하이디 블랙이 로저에게 이메일을 보낸 바로 그 주, 이 정보가 〈데일리 메일〉의 취재망에 잡혔다. '루시의 부친 기금 횡령 수사 착수'가 헤드라인이었다. 그다음 날 루시 블랙맨 트러스트의 유일한 정식 직원인 매트 설이 체포되어 수사를 받고 진술에 대한 주의를 들었다.

　조사를 시작한 지 5주 후에 매트 설은 혐의를 벗었다. 루시 블랙맨 트러스트 계좌를 추적한 경찰은 횡령이나 기타 범죄 사실을 전혀 발견하지 못했다. 자선 위원회에 투서한 내용도 전혀 받아들여지지 않았고, 루시의 재산에 대해 사기를 벌였다는 주장 역시 무혐의 처분을 받았다. 2007년 중반, 로저와 제인의 노력은 모두 수포로 돌아갔다.

"그래서 제가 엄마하고 연락을 안 하는 거예요"라고 소피가 토로했다. "엄마는 꼬투리를 잡아 아빠를 공격하고 아빠가 하는 일을 망치려고만 하지, 그로 인해 저와 루퍼트가 무슨 영향을 받는지는 아예 안중에도 없어요. 엄마는 저희보다, 저희가 정서적으로 뭘 필요로 하는지보다 엄마 자신이 더 중요한 사람이에요. 부모로서 그런 성격은 용납될 수 없죠."

"아빠와 인연이 다해 흘러간 과거가 되었고 엄마가 재혼까지 하셨으니 아빠를 가만히 둬야죠. 관심이 온통 전남편에게 쏠려 있으니 재혼 생활이 얼마나 행복하고 든든하겠어요? 로저도 좀 남자답게 행동하셔야지 그게 뭡니까? 자기가 현재 남편이면서 아내의 전남편이 뭘 하는지 캐고 다니느라 온통 시간을 쏟다니 좀 이상하지 않아요?"

판결

나는 몇 년간 오바라 조지를 만나려고 노력했다. 도쿄 구치소에서 그와 인터뷰를 할 수 있게 해달라고 변호사를 통해 여러 번 편지를 전달했다. 나는 이번 사건에서 풀리지 않은 여러 가지 미스터리에 대해 적고 피해자와 경찰 측, 오바라 본인의 시각을 균형 있게 보도하려는 내 진실한 바람을 언급했다. 나는 그가 기꺼이 대답할 만한 질문지를 작성해 보냈다. 그에게 불리한 증거, '조의금', 경찰 수사에 관련된 질문이었다. 하지만 내가 정말 듣고 싶었던 건 한국인 파친코 거물의 아들로 오사카에서 부유하게 성장한 과거, 정신 질환을 앓던 형과 같이 산 이야기, 아버지가 홍콩에서 급사했다는 소식을 어떻게 들었는지, 성형수술을 받기 전 거울 속에 비친 모습이 어떻게 보였는지 등이었다.

딱 한 번 오바라가 루시의 건강 기록을 구해달라고 내게 부탁한 적이 있었다. 그의 변호사도 영국 사설탐정을 통해 그 기록을 확보하려 노력했다. 내가 협조하면 그도 보답해주겠다는 뜻으로 들렸다. 나는 거절했다. 내가 또다시 여러 차례 편지를 보내자 오바라의 변호사 아라이 기요히사가 전화를 걸어 도쿄 도심에 있는 사무실로 오라고 했다. 그는 음침하고 굳은 표정이었다.

그는 오바라 조지가 보낸 메시지를 내게 읽어주는 것으로 말문을 열었다. 편지는 이렇게 시작했다. "당신에게 이런 편지를 받게 되어 정말 고맙습니다. 조만간 당신을 만날 기회를 잡겠습니다. 그 전에 제가 보내드린 서류를 한번 봐주시기 바랍니다." 테이블 너머로 아라이 씨가 서류 뭉치를 밀었다. 공판 속기록, 루시의 일기장, 오바라의 아파트에서 발견된 크리스타벨 매켄지의 사진 등이었다. 이들 대부분은 후일 오바라의 변호인단에 의해 기괴한 책으로 발간되었지만 일부는 공개되지 않았고 절대로 공개할 수도 없었다. 경찰이 동굴에서 발굴한 루시의 유해 사진이 특히 그러했다. 머리, 팔, 몸통, 허벅지, 종아리, 발과 발목이 병리학자의 테이블 위에 차갑게 정렬되어 있었다. 사진 속 모습은 당연히 소름 끼쳤다. 토막 난 시신을 바라보는 적나라한 충격은 포르노그래피를 볼 때 드는 수치심으로 바뀌었다. 아라이 씨는 사진을 넘기면서 "물론 보시기에 참혹하고 견디기 힘드실 겁니다. 저희 모두 상당한 연민을 느끼고 있습니다"라고 했다. 그는 사진을 쳐다보는 내 반응을 살피는 눈치였다.

사진을 보여주는 명목상 목적은 루시의 머리와 입에서 발견된 '검은 물질'에 대한 관심을 끌기 위해서였다. 오바라는 검사 측이 이 물질에 대해 흡족하게 설명하지 못했다고 보는 것 같았다. 그러나 잠시 후 나는 이것보다 더한 것이 나올 게 있는지 궁금했고, 만약 그게 아니라면 사실상 나를 표적으로 삼은 일종의 경고나 위협이라는 생각이 들었다. 낙하문을 살짝 드니 구덩이가 있었고 그 속을 들여다보니 루시가 떨어진 지옥과 그 짓을 한 자의 마음속까지 보이는 것 같았다.*

오바라의 변호사는 내 기사에 오류가 있다고 주장하는 편지를 두 통 발송했다. 날짜, 오바라의 피해자 중 1인의 국적, 사건의 순서 등이 부정확하다는 것이다. 오바라의 변호사 사카네 신야는 격앙된 내용의 편지를 보냈다. "게다가 냉동고에 보관한 개를 독일산 셰퍼드라고 했으나 사실 셰틀랜드 목양견으로, 이것 역시 사실과 다릅니다." 나는 지적해주셔서 고맙다고 답장을 보내며 또다시 인터뷰를 요청했다. 역시 답신은 오지 않았다. 퇴짜를 맞은 지 몇 년이 지난 2006년 5월, 오바라가 자신만의 방식으로 내게 연락을 취했다. 그것은 소송으로 은밀하게 매수하려는 방식이었다.

오바라는 아라이 씨를 내세워 나를 명예훼손으로 고소했다. 발행인이 명예훼손을 했다며 신문사를 고소하는 편이 훨씬 전형적이었을 테지만, 그는 나를 개인적으로 고소하면서 나 때문에 3,000만 엔(15만 파운드)의 손실을 입었다고 주장했다. 나는 3주 후 도쿄 지

---

* 아라이 씨는 내게 사진을 가져가라고 했다. 그런데 그다음 주가 되자 사진을 돌려달라기에 나는 그가 부탁한 대로 우편으로 보냈다. 몇 달 후 그는 격앙된 편지를 보냈다. 그는 내가 "사진을 런던 경찰국에 건네는 바람에 경찰이 그 사진을 루시 블랙맨 양의 유가족에게 보여주었다"며 나를 고소했다. 그는 편지에서 "당신의 이런 행위는 정보원과의 약속을 어겨 상호 신용 관계를 손상시켰을 뿐만 아니라 유가족에게 상처를 주고 고통을 가중시켰다. 이런 행위는 기자로서, 인간으로서 절대로 용서받을 수 없다"라고 했다. 그러나 이 주장은 전혀 사실이 아니었다.

방법원에 출두하라는 명령을 받았다. 고소장에 쓰인 법률 용어는 난해하고 협박조였다. 그런데 살펴보니 고소장에 적시된 항의 내용은 독특하면서도 우스울 정도로 기이했다. 가장 예상 밖이었던 것은 그들이 오바라가 결석한 심리에서 제인이 증언했던 일을 끼워 넣은 점이었다. 당시 공판을 방청한 나를 포함한 기자 모두가 오바라가 탈의한 채 독실 내 세면대를 붙들고 버텼다고 판사가 말한 내용을 기사로 작성했다. 그런데 아라이 씨는 이것이 어이없는 중상모략이라고 주장했다. 소장에 따르면 "고소인이 당일 법정 출두를 피하기 위해 탈의해 알몸이 되었다고 보도했으나 이것은 전혀 사실이 아닙니다. 이와 같은 불법 행위로 인해 고소인의 명예가 심각하게 훼손되었습니다"라고 주장했다.

〈더타임스〉는 나를 대리해 도쿄의 로펌 한 곳에 이 사건을 의뢰했다. 대면 회의와 전화 회의가 여러 차례 열렸다. 기록과 서류를 수집했고, 나의 반박을 적은 자세한 초안이 오갔다. 피고소인이라는 새로운 지위로 얻은 불안감은 물러가고 흥분과 호기심이 그 자리를 채웠다. 법정에서 오바라와 대면하다니! 너무나 익숙한 법정 맞은편에 서면 어떤 기분일까? 오바라가 재판에 참석할 필요가 전혀 없다는 사실을 알게 된 나는 실망했고, 나 역시 참석할 필요가 없음을 알게 되어 낙담했다. 형사재판보다 민사소송은 훨씬 더 요식적인 행위여서 변호사들끼리 진행하기에 고소인이나 피고소인의 참석 여부가 하등 중요하지 않았다. 그래도 나는 딱 한 번 법정에 가서 피고소인석에 앉았다. 재판은 10분도 걸리지 않았다. 내 변호사는 증거 물품과 오바라가 알몸이었다고 한 도치기 판사의 발언을 들었다고 항변하는 다른 기자들의 진술서 등을 제출했다. 아라이 씨와 판사는 이들을 면밀히 검토한 후 인정했다. 그러더니 셋이서 다음 재판 일정을 잡았다. 내 사건은 대중의 관심을 전혀 끌지 못했다. 방청석엔 세 명이 있었지만 그들은 방청객이 아니라 다음 사건을 위해 대기하는 변호사들이었다. 아무리 재판 과정이 처음부터 끝까지 따분하다 할지라도 나는 짜릿함과 피고소인이 된 두려움과 법의 심판을 받는다는 공포심을 식별할 수 있었다. 반대편에 앉아서 받아 적을 때와는 상반된 감정이 들었다. 마치 감독 겸 배우가 되어 무대에 선 것만 같았다.

오바라 조지의 공판 중 60차와 61차, 마지막 두 번은 검사 측과 변호인 측의 최종 변론을 위한 자리였다. 새로 언급할 내용은 전혀 없었음에도 양측은 장황하게 말했다. 오바라는 두 시간가량 서서 검사 측 주장의 빈틈을 공략했다. 몸집이 작은 그가 어떻게 거구의 여성을 남들 눈에 띄지 않고 차로 옮길 수 있었겠느냐? 해결되지 않은 의문점이 너무나 많은데 어떻게 이 혐의가 사실이라고 확신할 수 있느냐? "결정적 증거가 없으며 피해자의 사인 역시 불명확합니다." 변호인 측은 변론 의견서를 낭독했다. "피고인이 피해자의 사망에 연루되었다고 추정할 수 있는 증거, 피고인의 DNA 등이 전혀 발견되지 않았습니다. 검찰 측은 피해자가 클로로포름과 같은 약물에 의해 살해되었다고 주장하나 시신에서 클로로포름은 전혀 검출되지 않았습니다."

검찰 측은 이제는 진부해진 증거를 제시했다. 오바라가 오랫동안 직접 작성한 '정복 놀이' 관련 일지, 살아남은 여성들의 증언, 비디오와 마약, 의심스러운 전화가 걸려온 순서, 루시가 실종된 후 며칠간 오바라가 구입한 물건 내역, 인터넷 검색 등이었다. 오바라의 주장으로 오바라를 반박하려는 시도였다. 검찰은 그밖에 그중 가장 말이 되지 않는 주장이자 신빙성이 떨어지는 '만능 박사' 가쓰타의 사연을 공판 막바지에 끌어들여 공개한 사실을 들었다. "피고인의 비이성적인 변명은 그 자체로도 피고인이 유죄라는 증거입니다."

감정을 자극하는 대신 사무적으로 절제된 표현을 사용하는 것이 일본 법정의 특징적인 분위기다. 젊은 검사는 여느 때보다 웅얼거리며 단조로운 억양으로 발언했다. 그럼에도 공식 석상에서는 거의 느낄 수 없는 분노가 공소장에 쓴 어휘에서 느껴졌다. "이것은 유례없이 기괴하고 악질적인 사건입니다. 오바라가 동일 범죄를 저지를 가능성은 극도로 높습니다. 피고인은 인간으로서 후회하는 모습을 보이지 않았고 유족의 목소리에 전혀 귀를 기울이지 않는 야비한 짐승입니다. 피고인의 모습에서 인간미를 전혀 찾아볼 수 없습니다. 피고인은 회오의 감정을 전혀 드러내지 않습니다. 이번 사건은 특이하게도 성범죄의 연대기라 할 수 있기에, 피고인에게 종신형을 구형하는 바입니다."

최종 변론서를 낭독하기에 앞서 오바라의 변호인단은 팀 블랙맨을 소환해 직접 증언하게 해달라고 반복 요청했다.

"뭘 물어보고 싶은 겁니까?" 도치기 판사가 특유의 짜증이 섞인 목소리로 물었다.

"팀 블랙맨이 1억 엔을 받은 사실에 대해 묻고자 합니다. 그는 돈을 계속 거절하다 결국 받았으며, 저희는 그 사고 과정을 이해하고 싶습니다. 양형 감경 시 팀 블랙맨은 중요 증인입니다. 따라서 그를 신문하고 싶습니다."

"이미 신문은 충분히 할 만큼 했습니다." 도치기 판사가 반박했다.

변호사가 알아들을 수 없는 말을 웅얼거리자 판사가 엄중하게 경고했다. "이런 행위는 어떠한 경우에도 용납하지 않겠습니다. 기각합니다."

"이의 있습니다." 변호사가 외쳤다.

"기각합니다!"

도치기 판사는 검찰 측에게 최후 변론을 하라고 명령했다.

"이의 있습니다." 오바라 측 변호사가 다시 반박했다. "저는 법원의 결정에 이의를 제기합니다. 이것은 사건을 온전히 조사해야 하는 법원의 의무를 저버리는 행위입니다."

"기각합니다. 의미 없는 이의 제기는 법정을 무시하는 처사로 간주될 수 있습니다. 유념하십시오." 판사가 경고했다.

이것은 궁지에 몰려 잘못 의도한 행위이며, 변론 전략의 명백한 오판이었다. 공판이 마무리되어가는 시점에 오바라의 유무죄를 결정할 판사를 일부러 화나게 하려는 행위처럼 보였다. 2006년 12월 11일, 심리는 종결되었다. 재판부는 다섯 달 이내에 선고해야 한다. 어떤 판결이 내려질지에 대해서는 의심의 여지가 거의 없었다.

61차 공판까지 재판은 6년이나 걸렸다. 영국 법원의 진행 속도로 계산해보면 일주일에 다섯 번씩 아침저녁으로 공판을 속행했어도 한 달 반 이상 걸렸을 것이다. 오바라는 모든 방책을 제멋대로 동원했다. 법리적으로나 재정적으로, 수사에서나 기술적으로도 그랬다. 2004년 영국 신문 보도에 따르면 오바라의 변호사가 영국 사설탐정을 고용해 팀과 제인, 루시는 물론 루이스 필립스와 언니 에마에 대한 뒷조사를 실시했다고 보도했다. 2년 후 웹사이트가 개설되었다. 영어와 일본어로 제작된 이 사이트에는 오바라 측에서 주장하는 일련의 사건 기록이 자세히 올라가 있었다. 루시의 일기장 일부와 팀이 서명한 서류, 공판 속기록 일부도 공개되었다.* 2007년 판결이 선고되기 며칠 전, 도쿄 중심가의 일부 상점에 죽은 개 사진이 표지에 박힌 책이 등장했다.

《루시 사건에 관한 진실》은 따분한 변론을 창의적이며 그로테스크하게 증류해놓은 책이었다. 오바라 조지 연구를 집대성한 일종의 성경이라고 할까. 표지에는 긴 부제목이 붙었다. '엘리트 검사 대 IQ 180의 피고인 조지 오바라―최근 몇 년간 기사와 현실이 이렇게나 다른 사건은 없었다'. 홍보 문구에는 "왜 이번 사건 담당 검사는 미쳐 날뛰었는가? 검찰 측의 증거 파기와 공식 문건 위조를 폭로한다"라고 적혀 있었다. 두께는 약 5센티미터, 총 298쪽, 무게 0.9킬로그램짜리 책이었다.

---

* 법원 허가 없이 이러한 공식 문서를 공개하는 것은 금지된다. 경찰은 현재 재판 진행 중인 형사사건의 증거를 공개했다고 격분하면서 고발하겠다고 했다. 누군가가 이것을 구상한 것이다. 뒤에 'to.cx'가 붙은 이 웹사이트는 호주의 크리스마스 섬이라는 애매한 장소에 서버를 두고 있었다. 추후 범죄 조사는 이루어지지 않았다.

이 책은 '루시 사건의 진실을 캐고자 하는 단체가 작성하고 편집'한 것으로 책을 소개하는 웹사이트도 만들어졌다. 진실을 위해 싸우는 인디 운동가들은 대체 누구이며, 왜 그들은 정체를 밝히기를 꺼리는가? 사실 이것은 오바라의 변호사가 의뢰받아 발행한, 허세가 담긴 책이었다. 사람들은 오바라의 주동과 총감독하에 발행인이 이 책을 발행했다고 믿었다.* 이 책에는 장마다 법원 속기록, 증거물품, 3인칭으로 기술된 오바라의 어린 시절, 알코올 중독이던 청소년기, 루시와의 운명적인 밤을 보내기 이전의 일들과 이후에 대한 내용이 자세히 실려 있었다. 블루 시 아부라쓰보의 실내 사진, 오바라 소유의 벤츠 스포츠카 사진도 있었다. 오바라의 소파 위에서 크리스타벨 매켄지가 헤로인을 흡입하는 노골적인 사진도 연속 실렸다. 위로금을 협상하는 팀의 이메일 전문, 오바라의 대리인과의 통화 녹취록도 수록됐고, 오바라가 강간한 우크라이나 여성 타냐 네보가토프에게 320만 엔을 지불한 영수증도 공개되었다. 저자는 루시의 일기를 싣고 거기에 영어와 일본어로 주석을 달았다. 루시가 매장된 동굴을 스케치한 후 정확히 어느 위치에서 루시의 시신을 발견했는지도 표시했다. 태풍이 휩쓸고 간 해변 사진도 보였다.

이러한 것들은 대부분 여러 쟁점을 만들거나 오바라에게 유리하게 적용될 질문을 제기하기 위한 것으로 보였다. 질문은 다음과 같았다. "사체를 옮기기엔 차가 너무 작은 것 아닌가? 겨울을 지나면서 높은 파도가 쳐서 바닷물이 밀려드는 상황에서 어떻게 시신이

---

* 《루시 사건에 관한 진실》이라는 책에 관한 자세한 설명은 미주 참조.

동굴 속에 고스란히 남아 있었을까?" "외국인 여성 호스티스—마약에 취한 창녀" "그래서 오바라가 키우던 개를 실제로 냉동했다."

그러나 책 내용이 너무 방대하고 난잡하며 포괄적이고 중구난방이다 보니 결국은 지루한 혼돈에 빠지고 말았다. 오바라는 누군가 이 정제되지 않은 문서와 증거를 모조리 이해할 거라고 진심으로 믿었을까? 그는 이 책을 펴내 누구에게 영향을 주고 싶었던 것일까? 판사들은 법정에서 모든 것을 들었다. 그들이 아무리 여론에 민감하다 해도, 그리고 누군가 꾹 참고 이 책을 다 읽었다 해도 오바라에게 유리한 쪽으로 판을 흔들 만한 내용은 전혀 없었다. 오바라가 이 책을 펴낸 이유는 능력은 있으니 뭔가 하긴 해야 하는데 현재 단계에서 남은 선택지라고는 이것밖에 없었기 때문이다.

그런데 그가 전혀 고려하지 않은 확실한 방책이 딱 하나 있었다. 일본 법정은 피고인의 과거 올바른 행실에 대한 증거와 그의 성품을 증언하러 나온 증인의 존재를 상당히 중시했다. 강직한 사기꾼, 인정 많은 방화범, 많은 사랑을 받은 노출광이 자신들이 괜찮은 사람이라는 증거를 제시할 경우 좀 더 관대한 처분을 받을 것으로 예상된다. 오바라가 지속적으로 자선기금을 기부하고 있음을 과시한 이유도 이것이었다. 2006년 5월에만 그는 세이브 더 칠드런, 국제사면위원회, 일본 적십자사에 각각 500만 엔을 기부했다.

오바라를 알고 그를 좋아하는 이들이 증인으로 나설 수만 있었다면 기묘한 책을 출간하는 것보다 훨씬 유용했을 것이다. 학창 시절 동창, 오랜 친구, 대학 동창, 사업 파트너 등 누구든 그에 대해 오로지 좋은 말만 해주면 되었다.* 그러나 오바라는 이것만 제외하고 다른 모든 것을 시도했다. 그런 사람들이 존재했더라면 오바라는 분명 그들을 불렀을 것이다. 겉으로 드러난 그의 수많은 독특함 중에서도 가장 독특한 점이 바로 이것이었다. 어린 시절과 청소년 시기를 거쳐 중년이 될 때까지 오바라는 친구가 단 한 명도 없었다.

2007년 4월 24일 화요일 오전 10시에 결심 공판이 열렸다. 영국 시각으로 새벽 1시였다. 예정대로라면 영국 조간 마지막 판에 간신히 기사를 실을 수 있다. 혹시라도 늦어질 경우 시간이 너무 촉박했다. 그날 아침 나는 일찌감치 일어나 최종 판결이 내려진 직후 전화로 세부 사항만 추가할 수 있도록 기사 초안을 잡았다.

기사는 이렇게 시작했다.

무려 6년 반에 걸친 공판 끝에, 영국인 호스티스 루시 블랙맨을 살해한 혐의로 기소된 일본의 부동산업자 오바라 조지에게 오늘 아침 종신형(추후 확인 요함)이 선고되었다.

[법정에서 유가족 반응과 재판부의 선고 내용 삽입할 것]

---

* 《루시 사건에 관한 진실》에는 오바라를 편애했다는 과거 선생들 얘기가 나오지만, 그를 변론하는 자리에 나온 이는 아무도 없었다. 특히, 게이오대 소속 세키구치 명예교수는 오바라의 체포 소식을 듣고 '충격받았다'고 묘사되었다. 그러나 안타깝게도 교수는 제자가 기소되기 직전에 사망했다.

이번 판결은 블랙맨 양 유족의 지지를 받았다. 2000년 7월 딸이 실종되자 일본에서 몇 달간 머물며 딸을 수색하도록 경찰을 압박한 아버지 팀이 특히 반겼다.

나는 이 초안을 런던으로 발송한 후 커피를 한잔하면서 노트북과 수첩을 챙겼다. 그날 아침 법원에는 사람들이 많을 테니 줄을 서려고 일찌감치 집을 나섰다. 배 속이 흥분과 전율로 살짝 울렁거렸다.

공판 다음 주면 루시가 일본에 온 지 7년이 된다. 카리타 리지웨이의 생명 유지 장치를 제거한 지 15년이 지났다. 38년 전의 이번 주에 오바라 조지의 아버지가 홍콩에서 사망했거나 살해당했다. 비슷한 시기 아버지의 기대를 한 몸에 받던 둘째 아들이 미국계 소녀 베티에게 실연을 당했다. 오바라의 부모가 가난한 식민지 이민자 신분으로 오사카로 이주한 지 70년이 되었다. 간토대지진이 일어나자 일본인들이 짐승을 도살하듯 한국인을 대량 학살한 지 84년이 흘렀다. 무언가가 이 모든 장면들을 이어주었다. 그것을 볼 수 있다면 좋으련만. 나는 땅속 깊이 묻힌 뿌리에서 수액이 타고 오르는 나무의 모습을 그린다. 가지가 어마어마하게 높고 넓게 퍼진다. 나뭇가지에서 무수한 잔가지가 솟아나더니 저 아래 뿌리에서 올라온 수액으로 되살아난다. 오바라의 뒤틀린 삶이 이 나무에서 잔가지로 돋았고, 루시의 죽음, 유가족의 애통함, 소피에게 닥친 생명의 위험이 열매로 맺혔다. 이 뒤틀린 검은 나무의 일부분이 아니라 전체상을 볼 수 있는 눈을 지닌 이는 우리 중 아무도 없었다. 그건 말로 표현하기 불가능했다. 그런데 오늘 아침, 도치기 판사가 그 작은 일부분에 대해 공식 언급할 예정이다. 그가 사용할 용어는 유죄와 무죄, 혹은 엄정함과 선처 등 매우 편협하지만 누구라도 감당할 수 있는 정제된 단어일 것이다. 루시와 카리타의 죽음, 오바라의 기이한 삶 등 인간이 자행한 혼돈 속에서 그 의미가 분석될 것이다.

여러 해가 지나 결정적인 순간이 다가왔다. 나는 수첩에 이렇게 적었다. "오바라가 무죄일 가능성은? 그럴 리가. 정황 증거가 넘치고 변론도 허술했기에 정의의 저울이 검찰 측에 유리한 쪽으로 압도적으로 기울 것이다. 그럼에도 혹시…."

집을 나서기 직전, 판결이 늦게 나올 것을 우려한 나는 노트북을 다시 켜서 아래와 같이 시작하는 두 번째 버전을 작성했다.

무려 6년 반에 걸친 공판 끝에, 영국인 호스티스 루시 블랙맨을 살해한 혐의로 기소된 일본의 부동산업자 오바라 조지에게 오늘 아침 무죄가 선고되었다.

[법정에서 유가족의 반응과 재판부의 선고 내용 삽입할 것]

이번 판결로 블랙맨 양 유족은 충격에 빠졌다. 2000년 7월 딸이 실종되자 일본에서 몇 달간 머물며 딸을 수색하도록 경찰을 압박한 아버지 팀이 특히 경악을 금치 못했다.

마침내 232명이 방청을 위해 줄을 섰다. 공판 개시일에 비해 그 수가 4분의 1로 줄었다. 이것으로 일본의 재판은 요식행위임이 확인되었다. 결과가 너무 뻔해서 사람들은 판결에 관심이 없었다. 그럼에도 방청석이 가득 찼다. 맨 앞줄에 팀과 소피의 금발 두상이 보였고 그 옆에 있는 애넷, 나이절, 서맨사 리지웨이가 보였다. 오바라는 이미 착석해서 사람과 사물을 피해 시선을 멀리 보내고 있었다. 나도 자리에 앉았다. 이렇게 펄떡거리는 긴장감을 느낄 줄은 예상하지 못했다. 기사 마감 시간이 임박했다. 나는 15초에 한 번씩 시계를 들여다본 후 다시 고개를 들어 법정에 온 사람들의 얼굴을 살폈다. 몇몇 익숙한 얼굴이 보였다. 블로거 친목 단체의 유키, 인상을 쓴 법원 화가도 보였다. 아는 형사도 있었고, 그 뒤에 모자에 꽃을 꽂은 노신사도 보였다. 레인코트를 입은 젊고 수척한 젊은 남성이 맨 뒷줄에 앉아서 메모하고 있었다.

판사가 법정 뒤편에서 불쑥 나타나자 전원 기립했다.

8분 후 나는 법정 밖으로 나와 핸드폰으로 전화를 걸었다. 다른 기자들이 내 주위를 서성였다. "두 번째 버전이에요." 런던에서 목소리가 들리자 나는 이렇게 대답했다. "두 번째 버전으로 가세요. 무죕니다. 그런데 종신형도 받았습니다. 죄송합니다만, 판결이 그랬어요. 네, 네, 저도 잘 이해를 못 하겠습니다."

발신인: 리처드 로이드 패리

발송 시각: 2007년 4월 24일 화요일 14:36

수신인: 타임스 온라인, 타임스 해외팀

제목: 루시 블랙맨 판결문─재송고

[이 메일을 재발송하면서 변호사에게 재차 문의하고 나니 겨우 이해가 되네요.]

리처드 로이드 패리
도쿄

무려 6년 반에 걸친 공판 끝에, 영국인 호스티스 루시 블랙맨을 살해한 혐의로 기소된 일본의 부동산업자 오바라 조지에게 오늘 아침 무죄가 선고되었다.

그러나 여덟 건의 강간 및 호주인 호스티스 카리타 리지웨이 강간 치사 혐의에 대해서는 종신형이 선고되었다. 오바라의 변호인단은 즉각 항소 의사를 밝혔다.

도쿄 지방법원의 도치기 쓰토무 주임 판사는 루시 블랙맨 납치 강간, 살해 및 시신 훼손 혐의에 대해 무죄를 선고했다. 피해자는 사건 당일 오바라와 외출했다가 7개월 후 그의 아파트 인근 해변 동굴 속에서 암매장된 채 발견되었다.

도치기 판사는 정황 증거에도 불구하고 루시 블랙맨의 죽음과 오바라를 연결할 DNA 같은 직접적 증거가 없다고 판단했다.

그럼에도 판결문에는 오바라와 기소된 범죄에 대한 재판부의 혐오감이 드러났다. 재판부는 "피고인은 이 여성들을 자신의 욕망을 채우기 위한 성적 대상으로 취급했다"며 피고석에 앉은 오바라를 직시하면서 발언했다.

"피고인의 행위는 건강한 성행위가 아니라 추잡한 범죄행위이며, 또한 간 기능 정지로 사망에 이르게 하는 클로로포름과 같은 치명적인 마약을 사용했다. 피해 여성들이 경솔했다는 소수 의견도 있었으나 그들이 피고인의 일탈 행위를 예측할 수 없었던 것으로 보인다. 〔중략〕 피고인은 같은 패턴을 반복하면서 여성들의 목숨과 몸을 함부로 다루었다."

"이는 피고인의 변태적 성적 취향에 기인한 자기중심적 태도에 기인한 것으로 가장 엄중히 비난받아야 마땅하다."

블랙맨 양의 유족은 루시의 사망 사건과 관련해 오바라가 무죄를 받자 격분하면서 오바라에 대한 빈틈없는 혐의 입증에 실패한 검찰 측에 분노를 표시했다.

피해자의 아버지 팀은 "오늘 저희가 정당한 판결을 받지 못한 것은 검찰 측이 이번 사건을 적절히 이끄는 데 실패했기 때문이며 그렇게 말하게 되어 유감"이라고 했다. 공판에 참석한 루시의 여동생 소피는 "루시 언니는 정의를 도둑맞았다"고 분개했다.

루시 블랙맨의 어머니 제인 스티어는 영국 켄트 세븐오크스의 자택에서 "가장 두려워하던 일이 발생했다"면서 "사랑하는 루시에게 정말 사랑한다는 말을 전하고 싶고, 가슴이 뻥 뚫려 고통스러운 느낌은 평생 가시지 않겠지만 언젠가 다시 만나 서로 부둥켜안을 날이 올 거라고 믿는다"고 했다. 그러면서 "정의를 되찾고 진실을 밝히겠다는 희망을 절대로 버리지 않을 것"이라고 밝혔다.

딸 루시 블랙맨이 실종되기 전에 팀 블랙맨과 이혼한 스티어 부인은 팀이 오바라의 '친구'에게 1억 엔을 받고 그 대가로 오바라에게 불리한 증거에 의문을 제기하는 진술서에 서명했다고 비난했다. 그러나 재판부는 어제의 판결에서 오바라에게 무죄를 선고한 것은 오바라가 돈을 지불해서가 아니라 블랙맨 양의 죽음과 오바라를 직접 연결시킬 '스모킹 건'이 없었기 때문임을 명확히 했다.

도치기 판사는 다음과 같이 판결문을 낭독했다. "피고인은 루시의 사체를 훼손하고 특정 형태로 유기 암매장한 일에 관련이 된 것으로 보이며, 여러 방식으로 루시의 죽음에 연루되었다는 의심이 든다. 피고인은 루시가 살아 있는 듯한 거짓 정보를 제공하고 그런 인식을 유지시켜 사망 사실을 은폐하려고 애를 썼다. 그렇다면 문제는 피고인이 루시의 죽음에 어떻게 연루되었느냐 하는 점이었다."

일본에서는 검찰과 피고인 양측 모두 무죄 판결에 항소할 수 있다. 따라서 이 사건은 앞으로 몇 년 더 공방이 이어질 것으로 보인다.

끝

6 ———— 죽음 이후의 삶

얼마나 일본스러운가

"경찰 수사를 받은 후 비행기를 타고 영국으로 오자 정신이 멍했어요." 루이스 필립스가 고백했다. "잠도 못 자고 종일 울기만 했어요. 사람들이 절 잡으러 올 것 같아 술을 마시면서 이겨냈어요. 마약도 많이 했어요. 제 자신이 미웠어요. 아무것도 신경 안 쓰고 집에만 있었어요. 켄트에 있는 엄마 집에요. 그런데 엄마랑 같이 사는 게 고역이었어요. 가족들도 힘들어했어요. 전 그저 살고 싶지 않았어요. 꿈에서 누군가에게 쫓길 때도 있었고, 루시를 구하려다 그 집이 불에 타 허물어지기도 했어요. 루시가 돌아와 '나 왔어, 그동안 널 찾았어'라고 하기도 했고, 전화가 울리더니 '다시는 루시를 보지 못할 겁니다'라는 목소리가 들리기도 했어요."

죽음으로 누군가를 잃는 경험은 종종 팔다리가 잘려 나가는 아픔에 비유되지만, 절단 수술을 받은 것처럼 매끈하게 봉합되는 일은 드물다. 젊은이가 폭력에 희생되어 요절한 경우 남은 이들이 받는 상처는 팔이 뽑히는 것과 비슷하다. 근육과 혈관이 찢기며 뜯겨

나가 충격과 출혈로 상처 부위에서 멀리 있는 장기의 기능까지 저하된다. 루시가 사망한 후 그녀가 조종하던 그녀만의 세계가 축이 기울더니 아예 떨어져 나갔다. 고통스러운 진실이 표면 위로 드러나자 직계 가족과 가까운 친구들은 물론 일면식도 없는 사람들까지 영향을 받았다.

소피는 자살을 시도해 죽음의 문턱까지 갔다가 9개월간 정신병원에서 입원 치료를 받았다. 루퍼트 블랙맨은 대학생이 된 첫 학기에 중증 우울증을 앓아 집으로 돌아와 어머니와 같이 살았지만 방에 혼자 틀어박혀 울면서 지냈다. 루시의 친구 게일 블랙맨은 1년간 상담을 받았고, 루시를 찾으러 소피와 도쿄까지 동행한 루시의 전 남자 친구 제이미 개스코인은 몇 달간 분노 조절 장애를 겪었다. 제이미는 "사건 전말을 알게 된 후 무작정 누군가를 죽이고 싶었습니다. 전 정말 끔찍한 인간이었죠. 몇 달 후 같은 직장에 있는 여성과 사귀었지만 개자식처럼 굴었습니다. 여자를 100퍼센트로 존중하라고 배우며 자랐음에도 그녀를 대하는 제 태도는 역겨웠어요"라고 털어놓았다.

가장 고통받은 사람은 루이스였다. 루이스는 몇 년간 자살 충동에 시달렸다. 술과 코카인으로도 그 생각을 누르기가 점점 버거웠다. 이번 사건에 대해 블랙맨 가족에게 절대 함구하라는 경찰의 엄중한 요구를 받아들이느라 고통이 배가되었다. 그 때문에 루시의 친한 친구들과 제인 블랙맨은 루이스를 비난하며 그녀가 결정적 증거를 감추고 있다고 확신했다. 루이스는 집에만 틀어박혀 있다가 가끔 웨이트리스로 일하는 것을 빼고는 아무것도 하지 않았다. 그러다 10대 시절 브롬리에서 처음 만났던 남자와 사랑에 빠져 결혼했다. 하지만 루시의 죽음이라는 어두운 형상이 루이스의 시야에 늘 발을 걸치고 있다가 언제든 안으로 쳐들어와 행복을 망칠 태세를 취했다. "아무도 제게 말을 걸지 않았고, 다들 절 욕했어요. 저는 죄책감에 짓눌렸어요. 크리스마스에도 죄책감이 들었고 생일날에도 죄인이 된 것 같았어요. 결혼하는 날도 자책했습니다. 전 결혼하는데 루시는 못 하니까 미안했죠. 행복한 순간에도 죄의식에 사로잡혔고, 나이가 드는 것도 미안했어요. 전 이렇게 살아 있는데 루시는 떠나고 없으니 다 제 잘못 같았어요."

루이스는 루시가 멀리 떠나 한동안 보이지 않는 거라고 받아들이기로 했다. 하지만 눈에 보이지 않는 루시는 세상을 떠났다. 7개월간 동굴 속에 암매장되었기에 어디에서도 루시를 볼 수가 없었다. 차라리 루시가 가족과 친구들이 모두 지켜보는 앞에서 쓰러졌더라면 받아들이기가 조금은 더 쉬웠을지 모른다. 루시가 시신으로 돌아왔을 때 아무도 놀라지 않았다. 입 밖으로 일체 꺼내지 않았지만 다들 속으로는 루시가 다시는 살아 돌아올 수 없다는 걸 알고 있었다.

그럼에도 루시의 시신이 발견되자 루시를 알던 이들은 극심한 정서적 폭행을 당한 것과 다름없었다. 소피는 "루시 언니가 실종되었을 때 이런 생각이 들었어요. '어쩌면 이제 언니는 돌아오지 못할지 몰라. 언니는 죽었어. 이제 난 그걸 받아들일 수 있어. 그래도 부디 시신은 온전했으면'이라고 생각했죠"라고 했다. 누군가 내게 보여준 사진에서 확인했듯이 루시의 시신에 제대로 작별을 고하는 건 불가능했다. 루시의 자부심이자 사랑스러움의 상징이었던 윤기 나는 머리칼마저 난도질당해 불에 타버렸다. 그 이후 황당하고 지난한 공판이 이어졌다. 모든 상황이 우울하면서도 웃기고, 끔찍하면서도 지루했다. 텐트 속 돼지고기, 냉동된 개, 예의 바르고 친절한 깡패, 그리고 그 중심에 혐의를 부인하는 음침한 악한이 있었다.

상고머리의 살인자나 세련된 사이코패스, 움찔대는 사회 부적응자가 범인이었다면 차라리 이해가 갔을 것이다. 혀 짧은 소리를 내는 오바라는 외톨박이에 까칠하고 기이할 정도로 고집이 셌다. 마침내 선고가 내려졌다. 오바라는 모든 혐의에 대해 유죄 판결을 받았지만 루시를 살해한 혐의만 무죄였다. 재판부가 오바라의 소행이 아니라고 판단해서가 아니라 증거가 부족했기 때문이다. 이제 검찰은 물론 피고 측까지 항소했다. 추후에 항소심이 열리면 유무죄가 선고된 총 열 개의 판결이 번복될 가능성이 있었다. 이 사건에서 당연한 건 아무것도 없었다. "막막하셨을 텐데 잘 견디신 덕분에 보상을 받았다"고 으레 건네는 위로의 말조차 당연하지 않았다. 모든 정황이 피해자들이 위로받는 뻔한 전개조차 허락하지 않도록 짜인 것만 같았다.

이 사건으로 유발된 스트레스는 원을 그리며 일파만파 퍼져 나갔다. 스트레스는 사람들을 결속시키는 게 아니라 흐트러트렸다. 블랙맨 가족뿐 아니라 루시를 잘 아는 많은 이들도 친구와 가족에게서 점점 멀어졌다. 루시를 아끼던 이들은 루시의 죽음에 대해 남들이 보이는 그 어떠한 반응도 성에 차지 않았다. 사람들은 냉담하고 무관심하거나, 아니면 거슬릴 정도로 호들갑을 떨었다. 다들 신문과 텔레비전으로 언뜻 접한 뉴스에 의거해 자신 있게 의견을 말하면서도, 루시가 호스티스로 일하다 어리석게 낯선 남자의 차에 탔다는 사실을 심판하려는 듯 굴었다. 루시를 알던 이들은 유명해진 피해자와 아는 사이라는 사실 때문에 루시와의 친분을 부풀리고 억지 슬픔으로 시선을 받았는데, 이런 모습 또한 친지들의 분노를 유발했다.

진정한 친구들은 서로 루시 얘기를 꺼내기조차 힘들어했다. 제인은 지인들이 사교 예절이라는 생경한 위기에 봉착하는 바람에 인간관계가 상당히 좁아졌다고 했다. 얼마 전 딸이 토막 살해를 당해 동굴에 암매장되는 변을 당한 어머니에게 무슨 말을 하겠는가?

루시의 친구 캐롤라인 로런스는 루시가 실종된 후 크리스마스에 세븐오크스로 돌아와 옛 친구들을 모두 피했다. "보기도 듣기도 싫었고, 그 생각을 하기도 싫었어요. 아예 외출을 안 했어요. 한번은 길에서 소피가 걸어가는 걸 보고 몸을 숨겼어요. 정말 이기적이었지만 차마 소피한테 말을 걸 수가 없었어요." 소피에게 해줄 적당한 말을 찾지 못해서만은 아니었다. 세월이 흐를수록 소피가 깜짝 놀랄 만큼 루시를 닮아가자 죽은 사람을 보는 듯한 기분이 들었기 때문이다.

소피는 이걸 눈치챘다. 이런 취급(언니와 닮았다고 내가 벌을 받아야 하나?)을 받는다고 자의적으로 해석해 분노하다 점점 외로움에 빠져들었다. 어쨌든 소피는 한동안 귀신이 된 듯한 기분을 느꼈다. 남들의 눈을 쳐다볼 필요도 없었다. 루시가 죽은 지 2년이 지나서야 소피는 섬뜩한 문턱을 넘어섰음을 자각했다. 세월이 흘러 소피가 언니 루시보다 나이를 더 먹었음을 깨달았다. 얼마나 묘하고 적막한지 누구에게도 그 기분을 설명할 수 없었다.

오바라가 명예훼손으로 나를 고소한 사건은 2007년 9월 도쿄 지방법원에 의해 기각되었다. 오바라는 고등법원에 항소했지만 8개월 후 역시 기각되었다. 오바라 자신도 승소하리라고는 전혀 기대하지 않은 것 같았다. 자신이 옳음을 증명하려는 게 아니라 시간과 서류 작성, 비용의 부담을 지움으로써 나를 괴롭히고 겁박하는 게 목적이었다. 일본 법원은 명예훼손으로 패소한 고소인에 대해 법정 비용을 산정하지 않는다. 〈더타임스〉는 변호사 수임료로 6만 파운드를 지출했다.

오바라가 고소한 사람은 나뿐이 아니었다. 그는 일본의 주간지 여러 곳에 소송을 걸어 승소했고, 2002년 오바라가 야쿠자와 연루되었다고 오보한 《타임》을 상대로도 이겼다. 어떻게 파산한 자가 거금을 들여 최고의 형사사건 전문 변호인단과 사설탐정, 웹마스터, 출판업자를 동원하고 막대한 '조의금'을 지불할 수 있을까? 대답은 그의 집안에서 찾을 수 있었다. 오바라의 자산 관리는 가족이 맡아서 했는데, 80대 노모 기미코도 그중 한 명이었다. 나는 기미코가 생존해 있으며 오바라가 어릴 적 살던 집에서 그대로 산다는 제보를 받았다. 막내아들 호시야마 고쇼도 오사카에 거주하며 치과 의사로 근무했지만 기자들을 피했다. 작가를 꿈꾸던 셋째 긴 에이쇼도 있었다. 가족들은 오바라의 재판에 단 한 번도 참석하지 않았고, 정식 인터뷰를 한 적도 없었다. 비용을 청구할 때를 제외하면 오바라의 변호사들도 그들과 어쩌다 한 번 잠시 만나는 게 전부였다. 나는 도쿄에서 신칸센을 타고 오사카로 가서 김-긴-호시야마 가족을 찾기로 했다.

내가 역에서 잡아 탄 택시는 '국제 택시'였다. 오바라 가족은 국제 택시로 재산을 일구었고 기미코가 여전히 택시회사 사장으로 있었다. 나는 오바라가 자신만의 버블 타워를 세우고자 했던 부지로 향했다. 그곳에는 텅 빈 다층 주차 타워가 서 있었다. 나는 오바라 가족이 맨 처음 살던 집으로 갔다. 빈한한 상점가에서 외진 골목으로 들어서자 사람이 살지 않는 초라한 주택이 보였다. 모퉁이를 돌자 가족이 운영하던 파친코장이 나왔다. 파친코장은 셔터가 내려진 채 컴컴했다. 나는 그곳에서 부촌 기타바타케로 이동했다. 진흙 벽돌로 쌓아 올린 높은 담과 타일 지붕이 덮인 육중한 정문이 딸린 전통 가옥이 보존된 동네였다. 이런 주택가에서 오바라 노모의 명패가 내걸린 집이 보였다. 초인종을 눌렀다. 한참 후에 나이 든 여성의 목소리가 들렸다.

"사모님 계십니까?"

"안 계신데요." 목소리가 흐릿하게 대답했다.

"사모님 아니신가요?"

"전 가정부예요."

"그럼 사모님은 언제 오십니까?"

"몰라요."

나는 그 목소리의 주인이 김 씨 부인이라는 확신이 들었다.

내가 걸음을 돌리려는데 한 남자가 옆에 있는 문에서 걸어 나왔다. 대략 쉰 살 정도 되어 보이는 그는 검정색 바지 위로 구깃구깃한 셔츠를 빼서 입었다. 쓰레기인지 더러운 빨랫감인지 모를 것이 가득 담긴 비닐봉지 두 개를 들고 고개를 앞으로 숙인 채 잰걸음을 걸었다. 나는 그 남자가 긴 에이쇼라고 직감했다.

"긴 선생님!" 나는 이렇게 외치면서 빠른 걸음으로 그를 따라잡았다. "잠시 말씀 좀 나눌 수 있을까요?" 내가 자기소개를 하자 그는 걸음을 멈추고 돌아보았다. 내 소개를 하는 순간 그가 버럭 화를 냈다. 기자라는 존재가 환영받지 못하는 상황에 익숙하긴 했지만, 긴 에이쇼는 그동안 만난 사람들 중에서 가장 크게 화를 냈다. 어떤 조짐도 없이, 짜증이 겹겹이 차오르는 기미도 없이 버럭 화를 냈다. 내가 명함을 건네자 그의 분노가 폭발했다.

"내가 출판 발행인이오!" 그는 난데없이 으르렁거렸다. "내 책이나 읽으시오!"

"긴 선생님. 선생님 작품을 읽었습니다. 한국 남자와 귀머거리 청년들 얘기요. 이야기가 흥미롭던데요. 언제 말씀을 나눌 수 있을까요?"

"형을 안 보고 산 지도 30년이 넘었소. 또다시 이곳을 찾아오면 응당한 조치를 취하겠소. 당신이 내 근처에 얼씬거리는 게 싫습니다." 긴이 말을 끊자 나도 말을 멈추었다. 그는 비닐봉지를 바닥에 내려놓고 다시 입을 열더니 내게 눈을 부라리며 삿대질했다.

"여자들이 외국까지 와서 잘생기지도 않은 남자를 따라 집에까지 갔다면, 속으로 무슨 생각을 했겠소? 여자가 왜 그랬겠소?"

"글쎄요, 모르겠습니다. 만일 루시 블랙맨 얘기라면 루시는 오바라가 선물을 주는 걸로 알았습니다."

"멍청하긴!" 그는 이렇게 말하더니 봉지를 다시 집어 들고 걸음을 옮기다가 내가 따라가려 하자 어깨 너머로 힐끔거렸다. "어리석긴. 이렇게 사소한 일 말고 좀 더 굵직한 기삿거리나 취재하시지. 지구온난화 같은 건 어떠신가?"

"저는 다양한 기사를 취재합니다."

"태국에서 예쁜 여성과 못난 남자들이 같이 다니는 것을 본 적 있소?"

"꽤 자주 봤는데요, 아마 그건…."

"시간 낭비요."

"죄송합니다만 혹시…."

"돈 받고 이런 짓을 하쇼?"

"이건 제 직업입니다. 그걸 물으신 거라면…."

"선친께서는 2년 반 동안 투옥 생활을 하셨소." 그는 영어로 얘기했다. 그는 다시 걸음을 멈추고 비닐봉지를 내려놓았다. "그분께서는 일본에 저항해 싸우셨소. 단 하나 아버지께 원망스러운 점이 있다면, 가족을 돌보실 시간이 전혀 없었다는 것이오. 그러면서도 늘 교육의 중요성을 외치셨소."

나는 연민과 이해가 전달되기를 바라며 고개를 끄덕였다.

"난 해외에 나가지 않았는데도 일본어, 한국어, 중국어, 영어를 할 수 있소."

나는 계속 끄덕거렸다.

"난 부자가 아니오. 형이 일본 동부의 부동산 거물이라고 일본 언론에서 떠들던데, 그건 어이없는 소리고…." 그는 역겹다는 듯이 손사래를 쳤다.

"다시는 오지 마시오. 두 번 다시 얼씬도 마시오. 내 근처엔 오지도 마시오. 다시 왔다간 응당한 조치를 취하겠소."

"귀찮게 해드릴 마음은 전혀 없습니다. 그저 몇 가지…."

그는 쓰레기 혹은 빨랫감이 가득 든 봉지를 들고 성큼성큼 거리를 걸어 내려가면서 여전히 고개를 내저으며 중얼거렸다.

2007년 3월 도쿄 지방법원이 결심 선고를 내리기 한 달 전, 22세 영국 여성 린지 호커가 도쿄 동부 근교에서 살해당했다. 영어 강사였던 린지는 일요일 수업을 마친 후 28세 남성 이치하시 다쓰야의 아파트에 따라갔다가 다시는 돌아오지 못했다. 경찰이 아파트를 급습하자 이치하시는 양말만 신은 채로 도주했다. 경찰은 아파트 발코니에 놓인 모래가 가득 든 욕조 속에서 린지를 발견했다. 린지는 폭행과 강간을 당한 후 질식사했다.

잉글랜드 중부 지방에서 운전 강사로 일하는 아버지 빌 호커는 당장 도쿄로 날아와 딸의 시신을 확인한 후 영국으로 데려갔다. 앞서 팀 블랙맨이 그랬듯이 빌 호커도 나리타 공항 인근 호텔에서 기자회견을 열었다. 물론 상황이 달랐다. 루시와 달리 린지의 운명은 즉각 알려졌고, 살인자의 행방만이 유일한 미스터리였다. 나는 팀 블랙맨이 그런 상황에서 보여주지 않았던 통탄하는 부모의 모습을 빌 호커에게서 보았다.

빌 호커는 고통에 휩싸여 판단력과 통제력을 제대로 발휘하지 못했다. 딸에 대한 애통함이 살인자에 대한 분노를 압도했다. 그를 바라보자니 고역이었다. 이방인들 앞에서 눈물을 흘리고 목이 메어야 한다고 암묵적으로 요구하는 것도 민망했고, 그에게 질문해야 하는 상황도 매정했다. 그럼에도 우리 기자들은 질문을 던졌다. 카메라 플래시가 터지자 그의 일그러진 얼굴이 훤해졌다. 빌 호커는 팀이 보여주지 않던 모습을 모조리 보여주었고 세상이 그런 일을 당한 아버지에게 기대하는 모습을 적나라하게 공개했다. 빌은 딸을 잃은 상실감에 처참하고 무기력하게 무너져 내렸다.

한편 도주했던 이치하시 다쓰야는 32개월 후에야 경찰에 검거되었다. 그가 외국 여성들에게 접근한 전적이 있음이 드러났다. 그는 어느 날 저녁 린지를 역에서 보고 린지의 집에까지 따라가기도 했다. 피해자의 국적과 시신 유기 방식만 봐도 이 사건은 분명히 기괴하고 섬뜩한 범죄였다. 그럼에도 사람들이 유독 이런 살인 사건이 도쿄에서 발생했다는 사실에 대해 한마디씩 보태는 데에는 그만한 이유가 있었다.

일본과 영국에 거주하는 외국인들은 린지 호커의 죽음이 '얼마나 일본스러운가'에 대해 숱하게 언급했지만, 그 이유를 정확히 꼬집어 말할 수는 없었다. 이 사건이 막연하나마 깊이 뿌리내린 고정관념을 건드리자 스토커, 억눌린 변태성욕, 포르노 만화, 서양 여성에 대한 일본 남성의 인식 등 온갖 이념과 이미지가 환기되었다. 사람들은 린지 호커 살인 사건을 섬뜩한 기행이 아니라 올 것이 온 결과라고 여겼다. 빌 호커가 기자회견장에서 "이번 살인 사건은 당신네 나라의 수치"라고 발언한 이후 일본인들의 우려는 깊어졌다. 주말에 일본 방송국은 런던으로 촬영팀을 급파해 행인들에게 린지의 죽음으로 인해 일본의 이미지가 오염됐는지 설문 조사를 실시했다.

이런 반응은 당연히 루시 사건에서 비롯된 결과였다. 몇 년이 지나자 사람들은 동굴에 암매장된 영국 여성과 욕조 속에서 발견된 영국 여성을 동일인으로 착각했다. 일본에서 발생했고 피해자의 국적이 동일하며 둘 다 젊은 나이였다는 점이 두 사건이 지닌 공통점의 전부였다. 두 사건은 7년 차를 두고 벌어졌다. 그게 다였다. 그럼에도 많은 이들은 두 건의 여성 살인 사건에서 일본과 일본인 전체에 대한 결론을 도출해야 한다는 강박을 억누를 수 없었다.

이런 일반화 과정에서 미디어는 일본인의 성욕, 특히 일본 남성들의 판타지에 상당히 관심을 보였다. 복잡한 전철에서 활개 치는 치한들을 보도하면서 악명 높은 일본 포르노 만화에서처럼 험상궂은 샐러리맨이 눈이 크고 백인처럼 생긴 미인을 열심히 범하는 모습을 예시로 들었다. 일본인 스토커들에 관한 섬뜩한 신문 기사를 실으면서 전직 외국인 영어 강사와 호스티스의 죽음 사이에 관련이 있음을 부각시켰다. 타블로이드 신문 기자는 "서양 여성은 일본 남성에게 어떤 환상을 갖고 있나?"라는 질문에 대한 대답을 들으려고 롯폰기 술집을 순례했다.

"일본 남자들은 저희를 깔보면서도 동시에 우러러보는데요. 이게 말이 되긴 해요." 영국 리버풀에서 온 24세의 영어 강사는 주초에 술집에서 친구와 같이 술을 마시며 이렇게 말했다.

"일본 남자를 제대로 이해하는 건 어려워요. 일본에 온 뒤 1년 동안 일본 남성들의 행동을 해석하고 노력했지만, 아직도 제대로 읽히지가 않아요." 일부 영국 여성들은 이곳에서 만난 일본 남성들의 태도가 어색하고 불편해서 예측할 수 없다고 했고, 또 다른 여성들은 서양 여성이 일본 남자에게 느끼는 이질감에 대해 털어놓았다.

서양 여성은 일본 여성보다 키가 크고 훨씬 독립적이며 자유분방하기에 매력과 두려움과 반감이 뒤엉킨 호기심의 대상으로 인식된다. 지난밤 친구들과 롯폰기의 '허브 바'를 찾은 일본 증권 회사에서 근무하는 영국 여성은 "일본 남자들은 서양 여자가 더 예쁘다고 생각해요. 키가 크면 여신으로 여기죠. 일본 사람들은 저희와 너무 달라요. 그래서 가끔은 저희가 일본인을 제대로 이해할 수 있을지 궁금할 때가 있어요."라고 대답했다.

이런 암시가 '일본 남성, 연기가 자욱한 술집, 서양 미녀에 대한 집착이 린지의 목숨을 앗아가다'라는 기사의 헤드라인에 고스란히 드러났다.

일본의 인구는 영국의 두 배가 훌쩍 넘는다. 2005년에 발생한 범죄는 256만 건으로, 영국과 웨일스에서 보고된 560만 건의 절반도 되지 않는다. 가장 놀라운 사실은 영국에서 일어난 폭력 사건이 전체 범죄의 21퍼센트인데 비해 일본은 고작 3.5퍼센트라는 점이다. 루시 블랙맨과 린지 호커 이외에 지난 몇 년간 뉴욕, 요하네스버그, 모스크바에서 살해된 젊은 여성이 얼마나 될까? 관심을 갖는 사람은 아무도 없었다. 서구 선진국 기준으로 보면 도쿄는 생활하기에 환상적으로 안전한 곳이다. 침입 절도 사건은 거의 발생하지 않고 차량 도난 사건은 사실상 전무하다시피 하다. 도쿄는 젊은 여성들이 낮이든 밤이든 걱정 없이 혼자 돌아다닐 수 있는 도시다. 강력 범죄에 맞설 실전 경험이 너무 부족하다 보니 일본 경찰은 종종 갈팡질팡하는 것처럼 보인다.

일본 남성이 서양 여성에게 '집착한다'라는 의견은 상투적인 인종차별적 문구이다. 일본 여성을 좋아하는 콧대 높은 바람둥이 외국 남성들이 그 유명한 치한보다 훨씬 많다는 증거가 넘친다. 일본 포르노와 만화는 스타일이 독특하지만, 자위하는 일본 남성이 자위하는 서양 남성보다 포르노 시장에서 구매력이 훨씬 높다는 주장은 모든 사실에 근거해 반박 가능하다. 일본이 성적으로 억압된 나라라고 믿는다면 그는 금요일 밤 롯폰기 술집에서 호스티스 사이에 딱 한 번 앉아본 사람일 것이다. 호스티스는 일본 남성 못지않은 서양 남성들의 환호와 욕정으로 먹고산다.

무엇이 일본을 이토록 다르게 만드는가? 간판이나 사람들의 얼굴에 드러난 특징 때문만은 아니다. 그보다 훨씬 심오하고 간파하기 힘든 성질이 존재하기에 외국인으로 살며 느끼는 즐거움과 좌절의 원천을 표현하기 힘들다. 외국인들에게는 일본 거리의 분위기, 개개인의 태도, 대중이 느끼는 감정들이 극단적으로 낯설다. 도쿄는 강렬하고 짜릿한 에너지를 원동력으로 삼아 돌아가지만 관습과 순응이라는 제약에 얽매이는 갑갑한 면 또한 지니고 있다. 이것을 인지한 일본인들은 '절제심'과 '예의 바름'에 대해 이야기한다. 이 때문에 일본인의 마음을 읽고 상황을 이해하는 일이 상당히 복잡해진다.

일본 남성은 서양 남성이 깊은 인상을 남기거나 겁주려고 할 때 내보이는 공격적인 남성성을 노골적으로 과시하는 일이 드물다. 그들은 자랑하거나 뽐내는 일이 거의 없다. 일본 남성은 위협적이고 사악한 모습과 동떨어져 있다. 린지나 루시처럼 일본에 온 지 얼마 되지 않아 일본에 대해 잘 모르는 사람들의 눈에는 일본 남성이 '다정'하고 '수줍고' 때론 '지루해' 보인다. 나는 15년 동안 일본에 살면서 주먹다짐을 딱 두 번 목격했다. 두 번 다 고함치며 자극하거나 신경을 세우는 전조 증상 없이 갑자기 화가 폭발하더니 시작처럼 그 끝도 느닷없이 마무리되었다.

이 때문에 대다수의 외국인들은 모국에서 자신을 이끌고 보호하던 본능적인 조심성을 제대로 발휘하지 못한다. 그래서 낯선 영국 남자의 아파트까지 따라간다거나 런던 나이트클럽에서 일할 생각은 아예 하지 않은 전형적이고 '본받을 만한' 영국 여성 린지 호커와 루시 블랙맨이 동일한 행동을 한 것이다. 그들은 일본을 안전하게 느꼈을 테고, 실제로도 안전했다. 이런 매력에 빠져 그녀들은 다른 도시에서는 절대로 하지 않았을 결정을 내린 것이다.

루시는 왜 오바라 조지와 즈시 아파트까지 갔을까? 루시와 아주 가까운 이들조차 루시가 어리석게 행동한 건 아닌지 의아해했다. 남동생 루퍼트는 "그렇게 남자와 같이 외출했다는 게 정말 바보 같아요. 그건 전적으로 피해야 하는 상황이잖아요. 제가 누나 입장이었다면 그날 외출했을 때 '이제 됐어요. 집 안엔 들어가지 않겠어요'라고 말했을 것 같아요"라고 탄식했다. 하지만 루시에게 그날은 모든 전개가 자연스러웠으리라. 범인이 간교함을 부려 루시가 의심하거나 주의를 환기할 결정을 내릴 만한 상황을 아예 만들지 않았을 것이다.

여가 시간에 남자를 만나는 것은 호스티스의 임무였기에 해고 위기에 처한 루시는 동반 쿼터를 채워야 했고 무엇보다 단골 손님 확보가 시급했다. 게다가 일할 때, 우정을 나눌 때, 특히 새로운 연인과 사귈 때 도움이 될 핸드폰을 사주겠다고 약속한 오바라가 전혀 위협적으로 보이지 않았을 것이다. 유창하게 영어를 구사하고 겉보기에도 부유한 그는 카사블랑카에 오는 다른 남자들에 비해 훨씬 탐나는 손님이었다. 게다가 원래 약속은 점심만 먹는 거였다. 오바라가 늦게 나타나 느닷없이 아늑하고 안락하고 영국이 연상되는 편안한 장소인 해변으로 가자고 제안한 것이다.

루시는 해변이 얼마나 먼지, 어느 방향인지 잘 몰랐을 것이다. 예정에도 없는 드라이브를 하다 해변에 도착하니 걱정하기엔 이미 늦었다. 오바라는 루시를 그 아파트로 데려가려 서두르지 않았다. 일단 바닷가 근처에서 사진을 찍은 다음, 시간이 늦었으니 식당 대신 아파트로 가서 음식을 시켜 먹자고 합리적인 제안을 했을 것이다. 아파트에 들어가자마자 오바라는 약속했던 핸드폰을 재빨리 건네서 켜주었다. 그리고 그 이후에 무슨 일이 벌어졌는지 아는 사람은 아무도 없었다. 법정에서 구체적 내용이 밝혀지지 않았고, 오바라 조지는 루시의 살인 혐의에 대해 무죄 판결을 받았다. 그런데 그런 남자와 하루를 보낸 후 샴페인 한 잔을 받아 들고 건배하고 술을 마신 게 경솔하고 유별난 일이었을까?

비슷한 상황에 처한 수많은 젊은 여성들도 동일한 행동을 했을지 모른다. 앞으로 더 많은 이들이 그럴 수도 있으며, 그들 중 극소수만 변을 당할 것이다. 나는 이것이 루시 블랙맨의 죽음에 대한 서글프면서도 평범한 진실이라는 생각이 들었다. 루시가 무모하고 멍청해서가 아니라, 안전하지만 복잡한 사회에서 대단히 운이 없었던 것이다.

내가 이렇게 얘기하자 팀 블랙맨은 곧바로 반박했다. "전 루시가 운이 없었다고 생각하지 않습니다. 루시는 활개 치고 돌아다니지 말았어야 할 누군가의 먹잇감이 된 것입니다. 운이 없었던 게 아닙니다. 풀어두어서는 안 될 사람을 통제하지 못한 사회가 실패한 것이죠. 루시는 실패한 법과 질서의 피해자입니다."

우도 경정과 내 인터뷰에 응한 도쿄 경시청의 일부 형사들은 진실했고 루시의 살인범을 찾으려고 불철주야 노력했다. 불행하게도 그들은 예나 지금이나 거만하고 무사안일주의에 빠져 종종 무능력한 모습을 보이는 기관을 위해 일했다. 무능력한 공권력은 일본 사회에서 신비로운 금기 사항 중 하나다. 언론과 정치인이 마주하고 인정하기를 애써 꺼리는 주제였다.*

일본 경찰은 자기 지역에서 교통을 통제하고, 정신이 맑지 않은 할머니를 돕고, 술에 취한 난동객을 처벌할 때는 뛰어나다. 중범

* 또 다른 금기 사항으로는 범죄 조직과 극우 국수주의자의 권력, 일본 왕실과 그 역할 등이 있다.

죄의 경우 전형적인 일본 범죄자들에게 자백을 받아내는 능력이 출중하다. 그런데 흉악 범죄 앞에서는 통탄할 만큼 무능력하다. 경직되고 융통성 없고 선입견투성이에 절차 우선주의인 경찰 조직은 현대 국가의 골칫거리로 등극했다. 루시 블랙맨 사건이나 다른 사건에서 드러난 경찰의 능력을 보니, 일본에서 범죄 발생률이 낮은 진짜 이유는 경찰 덕분이 아니라 경찰이 그 지경임에도 불구하고 법을 준수하고 상호 존중하고 비폭력적인 일본 국민 덕분으로 보인다.

물론 피해자가 외국인이라 사건이 복잡했다는 점은 반드시 고려해야 한다. 만약 영국에서 일본 여성이 실종되었다면 그 가족 역시 블랙맨 가족이 겪은 수많은 좌절을 분명 겪었을 것이다. 정말 민망한 사실은 경찰이 초기에 늑장을 부리며 오바라의 행적을 대충 추적하고 동굴에 암매장된 시신을 발견하지 못하는 등 조잡하게 수사를 진행했다는 것이 아니었다. 경찰의 가장 큰 과오는 몇 년 전에 오바라를 지목해 법정에 세우지 못했다는 점이다. 1997년 케이티 비커스가 오바라를 신고했음에도 묵살당했다. 비슷한 취급을 받은 후 자신들의 사연을 절대로 입 밖으로 꺼내지 않은 이들이 얼마나 많았을까? 가장 큰 치욕은 그보다 5년 앞서 카리타 리지웨이의 가족이 카리타를 병원에 데려다준 니시다라는 남성이 의심스럽다고 신고한 사실을 경찰이 묵과한 일이었다. 융통성이 부재한 경찰의 무능력 때문에 더 큰 피해가 초래된 것이다. 사람들은 여러 유형으로 나뉘며 믿음이 가는 유형이 따로 있다. 손님의 집에 갔다가 강간당했다고 주장하는 젊은 호스티스는 꽃뱀일 수도 있다. 존경받는 남성이 상대가 상한 굴을 먹고 식중독에 걸렸다고 말하면 믿음이 간다. 그래서 일본 경찰은 오바라를 막을 어떠한 시도도 하지 않았다. 오바라는 경찰의 성긴 수사망을 제멋대로 빠져나갔다. 카리타가 사망할 당시 루시 블랙맨은 열세 살이었다. 그때 거기에서 사건이 끝났을 수도 있었다. 리지웨이의 유족은 결심 공판 전날 다음과 같이 성명서를 발표했다. "당시 경찰이 오바라의 소재를 파악했더라면 지금쯤 그의 자택만 수사하면 되었을 것입니다. 오바라는 30년 동안 피해자에게 마약을 먹인 후 연쇄 강간을 하는 범죄자로 살았습니다. 만약 경찰이 1992년에 저희가 요청한 대로 조치를 취했더라면 루시 블랙맨은 여전히 살아 있었을 것이며, 수많은 일본 및 서양 여성들 역시 강제로 마약에 취해 강간당하지 않았을 것입니다."

2009년 초 오바라가 나에게 명예훼손을 걸었다가 패소한 지 1년이 지난 후, 흥미로운 사건이 내 삶에 연달아 일어났다. 다음 이야기를 해두고 시작하는 게 중요할 것 같다. 그 일들이 오바라 조지와 관련 있다는 증거는 내게 전혀 없다.

어느 날 아침 크고 빳빳한 봉투가 도쿄의 우리 집으로 배달되었다. 봉투는 며칠을 돌고 돌아 내게 도착했다. 소인을 보니 여러 우편 취급소를 거쳐 온 것임을 알 수 있었다. 수신인은 '세이브 더 네이션 블루틴'의 나마이 겐고였지만 봉투 앞면에 적힌 주소는 도쿄 저 반대편에 있는 이름 모를 사서함이었다. 발신인은 자신을 '동지'라고 밝혔을 뿐, 더 이상의 연락처는 적지 않았다. 반송 주소가 없자 우체국은 이 봉투를 개봉해 안에서 내 이름을 찾아내고 내게 보낸 것이다.

봉투 안에 든 서류에 내 명함 복사본이 있었고 그 아래 우리 집 주소가 적혀 있었다. 봉투 안에는 그 밖에도 스테이플러가 찍힌 서류 한 묶음, 사진을 인쇄한 종이 두 장, 티아라를 쓴 여성이 표지에 그려진 일본어 하드커버 책 한 권이 들어 있었다.

일단 사진부터 살폈다. 종이 두 장에 사진 열 장이 칼라 복사되어 있었다. 내 사진이었다. 내가 때로는 혼자, 때로는 친구들과 같이 있는 모습이었다. 누군가 감시할 목적으로 나를 미행해 은밀히 촬영한 사진임이 분명했다.

그중 다섯 장은 석 달 전 사진이었다. 나는 그날을 또렷이 기억했다. 화창한 어느 가을의 토요일 오후 나는 런던에서 온 방문객들과 늦은 점심을 먹었다. 사진 속에서 나는 번화가 상점가를 따라 집 방향으로 걸으며 손님들과 얘기하며 웃고 있었다. 나머지 사진은 언제 찍힌 것인지 알아보기 힘들었다. 한 장은 누군가 몰래 카메라를 들고 엘리베이터 안에서 찍은 사진 같았고, 두 장은 내가 강연장이나 모임처럼 보이는 공개석상에서 얘기하는 장면 같았다. 나는 이때를 애써 반추하며 카메라를 든 은밀한 인물의 모습을 떠올리려 했지만 아무것도 생각나지 않았다. 아무튼 그는 내가 기억하지 못하는 일과를 하거나 집 근처 거리를 거닐 때 나를 미행했다.

봉투 속에 든 다른 내용물도 살펴보았다. 내가 아는 책이었다. 호주 기자 벤 힐스가 쓴 《마사코 왕세자비: 국화꽃 왕좌의 포로》의 일본어 번역판으로 3년 전 발간되었을 당시 혹평을 받았다. 이 책은 일본 왕세자비의 불행한 삶을 그렸다. 해외에서 교육을 받은 재원이자 전직 외교관이었던 왕세자비가 일본 왕실의 숨 막히는 요구로 인해 우울증에 걸렸으나 왕실 관료 집단은 이 상황을 몇 달간 은폐했다. 출간 당시 이 책은 일본 정부의 맹비난을 받았다. 분노한 극우 민족주의자들이 이 책을 출간한 출판사로 몰려가 피켓 시위를 벌였다. 나는 벤 힐스가 연구 목적으로 나를 인터뷰했을 때 그를 한 번 만났다. 그 책은 내가 마사코 왕세자비에 대해 작성한 기사 두 편을 인용했다. 내가 들고 있는 이 번역본에서 내 이름을 인용한 부분에는 노란 형광펜이 칠해졌고, 해당 페이지에는 포스트잇이 꼼꼼히 붙었다.

봉투 속에 든 마지막 내용물은 레이저프린터로 출력한 종이 여섯 장을 스테이플러로 묶은 서류였다. 문서는 인사도 소개 구문도 없이 느닷없이 이렇게 시작했다. "리처드 로이드 패리의 목적은 일본 왕실을 붕괴시켜 영국이 일본을 통치하게 하려는 것이다."

일본 왕실을 비방하는 《마사코 왕세자비》라는 책은 리처드 패리가 작성한 기사를 인용했다. 패리는 호주 기자 벤 힐스를 사주해 이 책을 발간하게 한 자로 언론사 도쿄 지국장이라는 직함을 가지고 있으나 직원은 단 한 명뿐이고 하고 싶은 일을 처벌받지 않고 해낸다. 리처드 패리는 해외에서 일본 왕실을 지속적으로 모욕했다. 그를 놔두었다가는 손쓸 수 없는 상황이 될 것이다. 우리는 리처드 패리를 상대할 영웅이 나타나기를 기대한다.

현재 일본 왕실을 중상모략하는 기사는 인터넷에서 찾아볼 수 없다(검색이 허용되지 않는다). 다음은 인터넷에 올라온 기사나 사진,

다른 자료의 핵심 내용이다.

리처드 패리는 일본을 음해하려는 음모를 짜는 이로 더는 참아줄 수
없다. 패리 씨족은 2차 세계대전 당시 186명의 일본군을 살해했다.
패리는 일본 왕실을 모독하고 일본을 혼란에 빠뜨렸다. 그는 호주 기
자라고 주장하는 벤 힐스에게 자료를 제공해 힐스로 하여금 책을 발
간하게 함으로써 일본 왕실을 음해하려는 모략을 꾀했다. 우리는 일
본 왕실을 모욕하여 일본을 혼돈에 빠뜨리려는 리처드 패리를 더는
용인해서는 안 된다.

봉투 하나 안에 상당히 기괴한 것들이 가득했다.

내가 일본 왕실의 적으로 불린 게 이번이 처음은 아니었다. 왕
세자비의 우울증에 대한 기사를 쓴 다른 기자들도 같은 혐의로 고
소당했다. 그러나 호주 기자를 뒤에서 조종하는 실세라거나, 영국
제국주의의 야심을 위해 애쓰는 요원으로 불린 건 처음이었다. 가
장 두드러진 부분은 전쟁과 관련된 역사이자(나는 전혀 몰랐다), 2차
세계대전 당시 로이드 패리의 씨족이 무더기로 쓰러진 일본군의 시
신을 밟고 섰다는 내용이었다. 조작을 했다기엔 너무 터무니없었
다. 내용물을 읽으며 나도 모르게 미소를 지었다. 그걸 보니 누군가
가 떠올랐다.

아무튼 벌어진 상황은 명확했다. 누군가가 사설탐정처럼 이 서
류 일체를 조심스레 수집했다. 건조한 논조를 보아하니 그자는 이
런 봉투를 여러 개 만들어 다수의 주소로 연속 우편 발송했을 것이

며, 그중에 세이브 더 네이션 블루틴이 포함된 것으로 보였다. 그런데 이 회사가 이전 혹은 폐업하는 바람에 우연히 이 봉투가 내 수중에 들어왔다. 가장 의도치 않았던 마지막 사람인 나에게까지 온 것이다.

이름에서 알 수 있듯이 세이브 더 네이션 블루틴은 극우 단체였다. 일본에는 각종 극우 단체가 존재한다. 그들은 자신들이 보기에 충분히 애국적이지 않은 개인과 기관에 대해 시끄럽게 시위를 벌인다. 전쟁 당시 일본이 저지른 행위를 비판하는 학자나 관리, 러시아·한국·중국 대사, 일본 왕실을 난처하게 한 기자 등이 우파의 심기를 건드리면 극우 단체는 동일한 패턴으로 반드시 의사를 표명한다. 검은색 밴을 타고 몰려와 고성능 확성기로 맹비난을 퍼붓고 차 지붕 위에서 전범기를 휘날린다. 이들은 야쿠자와 연루되기도 하고, 대단히 드물게 폭력 행위를 벌일 때도 있다. 이 봉투를 보낸 이가 누구든 그는 이 봉투를 투척함으로써 나에 대한 사적인 분노를 유발해 자기 아닌 다른 사람이 우리 집이나 회사로 직접 찾아와 나를 '상대하기'를 바랐을 것이다.

여기에 사용된 단어는 '세이바이(成敗, 징계)'였다. 일본인 친구에게 이 서류를 보여주자 그녀는 이 단어를 어떻게 번역해야 할지 난감해했다. "'상대'도 괜찮은데 '심판' 혹은 '처벌'이라고 번역해도 괜찮아. '퇴치'나 '격파'까지도 가능해. 좋은 단어는 아니야. 전혀 좋은 뜻은 아니지. 이거 가지고 경찰서에 가야 할 것 같아."

나는 경찰이 이것을 진지하게 받아들일 거라고는 기대하지 않왔다. 그런데 내가 틀렸다. 내가 도착한 지 수 분 이내에 형사 넷이 비좁은 조사실에 앉아서 장갑 낀 손으로 봉투와 내용물을 살폈다. 혹시 미행을 당했는지, 이상한 전화가 오지는 않았는지, 집이나 회사 근처에서 수상한 사람이나 차량을 목격한 적이 있는지 나에게 질문을 퍼부었다. 이 모든 질문에 대한 대답은 "노"였다.

　"원한을 산 사람이 있습니까?"라고 형사 반장이 물었다. 왜소하고 나이가 들어 보이는 그의 얼굴에는 골초처럼 굵은 주름이 패어 있었다.

　　물론 사람들이 내가 쓴 기사를 보고 분노하는 경우가 간혹 있다. 일본 왕실의 기사를 작성한 다른 기자들, 특히 마사코 왕세자비의 서글픈 사연을 쓴 기자들처럼 나 역시 분노에 찬 항의 서한 한 통과 호통치는 전화 한두 통을 받았고 인터넷을 통해서 익명으로 비난받기도 했다. 그런데 딱 한 사람만 내게 심각한 행동을 가했다.

　"잘 가져오셨습니다"라고 형사 반장이 말했다. "이 '세이바이'라는 단어는 이런 편지에서 잘 쓰지 않습니다. 폭력적인 뜻을 담고 있죠. 사무라이 드라마 보십니까? 사무라이가 적을 공격할 때 사용하는 단어죠. 사무라이가 누군가를 '세이바이' 할 때 사무라이 검으로 해결하죠."

　　형사들은 지문 채취를 위해 봉투를 보관했다. 내가 주의해야 할 점이 있는지 묻자 형사 반장은 인상을 쓰며 고개를 끄덕였다. "전철을 탈 때 플랫폼 가장자리에 서 있지 마십시오. 뒤로 물러나 계세요. 그래야 전철이 들어올 때 뒤에서 누군가 떠밀기가 힘듭니다. 길에서도 마찬가집니다. 보도석에서 멀리 떨어져 계십시오. 의심스러운 상황이 있는지 계속 살피다가 눈에 띄는 게 있으면 당장 저희에게 신고하십시오. 그럼 저희가 가까운 경찰서로 연락해 순찰 대원으로 하여금 선생님이 계신 곳을 주시하도록 하겠습니다."

그중 한 형사는 극우 단체의 활동을 추적하는 전문가로, 세이 브 더 네이션 블루틴과 나마이 겐고에 대해 알았다. 그가 나마이에 게 당장 전화를 걸었다. 나마이는 회사 주소가 변경되었고 이 봉투 는 물론 유사한 내용물을 받은 적이 전혀 없다고 확인해주었다. 형 사는 내용물을 설명한 후 나마이의 생각을 물었다. 나마이는 아무 감흥 없이 극우주의자들은 종종 괴이한 우편을 받는다면서 상식이 있는 극우주의자라면 이렇게 서명도 출처도 없는 장황한 얘기에 선 동되지 않는다고 했다.

주변 세상에 대한 감각이 열리는 데에 미행당한다는 의심만 한 것이 없다. 실력이 뛰어난 카메라맨이 최고급 필터를 끼고 촬영한 것처럼 그 후 몇 주간 도쿄는 꿈속처럼 반짝이며 광채 나는 장소가 되었다. 예전에는 전혀 깨닫지 못한 세세한 것들이 갑자기 강력하 고 사악한 의미를 지니고 번쩍거렸다. 카메라, 선글라스, 주차된 차 량의 색상과 메이커, 길에서 마주치는 사람들의 옷과 색상. 나는 이 세상을 자세히 설명하겠다고 맹세한 것처럼 매 순간을 사는 내 모 습을 발견했다. 하루 중 가장 평범한 시간인 지하철을 타고 출근하 는 15분이 암살을 피하려는 영웅처럼 애쓰는 순간이 되었다. 어처 구니 없을 만큼 웃기면서도 불안하고 걱정스러웠다.

몇 달이 지났다. 출퇴근하는 전철 안에서 나를 밀치려는 시도

는 없었고, 번쩍이는 사무라이 칼에 찔리지 않았으며, 기괴한 편지
나 전화, 그 어떤 종류의 비정상적인 모습도 더는 보이지 않았다.
어느 날 형사에게 전화가 왔다. 그는 봉투에서 발견된 지문 중 경
찰 데이터베이스에 등록된 지문과 일치하는 게 전혀 없다고 했다.
내 긴장도 점차 무디어졌다. 그러다 2009년 6월 회사 근처에 있는
경찰서에서 전화가 걸려 왔다. '정제된 마음 학파'라는 극우 단체가
나에 대한 시위를 하겠다는 계획을 정식 통보했다고 알려주었다.
경찰은 일본 극우주의자들이 질서를 지키고 법을 준수하는 방식으
로 시위할 것이며, 그들이 집회의 자유를 행사하는 것을 막을 수 없
기에 내게 적절히 통보해주는 거라고 했다.

　며칠 후 정제된 마음 학파가 그 이름만큼 단정하게 등장했다.
중년 남성 네 명이 낡은 전범기가 드리운 검은색 밴을 타고 나타났
다. 전형적인 극우 단체의 시위였다. 그들은 회사 건물을 몇 바퀴
돌고 요구 사항을 확성기로 외쳤다. "〈더타임스〉의 리처드 패리는
일본 왕실을 모욕한 일에 대해 사과하라!" 남자들은 건물 내로 진입
하려 했지만 경비원이 정중히 그들을 저지했다. 그들은 내게 줄 편
지를 내밀었으나 거절당했다. 그들은 편지를 회사 건물 앞에 있는
우체통 속에 넣었다. 그러나 우표를 붙이지 않았기에 편지는 도착
하지 않았다.

　그들은 30분 후 검은색 밴을 타고 사라졌다가 한 달 반 뒤에 다
시 나타났다. 밴을 타고 와서 구호를 외치고 편지를 써서 들고 오는
동일한 방식이었다. 그 후 나는 그들의 소식을 듣지 못했고 그들과
비슷한 사람들도 전혀 보지 못했다.

이 모든 것들이 수수께끼로 남았다. 나는 아직도 그 배후에 누가 있는지, 누가 그렇게 장황한 편지로 극우주의자들로 하여금 나를 '상대'하도록 독려했는지, 그들의 동기가 무엇인지 말할 수 없다. 하지만 이 일은 절대로 잊을 수가 없었다. 이 일은 흥미로운 결말로 매듭지어졌다. 몇 달 후 나는 오바라 조지의 변호사 시오노야 야스오를 만나 오바라의 면회를 마지막으로 요청했으나 거절당했다. 내가 이상한 봉투와 사진과 검은 밴을 타고 온 남자들 얘기를 하자 시오노야의 얼굴에 만감이 교차했다. 놀라면서도 재미있어하는 표정이었다. 시오노야는 이렇게 말했다. "전에 오바라 씨와 얘기를 하다가 대화 도중에 당신의 이름이 나왔습니다. 오바라 씨는 당신이 쓴 기사를 언급하며 일본 왕실에 대해 언급했죠. 오바라 씨가 '패리가 쓴 기사 때문에 우익 단체가 화가 났으니 언젠가 패리가 그들에게 시달리게 될 것 같습니다'라고 하기에, 제가 '어떻게 시달린다는 거죠?'라고 물으니 오바라 씨는 '글쎄요, 저야 모르죠'라고 했습니다."

나는 정말 누구일까

오바라 조지는 누구이며, 무엇이 지금의 그를 만들었나? 나는 몇 년간 오바라를 생각하고 그에 관해 얘기하며 그가 법정에 선 모습을 보았다. 하지만 진짜로 얼마나 알고 있을까? 그의 일대기에는 채워지지 않은 공백이 있었다. 학교 졸업 후 몇 년간 외국을 여행한 기간, 일본으로 돌아와 체포될 때까지의 사이에 있는 상당 기간은 알려지지 않았다. 그의 가족은 적대심을 내보이며 비협조적으로 나왔다. 오바라는 나를 피하기만 하더니 고소장을 선사했다. 그 누구보다 오바라의 삶을 많이 들여다본 경찰은 법정에서 쓰이지 않을 사항에는 관심이 없었다. 오바라가 아는 가장 유명한 사람이자 의외의 친구인 카를로스 산타나는 오바라에 대해 언급하기를 거부했다. 오바라는 범죄를 저지르기 아주 오래전부터 자기 인생에서 스스로를 지우는 작업에 착수한 바람에 범죄 패턴을 파악해 과거와 현재를 잇고자 한 이들에게 좌절감을 안겼다. 그는 쌍꺼풀 수술을 하고 개명을 하고 국적을 변경했다. 짙은색 안경을 쓰고 키 높이 구두를 신었다. 사진을 찍으면 인간의 영혼이 빠져나간다고 맹신하는 오지 사람들처럼 그는 카메라를 정면으로 응시하기를 거부했다. 그는 남성의 힘을 행사하는 일반적인 강간과는 반대로 성적인 공격조차 은밀히 행했다. 피해자 대부분은 경찰이 발견한 비디오를 보기 전까지 자기들이 무슨 일을 당했는지 제대로 알지 못했다.

무엇보다 우정은 한 사람이 살아온 발자취를 대변하며 지문처럼 더 넓은 세상에 독특하게 찍힌 신원을 밝히는 열쇠다. 그래서 그에게는 친한 사람이 거의 없는 것일까? 요즘은 우리 모두가 아마추어 심리학자가 되어 유년기의 경험과 성인 행동 양상과의 상관관계에 대해 유창하게 지껄인다. 어머니의 기대, 정신이 온전치 못한 형의 존재, 아버지의 사망, 일본에 사는 모든 한국인들이 겪는 은밀하고 본능적인 선입견, 느닷없이 물려받은 유산으로 지워진 책임감과 절제된 생활에서 벗어나 아찔하고 강렬하게 누린 자유 등 오바라의 이력에는 압박으로 작용했을 요소들이 많았다. 하지만 일본에는 예나 이제나 불안한 어린이들이 수도 없이 많고 불화를 겪는 가정, 부유한 가정에서 버릇없이 자란 아이들, 차별을 겪는 피해자들이 수백만이나 있다. 그들 중 커서 연쇄 강간범이나 살인자가 되는 이는 극히 드물다.

공판 과정 중 오바라의 정신 상태, 즉 정신이 온전치 못한 게 아니냐는 의문은 아예 제기되지 않았고 정신 감정 역시 전혀 이루어지지 않았다. 도치기 판사가 판단한 오바라의 성격은 사이코패스의 정의와 일부 일치했다. 정의에 따르면 사이코패스란 '자기중심적이며 냉정하고 공감 능력이 심각하게 떨어지는 무자비한 인간이며, 양심의 절제 없이 행동하는 사람'을 의미했다. 그런데 나는 이러한 진단에 의구심이 들었다. 이것은 도덕의 잣대를 이용해 간편하게 재단한 임상적 판단으로, 손쉽게 얻은 그럴싸한 위안을 사회 전반에 제공하기 위한 의도로 보였다. 범죄에 반사회적인 악마의 극단적 행동이라는 꼬리표를 붙이고 가해자를 착한 사람들과 확실히 구분함으로써 다들 인간 본성의 미묘함에 대한 두려움과 후회조차 하지 않는 비정함에 대한 걱정을 조금은 덜었다. 일본 시사 해설 방송에서도 유사한 충동이 작용했다. 인터넷에서만 시끄럽고 주요 미디어까지 보도하는 경우는 드물었음에도 일부 방송에서는 오바라가 한국인임을 강조했다. 이는 마치 그가 외국 혈통이기에 일본 사회가 그에 대한 책임을 벗었다고 주장하는 것처럼 보였다.

오바라 조지가 무슨 혈통이든 그는 일본에서 만들어졌다. 하지만 정확히 어디에서 만들어졌다고 꼬집어 말하기는 어려웠다. 나는 처음에 오바라의 심리를 심층 탐구하는 전형적인 위업을 이루고 싶었던 것 같다. 독방에서 혼자 있을 때, 의식을 잃은 채 간신히 숨만 쉬는 피해자 앞에 무릎을 꿇고 앉아 있을 때 그가 무슨 생각을 했을지 상상할 수만 있다면 나는 취재 대상을 이해했다며 자축할 수 있을 것 같았다. 그러나 그걸 알아내겠다는 건 착각이었다. 말과 행동과 달리 우리는 타인의 생각과 감정을 알 수가 없다. 아무리 잘 아는 사람이라도 해도 결국 남이며, 우리가 그들을 이해한다 하더라도 모든 것을 속속들이 들여다볼 수는 없다. 오바라는 지나치게 비대한 내면의 소유자여서 바깥세상으로 향하는 문을 걸어 잠갔을지도 모른다. 어쩌면 내가 그 문을 열었을 수도 있다. 그러나 내가 정말로 성공했는지, 아니면 내 허영심 혹은 오바라가 저지른 장난의 희생자가 됐는지 절대로 알 수 없다.

어쩌면 이해해야 할 게 전혀 없을지도 모른다. 만약 오바라의 내면이 텅 비고 겉으로 보이는 게 다라면? 진실은 따분할지도 모른다. 실제로 더 할 말이 거의 없었다. 바로 이 공허가 오바라가 기를 쓰고 감추려던 가장 큰 비밀일지 모른다. 나는 그의 삶이 친한 인간관계의 부재로 인해 완벽히 고립에 가까운 상태가 되었다고 극단적으로 정의했다. 그가 스스로 세상과 담을 쌓은 데에는 나름대로 고통스러운 이유가 있었겠지만 그 이유는 심해에 갇혔다. 혹한은 온기가 없는 상태이며 암흑은 빛을 결여한 상태이듯, 그에게는 인간관계가 부재한다고 생각하는 편이 이해하기 훨씬 쉬웠다. 오바라는 눈보라 치는 어둠처럼 다가와 그와 접촉한 이들의 삶을 시들게 했다. 이것이 오바라에 대한 진정한 평가였다. 그의 자아를 정밀 조사하고 판단하는 게 아니라 그가 타인에게 끼친 영향을 판단해야 했다.

그는 기부금 영수증을 법정에 제시하면서 그 기부금으로 이행된 선행을 판단해달라고 요청했다. 그렇다면 동일한 방식으로 그가 끼친 해악을 평가하여 그의 품성에 대한 판단 기준으로 삼아도 되지 않을까? 그는 수차례 변신하면서 피해자들에게 고통으로 작용했다. 무슨 비밀을 간직했든 오바라는 자신이 저지른 해악 그 자체였다.

오바라는 제인이 단호하게 거부한 '피 묻은 돈'이었고, 그 돈을 받은 팀의 아집과 굴욕이었다. 소피의 혈맥에 흐른 알약과 보드카였고 정신이 붕괴된 루퍼트의 잃어버린 세월이었다. 제이미 개스코 인의 마음속에서 불타는 분노였다. 제이미의 여자친구와 죽은 루시 에 대한 기억을 간직한 친척들은 물론 두세 다리 건너 존재하는 이 들이 겪는 온갖 고통의 진원이었다.

인간은 단 하나로 수렴된 진실을 찾는 데 길들여져서 구름 한 점 없는 하늘에서 청명한 보름달 같은 진실을 보려고 매달린다. 범 죄 서적은 사진처럼 명료한 이미지를 전달하며, 대중은 껍질을 벗 겨 소금을 뿌린 견과류처럼 건조하게 편집된 사연을 기대한다. 그 런데 취재 대상으로서 오바라 조지는 빛을 모조리 빨아들였다. 보 이는 것이라곤 연기와 연무뿐이었고 외부에서 빛이 들어올 때만 잠 시 밝아졌다. 다시 말해 껍질이 견과류가 가진 전부였으며 오직 그 것만이 매혹적인 것으로 밝혀졌다.

블랙맨 가족과 연락하는 사람들은 물론, 블랙맨 가족을 오로지 언론으로만 접한 많은 이들도 그 사건에 대한 강력하고 견고한 의 견을 형성했다. 다들 자기가 옳다고 주장했다. 오바라 조지의 유죄 여부뿐만 아니라 루시와 루시의 가족, 일본이라는 국가에 대해서도 의문을 품었다. 이렇게 생산된 의견들이 사건이 끼친 특이한 여파 중 하나였다.

특히 팀과 1억 엔을 받기로 한 그의 결정에 가장 열띤 논쟁이 집중되었다. 그 후 몇 주간 팀은 오바라에 버금가는 죄를 저질러 기 소된 것처럼 보였다. 〈데일리메일〉의 어느 칼럼니스트는 "팀의 고 통이 배가될 것이다. 팀은 천박한 호스티스 일을 하다가 죽음에 이른 어여쁜 딸을 구하기 위해 그가 다르게 행동할 수 있었을 거라고 고뇌하는 동시에, 루시가 응당 누려야 할 정의를 선사하지 못했다는 점에 대한 죄책감으로 고통받을 것이다"라고 예언했다. 제인은 "저는 두 남자와 싸우는 것 같아요. 오바라와 루시의 아버지, 두 남자 모두 법의 심판을 받게 하려고 애쓰고 있어요"라고 인터뷰했다.

그렇다면 팀이 정확히 무엇을 잘못했을까? 오바라가 건넨 조의금에 대해 한 가지 답해야 할 질문이 있었다. 부인할 수 없을 만큼 중요한 질문이었다. 그 돈이 재판의 결과에 어떤 식으로든 영향을 주었나? 재판부는 강간 피해자들이 받은 돈은 그들이 법정 최고형인 종신형을 선고하는 데 전혀 영향을 끼치지 않았다고 판결문에 적시했다. 돈이 일본 사법부에 끼칠 수 있는 영향력은 이 정도였다. 일본 사법부는 여러 가지 결점으로 비난받지만 돈이 있다고 살인자에게 무죄를 선고하진 않는다. 오바라가 루시의 살인 혐의에 대해 무죄를 받은 것은, 옳든 그르든 재판부가 증거 불충분으로 판단했기 때문이다.

물론 대중이 팀에게 내린 판결은 법적인 것이 아닌 도덕적인 것이다. "어떻게 아버지가 되어서 딸을 죽인 살인자에게 돈을 받을 수 있나?"라고 〈더선〉의 독자가 물었다. 비슷한 내용의 의견이 많았다. "팀 블랙맨은 지금이라도 수치심에 목을 매달아야 한다." 이것은 자신이 도덕적으로 더 우월한 존재임을 드러내는 선언 중 하나였다. 이런 의견에는 저마다 행간에 은근한 자랑이 숨어 있었다. "나라면 절대로 안 그래." 이런 글을 보면서 나는 나도 모르게 이런 질문을 떠올렸다. "당신이 어떻게 아는데? 당신이 무슨 상관인데?"

우리가 도덕적, 신체적 시험대에 오르는 극악한 상황에 처했다고 상상하는 건 흥미진진하다. 우리는 마음속에서 늘 그런 시험을 통과한다. 아이를 키우는 사람들은 자식의 죽음을 상상하면서 그것이 모든 상실감 중에 최악일 거라고 여긴다. 그런데 경험하지 않은 채로는 고작 상상만 가능하다. 우리는 그런 상황이 닥쳤을 때 자신이 위엄 있게 자제심을 발휘하여 결단력 있게 행동하기를 바라겠지만, 실제로 그럴 수 있을지 정확히 아는 자는 아무도 없다. 목숨이 오락가락하는 희귀병을 앓는 상황을 지레짐작할 수 없는 것과 마찬가지다.

돈이라는 요인이 끼어들면 이런 모습이 더욱 심해진다. 독자 의견란에는 팀이 루시의 목숨값을 정했다며 비난하는 목소리가 가득했다. 그런데 약간의 차이는 있겠지만, 수많은 선택을 할 때 돈을 중요하게 고려하지 않는 사람은 거의 없다. 팀 블랙맨이 받은 1억 엔은 판결에 영향을 주지 않았고 그가 내린 선택으로 아무도 해를 입지 않았다. 그리고 그는 자신을 위해 그 돈으로 즐거움을 사서 고통과 근심으로 뒤틀렸던 삶에 잠시나마 평화를 선사했다. 팀은 그 돈의 일부를 루시 블랙맨 트러스트로 편입시키고 동시에 소피와 루퍼트를 위해 일부를 남겨놓겠다고 약속했다. 그는 그 돈의 일부를 떼어 인판타라는 클래식 요트를 구입했고 그걸 타고 2008년 한 해 행복하게 세계 일주에 나섰다.

대중은 그가 돈을 받은 결과를 마음껏 누리는 모습에 비난을 퍼부었다. 만약 승소로 얻은 돈이었거나 공식 집행된 배상금이었다면 그 돈을 어떻게 쓰든 남들이 전혀 관여할 바가 아니다. 팀과 비숫한 상황에 처한 사람들은 대부분 자신들의 '몸값'도 따진다. 그 돈으로 무거운 빚을 충분히 청산할 수 있거나 병든 친척을 안락하게 보살필 수 있거나, 남겨진 자녀를 교육시킬 수 있거나, 은퇴 후 안정이 보장된다면 웬만한 수준의 배상금이 제시될 경우 "난 고통받았으니 이 돈을 받아도 되겠지?"라고 끝내 말하지 않을 사람이 우리 중 얼마나 될까?

나는 장차 내가 블랙맨 가족이 겪은 것과 같은 상실감을 절대로 겪지 않기를 바라며 특정한 도덕적 판단을 내려야 하는 상황에 처하지 않기를 바란다. 아마 나였다면 제인이나 안쓰러운 빌 호커처럼 통탄했을지 모른다. 팀처럼 정력적으로 뛰었을지 모른다. 어쩌면 금전적 보상을 모두 거절했을지 모른다. 어쩌면 그 돈을 내게 주어진 최소한의 보상으로 여겼을지 모른다. 나는 모르겠다. 그리고 남들도 모른다. 그런 고통을 넘치도록 겪은 불행한 자들을 심판할 권리를 가진 자는 우리 중 아무도 없다.

제인 스티어는 심판할 위치에 있었고 애넷과 나이절, 서맨사 리지웨이도 그러했다. 리지웨이 가족은 팀의 상실감을 정확히 공유했다. 오바라 변호사 측의 반복되는 감언이설에도 그들은 지속적으로 동일 배상액을 거부했다. 제인은 호주의 리지웨이 가족이 보여주는 연대에 위로를 받았다. 제인과 애넷은 통화하면서 딸을 잃은 상실감을 서로 위로하다 친구가 되었다. 2008년 7월, 나이절 리지웨이는 전부인과 딸의 동의하에 오바라가 갱생 가능하다는 데 동의하고 카리타 살해 혐의에 적용된 일부 증거에 의문을 제기하는 서류에 서명했다. 그 대가로 리지웨이 가족도 1억 엔을 받았다. 그들은 고통당했으나 달리 배상받을 길이 없었기에 그 돈을 받을 자격이 있다고 느꼈다. 제인은 그 소식을 듣고 깊은 시름에 빠졌다. 제인은 카리타의 아버지, 어머니, 언니가 모조리 "악마에게 팔려 나갔다"고 한탄했다.

사람들은 루시가 겪은 것과 같은 일을 두려워한다. 폭력에 의해 어린 나이에 허무하게 살해된 사연을 무서워한다. 그럼에도 대부분 두려움을 고백하지 못하기에 밤에 늑대를 쫓으려고 나뭇가지에 불을 붙여 휘두르듯 도덕적 판단을 확실히 내림으로써 위안을 얻는다.

제인 역시 루시에 대해서는 옳아야 할 필요가 있었다. 딸을 남다르게 생각해줄 사람이, 무엇보다 전남편이 틀렸다고 해줄 사람이 필요했다. 자신만의 신념으로는 부족했다. 제인은 팀이 잘못했다고 법원이 선포해주기를 바랐다. 하지만 상실감과 슬픔에는 옳고 그름이 없었기 때문에 고통은 한없이 부풀기만 했다. 이 고통에서 벗어나기 위해 힘을 끌어모으는 것이 블랙맨 가족에게 닥친 임무였다.

가족은 그 노력의 일환으로 루시의 죽음에서 좋은 면을 찾았다. 불행 속에서 한 가닥 희망을 찾는다고 할까. 팀은 루시 블랙맨 트러스트에서 좋은 점을 발견했다. 도쿄의 기자회견장에서 텅 빈 계좌의 번호를 배포하는 것으로 시작한 루시 블랙맨 트러스트는 결국 제인과 로저 스티어 부부의 노력에도 불구하고 자선단체로 정식 등록되었다. 루시 블랙맨 트러스트는 강간 경보기와 음료에 약이 섞였는지 감지하는 키트를 판매하는 것은 물론, 웹사이트를 통해 여행과 클럽을 즐기는 젊은이들에게 안전 상식을 전파했다. 기금 모금 행사를 열어 코미디언과 유명 모델의 후원을 받았다. 2007년에는 리버풀에 사는 10대 소녀 나탈리가 미스 루시 블랙맨 트러스트로 뽑혔다. 모두 계획대로 돌아가진 않았다. 이 트러스트와 협업한 버디세이프라는 기기 제조사가 몇 달 만에 파산하는 바람에 웹사이트의 일부 링크가 깨져서 기능하지 않았다.

그럼에도 팀은 루시 블랙맨 트러스트의 '해외 실종' 프로그램을 자랑스러워했다. 루시가 실종된 이후 팀과 같은 일을 당한 영국 가정을 돕는 프로그램이었다. 한때 팀은 낯선 땅에서 고통을 겪으며 자신만이 특이한 경험을 한다고 여긴 적이 있었다. 그러나 몇 달에 한 번씩 유사한 사건이 일어나고 있음을 알게 되었다.

39세의 웬디 싱은 피지에서 남편에게 살해당했다. 아일랜드에 사는 수줍은 15세 소녀 에이미 피츠패트릭은 새해 첫날 어머니가 사는 스페인 집 근처에서 실종되었다. 33세 기자 마이클 딕슨은 코스타리카에서 휴가를 보내던 도중 증발했다. 19세 간호사 알렉스 험프리는 유명한 폭포를 보러 가겠다며 파나마의 호텔에서 나간 후 다시는 돌아오지 않았다.

이런 실종자들은 루시처럼 강렬한 관심을 끌지 못했다. 그건 피해자들이 나이가 많거나 적거나 외모가 출중하지 않아서였고, 피지나 코스타리카에서 그 타이밍에 정상회담이 열리지 않아서였다. 토니 블레어가 우연히 그 사건에 대해 관심을 갖지 않아서였다. 팀이 운영하는 트러스트는 외무연방부에서 하지 못하는 일을 실종자나 사망자 가족에게 대신 해주었다. 비밀 제보나 목격자 확보를 위한 24시간 핫라인을 가동하고, 웹사이트에 포스터와 사건 기록을 게시하고, 가족 방문 및 시신 송환 비용을 지원한다. 외무연방부는 파트너로서 이 계획을 지원했다. 루시가 실종된 이후 런던 경찰청은 해외 실종자 가족을 위해 내부에 가족 연락 전담 시스템을 구축했다.

이 모든 것이 어느 정도 만족을 가져다주었다. 선의를 지닌 이들이 트러스트 청산 가능성을 조심스럽게 언급하자 팀은 헛웃음을 지으며 고개를 저었다. 그가 트러스트에서 업무적으로나 사적으로 아무리 성공한다 해도 루시의 빈자리를 극복할 수는 없었다. 팀이 가장 바라는 건 그 상실감을 눌러 그것이 삶의 다른 부분까지 침범하지 않도록 저지하는 일이었다. 불룩하고 시커먼 쓰레기 봉지가 머릿속에 떠오르면 루시와 그 운명에 대한 온갖 슬픔과 절망과 회한이 차올랐다. 그 비닐봉지를 벌려 미끄덩거리는 내용물을 일일이 확인하는 모습을 상상하면 무너져 내릴 것만 같았다. 팀은 자살 충동을 절대로 실천에 옮기지 않았지만 자주 그런 충동에 시달렸다. 그것은 버거운 삶에서 벗어나고픈 충동일 뿐만 아니라 죽어서 루시와 다시 만나고 싶다는 희망이기도 했다.

"루시는 죽었어요. 소피는 요양원에 입원했고 루퍼트는 낙제해 대학에서 퇴학당한 후 신경쇠약에 걸렸어요. 정말 긴 세월 동안 이렇게 고생했습니다. 모든 것이 점점 나아지기는커녕 나빠지기만 했습니다. 저도 대단히 위험한 상태라고 느낄 때는 과연 거기서 벗어날 수 있을지 모르겠더라고요." 유난히 힘든 날들이 있었다. 해마다 때가 되면 찾아오는 루시의 생일이나 사망일이 그랬다. 무슨 일이 있었는지 생각하지 않고 지나가는 달은 몇 달에 불과했다.

"루시는 7월 1일에 실종됐고, 생일은 9월 1일이고, 시신은 2월에 발견되었습니다. 크리스마스는 어느 가족에게나 의미 있는 날이지만 실종자 가족에게는 고통스러운 날일 뿐입니다. 그중에서도 루시가 죽은 날이 최악이죠. 그럴 때면 솔렌트 해협에 나가 시간을 보내고 싶어집니다. 루시가 그곳 바다를 좋아했거든요. 그러나 그곳에서도 루시가 곁에 없다는 게 굉장히 허전해요."

2008년 12월 16일, 팀은 바다에 있었다. 인판타호 위에서 위성전화기가 울렸다. 때는 한밤이었다. 팀이 전화기를 받아들자 내 목소리가 수화기 반대편에서 들렸다.

2년 만에 다시 나는 도쿄 법원 앞에서 핸드폰을 들고 기자들에게 둘러싸여 있었다. 오바라와 검사 측 항소심에 대한 고등법원 판결이 막 내려졌다. 고등법원은 오바라가 여덟 명을 강간하고 카리타 리지웨이를 살해한 혐의를 확정했고, 루시 블랙맨 혐의에 대해 무죄를 선고한 1심을 일부 뒤집었다. 오바라는 납치, 마약 투여, 강간 시도, 시신 절단 및 시신 불법 유기에 대해 유죄가 인정되어 무기징역이 확정되었다.

항소심 주심 판사 가도노 히로시는 다음과 같이 선고했다. "자신의 욕망을 충족하기 위해 마약을 사용하여 수많은 피해자의 존엄을 범한 행위는 전례를 찾아보기 힘든 극악한 범죄다. 그토록 왜곡된 동기에서 출발한 행위에 대해 정상을 참작할 여지는 전혀 없다."

하나의 혐의 때문에 판결이 복잡했다. 루시를 죽음에 이르게 한 혐의였다. 오바라는 일단 그 부분에 대해 무죄를 선고받았다. 부검 시 루시의 사인이 밝혀지지 않았기에 루시가 마지막으로 전화한 이후 몇 시간 동안 무슨 일이 벌어졌는지 정확히 밝히는 건 불가능했다. 그럼에도 일본 법원은 정황 증거*에 의거한 혐의 확정이 가능하다는 점에 근거해 유죄를 선고했다. 다른 용의자가 부재하는 상황에서 남자가 마지막 밤을 같이 보낸 여성에게 마약을 먹여 강간한 후 시신을 토막 냈으나 그 여성을 살해한 건 아니라는 설명을 납득하기란 대단히 어려웠다. 그럼에도 2심에서의 유죄 판결은 1심에서의 무죄만큼 놀라웠다. 모두 재판부가 1심 판결을 뒤집기를 기대했음에도 그랬다. 제인은 남편 로저 스티어와 같이 재판에 참석해 안도의 눈물을 흘렸다. "오늘뿐 아니라 지난 8년 내내 참혹할 정도로 고통스러웠습니다만, 마침내 두 개의 유죄 판결과 종신형이 선고되었습니다. 오늘의 승소를 통해 회복된 진실과 명예는 루시만을 위한 것이 아니라 성폭력 범죄 피해자 모두를 위한 것입니다."

나는 팀에게 이 모든 얘기를 위성 전화로 전했다. 쌕쌕거리는 숨소리와 침묵만이 가득했다. 나는 팀이 말문이 막힌 모습을 본 적이 없었다. 처음에는 전화가 끊긴 줄 알았다. 나는 그를 토닥여서 기사에 쓸 말을 유도해야 했다. "정말 잘됐습니다. 전혀 예상하지

---

*　정황 증거가 적용된 유사 사건 중 가장 악명 높은 것이 '와카야마 카레 살인 사건'이었다. 1998년, 성인 두 명과 어린이 두 명이 와카야마 현에서 열린 마을 축제에서 비소가 든 카레를 먹고 사망했다. 용의자였던 47세 여성 하야시 마스미는 집에서 발견된 비소의 흔적 때문에 사형을 선고받았다. 하야시는 비소에 대해 남편이 해충 방제 작업을 하고 남은 것이라고 주장했다. 아무도 그녀가 카레에 비소를 타는 모습을 목격하지 못해서 검찰 측은 무차별 살인에 대한 확실한 동기를 제시하지 못했다.

못했습니다. 루시가 당연히 받아야 할 보상에 못지않네요." 그가 마침내 입을 열었다. "그동안 정말 힘들었고 많은 노력을 했습니다. 무자비한 고통도 따랐죠. 경찰과 검찰이 오바라를 체포해 이렇게 훌륭한 성과를 냈군요."

팀은 알려줘서 고맙다고 한 후 전화를 끊었다. 인판타호는 모로코와 서인도제도 사이에 있었고 대서양을 횡단하는 요트 레이스의 절반을 달리는 중이었다. 바람이 거의 불지 않았다. 빽빽한 열대 열기에 바닷바람이 잦아들었다. 그는 도쿄에서 1만 3,700킬로미터 떨어진 요트 위에서 마음을 달랠 수 있었다.

오바라가 대법원에 상고했다. 이번에 그의 변호인단은 검찰 측 공소장 내용에 집중하는 전략을 펼쳤다. 그들은 죽은 여인을 즈시 마리나의 아파트에서 도쿄로 운반했다가 블루 시 아부라쓰보로 옮긴 후 동굴에 암매장하는 일이 오바라의 신체 조건상 불가능하다는 걸 보여주고 싶어 했다. 예전에도 이 논점을 제기했으나 1심과 2심에서 기각되었다. 이번에 오바라는 기괴한 실험을 통해 그의 쟁점을 밀어붙이려 했다. 오바라는 검찰이 덴엔초후 저택에 시신을 보관했다고 주장한 것과 동일 모델의 냉장고를 구입하도록 변호인단에게 지시한 후 100만 엔(당시 환율로 7,000파운드)을 들여 루시의 마네킹을 정교히 제작했다. "이 마네킹은 대단히 섬세해서 표면이 인간의 피부와 흡사합니다." 오바라의 변호사 시오노야 야스오가 내게 설명했다. "몸무게도, 신체 사이즈도 루시와 동일합니다. 오바라와 신체 조건이 비슷한 변호사가 이 마네킹을 들어서 냉장고에 넣으려 했으나 완벽히 불가능했습니다." 변호사가 냉장고에 마네킹을 넣으려 애쓰는 비디오가 상고심에 제시된 서류의 핵심을 차지했다.

오바라는 도쿄 구치소 독방에서 법률 전쟁을 계속 지휘했다. 〈요미우리신문〉을 명예훼손으로 고소하고, 《루시 사건에 관한 진실》을 발행한 출판사가 제기한 미지불금 청구 소송에 대응했다. 시오노야는 살짝 자신감을 내보이며 상고심에 대해 설명하면서 빨라야 2011년 중반은 되어야 판결이 나올 거라고 예측했다. 그런데 2010년 12월 초 팀과 제인, 호주의 리지웨이 유가족은 도쿄 경찰에게서 예상치 못한 소식을 전화로 통보받았다. 상고심이 대법원에 의해 기각되어 유죄 판결 및 종신형이 확정되었다. 이제 오바라 조지가 빠져나갈 곳은 어디에도 없었다.

일본 법원에서 종신형은 사실상 '종신'을 의미하지 않지만, 가석방되기까지 평균 복역 기간은 30년 이상이다. 구속된 기간까지 산입하더라도 오바라 조지는 72세가 되는 2030년 이전에는 풀려나지 못할 것으로 보인다. 형이 확정된 범죄자 오바라는 2001년부터 수감되었던 구치소와 체계가 완전히 다른 교도소로 이감되었다. 오바라는 다른 재소자들과 같은 방을 써야 하며 그동안 제공받던 책과 서류의 반입이 일체 허용되지 않는다. 면회는 한 달에 1회, 오로지 직계 가족에게 허용된다. 재소자들은 변호사 접견에 제한을 받지 않으나 매번 허가를 받아야 하는데 보통 몇 주에 한 번만 가능하다.

시오노야는 "지금까지 오바라가 수석 변호사 역할을 했지만 이젠 감옥에 있어서 그게 불가능해졌습니다"라고 토로했다. 법률팀은 오바라가 투옥되기 며칠 전부터 회의하면서 이제는 익숙해져버린 오바라와의 접견 없이도 사건에 지속 대응할 수 있도록 긴급 조율했다.

검찰은 대법원에 항고하지 않았다. 루시 블랙맨을 살해한 혐의에만 무죄가 내려진 선고가 그대로 확정되었다. 제인은 오바라가 일부 유죄 판결을 받은 것만으로도 승소라면서, 이것은 루시만이 아니라 오바라의 피해자 모두가 거둔 승리라는 생각에 매달렸다. 물론 그건 사실이었으나 정서적으로는 하나도 중요하지 않았다. 오바라의 결심 공판 훨씬 전부터 관련된 이들은 상황의 추이에서 어느 정도 거리를 두고 물러선 채였다.

판결이 중요하지 않다는 얘기가 아니다. 하지만 판결로는 정말 중요한 것은 아무것도 바꿀 수 없었다. 적수 둘이서 한사코 물러서지 않고 미친 듯이 싸우다가 한쪽이 주먹을 풀고 휙 가버린 상황과 비슷했다. 루시는 이제 존재하지 않는다. 대체 무엇으로 그 사실을 바꿀 수 있을까? 이 상실감은 채워질 수가 없었다. 용의자의 체포, 재판, 유죄 판결, 1억 엔, 이런 것들이 잠시 위로가 되었을지 모르지만 물을 한 국자 퍼서 사막에 뿌린 것처럼 사라졌다. 오바라가 자백하고 용서를 구하고 울면서 본심을 내뱉었다면 어땠을까? 만일 그가 우발적 살인이 아니라 고의적 살인으로 기소되어 교수형을 받았다면? 가장 극단적인 변명과 응징을 상상해본다 해도 중요한 사실은 조금도 가벼워지거나 개선되지 않았다. 만족이란 결코 있을 수 없고 그저 모욕감과 고통만 다소 덜어질 뿐이다. 루시는 이 세상에 둘도 없는 소중하고 사랑스러운 존재였다. 그녀는 죽었다. 그 무엇으로도 그녀를 되돌릴 수 없었다.

내 모든 것

나와 내 동생을 요정으로 만들어주는
마술 반지를 갖고 싶다.
우리는 성을 짓고 하늘을 나는
조랑말과 힘을 가질 텐데.

나는 정말 누구일까?
내가 친절하고 꽤 예민하다고 엄마 아빠는 그러신다.
나는 여동생과 남동생과 굉장히 가깝게 지낼 수 있다.
다른 사람들에게 굉장히 친절하고 도움을 준다.
남들이 경쟁하더라도 나는 공부할 때 경쟁하는 걸 좋아하지 않는다.
운동장에서 노는 걸 좋아하지 않는다.
오트밀과 순무와 완두콩이 먹기 싫다.
내가 제일 싫어하는 것들이다.
내가 가장 싫어하는 한 가지를 말해야겠다.
그건 삶아서 으갠 완두콩이다.

제인은 "전 늘 그자가 루시에게 한 짓을 생각했어요. 끔찍하죠.
오바라가 루시를 토막 내는 상상을 한 거예요. 그 생각으로 머리가
터져 나갈 것 같았어요. 앞으로 평생 그 생각을 제 머리에서 떨치지

못할 것 같아요. 한번은 들판에서 전기톱 소리가 들렸어요. 누가 나무를 베는 건데 제 몸이 벌벌 떨리더라고요"라고 털어놓았다. 제인은 심리 요법가를 찾아가 일본과 영국에서 자녀를 잃은 어머니들과 이야기를 나누었다. 다들 다정히 공감해주었지만 전혀 도움이 되지 않았다. 그러던 중 '안구 운동 민감 소실 및 재처리', 일명 EMDR이라는 치료법을 소개 받았다. 이라크와 아프가니스탄에서 귀국한 군인들의 외상 후 스트레스 장애를 치료하는 데 널리 사용되는 요법이었다. 이 신비로운 치료법은 종종 드라마틱한 효과를 부르는데, 이걸 시행하는 의사들도 그 이유를 완벽히 설명하지 못했다.

"뭘 하면 기분이 좋아지겠습니까?" 치료사가 제인을 처음 만났을 때 이렇게 물었다.

"그냥 루시가 잘 있다는 걸 알고 싶어요." 제인이 대답했다.

"선생님은 저더러 오바라가 루시에게 저지른 끔찍한 일들을 상상하라고 하셨어요. 그러면 전 눈으로 선생님의 손가락을 따라가야 했죠. 좌우로 움직이는 손가락을 따라 제가 그 생각을 하면 선생님이 이러셨죠. '루시가 잘 있습니다. 잘 있어요⋯.'" 제인은 네 번 EMDR 치료를 받았고 그동안 시도한 치료 요법들 중에서 유일하게 효과를 봤다. "이제 법정에서 통역관이 오바라의 끔찍한 범행을 전할 때도 혼자서 '루시는 잘 있다, 잘 있다⋯'라고 반복하면 도움이 됩니다. 이 치료가 전환점이 되어 제정신을 차리게 된 것 같아요."

"전 '그만해라'라든가 '이제 넘어가라'는 얘기를 믿지 않아요. 뭘 그만하고 대체 어디로 넘어가라는 거죠? 참고 살라뇨? 전 두 번다시 과거처럼 살지 않을 거예요. 이제 슈퍼에 가도 아무렇지 않을 수 있어요. 루시의 어린 시절 모습을 떠올리게 하는 꼬마를 제대로 볼 수 있을 것 같아요. 물론 제 눈엔 눈물이 고이겠지만, 그건 어쩔 수 없잖아요." 세월이 흘러 루시의 친구들도 엄마가 되었다. 루이스 필립스가 낳은 아이의 세례명은 루시아이며 서맨사 버만의 딸 이름은 그레이스 루시다. 제인은 기뻐하며 이 젊은 친구들의 사랑에 감동받으면서도, 루시가 살아 있었다면 누렸을 삶이 떠올라 가슴이 미어졌다.

제인은 루시 블랙맨 트러스트와 관련된 것은 뭐든 혐오했다. 루시 소유권 전쟁에 있어서 루시 블랙맨 트러스트는 제인의 참담한 패배를 의미했다. 제인은 그녀의 주장대로라면 제 발로 걸어 나가 처자식을 버린 아버지가 자선을 하는 위선을 증오했다. 영국 검경이 근거가 없다는 결론을 내렸음에도 제인은 여전히 횡령과 사기가 은폐되었다고 의심했다. 그녀는 트러스트 업무와 관계된 일은 전혀 원하지 않았고 여전히 그 존재에 대해 분개했으며, 팀이 제인에게 아예 묻지도 않고 루시의 이름을 끼워 넣는 방식에 분통을 터뜨렸다.

제인은 매정한 운명의 도구가 되고 만 딸을 숙명론적 관점으로 바라보며 루시의 죽음에서 스스로 위안을 찾았다. 삶은 물론 죽음도 정해진 운명이라는 것이다. "전에도 말씀드렸지만 빈 자리는 그 무엇으로도 채울 수가 없어요. 다시는 루시를 보지 못하니까요. 일본에 가기 전에 영매와 만나라고 제가 약속을 잡았지만 루시는 영매를 만나러 가지 않았어요. 루시는 어렸을 때도 어떤 면에서는 다른 것 같았어요. 루시가 엄마 같았죠. 이게 루시의 운명 같아요. 루시는 그렇게 태어났어요. 오바라를 막기 위해 이 땅에 온 거죠. 루시는 오래 살 운명이 아니었어요."

루시는 죽어야 했다. 다시 말하자면 루시는 죽음을 피할 수 없었고, 제인은 그것을 내다보았다. 제인이 일본에 가지 말라며 루시를 만류한 것은 옳았다. 친정어머니의 죽음부터 딸 소피와 절연한 일까지, 삶의 이 모든 서글픈 장면들을 제인은 예견했다. 팀을 선택한 것도 제인의 실수가 아니었다. 그녀가 결혼한 남자와 그녀를 떠난 남편이 동일 인물이 아니었기 때문이다. "팀은 완전히 다른 사람이 되었죠. 제가 14년간 같이 산 남자는 존재하지 않았어요." 자신의 운명을 참고 받아들일 유일한 방법은 이것뿐이었다.

제인은 루시가 계속 곁에 있다고 굳게 믿음으로써 위로받았다. 제인은 영매 모임에 참석했다. 트레이시라는 영매는 런던 교외인 펜지에 살았다. "트레이시를 보러 가면 루시가 와요. 뭐랄까, 루시와 한 시간 동안 얘기하는 기분이에요. 트레이시는 루시가 뭘 했는지 제게 말해줘요. '루시가 머리카락으로 이러는데, 당신도 예전에 루시의 머리카락을 이렇게 쓸었죠'라고 했어요. 제가 정말로 머리칼을 그렇게 쓸었거든요. 사람들은 트레이시가 그냥 한 말이라고 냉소적으로 반응하지만 트레이시는 남들이 모르는 얘기를 하고 구체적인 이름을 말해요. 사람들이 뭐라 하건 전 그게 루시를 통해 이루어지는 일이라는 걸 알아요."

"전 늘 마음속으로 루시와 대화해요. 몇 달 전 저희가 산책을 갔다가 예쁜 집이 매물로 나온 것을 보고는 구경 갈 약속을 잡았죠. 그런 다음 루시에게 '혹시 이 집이 우리에게 맞는 집이라고 생각하면 내게 신호를 보내줘'라고 했어요. 신호는 늘 나비와 별이에요. 그 집 현관문에 작은 글귀로 '해변으로 가다'라고 적혀 있었어요. 전원 마을 한복판에서 좀 뜬금없잖아요? 그런데 루시의 사체가 해변에서 발견되었단 말이죠. 집 안으로 들어갔더니 벽에 온통 나비 스티커가 붙어 있었어요. 2층으로 올라가니 별 모양으로 비추는 전등이 있더라고요. 게다가 정원에는 나비가 날아다니고 나비 모양의 커다란 토피어리까지 있었죠. 그래서 전 이렇게 말했어요. '알았어, 루시. 고마워. 우리가 알아들었어.'"

한번은 제인이 심령술사를 만났을 때였다. 심령술사는 울새가 제인의 집 정원에 올 거라고 했다. 그 예언대로 몇 주 후 울새 한 마리가 나타나 잔디밭을 느릿느릿 돌아다녔다. 제인과 로저는 그 울새에게 먹이를 주었다. 그랬더니 새는 겁도 없이 곧장 애완동물처럼 굴었다. "루시네요"라고 심령술사가 말했다. 제인도 그 말이 사실임을 알았다.

루시의 장례식 날에도 그런 일이 일어났다. 제인이 어두운 교회에서 빛이 비치는 곳으로 걸음을 내딛었다. 문 건너편 나뭇가지에 검은 새 한 마리가 걸터앉았다. 장례식이 끝나갈 무렵 새가 묘지 위 하늘을 가득 채울 만큼 우렁차게 노래하기 시작했다. 루시의 친구들과 가족이 바깥에서 서성이다 점차 흩어져 교회를 떠나는 가운데 검은 새는 계속 조문객들 머리 위로 지저귀며 노래했다. "그 새는 저희가 모두 밖으로 걸어 나오자 노래하기 시작했어요. 저는 곧바로 혼자 중얼거렸어요. '저기 루시네'라고요. 다들 새에게 눈길을 주었어요. 새 소리가 정말 컸거든요. 팀도 고개를 들어 새를 바라보며 '저

새 우는 것 좀 봐. 정말 시끄럽게 우네?'라고 했어요. 저는 그저 혼자 미소를 지었죠." 나무에 앉은 새의 노랫소리를 들으며 모든 게 끝나는 것이 죽음이라면 얼마나 달콤할까?

감사의 말

　　이 사건을 조사하는 동안 많은 이들의 도움을 받았지만 그중에서도 블랙맨, 스티어, 리지웨이 가족에게 가장 큰 도움을 받았다. 계속 만나고 통화하고 이메일을 교환하는 동안 그들은 참기 힘든 고통 속에서도 불평 없이 인터뷰에 응해주었다. 이 책에는 '카리타 리지웨이의 운명'이라는 부제를 달 수도 있었으나 카리타와 그녀의 가족이 보여준 인내심과 끈기에 대해 더 많은 페이지를 할애하지 못해 송구할 따름이다. 루퍼트 블랙맨, 소피 블랙맨, 팀 블랙맨, 조지핀 버르, 애넷 리지웨이, 나이절과 에일린 리지웨이, 제인과 로저 스티어, 서맨사 터미니(처녀 때 성은 버만)에게 감사드린다. 또한 루이스 필립스, 루시와 카리타를 위해 큰 도움을 준 로버트 피니건에게도 감사의 말을 전한다. 루시의 친구 발레리 버만, 게일 코튼(처녀 때 성은 블랙맨), 제이미 개스코인, 서맨사 고다드(처녀 때 성은 버만), 캐롤라인 로런스, 캐롤라인 라이언에게도 고마움을 전한다.

　　이 밖에도 큰 도움을 준 사람들 중 많은 분들이 이름을 밝히기를 원치 않았다. 이들 모두에게 고마움을 전하며, 특히 오바라 조지의 손에서 살아남은 피해자들에게 감사드린다. 다음은 이름을 밝혀도 되는 분들 중에서 회상, 서류 작성, 연락, 조력, 아이디어, 조사, 교정, 번역, 통역에 참여하고 친절함까지 베풀어주신 분들이다. 아베 고조, 제이크 애덜스타인, 피터 알포드, 아라이 기요히사, 아라키 나호코, 아사오 미키코, 이언 애시, 찰스 바운디, 알렉스 볼러, 에버렛 브라운, 조지핀 버르, 크리스 클리브, 제이미 콜맨, 롭 콕스, 데이비드 시본 '데이' 데이비스, 데구치 도모미, 마이클 덴비, 토비 애디 및 토비 애디 협회, 일본 외신 기자 협회, 재일본 외신 협회, 댄 프랭클린, 조너선 케이프, 후지사키 와타루, 벤저민 풀포트, 제이미 개스코인, 벤 굿이어, 벤과 세라 게스트, 사마르 함만, 토머스 하디, 호소야 아쓰시, 이가라시 히데오, 이마니시 노리유키, 스튜어트 이셋, 이와모토 쇼신, 리아 제이콥슨, 젠 조엘, 에릭 존스턴, 콜린 조이스, 가타야마 겐타로, 벨리사리오스 카툴라스, 가와구치 히데오, 가와무라 다에코, 이현석, 레오 루이스, 로이드 패리 가족, 해미시 마카스킬과 영어 에이전시, 저스틴 매커리, 마에다 도시오, 고 윌리엄 밀러, 바네사 일튼, 미야와키 마나부, 길스 머리, 나카야마 지카, 니시무라 신고, 니토 가쓰로, 오쿠하라 히데토시, 오타니 아키히로, 오타니 쓰요시, 데이비드 패리시, 데이비드 피스, 데이브 러셀, 줄리안 리올, 사가와 이세이, 사소 히로, 사토 마사토, 사와 준조, 매트 셜, 휴 셰이크새프트, 알렉스 스필리어스, 마크 스티븐스, 제러미 서턴히버트, 다부치 히로코, 다카하시 유키, 길리언 테트, 도누카 지카, 도야마 미치코, 애덤 위팅턴, 피오나 윌슨, 야마모토 시게루, 요시토미 유지에게 감사한다.

이전 회사인 〈인디펜던트〉는 이 책을 쓰려고 기초 작업을 할 때 상당한 도움을 주었고, 지금 다니는 〈더타임스〉는 취재와 집필에 시간을 쓸 수 있도록 허락해주었으며, 명예훼손으로 피소당하자 망설임 없이 필자를 옹호했다. 〈인디펜던트〉의 레오나르도 도일에게 특히 감사하며, 〈더타임스〉의 리처드 비스턴, 팻 버지, 마틴 플레처, 앤 스펙맨, 롤랜드 왓슨에게도 고마운 마음을 전한다. 도쿄에 있는 이사지 겐지와 클로포드 챈스의 매튜 위틀에게도 감사를 보낸다. 〈요미우리신문〉의 친구와 동료들도 믿음직스러운 정보와 도움을 제공해주었다.

이 책이 일본 경찰에게 비판적이긴 하나 이 책을 쓰는 동안 만난 형사들은 예외 없이 친절하고 영예로웠으며, 경찰이라는 직분에 자부심을 갖고 근면하게 일했다. 필자의 비판은 그들의 업무에 대한 것이 아니라 많은 이들이 개혁이 필요하다고 믿는 시스템에 관한 것이었다. 마쓰모토 후사노리, 미이 도시히코, 고故 우도 도시아키와 익명을 선택한 많은 분들에게도 감사드린다.

루시 블랙맨 트러스트의 웹사이트:
http://www.lucieblackmantrust.org
제인 스티어가 후원하는 '호스피스 인 더 월드'의 웹사이트
http://www.hospiceintheweald.org.uk

알림

이 책은 사실을 기술한 내용으로 여기에 언급된 사건은 필자가 목격하고 다른 증인들이 증언했거나 신뢰할 만한 기사나 방송을 기록한 것이다. 일부 사건에 대한 버전은 어쩔 수 없이 다른 기록과 차이가 날 수밖에 없다. 필자는 믿을 만한 것과 믿을 수 없는 것들 구별하려고 노력했고, 그 구별이 어려운 경우 어렵다고 표기했다. 아래 알림에 기술한 경우를 제외하고 사실 정보와 인용은 직접 수령한 개인적인 편지, 직접 실시한 대인 면접 조사, 직접 참석한 기자회견에서 얻은 것이며 그밖에 팀 블랙맨, 애넷 리지웨이, 나이절 리지웨이, 제인 스티어가 개인적으로 수집한 자료에서 발췌해 정리한 것이다.

필자가 고용한 일본인 연구원이 오바라 조지의 재판과 항소심에 대부분 참석하여 재판 과정을 자세히 기록했다. 일본 형사재판의 공식 속기록은 관례에 따라 기자가 구할 수 없으나, 많은 경우 필자는 다른 채널을 통해 속기록을 구할 수 있었다. 그 밖에 도쿄 경시청이 피해자와 가족을 위해 배포한 재판 영어 기록 복사본을 참고했다.

몇몇 경우에 필자는 인물의 이름을 바꾸고 그들을 식별하게 하는 세부 사항을 수정했다. 세 가지 이유에서 그랬다. 첫째, 인터뷰에 응한 이들이 익명을 요청했거나 둘째, 여러 가지 이유로 관련 인물과 접촉할 수 없었기 때문이고, 셋째로는 원칙에 따라 성범죄에서 살아남은 피해자들을 위해서였다. 마지막 범주에 들어가는 이들을 위해 필자는 그들의 가까운 친구나 가족들조차 알아볼 수 없을 만큼 실제 내용을 상당 부분 수정했다. 일부의 경우 사건 연대기를 준수해야 함에도 이름은 물론 일자까지 변경해야 했다. 이렇게 변경했음에도 이 책의 핵심 주제는 전혀 영향을 받지 않았다.

일본 엔화를 영국 파운드로 환산 시 당시 환율에 기초했으나 시간을 거치면서 변동이 있었다. 루시가 실종된 2000년 7월 당시에는 1파운드가 대략 160엔이었다.

'어둠을 먹는 사람들'이라는 제목은 마쓰가키 도루의 《어둠을 먹는 사람들闇を食うひとびと》(2006)에서 영감을 받았다. 마쓰가키 씨의 따스한 지원에 대단히 감사한다.

출처

102　"카사블랑카에서 일한 헬렌 도브는…": '헬렌 도브'는 가명.

107　"여성을 동석시키려고 돈을 지불하는 관행": Liza Dalby, *Geisha* (California,1983) 참조. Edward Seidensticker, *Tokyo Rising: The City Since the Great Earthquake* (Tokyo, 1990). 게이샤의 쇠락에 관한 사이덴스티커의 고찰 pp. 54~5.

108　"롯폰기는 유흥의 장소로 떠올랐다.": 롯폰기 역사 관련 Seidensticker, and Robert Whiting, *Tokyo Underworld: The Fast Times and Hard Life of an American Gangster in Japan* (New York, 1999) 참고.

108　"롯폰기 고속도로 벽면에 새겨진 슬로건 '하이 터치 타운'은…": 2008년 '하이 터치 타운' 슬로건은 롯폰기를 찾는 수많은 단골들의 아쉬움 속에서 제거되었다.

110　"이 현장 조사를 바탕으로 박사 논문을 작성했고…": Anne Allison, *Nightwork: Sexuality, Pleasure and Corporate Masculinity in a Tokyo Hostess Club* (Chicago, 1994). 이 책에 인용된 구절은 p. 160과 p. 48이다.

111　"일을 시작할 때 우리는…": Anne Allison, 'Personal services', *The Times* (2000년 7월 14일).

121　스즈키 겐지: 가명.

도쿄는 극단의 땅

133　미야자와 가이, 클럽 카이: 둘 다 이름 변경함.

139　"호스티스 중에서 자기가 물장사에 종사한다고 생각하는 이들은 많지 않아요.": Evan Alan Wright, 'Death of a Hostess', *Time* (2001년 5월 14일).

139　"호스티스 일에는 추잡한 면이 있다…": Allison, pp. 173~4.

147　"루시는 정말 행복해했어요…": 인용 Paul Henderson, 'I told Lucie I loved her – they were the last words we ever spoke together', *Mail on Sunday* (2000년 7월 30일).

끔찍한 일이 벌어졌다

156　"두 가지 버전의 통화 내용이다…": 인터뷰 Rupert Blackman, Sophie Blackman, Tim Blackman, Valerie Burman, Josephine Burr and Jane Steare.

159　"기자들이 혼선을 빚은 모습이 확연했다.": John Coles, 'BA girl Lucie "held as cult sex slave"', *Sun* (2000년 7월 11일); Mark Dowdney and Lucy Rock, 'Snatched by a Cult', *Mirror* (2000년 7월 11일); Richard Lloyd Parry,

'Missing hostess vanished after meeting at club', *Independent* (2000년 7월 11일); 'Japanese journalists fear The Mob may be involved', *Sevenoaks Chronicle* (2000년 7월 20일).

162 "영국 대사관 언론 담당 비서가…": 기노시타 수에가 팀 블랙맨에게 보낸 편지, Press and Public Affairs Officer, British Embassy (2000년 7월 12일).

165 "학창 시절 팀은 잘나가는 블루그래스 밴드에서 네 줄짜리 밴조를 연주했다.": Stephen Pritchard, Why I took "100 million pieces of silver" for my daughter's death', *Observer* (2007년 4월 29일).

170 "선정적인 기사가 대거 실렸다.": Frank Thorne, 'Peril Of Jap Vice Trap', *People* (16 July 2000); Gary Ralston, '21st Century Geisha Girls', *Daily Record* (14 July 2000); John Coles, 'From high life to hostess', *Sun* (13 July 2000).

171 "많은 매체는…훨씬 설득력 있고 인간미 넘치는 내용으로 보도했다.": 'I will never leave Japan without my Lucie. I just pray that she's safe', *Daily Express* (2000년 7월 13일); John Coles, 'I'm not leaving without my sis', *Sun* (2000년 7월 13일); 'Family pleas for "cult" woman', *Daily Telegraph* (2000년 7월 13일); John Coles, 'Why Us?', *Sun* (2000년 7월 14일).

178 "피아노 의자에는 사람 크기만 한 거대 토끼 인형이…": 애석하게도 이후 다이아몬드 호텔을 허문 뒤 재건축했고, 토끼 인형은 어디에서도 보이지 않는다.

알아들을 수 없는 통화

179 "토니 블레어 영국 총리가 도쿄의 호텔 뉴 오타니에서…": 신문 기사 및 도쿄 주재 영국 대사관 'Consular Case: Missing British Citizen: Miss Lucie Blackman—Notes of Main Points in Case and Actions Taken by Embassy' (2000년 8월 2일).

185 타냐: 가명.

188 "루시 핫라인으로 수십 통의 전화가 왔다.": 루시 핫라인으로 걸려온 전화는 팀 블랙맨이 보관한 메모(2000년 7월 31일)와 영국 부영사 이언이 팀 블랙맨에게 발송한 서류(2000년 10월 13일)에 기초해 작성했다.

191 "초자연적 능력을 지녔다고 주장하는 이들에게…": 당시 제인의 심리 상태 및 심령술사들이 제공한 정보는 제인 스티어의 인터뷰 및 소피 블랙맨에게 제인이 보낸 이메일(2000년 7월 26일, 27일, 29일, 8월 2일) 및 크로더가 조지핀 버르에게 보낸 팩스(2000년 7월 26일)에서 발췌했다.

194   "팀은 기자회견에 동참해달라고 도쿄 경시청에 요청했지만…": 도쿄 주재 영국
대사관, 'Consular Case : Missing British Citizen.'

194   "팀은 토니 블레어 총리에게…": 팀 블랙맨이 토니 블레어에게 보낸 편지(2000
년 7월 28일).

꺼져가는 불꽃

197   "다음 날인 토요일, 마이크 힐스라는 남성이…": 마이크 힐스에 관련된 부분
은 팀 블랙맨이 제공한 편지와 서류에 근거했다. 여기엔 힐스와 주고받은 이메
일과 팩스 등이 포함된다. 또한 팀이 에식스 경찰서에서 작성한 진술서(2000년
10월 31일)에 기초했다. 팀 블랙맨, 애덤 위팅턴, 소피 블랙맨 인터뷰와 2000년
폴 윈더 납치 기사, 2003년 마이크 힐스의 체포, 재판, 유죄 판결을 바탕으로 작
성되었다.

199   "루시가 어디에 있는지 전혀 모르는 상황에서…" : David Sapsted, 'Lucie
Blackman's family gave cruel conman £15,000', *Daily Telegraph* (2003년
4월 24일).

202   "이런 방식이 당신 구미에 맞지 않는다면…": 마이크 힐스가 팀 블랙맨에게 보
낸 팩스(2000년 8월 6일).

SM

218   "캐나다에서 온 27세 여성 티파니 포드햄은…": 티파니 포드햄 실종 사건은
Miroi Cernetig가 쓴 저서에 다음과 같이 나온다. 'Red-light alert in Tokyo—
Police hunt for missing Briton and Canadian turns up chilling evidence of risks
women run in hostess—bar scene', *Globe and Mail* (2000년 10월 28일) ; and
Tim Cook, 'Family of woman missing in Japan fears for her life—Police
seek possible link to rape suspect', *Toronto Star* (2000년 10월 30일).
2000년 루시가 실종되었을 무렵 1997년의 티파니 실종 사건은 롯폰기 경찰의
머릿속에서 완벽히 지워졌다. 필자가 우도 경정에게 이 사건을 언급하자, 루시
사건을 총괄하던 형사는 티파니 포드햄이란 이름에 전혀 관심을 보이지 않았
다. 그는 이 사건을 한 번도 들어보지 못한 듯이 보였다.

218   "휴 셰이크새프트는 팀에게 친구 두 명을 소개해주었다…": '이소벨 파커'와
'클라라 멘데즈'는 가명.

219   "8월의 어느 날, 한 일본 남성이…" : SM 서클과 '다카모토 아키오' 사망 사
건은 가타야마 겐의 '오노 마코토' 인터뷰를 근간으로 작성했다. ; 인터뷰

Tim Blackman, Dai Davies, Ken Katayama, 'Yoshi Kuroda' and Adam Whittington; 잡지 기사 *Shukan Hoseki* (2000년 8월 23일), *Shukan Gendai* (2000년 10월 11일). 나이는 물론 상기 모든 이름은 변경된 것이다.

226 구로다 요시: 가명.

사람의 형상을 한 구멍

232 "어느 날 팀이 실종자 포스터 다발을 들고 롯폰기로….": 이 일화는 다음 기사에서 재언급되었다. 'Fuji TV mounts the podium for fair play', Wm. Penn, *Daily Yomiuri* (2000년 10월 5일).

234 "팀은 총영사 앨런 서턴과….": 조지핀 버르의 메모에서 발췌.

237 "10년, 20년, 어쩌면 5년에 한 번씩 제가 일본에 와서….": 소피 블랙맨 인터뷰. Kentaro Katayama of Broadcasting System (2000년 9월 1일).

237 "제인은 루시 블랙맨 조사에 비공식적으로 가장 최근에 뛰어든 사람과 동행했다.": 데이 데이비스와 그의 활약에 대한 설명은 소피 블랙맨, 팀 블랙맨, 데이 데이비스, 제인 스티어, 애덤 위팅턴과의 인터뷰에서 기초했다. 'Preliminary Report and Executive Summary' (2000년 9월 17일).

239 "'데이' 데이비스는 기자들과 원만한 관계를 유지했다.": 'Family's fears for missing Brit in "murder riddle"', *Express on Sunday* (2002년 7월 7일).

239 "슈퍼 탐정": David Powell, 'Private eye goes on trail of missing girl Louise', *Daily Post* (Liverpool, 2002년 1월 11일).

239 "켄트 출신 소녀 루이스 커튼 실종 사건을 수사하던….": 기막힌 우연의 일치로 루이스 커튼은 루시의 월섬스토 홀 같은 반 친구였다. 2001년 7월 31일, 스물네 살의 여성 커튼은 약혼자의 가족을 만나러 독일에 간 후 영국으로 돌아오던 길에 증발되었다. 커튼 실종 미스터리는 아직도 풀리지 않았다.

240 맨디 윌러스: 가명.

240 "몽타주를 만든 후….": Metropolitan Police Facial Imaging Team, FIT Ref: NW058/00.

241 "팀에 대한 반감이….": 소피 블랙맨, 팀 블랙맨, 데이 데이비스, 휴 셰이크섀프트, 제인 스티어, 애덤 위팅턴 인터뷰에 근거함. Huw Shakeshaft, 'Lucie Blackman', privately circulated document (2006); 'A Father's Betrayal', *Daily Mail* (2006년 10월 7일).

244 "팀은 그런 변화를 감지하고 영국의 일요 신문과….": Katy Weitz, 'Why I Must Find Lucie', *Sunday People* (2000년 9월 17일).

일본 경찰의 위엄

일본 경찰과 검찰에 관하여 나는 다음을 참고했다. Walter L. Ames, *Police and Community in Japan* (Berkeley, 1981); David H. Bayley, *Forces of Order: Policing Modern Japan* (Berkeley, 1991); David T. Johnson, *The Japanese Way of Justice: Prosecuting Crime in Japan* (Oxford, 2002); Setsuo Miyazawa, *Policing in Japan: A Study on Making Crime* (New York, 1992); L. Craig Parker, *The Japanese Police System Today: An American Perspective* (New York, 1984).

249 "크리스타벨 매켄지는 마침내 도쿄로 도망쳤다.": '크리스타벨'이란 이름은 물론 신상 정보까지 정체를 감추기 위해 수정되었다.

259 "표면상으로 일본 경찰은 괄목할 만한 성공을 거두었다.": 일본 범죄 관련 참조. Johnson, op. cit., pp. 22~23.

260 "…몇십 년 만에 처음으로 가장 큰 비난을 받는 중이었다.": 인용 Naoki Inose, 'Japanese Police Must Lift Shroud of Secrecy', *Daily Yomiuri* (September 1999년 9월 20일); Doug Struck, 'Japan's Police Wear Tarnished Badge of Honor: Reputation of Once—Admired Constables Plummets With the Rise of Scandals and Corruption', *Washington Post* (2000년 3월 3일).

264 "사실 그런 종교 단체가 너무 많아서….": Jonathan Watts, *Guardian* (2000년 7월 11일).

264 "루시가 실종된 지 2주나 지난 시점에도 경찰은 루시의 남자 친구 스콧 프레이저를 소환하지 않았고….": 인터뷰 Superintendent Toshihiko Mii, Azabu Police Station; and Richard Lloyd 'Free her now, father urges Tokyo captor', *Independent on Sunday* (2000년 7월 16일).

해변 야자수

270 "캐나다에서 온 클라라, 호주에서 온 이소벨과 카메인….": 실존 여성들의 인터뷰와 법정 진술 서류를 참고했다. 이름과 국적은 모두 변경되었다. 케이티 비커스 역시 가명이다.

271 "미국에서 온 젊은 여성 케이티 비커스만은 예외였다.": 케이티 비커스에 관한 설명은 미야자와 가이와의 인터뷰에 기초한다.; 도쿄 검찰 모두 진술 2000년 12월; '케이티 비커스'와의 서신.

280 "성추행범은 단 한 명이었다.": 인터뷰 Toshiaki Udo; 'Alleged rapist of foreigners fined for obscenity in 1998', *Kyodo News* (2000년 10월 30일);

Rushii jiken shinritsu kyumeihan, Rushii jiken shinritsu [Team seeking the truth about the Lucie case, The Truth about the Lucie Case] (Tokyo, 2007), p. 757. he had been arrested for peeping…: 2001년 4월 27일 도쿄 지방 검찰청이 도쿄 지방법원에서 추가 기소한 모두 진술. 다음은 관련 부분이다. "피고인은 여자 화장실을 훔쳐본 과거 경범죄 전과는 물론, 1998년 10월 12일 공중 화장실에서 핸디 카메라로 여성을 촬영한 죄로 벌금 9,000엔을 부과 받은 경범죄 기록이 한 건 더 있다."

283 "남자가 웃통을 벗고….": 도쿄 지방법원에서 하라다 나코기의 증언(2003년 12월 25일); Richard Lloyd Parry, ˙Blackman suspect had her severed head, say police˙, The Times (2003년 12월 26일).

약자인가 강자인가

292 "그의 노모가 사진을 한두 장 갖고 있다는 소리가 들렸다….": 김/호시야마 가족의 측근에게 들은 정보 (Osaka, 2006년 7월).

292 "그는 카메라에서 시선을 돌려….": ˙Cops: Obara hid identity with dozens of aliases˙, Daily Yomiuri (2000년 11월 20일).

293 "16세기 무렵 일본이 한반도를 약탈한 후….": 한국을 식민지배한 일본, 일본에서의 한국인의 삶에 대한 필자의 설명. 이창수와 조지 드 보스가 그린 한국 전쟁 이후(eds), Koreans in Japan: Ethnic Conflict and Accommodation (Berkeley, 1981); Yasunori Fukuoka, Lives of Young Koreans in Japan (Melbourne, 2000); John Dower, Embracing Defeat: Japan in the Wake of World War II (New York, 1999); Peter B. E. Hill, The Japanese Mafia: Yakuza, Law, and the State (Oxford, 2003), David Kaplan and Alex Dubro, Yakuza (London, 1986).

296 "누군가 한 사람을 붙들고 '조선인이다'라고….": 인용 Lee and de Vos, op. cit., p. 22.

296 "부산항 인근에서 오바라 조지의 부모가 태어났다.": 김/호시야마 가족의 측근에게 들은 정보 (Osaka, 2006년 7월).

297 "부부는 태평양 전쟁 발발 이전에 일본으로 건너왔다.": 김/호시야마 가족의 측근에게 들은 정보 (Osaka, 2006년 7월).

297 "슬하의 네 아들 중 한 명의 증언에 따르면….": 긴 에이쇼와의 대화 (Osaka, 2007년 7월 4일).

300 "그는 전과도 없었다.": 오사카 일본 신문 기자가 오사카 경찰에게 들은 정보에

따름.

303 "이상한 책을…": *The Truth about the Lucie Case*, p. 334, 이 책과 기원에 대한 자세한 설명은 해당 페이지 주석 참조.

304 "영국 공립학교를 모방해 설립되었다.": 니시무라 신고 인터뷰.

310 "그가 쓴 단편이 재일 조선인이 발간하는 글쓰기 저널에 실렸다.": 긴 에이쇼, 'Aru Hi no Koto'〔'It One Day'〕, *Sanzenri* (Tokyo/Osaka, 1977년 겨울).

315 아키모토 고지: 가명.

316 "오바라 조지가 의뢰해 발간된 책에 따르면…": *The Truth about the Lucie Case*, p.753.

조지 오하라

323 "어떤 형사는 '자백이 최고'라고 했다.": Johnson, op. cit. p. 158. David T. Johnson's chapter (pp. 243~275). 일본에서 정의를 구현하는 데 자백이 활용되는 방식과 역할은 매혹적이고 오싹하다.

324 "일본에서는 의심의 여지가 없는 증거를 요구합니다.": ibid. p. 237.

324 "자백이 핵심이며 일본 법률 체제에서 사건을 진행시키는 펌프다.": ibid. 243.

324 "저희 일본인들에게 머리를 때리는 건 별일 아닙니다.": ibid. p. 255.

325 "우도는 오바라 조지의 경찰 신문에 관해…": 우도 경정은 오바라 신문에 직접 참여하지 않았다. 야마시로 형사가 담당했다.

326 "오바라는 후일 아버지가 급성 뇌졸중으로…": 오바라 조지의 변호사 사카네 신야가 필자에게 보낸 편지(2005년 9월 14일).

326 "다른 사람들은 이 비극에서 뭔가 기이한 면을 감지했다.": 김교학의 사망, 장례, 재산 처분에 관한 정보는 김/호시야마 가족 회사에서 제공한 공개 서류에서 얻은 것이다. 기타바타케에 거주하는 김/호시야마 가족의 이웃과의 인터뷰 (2007년 7월); 김/호시야마 가족의 측근에게 들은 정보 (Osaka, 2006년 5월); 잡지 기사 *Shukan Bunshun* (2001년 2월 22일) *Shukan Josei* (2001년 11월 21일); 도쿄 검찰 측 오바라에 대한 공소장(2000년 12월 14일).

327 "일본 잡지와 김 씨의 이웃들은 사업과 관련해 논쟁하다…": 오바라 부친의 사망이 지하 세계와 연루됐다는 암시를 오바라 조지를 대신하여 사카네 신야가 편지로 부인했다.

327 "눈 주위에 박힌 유리 파편을 뽑았다.": *The Truth about the Lucie Case*, p. 753.

328 "그는 건축을 전공한 것으로 보이고…": 김 씨 가족 측근과의 인터뷰.

329 "다른 설명을 내놓았다.": 김 씨 가족 측근과의 인터뷰.

331 "그는 오사카 주차장 한 곳을 담보로…": 오바라의 사업 활동에 관한 정보는 도쿄 경시청이 언론에 제공한 그의 회사 리스트에서 얻은 것이다.; 그가 운영하던 회사들에 관련된 공개 서류에서 얻은 정보; 이 사건 관계자들과의 인터뷰 ; *Daily Yomiuri*, 'Obara hid identity with dozens of aliases', (2000년 11월 20일) *Kyodo News*, 'Blackman suspect Obara threw nothing away, even evidence' (2001년 2월 16일).

331 "이 회사 서류에 등장하는 이들은 그들의 이름이 임원으로 올라간 사실조차 알지 못했다.": 'Obara hid identity with dozens of aliases', *Daily Yomiuri* (2000년 11월 20일).

338 "오바라는 그 글은 변호사 하마구치가 작성한 것이며…": *The Truth about the Lucie Case*, p. 758. 그는 그 책에서 '변호사 H'라고 언급됨.

정복 놀이

342 "오바라 조지는 17세 때인 1970년 4월부터 성관계…": 도쿄 검찰 2007년 1294번 항소 사유서 pp. 68~69.

343 "그는 즈시 마리나 아파트를 '거점'이라고…": 도쿄 검찰 2007년 1294번 항소 사유서 p. 71.

345 "경찰은 초반에 일본 및 외국 여성 예순 명의 이름이 적힌…": 'Obara hid identity with dozens of aliases', *Daily Yomiuri* (2000년 11월 20일).

345 "죽은 개가 덩치가 큰가 보죠?": 후지사키 와타루와의 인터뷰.

346 "피고인은 1970년부터 성관계를 한 여성의 이름을 적었고…": 도쿄 검찰 2007년 1294번 항소 사유서, pp. 69~70.

349 "자료를 모두 본 사람이 내게 이렇게 설명했다. "그는 온갖 체위로 합니다…": 우도 경정 인터뷰. 스틸 사진 자료 일체를 본 두 명과의 인터뷰.

349 "화면에 잡히지 않는 곳에 모니터 두 대가 있었다. 오바라가 직접 설명한 바에 따르면…": 도쿄 지방법원 오바라 조지의 진술(2006년 3월 8일).

349 "어떤 기사에서는 경찰이 1,000개를 확보했다고 했지만 4,800개라는 기사도 있었다.": 'Obara indicted over 1992 death of Australian woman', *Kyodo News* (2001년 2월 16일), 'Police view 4,800 videos from Obara's condominium', *Daily Yomiuri* (2001년 4월 10일).

350 "일본 여자들과 할 때는 반드시 못생겨야 했습니다.": 도쿄 지방법원 오바라 조지의 진술(2006년 3월 8일).

350 "외국인 호스티스들도 죄다 못생겼죠.": ibid.

351 "'놀이'를 하기에 앞서 피고인은 코를 찌르는 악취가….": 웹사이트 'The Truth of the Lucie Case', http://lucies-case.to.cx/case1-e.html, 접속 2010년 6월.

352 요시모토 후사코, 오시하라 이쓰코, 모리 메구미: 3인 모두 가명.

353 "심각한 일이 발생했습니다….": 'Photograph links Obara to Blackman', *Daily Yomiuri* (2001년 2월 17일).

카리타

357 "차후 발생할 실종 여성에 대한 우려": *Sydney Morning Herald* (2000년 10월 27일).

동굴 속

374 "밤 11시, 12시까지 오바라를 집요하게 추궁했습니다.": *Mainichi Daily News* (2001년 2월 20일), 인용 *Shukan Gendai* (2001년 2월 24일).

376 "남자친구 히로가와 씨는 인근 해변에서 오바라를 닮은 누군가가….": 재판부는 1심에서 그의 증언이 신빙성이 없다고 기각했다.

378 "팔 하나에 발 두 개, 보자마자 토막 난 시신임을 알았다.": 시신 발굴에 관한 세부 내용은 필자 취재, 동료 기자 제보, 2001년 2월 9일 도쿄 경시청 출입 기자단에게 브리핑한 내용을 정리한 것임.

379 "선임 형사들은 그 주에만 도쿄 경시청 본부 출입 기자들 앞에서….": 2001년 2월 9, 10, 11일 도쿄 경시청 브리핑에서 얻은 정보; 전 도쿄 경시청 출입 기자단 중 1인과의 인터뷰.

380 "어느 기자가 공책에 S씨라고 적은 형사의….": 초동 수사대 형사가 도쿄 경시청 출입 기자단에게 브리핑한 내용(2001년 4월 9일).

381 "형사들이 블루 시 아부라쓰보에 갔었으니 분명 알았을 거라고 봅니다.": 인터뷰 (2007).

381 "'사후 변화가 극심하다'라는 말이 있다." : 2001년 2월 10일 고바야시 마사히코 박사가 실시한 검시에 대해 우에노 마사히코 박사가 발언한 내용(2006년 2월 7일).

의식

391 "루시의 장례식은 2001년 3월 말에 치러졌다.": 루시의 장례식에 대한 설명은 가족과 친구, 동료 기자 등의 인터뷰에서 따왔다. William Hollingworth,

'Family, friends say goodbye to murdered British hostess Lucie', *Kyodo News* (2001년 3월 29일).

396 "일본 법정과 유럽 및 북미 법정의 차이점을 고려할 때 가장 두드러진 점이 있다.": 일본의 유죄 판결률 데이터 제공, Johnson, op. cit., pp. 62, 216. 존슨은 이렇게 기술한다: "유달리 '관대한' 해라고 해도, 피고인 중에 265건만 무죄 선고를 받는다. 일반적으로 800건당 1건 승소한다. 미국 법정에서 한 해 동안 무죄 판결을 받는 피고인의 수가 나오려면 일본 법정에서는 175년이 걸린다."

397 "일본 검사들은…": ibid., p. 165.

397 "일본의 형사 재판은 법에서 규정하는 대항 논리에 따라 다투고 겨루는 스포츠 경기라기보다…": ibid., p. 47.

400 "여성은 오바라가 '제가 끔찍한 일을 저질렀는데 당신한텐 말할 수 없어요'라고 한 말을 기억했다…": 'Photograph Obara to Blackman', *Daily Yomiuri* (2001년 2월 17일); '50th Hearing of Joji OBARA', 법정 속기록 영문 요약본 제공 도쿄 경시청(2006년 12월 24일).

404 "의사가 클로로포름의 독성에 관한 증거를 제출했다.": 오바라 조지 13차 공판, 도쿄 경시청(2003년 1월 22일).

404 "4월, 마취 전문의는 강간 비디오를 분석해…": 17차 공판 (2003년 4월 16일).

404 "블루 시 아부라쓰보 관리인…": 25차 공판 (2003년 11월 27일).

404 "신고를 받고 출동한 형사들은…": 26차 공판(2003 12월 25일).

404 "경시청 소속 화학자는…": 28차 29차 공판 (2004년 1월 30일과 2월 17일).

405 "다키노 유카라는 여성은…": 31차 공판 (2004년 3월 26일).

406 "피가 낭자했던 이 기괴한 실험은…": 32차 공판 (2004년 5월 25일).

408 "난 오바라 재판이 참 좋다.": Yuki Takahashi, Miki Takigawa, Rei Hasegawa and Haruko Kagami, *Kasumikko Kurabu: Musume—tachi no Saiban Bo cho ki [Kasumi Kids' Club: Girls' Diary of Court Watching]* (Tokyo, 2006).

409 "그는 자기가 장군이 되어 전쟁을 이끌듯이 자신의 변론에…": 도쿄 구치소에 수감된 오바라 조지, 변호사와의 관계, 그의 법정 사건 등에 관한 정보는 오바라의 변호인단과 이번 사건 관련자들과의 인터뷰에서 얻음. 참고 Richard Lloyd Parry, 'How the bubble burst for Lucie's alleged killer', *The Times* (2005년 8월 17일).

409 "그의 첫 번째 변호인단은 2001년 10월 전원 사임했다.": *Kyodo News*, 'All defense lawyers for Obara in Blackman case resign' (2001년 10월 12일).

만능 박사

414 "이번 사건을 수사 중인 검찰이 그동안 파악하지 못한…": 2005년 7월 8일 오바라 조지의 변호사 스고 도모노리가 발송한 편지

414 "내가 전한 5번 질문은 이랬다.": 오바라 조지에게 필자가 보낸 편지(2005년 6월 23일).

415 "루시가 어떤 성격이었는지 밝힐 경우…": 42차 공판(2005년 7월 27일).

416 "엽서와 마약을 산 게 왜 중요합니까?": 42차 공판(2005년 7월 27일).

422 "나중에 오바라가 루시에 대해 묻자…": *The Truth about the Lucie* Case, p. 293.

423 "하라다 형사가 현관으로 들어서면서 담요에 싸인 아이린의 사체를 발로 무심코 찼기…": *The Truth about the Lucie Case*, p. 300.

424 "그의 변호인단이 발간한 책에 따르면 그는 '놀랐다'고 했다.": ibid. p. 301.

424 "…마약을 하면서 잘 지내고 있습니다.": ibid. p. 303.

425 "A씨의 이름은 가쓰타 사토루였다.": 도쿄 경시청 47차 오바라 조지 공판에서 언급된 가쓰타 사토루에 관한 정보(2005년 12월 22일).

SMYK

431 "그의 주장을 물 샐 틈 없이 만들려고 노력했다.": 49차, 50차, 51차 공판에서의 예시 (2006년 2월 8일, 2월 24일, 3월 8일). 이 공판 막판에 오바라의 자선 기부 활동에 관한 설명에 대한 질의응답.

432 "2006년 3월, 이제 검찰이…": 52차 공판(2006년 3월 2일).

439 "제인과 팀 블랙맨, 카리타 리지웨이의 모친 애넷은…": 세 사람은 2006년 4월 20일, 25일 열린 53차와 54차 공판에 참석함.

애도

451 "저는 피고인에게 제안을 받았습니다.": 이메일 내용 출처는 *The Truth about the Lucie Case*, p. 73.

452 "피고인은 뉘우치고 있고 루시의 죽음을 애도했습니다.": ibid. p. 75.

452 "그는 오바라 측 중재인에게 전화를 걸어 설명했다.": 전화 통화 녹취록 인용 출처는 ibid. pp. 78~79.

452 "사랑하는 제 딸아이에게 가해진 참혹한 행동은…": 54차 공판(2006년 4월 25일).

454 "이러한 사건의 경우 징역 1년당 150만 엔으로 치환된다.": Johnson, op. cit.,

p. 202.

456 "본인은 제 딸 루시 블랙맨의 사인이 불분명하다는 것을 알지 못했고…": *The Truth about the Lucie Case*, p. 97.

457 '피 묻은 돈': Glen Owen, 'Now Father Of Murdered Lucie Accepts £450,000 "Blood", *Mail on Sunday* (2006년 10월 1일).

457 "저는 피고인이 제안한 돈을 모두 거절했습니다.": Natalie Clarke and Neil 'An Utter Betrayal Of My Dear Lucie', *Daily Mail* (2006년 10월 2일).

458 "2,000자 분량의 기사로 팀을 저격했다.": 'A Father's Betrayal', *Daily Mail* (2006년 10월 7일).

460 "제인은 〈데일리메일〉과 공식 인터뷰를 했다.": Kathryn Knight, 'HE IS IMMORAL', *Daily Mail* (2007년 4월 23일).

465 "로저는 기자에게 '오프 더 레코드이자 출처를 알 수 없는' 이메일을 보내…": Roger Steare가 Indira Das-Gupta에게 보낸 이메일 (2007년 5월 17일).

465 "이 정보가 〈데일리메일〉의 취재망에 잡혔다.": Daniel Boffey, 'Lucie's Father in Trust Fraud Probe', *Mail on Sunday* (2007년 4월 29일).

판결

467 "변호사를 통해 여러 번 편지를 전달했다.": 오바라 조지에게 보낸 필자의 편지 (2005년 1월 25일, 2005년 6월 23일, 2006년 2월 23일, 2008년 10월 27일); 오바라 측 변호사 스고 도모노리에게 보낸 편지(2005년 7월 8일, 7월 20일); 오바라 측 변호사 사카네 신야에게 보낸 편지(2005년 11월 17일); 오바라 측 변호사 쓰지시마 아키라에게 보낸 편지(2008년 12월 5일).

467 "오바라가 루시의 건강 기록을 구해달라고 내게 부탁한 적이 있었다.": 필자가 오바라 측 변호사 스고 도모노리에게 보낸 편지(2005년 7월 19일).

469 〔각주〕 "그는 내가 '사진을 런던 경찰국에 건네는 바람에…": 오바라 측 변호사 아라이 기요히사가 보낸 편지(2006년 5월 17일).

469 "오바라의 변호사 사카네 신야는 격앙된 내용의 편지를 보냈다.": 사카네 신야가 필자에게 보낸 편지(2005년 11월 14일).

471 "결정적 증거가 없으며…": 61차 공판(2006년 12월 11일).

474 "웹사이트가 개설되었다.": http://lucies-case.to.cx/. 영문 버전은 http://lucies-case.to.cx/index_e.html. 접속 2010년 6월.

475 "오바라의 변호사가 영국 사설탐정을 고용해…": Jason Lewis, 'Lucie Murder Suspect And A Sinister Plot To Smear Her', *Mail on Sunday* (2007년 5월

13일).

475 〔각주〕:《루시 사건에 관한 진실》이라는 책에 관한 자세한 설명은 미주 참조.:
2010년 2월,《루시 사건에 관한 진실》 발행인 신샤 아스카는 미지급된 금액
1,314만 6,481엔(당시 환율로 9만 4,000파운드)를 지불하라며 오바라 조지와
그의 변호사 쓰지시마 아키라를 고소했다. 원고 측 주장에 따르면 이 책은 '오바
라에게 도움을 주려는 작전의 일환'으로 출판된 것이며, 도쿄 지방법원 재판부
가 심리를 중단한 직후인 2006년 12월에 의뢰받았다고 주장했다. 일본어판은
물론 영어 번역본이 영국에서 발간될 예정이었다. 출판사는 '진실을 찾는 팀'과
에이전트 겸 오바라의 변호사인 아라이 기요히사와 계약을 맺었다.

표면상으로 이 책은 오바라를 대변하는 제3자의 작품이었다. 책에서는 '진실을
찾는 사람들'이 "기자, 법대생, 전직 검사를 포함하는 법조인으로 구성됐다"(p.
31)고 설명한다. 그러나 무보수로 이 프로젝트에 참여한 사람은 전무해 보였다.
신샤 아스카와 이 책을 총괄한 프리랜서 에디터 후지타 요리시게는 오바라 조
지에게 고용된 변호인단에게 지시를 하달받았다.

출판사 측 원고는 "이 프로젝트가 중립적인 활동임을 가장하기 위해 피고인 측
은 관련 책임자들이 제3의 특정 기관 소속이라고 위장했다"고 주장하면서 "언
급할 필요도 없이 진실을 찾는 사람들은 사법적 인물이 소속된 법인이나 사단
이 아니다. 실상 그들은 피고인 측처럼 일개 개인에 지나지 않는다"라고 강조
했다.

신샤 아스카 측 에디터 오쿠하라 히데토시는 오바라 측 변호사인 아라이, 쓰지
시마 아키라, 시오노야 야스오, 가쓰라 마키 등이 서로 상충되는 지시를 제각각
내림으로써 유발된 혼돈에 대해 후일 필자에게 다음과 같이 설명했다.

출판사 측은 "변호사마다 각각 다르게 지시를 하달하다 보니 원고〔신샤 아스카〕
는 종종 당황했다"라면서 "상황이 이렇게 된 이유는 변호사들이 건별로 서류를
작성해 오바라에게 결재를 받았는데, 그때마다 오바라의 얘기가 종종 바뀌었기
때문인 것으로 보인다"라고 불평했다.

신샤 아스카는 책의 출간이 늦어서 혼란스러웠다고 고백했다. 이 책의 최종 버
전이 인쇄에 들어간 이후 가쓰라 마키는 내용상 오류가 있다며 불만을 제기했
다. 정오표를 삽입하자는 출판사 측 제안에 아라이는 동의했다. 그러나 얼마 후
시오노야가 연락해 인쇄기 작동을 중지하라고 명령했다. 수정을 하느라 지연된
이 책은 2007년 4월 도쿄 지방법원 판결이 나오기 직전에야 시중에 풀릴 수 있
었다. 영어판 출간이 취소되자 '진실을 찾는 사람들'은 작업이 거의 마무리된 영
어 번역료를 전혀 지불하지 않았다.

475 타냐 네보가토프: 가명.

477 [주석] 《루시 사건에 관한 진실》: *The Truth about the Lucie Case*, pp. 751~752.

얼마나 일본스러운가

492 "그는 일본의 주간지 여러 곳에 소송을 걸어 승소했고….": 이 소송과 밀접한 각각의 두 개의 정보원으로부터 일본 잡지와 《타임》 잡지에 대해 들은 정보.

492 "대답은 그의 집안에서 찾을 수 있었다.": 오바라 조지 측 변호사와의 인터뷰; 출처는 오바라 가족의 측근.

496 "22세 영국 여성 린지 호커가 도쿄 동부 근교에서 살해당했다.": 린지 호커 사건 개요 참조 Richard Lloyd Parry, 'Police catch fugitive suspected of killing British woman', *The Times* (2009년 11월 11일). 2011년 7월, 이치하시 다쓰야는 린지 호커를 강간 및 살해한 혐의로 종신형을 받았다.

499 "일본 남성, 연기가 자욱한 술집, 서양 미녀에 대한 집착이 린지의 목숨을 앗아가다": Richard Shears, *Daily Mail* (2007년 3월 31일).

500 "자위하는 일본 남성이 자위하는 서양 남성보다 포르노 시장에서 구매력이 훨씬 높다는 주장은 모든 사실에 근거해 반박 가능하다.": 포르노 최대 구매자 겸 생산자는 미국이다. Duncan Campbell, 'With pot and porn outstripping corn, America's black economy is flying high', *Guardian* (2003년 5월 2일).

506 "내가 아는 책이었다.": Ben Hills, *Princess Masako: Prisoner of the Chrysan— themum Throne* (New York, 2006). 일본어 번역본 *Purinsesu Masako* (Tokyo, 2007).

나는 정말 누구일까

514 "오바라가 아는 가장 유명한 사람이자 의외의 친구 카를로스 산타나는 오바라에 대해 언급하기를 거부했다.": 필자는 자신이 카를로스 산타나와 친구라는 오바라의 주장에 대해 산타나의 대변인인 수잔 스튜어트에게 문의했다. 그녀는 "카를로스 산타나는 이 질문에 도움을 드리지 않을 것"이라고 답장했다. 필자가 받은 이메일(2007년 8월 18일).

515 "자기중심적이며 냉정하고 공감 능력이 심각하게 떨어지는 무자비한 인간이며….": Robert D. Hare, *Without Conscience* (New York, 1999).

516 "그런데 나는 이러한 진단에 의구심이 들었다.": Janet Malcolm, *The Journalist and the Murderer* (London, 1990), p. 75. "사실 사이코패스라는 개념은 악

의 수수께끼를 풀지 못했다는 실패를 인정하는 것이다. 이것은 그저 미스터리를 고쳐 말하는 것에 지나지 않으며 그 힘과 마주하는 심리학자, 사회 운동가, 경찰이 느끼는 절망에 대한 안전밸브를 매일 제공한다."

518 "팀의 고통이 배가될 것이다.": Amanda Platell, 'A betrayal that will haunt Lucie's dad for ever', *Daily Mail* (2007년 4월 28일).

519 "〈더선〉 지의 독자가 물었다. 비슷한 내용의 의견이 많았다.": 'Lucie's dad has sold out', *Sun* (2007년 4월 27일).

522 루시 블랙맨 트러스트: http://www.lucieblackmantrust.org.

523 해외 실종: http://www.missingabroad.org.

524 "불룩하고 시커먼 쓰레기 봉지가 머릿속에 떠오르면….": Dee O'Connell, 'What happened next?', *Observer* (2003년 1월 12일).

525 "수많은 피해자의 존엄을 범한 행위는….": 7차 공판, 도쿄 고등법원(2008년 12월 16일).

526 [주석] "와카야마 카레 살인 사건": 이 사건의 전모는 다음을 참고. Richard Lloyd Parry, 'The little bowl of death', *Independent* (2000년 3월 22일) Tomoko Hosaka, 'Japan upholds death penalty in curry poisoning', *Associated Press* (2009년 4월 21일).

527 "바람이 거의 불지 않았다.": 인판타 호 블로그 웹사이트 http://infanta.square-space.com/log/2008/12/15/winch-handle-sniffer-outed.html, 접속은 2010년 6월.

527 "오바라가 대법원에 상고했다.": 대법원 상고심은 다음을 참고. Richard Lloyd Parry, 'Lawyers will use Lucie mannequin in attempt to win killer's freedom' *The Times* (2009년 12월 15일).

528 "가석방되기까지 평균 복역 기간은….": 'Mukikei, kari shakuhou made 30-nen…genbatsuka de nagabiku' ['30 years before parole for life imprisonment…increased by the trend for stricter punishment'] *Yomiuri Shimbun* (2010년 11월 22일).

어둠을 먹는 사람들

1판 1쇄 찍음 2018년 3월 2일
1판 1쇄 펴냄 2018년 3월 9일

지은이 리처드 로이드 패리
옮긴이 김미정
펴낸이 안지미
편집 박성근 최장욱 박승기
교정 유진
디자인 한승연
제작처 공간

펴낸곳 알마 출판사
출판등록 2006년 6월 22일 제406-2006-000044호
주소 우. 03990 서울시 마포구 연남로 1길 8, 4~5층
전화 02.324.3800 판매 02.324.2844 편집
전송 02.324.1144

전자우편 alma@almabook.com
페이스북 /almabooks
트위터 @alma_books
인스타그램 @alma_books

ISBN 979-11-5992-137-7 03300

이 도서의 국립중앙도서관 출판시도서목록CIP은 서지정보유통지원시스템 홈페이지
http://seoji.nl.go.kr와 국가자료공동목록시스템 http://www.nl.go.kr/kolisnet에서
이용하실 수 있습니다. CIP제어번호: 2018004420

알마는 아이쿱생협과 더불어 협동조합의 가치를 실천하는 출판사입니다.

종이 표지_삼화 CCP 300g/㎡ 본문_클라우드 70g/㎡